Revista de Direito Tributário

82

MALHEIROS EDITORES

Revista de Direito Tributário

Publicada sob os auspícios do

Instituto Geraldo Ataliba — IDEPE — Instituto Internacional de Direito Público e Empresarial e do IBET — Instituto Brasileiro de Estudos Tributários

ISS 0102-7956

REVISTA DE DIREITO TRIBUTÁRIO
publicação trimestral de
MALHEIROS EDITORES LTDA.
Rua Paes de Araújo, 29, 17º andar - conj. 171
CEP: 04531-940 - São Paulo, SP
Tel. (0xx) 3078-7205
Fax. (0xx) 3168-5495
Diretor Responsável: Álvaro Malheiros
Diretora: Suzana Fleury Malheiros

Assinaturas e comercialização:
CATAVENTO DISTRIBUIDORA
DE LIVROS S.A.
Rua Conselheiro Ramalho, 928
CEP 01325-000 - São Paulo - SP
Tel. 289-0811 - Fax. 251-3756
Supervisão Gráfica: Vânia Lúcia Amato
Composição: *Scripta*
Impressão: Paym Gráfica e Editora Ltda.

Revista de Direito Tributário

CADERNOS DE DIREITO TRIBUTÁRIO

Fundador: Rubens Gomes de Souza (✝)

CADERNOS DE DIREITO TRIBUTÁRIO

SUMÁRIO

CADERNOS DE DIREITO TRIBUTÁRIO

LOS ESQUEMAS DOGMÁTICOS FUNDAMENTALES DEL DERECHO TRIBUTARIO
— José Juan Ferreiro Lapatza 7

ARROLAMENTO DE BENS DO CONTRIBUINTE. EXAÇÕES COM EXIGIBILIDADE SUSPENSA. O DEVER DE FAZER O ARROLAMENTO. INVALIDADE JURÍDICA DO PROCEDIMENTO
— Hugo de Brito Machado 21

CONSIDERAÇÕES SOBRE A TRIBUTAÇÃO DE CIGARROS PELO IPI
— Sacha Calmon Navarro Coelho 36

GERMAN INCOME TAX: OUTLINE AND REFORMS
— Ekkehart Reimer 52

ALGUNS DESAFIOS ACTUAIS DA TRIBUTAÇÃO
— José Casalta Nabais 89

OSSERVAZIONI SU UNA RECENTE SENTENZA DELLA CORTE COSTITUZIONALE ITALIANA IN TEMA DI FISCALITÀ E LAVORO
— Andrea Amatucci 103

EL DERECHO CONSTITUCIONAL A UN AMBIENTE SANO, DERECHOS HUMANOS Y SU VINCULACIÓN CON EL DERECHO TRIBUTARIO
— Alejandro C. Altamirano 115

O SIGILO BANCÁRIO E O DIREITO À INTIMIDADE E PRIVACIDADE DAS PESSOAS
— Aurélio Pitanga Seixas Filho 159

OSSERVAZIONI A MARGINE DELLA PROPOSTA DI MODIFICA DELLA SESTA DIRETTIVA CEE SUL REGIME DI IMPOSTA SUL VALORE AGGIUNTO APPLICABILE A DETERMINATI SERVIZI PRESTATI MEDIANTE MEZZI ELETTRONICI
— Giuseppe Melis 163

A CONTRIBUIÇÃO PARA O SENAC E AS PRESTAÇÕES DE SERVIÇOS
— Arnoldo Wald 178

EL CONCEPTO DE ESTABLECIMIENTO PERMANENTE: SU RELACIÓN CON EL COMERCIO ELECTRÓNICO EN EL ÁMBITO DE LOS MODELOS DE CONVENIO DE DOBLE IMPOSICIÓN
— MARCOS GABRIEL GUTMAN 195

ESTUDOS E COMENTÁRIOS

O LOCAL DA PRESTAÇÃO DE SERVIÇOS E O ISSQN: GUERRA FISCAL NO PLANO MUNICIPAL
— OSCAR MENDONÇA 227

AS SANÇÕES POLÍTICAS EM DIREITO TRIBUTÁRIO E O PRINCÍPIO DA PROPORCIONALIDADE
— GERMANA DE OLIVEIRA MORAES 233

RESPONSABILIDADE DOS ADMINISTRADORES DE EMPRESAS EM MATÉRIA TRIBUTÁRIA
— LEILA KATIANE DE ARAÚJO AZEVEDO 237

CARACTERIZAÇÃO DO ESTADO FEDERAL
— FLÁVIO COUTO BERNARDES 249

CASSAÇÃO DE LIMINAR EM MANDADO DE SEGURANÇA EM MATÉRIA FISCAL E O SOBREPRINCÍPIO DA SEGURANÇA JURÍDICA
— HELDER MARTINEZ DAL COL 272

O DEPÓSITO JUDICIAL COMO INSTRUMENTO DE GARANTIA DA RELAÇÃO PROCESSUAL
— DENISE LUCENA CAVALCANTE 283

RECENSIONE *TRATADO DE DERECHO TRIBUTARIO* (in lingua spagnola), A CURA DI A. AMATUCCI (2 tomi, Temis, Bogotá, 2001)
— PASQUALE PISTONE 291

CADERNOS DE DIREITO TRIBUTÁRIO

LOS ESQUEMAS DOGMÁTICOS FUNDAMENTALES DEL DERECHO TRIBUTARIO*

JOSÉ JUAN FERREIRO LAPATZA
Profesor Catedrático da Universidad de Barcelona

1. Introducción. 2. Tributo. Derecho tributario y obligación tributaria: 2.1 La teoría obligacional del tributo; 2.2 La teoría de la relación jurídico-tributaria compleja; 2.3 La teoría de la función tributaria. 3. Pluralidad de obligaciones tributarias y relaciones entre ellas: accesoriedad y subsidiariedad. 4. Obligaciones accesorias en sentido estricto. 5. Derecho tributario material y Derecho tributario formal. Obligaciones de hacer y procedimiento: 5.1 Derecho tributario material y Derecho tributario formal; 5.2 Obligaciones de hacer; 5.3 Procedimiento.

1. Introducción

El título de mi trabajo parece muy ambicioso. Y en cierto modo lo es. Pero mi trabajo no quiere ser ambicioso en su contenido sino sólo en su intención.

En efecto, el contenido es muy modesto; muy, si se quiere, pobre: se trata de "recoger" en él aquellos esquemas conceptuales básicos que permiten explicar mejor nuestro actual Derecho Tributario. Explicarlo y construirlo — pues también ésta es tarea de la dogmática jurídica — dentro de la totalidad y unidad, como parte de él, de nuestro Ordenamiento jurídico.

Ningún afán de originalidad me mueve, pues, al escribir estas páginas. Recojo en ellas aquellos puntos seguros que, después de una vida dedicada al estudio y a la práctica de la abogacía especializados en nuestra disciplina, se han ido configurando y asentando en ella y en mi pensamiento sobre ella como conceptos o esquemas dogmáticos fundamentales del Derecho Tributario.

* Publicado na Revista *Civitas*, com a seguinte observação:

"*Civitas*, Revista Española de Derecho Financiero quiere ofrecer en este número un homenaje al Profesor Sainz de Bujanda y, para ello, ha puesto sus páginas a disposición de quienes nos formamos como sus discípulos directos en, también, 'su' Seminario de Derecho Financiero de la Universidad de Madrid".

Pero si el contenido del trabajo no es ambicioso si lo es, como ya dije, su intención: pretendo exponer y explicar tales "puntos seguros" de forma tan clara que pueda convencer al mayor número de lectores de que estos esquemas forman la base más sólida para continuar la labor de construcción del Derecho Tributario realizada por quienes nos precedieron en esta tarea.

Entre ellos y en España el Profesor Sainz de Bujanda ocupa un lugar que no es preciso destacar. Y en mi vida de jurista especializado en derecho tributario los cuatro años — desde 1966 hasta 1970 — en los que participé asidua y activamente en el S.D.F.U.M. fueron decisivos. Y en ellos, de la mano de D. Fernando aprendió sobretodo a distinguir los discursos jurídicos sólidos y bien cimentados de los meros sofismas, sin base, fundamento ni contenido, a los que — en ocasiones de "forma" brillante — tan aficionados somos, también, los juristas.

Y esta enseñanza fue la que me permitió durante muchos años, y todavía, creo, me permite apartar con un cierto acierto la mena de la ganga, seleccionar dentro de la superabundante literaria jurídica-tributaria actual las páginas llenas entre tantas que están vacías, sobre la base de tres ideas que, para mí, son esenciales para moverme en el campo del Derecho en general y del Derecho Tributario en particular.

La idea de la unidad del Ordenamiento debe de situarse aquí, en primer lugar.

Esta idea fuerza a "colocar" al Derecho Tributario como parte del Ordenamiento. Y esta colocación no puede tener sino una explicación histórica. Y unas consecuencias, también, para su configuración actual y futura.

Todos sabemos que nuestro ordenamiento responde al modelo del "régimen de Derecho administrativo" que se gesta y consolida en el S. XIX en la Europa continental y en Latinoamérica en contraposición al régimen del "common law" propio de Inglaterra y los EEUU de Norteamérica.

Y que, de acuerdo con el modelo al que se acomoda, puede decirse, también, que en nuestro Ordenamiento el Derecho administrativo se concibe como un derecho que exorbita o excepciona el derecho que rige entre particulares. Y el Derecho Tributario como un derecho que excepciona el derecho administrativo general. Esta idea se refleja claramente en el art. 9.2 LGT.

Pero, entiendo, todos debemos ser conscientes, asimismo, de que la marcada diferencia Derecho público/Derecho privado típica del "régimen administrativo" tiene su origen, fundamentalmente en la necesidad de juridificar los restos o secuelas de un poder absoluto que pervive en el continente europeo más largamente que en Inglaterra, donde las bases de la democracia — tal y como hoy la entendemos — aparecen ya sentadas en la segunda mitad del S. XVII.

Y de que, superado ya este proceso, y admitida ya sin reservas en nuestras democracias la necesidad de que todo poder se someta al Derecho emanado del pueblo, parece razonable pensar que tanto el Derecho administrativo como el Derecho tributario deberían reducir al mínimo su carácter excepcional o exorbitante.

El Derecho Tributario debería excepcionar al mínimo el Derecho administrativo general y éste las normas o principios generales de todo el Ordenamiento aceptando de modo expreso y sin duda el espíritu democrático de nuestras constituciones que hace incuestionable la ecuación ciudadano = administrado = contribuyente.

La segunda de las ideas, para mi, claves a las que hago ahora referencia incide sobre el carácter acumulativo, y en este sentido, objetivo de los conocimientos jurídicos.

El Derecho es una ciencia y una técnica de organización que utiliza como instrumento básico la norma jurídica. El Derecho se resuelve así no sólo en una teoría general de la norma jurídica sino en el estudio particularizado de concretas normas jurídicas, concebidas éstas como esquemas de conducta social que sirven a la organización de una determinada comunidad.

Tales esquemas de conducta social — piénsese, p. ej., en la obligación, en la propiedad, en la posesión, en la filiación, en la sociedad anónima o en la prescripción — han ido construyéndose a lo largo de la historia por la Ciencia del Derecho y han probado su utilidad durante milenios, centurias o decenios. O han probado su inutilidad — piénsese, p. ej., en la relación feudal, en la esclavitud o en las limitaciones a la capacidad de obrar de las mujeres casadas — para un determinado modelo de organización social.

La Ciencia y la técnica no imponen — no pueden hacerlo — tales esquemas. Los "fabrican" y ofrecen a la comunidad política para que ésta los adopte o rechace de acuerdo con su utilidad y coherencia con los principios o valores que presidan su organización.

El jurista, el técnico en derecho no juzga tales principios o valores, juzga sólo sobre la forma en que los esquemas de conducta elaborados por el Derecho se reflejan en las normas positivas. Los juzga y analiza tanto en su forma como en su contenido; en su coherencia con el conjunto del sistema organizativo en que se insertan.

De cualquier modo el análisis de las normas que el jurista realice no puede prescindir nunca de los conocimientos acumulados por la Ciencia del Derecho durante siglos. Como dijo, de una vez por todas, Ataliba, refiriéndose a nuestra disciplina, tenemos que ser conscientes — para rechazar sus construcciones — de que "la pretendida autonomía del derecho tributario ha servido de excusa para que muchos tributaristas no hayan estudiado ni estudien la teoría general del derecho e ignoren" al resto del Ordenamiento.

La concepción del Derecho como una técnica de organización social nos lleva, en fin, a la última de estas tres ideas preliminares que quiero subrayar.

El Derecho es una técnica de organización social que se basa en la delimitación, en la descripción, en la tipificación de conductas sociales, de acciones sociales, de acciones dirigidas a los demás o, en la terminología más precisa y, para mi, nunca superada de Max Weber, acciones "donde el sentido querido por un sujeto o sujetos está referido a la conducta de otros".

La capacidad delimitadora, la posibilidad de identificación de la realidad social a la que se refiere determina las posibilidades de aplicación efectiva de una norma y en este sentido sirve para calificarla de acuerdo con su facilidad y posibilidades de realización. La "facilidad de reconocer concretamente las condiciones y consecuencias de una regla de derecho" — ha dicho Ihering — "es más importante en la práctica que la perfección lógica del contenido abstracto del derecho, porque no sólo simplifica y facilita la aplicación del derecho, sino que asegura su realización uniforme". Y añade: "el derecho existe para realizarse; lo que no existe más que en las leyes es un fantasma".

La capacidad delimitadora de la realidad social a la que se refiere sirve no sólo para calificar una norma o regla de derecho, sino también una argumentación o teoría jurídica. La falta de capacidad delimitadora de una teoría — ha dicho Canaris — determina su falta de eficacia. Y "si ésta falta, la teoría carece de interés de modo que ni siquiera valdrá la pena tratar de refutarla".

Parece, por lo demás, claro que la capacidad delimitadora de una norma o una teoría depende, también, del rigor con que en ella se utilicen los conceptos y términos técnicos elaborados por la Ciencia del Derecho. Y respecto ya al lenguaje técnico parece posible remarcar la necesidad de utilizar — tanto en las normas como en la argumentación jurídica — un lenguaje claro, sencillo, coherente y preciso que debería, quizás, responder a las siguientes recomendaciones:

• El lenguaje técnico-jurídico ha de alejarse lo menos posible del lenguaje usual. Pues el legislador no puede olvidar que las normas jurídicas se dirigen a la generalidad de los ciudadanos y que son ellos los que tienen que comprenderlas, acatarlas y cumplirlas. Sólo un lenguaje claro y sencillo, como el utilizado a finales del S. XIX por nuestro Código civil, puede hacer que el ciudadano participe plenamente en el orden jurídico-social.

• El lenguaje técnico-jurídico a utilizar en el ámbito tributario ha de alejarse lo menos posible del lenguaje técnico-jurídico utilizado en el resto del ordenamiento para procurar la imprescindible coherencia del conjunto.

• El lenguaje técnico-jurídico ha de ser preciso, en el sentido hace un momento apuntado de tener "capacidad delimitadora de la realidad social" a la que quiere referirse. Una norma es tanto más inútil cuanto más imprecisos son los términos que emplee respecto a la realidad social — relaciones sociales — que trata de organizar.

Estas tres ideas preliminares — unidad del ordenamiento, carácter acumulativo de los conocimientos jurídicos y capacidad delimitadora de normas y teorías jurídicas — sirven de base y envuelven la exposición de los esquemas dogmáticos fundamentales del Derecho tributario que a continuación trato de realizar.

2. *Tributo. Derecho tributario y obligación tributaria*

2.1 *La teoría obligacional del tributo*

El tributo se ha definido, en general, tradicionalmente y hasta ahora, de dos formas.

La primera — la más usual — "prestación coactiva", encierra una definición conceptualmente insuficiente desde la perspectiva del Derecho: la prestación es el objeto de una obligación y las obligaciones son todas, en la medida en que están reconocidas y protegidas por el ordenamiento, coactivas. Tanto las de un deudor particular como la del contribuyente frente al Estado. Es el Ordenamiento jurídico que los disciplina el que está dotado de "coactividad", de fuerza coactiva.

La segunda, para mi la más correcta definición del tributo en términos jurídicos, es la que define al tributo, jurídicamente, insisto, como una obligación. Pues es la única que delimita de modo preciso una determinada conducta y relación social en la forma en que ésta es querida por el Derecho; y es la que mejor permite aplicar al tributo los conocimientos acumulados durante siglos por la Ciencia del Derecho.

La capacidad delimitadora del concepto de obligación supone una ventaja técnica de primer orden en cuanto que facilita la aplicación del Derecho, de las normas que lo utilizan.

La conceptualización del tributo como una obligación lo coloca, por otra parte, sobre el fondo del derecho común de obligaciones y de la doctrina que desde hace siglos se ha elaborado sobre él. Sitúa al tributo y a las normas que lo disciplinan sobre una base firmemente atada al resto del Ordenamiento dotando a éste de la coherencia interna que reclama; y a aquel — al Derecho tributario — de todas sus posibilidades de interpretación y aplicación asimismo coherente con el resto del Ordenamiento. De un Ordenamiento cuya unidad, como concepto, es universalmente aceptada como una de las conquistas fundamentales de nuestra civilización y de nuestra ciencia jurídica.

Y no son sólo ventajas técnicas o científicas las que empujan a concebir y entender el tributo como una obligación. Las ventajas de este modo de entenderlo son más profundas ya que afectan al modo de entender y organizar también la sociedad en torno a la idea del Estado democrático de Derecho.

En efecto, en la concepción del tributo como relación obligatoria que une, en pie de igualdad, al Estado acreedor con el deudor contribuyente confluyen, básicamente, dos ideas fundamentales para la organización del Estado de Derecho tal y como hoy lo concebimos.

De un lado, el principio organizativo de la separación de poderes que hacen posible distinguir en la actuación del poder tributario dos planos netamente diferenciados. En primer lugar, un plano abstracto en el que el poder actúa en relación con una pluralidad de sujetos, indeterminados. Significa entonces emanación de normas jurídicas que disciplinan los ingresos tributarios del Estado. En segundo lugar, un plano concreto, en el que la Administración aplica de forma efectiva estas normas jurídicas exigiendo a los ciudadanos el pago de los tributos establecidos por la Ley.

De otro lado, la personificación del Estado cuando se mueve en este segundo plano, concreto, de aplicación de normas abstractas y generales, hace posible su relación con los ciudadanos, en este caso con los ciudadanos contribuyentes, en una situación igual de sometimiento a la Ley y al Derecho.

En este segundo plano, el tributo, como obligación, como relación que une al acreedor/administración con el deudor/contribuyente, rompe su ligazón con el poder, legislativo, que lo establece. Estado y contribuyente no están aquí, en la relación tributaria obligacional, unidos por una línea vertical que sitúa en un extremo superior al poder legislativo, a la Ley, que el ciudadano, colocado en el extremo inferior, ha de obedecer. En la obligación tributaria Estado y ciudadano están en los extremos de una línea horizontal; de un plano horizontal e inferior al plano o techo en el que se sitúan las normas jurídicas que atribuyen derechos y obligaciones a todos — también al Estado/administración — los que a ellas están sometidos.

La división de poderes y la personificación del Estado/administración permiten romper la verticalidad de la relación tributaria, del tributo, concebido como relación de poder.

Y fue precisamente y como es sabido frente a la teoría de la relación de poder frente a la que surge y grana en el periodo de entreguerras y en Alemania fundamentalmente la concepción del tributo como obligación. Dos párrafos de Hensel, nunca suficientemente repetidos, describen con insuperable sencillez ambas concepciones.

"El tipo de relación de poder está claro en sus distintivos esenciales, lo fundamental de esta especial figura de vinculación jurídica entre dos sujetos de derecho parece ser que, por lo general, lo decisivo en el contenido de las relaciones jurídicas es la voluntad de uno de ellos manifestada en una orden. Poder ordenar y tener que obedecer y no estar autorizado a exigir y deber prestar es lo que revela más claramente la antítesis esencial" entre relaciones de poder y relaciones obligatorias en que ambos sujetos actúan en un mismo plano de sumisión a la Ley.

Por el contrario, "la característica de una imposición consecuente con el principio del Estado de Derecho radica en el establecimiento de la obligación tributaria mediante una norma jurídica. La Ley confiere al Estado el poder de exigir de quién está sujeto a la norma aquella prestación que llamamos prestación tributaria o, de forma más breve, tributo". "La relación obligatoria (tributaria) es una relación jurídica entre dos personas en virtud de la cual una parte (acreedor) tiene la obligación de exigir una prestación de la otra (deudor)".

Llegados a este punto no parece pueda plantear graves problemas el afirmar que el Derecho Tributario, como parte del Ordenamiento, ha de preocuparse, básicamente, de regular la obligación en que el tributo consiste; y que el Derecho Tributario, como disciplina científica se ha de preocupar, básicamente, de estudiar esta regulación.

Pues bien, la técnica jurídica, el esquema organizativo más sencillo del que el Estado puede servirse y se sirve para establecer un tributo es tan conocido como simple: la Ley prevé y tipifica un hecho y obliga a quien lo realice a pagar una cantidad como tributo.

El esquema jurídico más simple y paradigmático del tributo queda así nítidamente dibujado. Tal y como fue recogido, con claridad y plenitud en 1963 y en nuestro Derecho positivo por los arts. 28 y 31.1 de nuestra LGT y de acuerdo con este esquema básico y su reflejo en nuestro Derecho positivo, el tributo puede ser fácilmente entendido como una obligación de dar una suma de dinero establecida por la Ley a favor de un ente público para sostener sus gastos.

Aunque debamos añadir inmediatamente que en nuestro lenguaje jurídico común y en nuestro Derecho positivo la palabra tributo se aplica tanto a la obligación en que jurídicamente consiste como a la prestación (dar una suma de dinero) o a la cosa (el dinero) que constituye el objeto de la obligación. Siendo en este segundo sentido, en el que los tributos han de entenderse comprendidos, p. ej., en la expresión "prestaciones patrimoniales de carácter público" que emplea el art. 31.3 de nuestra Constitución.

Aceptada la definición, del tributo como obligación parece necesaria aceptar también que el Derecho Tributario, como parte del Ordenamiento, tiene como fin esencial regular esta obligación y que el Derecho Tributario haya reservado para esta obligación el nombre de obligación tributaria.

Naturalmente, el Derecho Tributario no puede reducirse a la regulación de la obligación tributaria entendida como la obligación de dar una suma de dinero a título de tributo por parte de quien haya realizado el hecho previsto por la Ley que la hace nacer, es decir, el hecho imponible.

Nadie pretendió jamás defender este minimalismo jurídico tan absurdo como de imposible realización en todo el ámbito del Ordenamiento jurídico y en relación con cualquier institución; nadie ha pretendido nunca, p. ej., regular el arrendamiento disciplinando sólo la obligación de pago del arrendatario sin atender, también p. ej., a la obligación de conservar en uso el bien arrendado.

El Derecho Tributario no disciplina sólo la obligación de pago en que el tributo consiste. Regula otras muchas situaciones, vínculos y relaciones encaminadas todas ellas en su normativa y dentro de un orden constitucional democrático como el nuestro a dos fines esenciales: la efectiva aplicación de los tributos conforme al principio constitucional de capacidad y el sometimiento del poder — también del poder tributario — y de su ejercicio a la Ley y al Derecho.

Pero, ciertamente, en el inicio de la construcción dogmática de nuestro actual Derecho Tributario, la doctrina centró en demasía sus esfuerzos en el análisis de la obligación tributaria: nacimiento, sujetos, contenido y extinción. Y descuidó en igual medida tanto el estudio de los otros vínculos y relaciones de carácter sustantivo regulados por las normas tributarias como el estudio del procedimiento a través del cual han de aplicarse las normas de Derecho Tributario material o sustantivo.

La doctrina no tardó mucho en llamar la atención sobre esta doble desatención.

El camino más seguro para atender a esa llamada aparecía entonces y aparece ahora marcado por la Ciencia del Derecho más tradicional y consolidada: el análisis separado y riguroso de las normas y de cada una de las situaciones, derechos y obligaciones, vínculos y relaciones por ellas disciplinados; de su categorización, su clasificación, sistematización, y relaciones entre ellos. Dentro de un Ordenamiento coherente que pueda ser efectivamente aplicado a la realidad social que trata de organizar. Y dando por supuesto en este análisis la tan tradicional como útil distinción — a la que hace un momento he aludido — entre Derecho Tributario material o sustantivo y Derecho Tributario formal o procedimental.

Pero la respuesta a la doble llamada de atención a la que antes igualmente me he referido no siguió siempre el tradicional y consolidado camino que acabo de indicar.

Una parte significativa de nuestra doctrina importó del derecho italiano posterior a 1945 dos teorías — la teoría de la relación jurídico tributaria compleja y la teoría de la función tributaria —, tratando de encontrar en ellas las respuestas que, según ellos, no se podían encontrar en la ciencia jurídica tradicional.

Sin que los importadores de tales doctrinas prestasen, claro está, la menor atención al hecho de que tanto la pluralidad de situaciones y relaciones que sirven a un fin como la necesidad de exigir derechos y cumplir obligaciones a través de un procedimiento sean problemas comunes a todo el ordenamiento a los que todo el ordenamiento y la generalidad de la doctrina que lo analiza y estudia trata de dar respuestas con las armas que le brinda la tan denostada, por ellos, ciencia jurídica tradicional.

La confusión y las perturbaciones ocasionadas en nuestra dogmática tributaria por tan — a mi juicio — frívola como superficial importación de los productos italianos mencionados — uno de cuyos pocos méritos consiste, precisamente, en su exportación a España — nos obliga a una siquiera breve referencia a ellos para recomendar, vivamente, su abandono — si se han utilizado — o su rechazo, antes de su utilización.

2.2 *La teoría de la relación jurídico-tributaria compleja*

La conceptualización del tributo como obligación pone en evidencia algo que todo jurista sabe: el Derecho delimita, define, tipifica y regula relaciones sociales concretas. La falta de "capacidad delimitadora", dice Canaris, demuestra la falsedad e inconsistencia de una teoría jurídica. Y tal falta se produce si la teoría no permite identificar las relaciones sociales a las que se refiere y no demuestra su capacidad de integración y coherencia con el resto del ordenamiento.

Pues bien, si hay una teoría jurídica que reúna estas dos notas negativas, demostrando tanto su falsedad como su inutilidad, ésta es la teoría de la relación jurídico-tributaria compleja que defendió como nadie mi maestro Berliri, en cuya obra, y en la de Giannini, bebió una parte considerable de la doctrina española posterior a 1963.

Tal teoría puede resumirse, en sus postulados fundamentales, del siguiente modo: los diferentes vínculos y relaciones que acompañan de alguna forma a cada obligación tributaria pueden entenderse como el contenido de una relación jurídica compleja para la que debe reservarse el nombre de "relación jurídico-tributaria".

Así, p. ej., en el caso de un empresario persona física sujeto al IRPF la obligación de pagar el Impuesto, la obligación de declarar, la de llevar la contabilidad, las distintas potestades y facultades comprobatorias de la Administración y las correspondientes situaciones de deber en el administrado conformarían el contenido esencial de esta compleja relación.

Ni sus creadores ni sus seguidores, insistimos, han sido capaces nunca de fijar los límites de esta "relación jurídica-tributaria compleja". Ni siquiera su contenido esencial. ¿Se confunde con la relación Estado/contribuyente cualquiera que sea el contenido de ésta? ¿Cúal es su contenido cuando falta la obligación de pago de un tributo y, en el ejemplo puesto, siguen subsistiendo otras obligaciones como la de declarar, llevar la contabilidad, etc.? Nadie ha logrado responder a estas preguntas. Y la ausencia de respuesta a estas preguntas muestra mejor que nadie la falsedad e inutilidad de la teoría.

2.3 *La teoría de la función tributaria*

La falta de capacidad delimitadora de la teoría de la relación jurídico tributaria compleja se ve acompañada en la teoría de la "función tributaria" de una mezcla de los conceptos más comúnmente utilizados por la ciencia jurídica que hace muy difícil siquiera una breve explicación y exposición de sus tesis nucleares.

Con todo, entendemos puede decirse que dentro de las funciones (entendidas como el poder deber de realizar una determinada actividad) del Estado se encuentra la función tributaria. Y que ésta, la función tributaria ha de entenderse, al igual que el resto de las funciones del Estado, como un conjunto de poderes concretos que se encuadran en el poder de imperio del ente público al que corresponden los deberes jurídicos del ciudadano.

La función tributaria se diferencia del resto de las funciones del Estado por su fin: la exacción coactiva de riqueza que procura al Estado los medios necesarios para cubrir las necesidades públicas.

El Estado no solo puede, sino que debe realizar esta función y lo hace con actuaciones dirigidas a los ciudadanos y como destinatario de actos de los ciudadanos dirigidos a él. Todo ello dentro de un procedimiento, el procedimiento de imposición, que se coloca así en el centro del ordenamiento tributario y en el que, en las posturas más extremas de estas tesis "dinámicas" (ya que se fijan más en la actuación, en el procedimiento, que en la descripción "estática" de las relaciones que se establecen entre Estado y ciudadanos) la obligación tributaria no es más que un "momento" o fase de dicho procedimiento.

La mezcla y confusión de los conceptos más elementales (función, obligación, procedimiento, etc.) y más generalmente utilizados por todos los juristas en el estudio y configuración de todo el ordenamiento se muestra así en toda su evidencia.

Nadie ha discutido nunca la utilidad del concepto de función, al servicio de las cuales el ordenamiento coloca obligaciones, derechos y procedimientos de actuación de unos y otros. Para que el Estado cumpla su función de recaudar el ordenamiento lo coloca en distintas situaciones de poder y de deber, le atribuye derechos y obligaciones; atribuye a los ciudadanos situaciones contrapuestas de derecho y obligación y establece los procedimientos para que el Estado exija sus derechos y cumpla sus obligaciones para con los ciudadanos y éstos cumplan sus obligaciones y exijan sus derechos frente al Estado.

Confundir y mezclar todos estos conceptos no ha llevado más — en mi opinión — que a difuminar y confundir los contornos de la realidad social a la que se refieren y a construir el Derecho tributario como una pieza aislada y separada del resto del Ordenamiento, en donde no se ha sentido nunca la necesidad de tan inútil como perturbadora confusión.

Confundir el discurso sobre lo que el tributo es con la explicación de cómo se aplica entraña una perversión lógica que sólo puede originar confusión.

Colocar al procedimiento de imposición en el centro del Derecho tributario cuando éste ordena que el tributo se aplique (a través de autoliquidaciones e ingreso por parte del sujeto pasivo) normalmente sin actividad alguna de la Administración supone un discurso jurídico al margen, sin referencia concreta alguna a la realidad social que se trata de organizar.

Pero no son, con todo, la confusión, la falta de lógica interna, la incoherencia del discurso "dinámico" con el que se desarrolla normalmente por los juristas respecto a todo el ordenamiento, la falta de concreción de la realidad a la que se refiere, los peores defectos que cabe achacar a las tesis de la relación jurídico-tributaria compleja y de la función tributaria.

El peor defecto de estas teorías es su desconocimiento de las exigencias de un ordenamiento democrático que rechaza la unión en línea recta, vertical e ininterrumpida del poder con sus súbditos.

El ordenamiento de nuestro Estado democrático de Derecho diferencia claramente en la actualidad, como ya se ha dicho, el plano de la Ley y el de su aplicación. Y ordena a la Administración financiera la aplicación de la ley tributaria en un plano de igualdad con el ciudadano incompatible con la idea de la "relación de poder" que tanto la teoría de la "relación jurídico-tributaria compleja" como la teoría de la "función tributaria" intentan resucitar con sus vagas e inaprehensibles ideas de una relación difusa y confusa en sus contornos que une directamente al Estado que establece y exige el tributo con los súbditos que han de pagarlo. Aunque tal línea vertical y directa del superior que ordena y el súbdito que obedece se envuelva con el abstruso nombre de "relación jurídica compleja". Aunque el poder que se impone al súbdito se maquille con el tecnocrático nombre de "función tributaria".

Por ello podemos concluir las referencias a ambas doctrinas repitiendo una vez más la que debiera ser tan conocida como displicente frase de Jarach, según la cual tales teorías no responden ni "a los principios jurídicos que gobiernan la tributación del Estado de Derecho, ni a la dogmática del Derecho tributario".

Y podemos continuar nuestro discurso sobre la inicial imagen del tributo como obligación establecida por la Ley a cargo de quien realiza el hecho previsto por ella.

3. Pluralidad de obligaciones tributarias y relaciones entre ellas: accesoriedad y subsidiariedad

La definición del tributo como una obligación, ya se ha dicho, coloca al tributo sobre el fondo del derecho común de obligaciones y de la doctrina que, desde hace siglos, se ha elaborado sobre él. Desconocerlo supone privar al Ordenamiento de la coherencia interna que todo el ordenamiento reclama. Supone construir el Derecho tributario como una pieza "dislocada" dentro del sistema jurídico, privándole de sus posibilidades de interpretación y aplicación coherente con el resto del ordenamiento.

Pues bien, la clasificación de las obligaciones es una de las teorías más acabadas del Derecho civil continental de los siglos XIX y XX. El punto de arranque anterior y más sólido de esta teoría — tal y como hoy se aplica a nuestro Ordenamiento — puede situarse en Pothier. Dentro de su clasificación "la división sexta atiende al orden que debe observarse entre las cosas que vienen comprendidas en la obligación e identifica la obligación "principal" que se refiere al objeto que es asimismo principal del convenio celebrado (entrega de la cosa en la venta), y la obligación "accesoria" que en cierto modo no es otra cosa más que una secuela de la obligación principal (traspaso de los títulos de pertenencia). A su vez la división octava atribuye otro sentido a aquellos mismos términos: obligación "principal" es la que contrae quien se obliga por si mismo y como principal deudor y obligación "accesoria" aquella que contrae el que se obliga por otro (fianza) .

Pues bien, sobre la base de estas clasificaciones, entiendo debe denominarse (como se hace normalmente en nuestro Derecho) obligación tributaria principal a la obligación que surge de la realización del hecho imponible a cargo, precisamente, de quién lo realiza; a cargo, según la terminología de la LGT, del contribuyente. Pues ella tiene por objeto, precisamente, la prestación debida como tributo. La prestación cuya realización por el sujeto designado en primer lugar por la Ley para realizarla constituye, sin duda, el fin primordial de todo el Derecho tributario. La prestación que, como objeto, constituye el objeto principal entre todos aquellos que aparecen contemplados por toda la normativa tributaria.

Junto a ella se sitúan otras obligaciones que tienen también como objeto, total o parcialmente, la misma prestación: la obligación a cargo del contribuyente de realizar pagos a cuenta de la obligación que nace con la realización del hecho imponible (la obligación, p. ej., de realizar pagos fraccionados por profesionales o empresarios individuales a cuenta de la obligación que, en su caso, surja para ellos con el vencimiento de cada periodo impositivo); la obligación, a cargo del retenedor o sustituto de realizar, en lugar de él, pagos a cuenta de la obligación que, en su caso, ha de satisfacer el contribuyente (la obligación, p. ej., de un empresario de retener e ingresar una parte del salario que paga a sus trabajadores a cuenta del impuesto debido, en su caso, por éstos); la obligación que nace a cargo del responsable (por haber colaborado, p. ej., en una infracción) de pagar el tributo, colocándose, en esta situación pasiva, junto al contribuyente; las obligaciones resultantes de las garantías reales (hipoteca, prenda) o personales (aval bancario, etc.) que deben prestarse en determinados supuestos (p. ej., en el caso de aplazamiento o fraccionamiento del pago); la obligación, en fin, de quien se coloca, en ciertos casos, como sucesor de los sujetos pasivos de todas las obligaciones que acabamos de relacionar, incluida, claro está, la obligación tributaria principal.

No cabe duda de que desde la perspectiva, creo que al menos respetable, de Pothier todas las obligaciones que acabamos de relacionar — entre las que destacan por su especial importancia en nuestro Ordenamiento la obligación del sustituto o retenedor y la obligación del responsable — pueden ser calificadas como obligaciones accesorias de la obligación tributaria principal.

Pero nuestra actual doctrina civilista es más precisa en el análisis de las relaciones entre obligaciones, cuando existe una pluralidad de obligaciones que sirven al fin unitario de una institución como el tributo. Y, así, Badosa reserva la categoría de obligaciones accesorias a las "obligaciones que si bien dependen en su nacimiento de la obligación principal correspondiente, una vez nacidas alcanzan independencia y resultan inmunes a las vicisitudes de la obligación que, simultáneamente (art. 1.095 C.c.) o con posterioridad (art. 1.101 C.c.) provoca su nacimiento". En este caso estarían en Derecho tributario no las obligaciones que acabamos de relacionar, sino, p. ej., las obligaciones de pago de intereses y recargos que pueden y deben en consecuencia, como haremos después, ser calificadas de accesorias en sentido propio, como obligaciones subordinadas a la obligación principal sólo en su nacimiento.

Pero ello no quiere decir que al excluir las obligaciones que hace un momento hemos relacionado y, entre ellas, la del sustituto o retenedor y del responsable del círculo de las "obligaciones accesorias en sentido estricto" éstas se alejen de la principal. Por el contrario las obligaciones de pago a cuenta (y no obligaciones a cuenta, como incorrectamente se dice en nuestro Derecho tributario) no pueden concebirse sino en íntima relación con la obligación tributaria principal "a cuenta de la cual" se pagan. La obligación del responsable sólo puede concebirse en relación con o "junto a" la obligación tributaria principal.

Esta íntima relación con la obligación tributaria principal deriva de que todas ellas satisfacen el mismo y único interés del acreedor: el cobro del tributo debido. Ello supone que, satisfecho este interés, realizado el pago de cualquiera de ellas, debieran considerarse extinguidas en la misma proporción o grado la obligación principal y extinguida la obligación principal debería extinguirse en todo caso la llamada obligación a cuenta o la del responsable. A este tipo de obligaciones así relacionadas con la principal, a este tipo especial de accesoriedad se refiere nuestra más reciente y rigurosa doctrina de Derecho civil con el término "subsidiariedad". La obligación subsidiaria no tiene porque recaer sobre el mismo sujeto, pero se refiere al mismo objeto o prestación: realizada ésta se extingue la obligación principal o subsidiaria no cumplida.

El supuesto típico de esta clase de accesoriedad que llamamos subsidiariedad es — en el ámbito civil — la fianza. Y es indiscutible que la fianza puede garantizar obligaciones futuras aún no nacidas. La obligación accesoria — subsidiaria — puede nacer antes que la principal.

Pues bien, a este tipo de accesoriedad — la subsidiariedad — responden sin duda las obligaciones a cuenta y las obligaciones del responsable.

Nuestro Ordenamiento jurídico, nuestro Derecho común de obligaciones pone así de manifiesto lo absurdo de la regulación actual del sustituto o retenedor cuando se pretende que éste no pueda excusarse del pago aunque demuestre fehacientemente que ya se ha pagado la obligación tributaria principal por el contribuyente: que ya se ha realizado la misma prestación a la que él estaba obligado, en un Ordenamiento tributario que admite expresamente el pago por tercero!

Y pone de manifiesto cuan conveniente sería que quienes escriben sobre la obligación tributaria hubiesen leído antes un manual solvente de Derecho civil. Quizás esto sirviera también para acabar con la ridícula negativa a reconocer al responsable — que cuando paga paga el tributo — el carácter de sujeto pasivo de una obligación tributaria. Pues, entiendo, nuestro Derecho tributario ganaría en claridad y coherencia con el resto del Ordenamiento si acordado el nombre de obligación tributaria principal para la obligación de pago del tributo por el contribuyente, se estuviese también de acuerdo en aplicar el nombre de obligaciones tributarias subsidiarias a las que tienen también por objeto el pago de la suma debida como tributo y en función de este mismo objeto se relacionan con la obligación tributaria principal. Reservando el nombre de obligaciones accesorias a las obligaciones accesorias en sentido estricto a las que inmediatamente pasamos a referirnos.

4. Obligaciones accesorias en sentido estricto

Junto a la obligación tributaria principal y a las obligaciones tributarias subsidiarias a que acabamos de referirnos el ordenamiento tributario establece y regula otras obligaciones pecuniarias que pueden agruparse bajo la denominación de obligaciones accesorias en sentido estricto en cuanto que dependen en su nacimiento de la obligación tributaria principal o de una obligación tributaria subsidiaria, pero, una vez nacidas alcanzan independencia respecto a la obligación que simultáneamente o con posterioridad provoca su nacimiento.

En este grupo deben de encuadrarse la obligación de pago de intereses de demora; la obligación de pago de recargos por pago tardío o extemporáneo; la obligación de pago del recargo de apremio; la obligación de pago de sanciones por falta de pago y las obligaciones de pago entre particulares derivadas del tributo.

Se diferencian todas ellas de las obligaciones tributarias por su contenido: la prestación debida no es en ningún caso la cantidad que debe de entregarse a un ente público, y no a otra persona, como tributo. Se diferencian entre ellas por la prestación debida en cada caso y por el fin con el que se establecen y que sirve para modelar y modular, en cada caso, esta prestación: la reparación del daño o la compensación de un gasto en el caso de intereses o recargos; el castigo y la prevención en el caso de las sanciones; la restitución del tributo pagado en el caso de las obligaciones entre particulares derivadas del tributo. Restitución que sirve en unos casos (sustituto, responsable, garante) para evitar el enriquecimiento injusto del contribuyente y, en otros (contribuyente con derecho a repercutir) para que la Ley alcance su fin de gravar la manifestación de riqueza (p. ej., consumo) que quiere gravar conforme al principio de capacidad recogido por la Constitución.

5. Derecho tributario material y Derecho tributario formal. Obligaciones de hacer y procedimiento

5.1 Derecho tributario material y Derecho tributario formal

La comprensión y explicación de un determinado Ordenamiento exige la ordenación sistemática del material normativo que lo integra. Exige ordenar, separar, clasificar y relacionar este material de acuerdo con un plan definido.

"Un orden sistemático" — indica Ross al hablar de "las divisiones fundamentales del Derecho" — "es valioso en primer término por razones prácticas: es esencial a los fines de la claridad, como medio para hallar el camino en el complejo tema del Derecho, tal como en una biblioteca los libros tienen que estar dispuestos según un plan. El sistema sirve también de fundamento para una división del estudio del derecho que, por lo menos en nuestros días, resulta indispensable".

"La estructuración sistemática es valiosa también por razones teoréticas. Si se funda en criterios relevantes ayuda al estudioso a analizar el material jurídico, revela problemas y describe semejanzas y diferencias ocultas".

Y uno de estos criterios, señala Ross, indiscutible e indiscutido en todo tiempo y lugar en nuestros actuales sistemas jurídicos por la generalidad de los juristas, es el que diferencia entre un derecho sustantivo o material y un derecho adjetivo o "formal".

El Derecho tributario no puede prescindir de esta división — utilizada insisto por la generalidad de los juristas en todos los ámbitos del Ordenamiento — y según la cual cabe distinguir, también dentro del conjunto de normas que conforman el Ordenamiento tributario, aquellas normas que, utilizando las palabras de Sainz de Bujanda, regulan lo que el tributo es y aquellas que regulan cómo ha de aplicarse. Y en una primera aproximación podemos decir que las primeras forman el Derecho tributario material o sustantivo y las segundas el Derecho tributario adjetivo o "formal". Pero la distinción que parece, así, a primera vista tan sencilla, exige, claro está, ulteriores matizaciones.

Puede decirse, desde luego, que las normas que regulan el nacimiento, los sujetos, el contenido y la extinción de las obligaciones tributarias forman parte del Derecho tributario material o sustantivo. También forman parte de él las normas que establecen y regulan las obligaciones accesorias de carácter pecuniario. El Derecho tributario material se configura así, fundamentalmente, como un Derecho tributario de obligaciones. Un Derecho cuyas normas atribuyen al titular de los derechos que reconocen un bien determinado o privan al sujeto pasivo de las obligaciones que establecen de un bien determinado, generalmente de una suma de dinero. Puede decirse, así, que sus normas son normas de carácter y con efectos finales. Normas de carácter sustantivo en cuanto que sus efectos, la atribución o la privación de un bien real y concreto, tienen un carácter en cierto modo final, independiente y aislado de otros fenómenos jurídicos.

Pero la identificación del otro término de la división, el Derecho tributario formal, entraña, a mi juicio, mayores dificultades. Por contraposición a la caracterización que acabamos de hacer del Derecho tributario material o sustantivo, podemos decir, situando esta consideración en un primer plano, que las normas de Derecho tributario formal tienen un carácter adjetivo, instrumental. Las normas de Derecho tributario formal pueden atribuir, como las de derecho tributario material, a la Administración y a los administrados derechos y obligaciones, poderes y deberes. Pero estos derechos y obligaciones, poderes y deberes instrumentales, "formales", no determinan en su realización el logro de un resultado de carácter final. Posibilitan, facilitan tan sólo el logro de los resultados finales previstos por el derecho tributario material. Así, p. ej., la obligación de declarar la realización de un determinado hecho imponible no tiene en si misma, aisladamente considerada, un significado final, no priva ni atribuye a nadie un bien o derecho; sólo tiene un significado instrumental en cuanto que posibilita la efectiva aplicación, mediante el correspondiente pago, del tributo.

Ciertamente, todo acto jurídico tiene un contenido y una forma. Pero en derecho tributario sustantivo el contenido prima sobre la forma. El derecho material o sustantivo atribuye derechos y obligaciones sin prejuzgar los modos, formas o procedimientos para su ejercicio, cumplimiento o aplicación. Por el contrario, el ejercicio o cumplimiento de derechos y obligaciones instrumentales exigen normalmente, para su reconocimiento exterior, determinados requisitos de forma. Por ello, en los derechos y obligaciones de carácter instrumental o adjetivo la forma adquiere una mayor importancia que en el derecho material o sustantivo hasta el punto de justificar para ellos el nombre de derechos u obligaciones "formales"; y de justificar para el derecho adjetivo el nombre de derecho "formal". Sólo en una determinada forma, p. ej., puede entenderse cumplida la obligación de presentar declaración de operaciones con terceros que superen un determinado importe; o la obligación de llevanza de la contabilidad. Aunque esto no debe de llevarnos a la idea de que todas las obligaciones instrumentales de derecho formal o adjetivo deban de cumplirse, o todos los derechos de exigirse, con arreglo a rígidas exigencias de forma. Así, p. ej., un acto de excepcional importancia en el derecho tributario formal como es la declaración de los hechos imponibles realizados goza en nuestro ordenamiento de una gran libertad de forma, pudiendo admitirse incluso la simple declaración verbal (cfr. art. 102 LGT). Pues debemos afirmar en este punto que las exigencias rituales o formales sólo pueden justificarse en nuestro Estado de Derecho cuando son estrictamente necesarias para delimitar un derecho o una obligación; y que deberán ser rechazadas de plano cuando significan, pura y simplemente, un obstáculo innecesario para el ejercicio de los derechos o el cumplimiento de las obligaciones que el derecho material o sustantivo reconoce y regula.

5.2 Obligaciones de hacer

Las obligaciones impuestas por las normas de derecho tributario formal son, normalmente, obligaciones de hacer.

Tales obligaciones tienen, en ciertos casos relevantes, un carácter independiente o autónomo respecto de obligaciones tributarias concretas. Tienen, a pesar de ello, el carácter de obligaciones instrumentales o formales en el sentido antedicho de que no tienen un significado final; privan, ciertamente, a quien los cumple de un bien — el "hacer" que constituye su objeto, es decir, la prestación debida — y atribuyen este bien a la Administración que puede exigir su cumplimiento. Pero este cumplimiento no es un fin en sí mismo; es sólo un instrumento para la efectiva aplicación de los tributos.

Dentro de este tipo de obligaciones adquieren una especial relevancia, en nuestro Ordenamiento jurídico tributario, las obligaciones de información y, dentro de ellas, la obligación de declarar hechos realizados por quien los declara que pueden determinar el nacimiento de una concreta obligación tributaria.

Estas obligaciones adquieren el carácter de accesorias cuando se exigen o deben de cumplirse en relación o como consecuencia de una obligación tributaria concreta.

El carácter independiente o accesorio, pero en todo caso instrumental de estas obligaciones debe servir para modular su exigencia, proporcionada, necesaria y en relación directa con el fin que con ellas se trata de alcanzar. La efectiva aplicación de los tributos, en general, en unos casos; la aplicación de un concreto tributo en otros; la eficacia y objetividad, pero no la simple comodidad, de la actuación administrativa que se dirige a esta aplicación.

Las normas de Derecho tributario regulan y establecen, en fin, determinadas obligaciones de no hacer o de soportar el ejercicio de facultades y derechos por parte de otros sujetos; normalmente la administración, incardinándose en este caso, y como diremos ahora, en un procedimiento.

5.3 Procedimiento

Las obligaciones de hacer, de no hacer o de soportar en que se concretan normalmente los mandatos contenidos en las normas de Derecho tributario formal pueden incardinarse en ciertos casos en un procedimiento, entendiendo por tal — con González Pérez — un tipo de combinación de actos que reúne las siguientes características:

Cada uno de los actos combinados conserva íntegramente su individualidad.

La conexión entre los actos radica en la unidad de efecto jurídico.

Los actos están vinculados causalmente entre sí, de tal modo que cada uno supone el anterior y el último supone al grupo entero.

La Ley puede exigir un determinado procedimiento tanto para las actuaciones de los particulares como para las actuaciones de la Administración. Las actuaciones de la administración — tanto las provocadas por la actuación de un particular como las iniciadas por ella — han de seguir normalmente un procedimiento reglado, tanto en garantía del interés público como de los derechos de los particulares.

Las normas de Derecho tributario formal regulan, claro está, los distintos procedimientos a seguir por la Administración tributaria (gestión, inspección, recaudación, revisión de actos) en sus actuaciones frente a los particulares.

Las normas que regulan tales procedimientos deben apartarse, en mi opinión, lo mínimo posible de las normas que regulan, en general, el procedimiento que ha seguir la Administración en sus actuaciones. Y, como éstas, deben de garantizar en todo caso, tanto la función administrativa que a través de ellos se realiza, como, de forma más concreta, los derechos que al servicio de esa función reconoce el Derecho tributario sustantivo a la Administración y los derechos que todo el ordenamiento reconoce a los ciudadanos.

Los esquemas dogmáticos fundamentales del Derecho tributario deben buscar así su máxima coherencia con los esquemas dogmáticos fundamentales, en especial, y en cuanto al derecho formal, del Derecho administrativo y, en general, de todo el Ordenamiento. Sólo así el Derecho tributario puede construirse como una pieza integrada en un Ordenamiento único colocado todo él al servicio de las ideas y valores que, recogidos en la Constitución, el pueblo se ha dado como pauta de su organización social.

CADERNOS DE DIREITO TRIBUTÁRIO

ARROLAMENTO DE BENS DO CONTRIBUINTE. EXAÇÕES COM EXIGIBILIDADE SUSPENSA. O DEVER DE FAZER O ARROLAMENTO. INVALIDADE JURÍDICA DO PROCEDIMENTO

HUGO DE BRITO MACHADO

Professor Titular de Direito Tributário da UFC — Presidente do Instituto Cearense de Estudos Tributários — Juiz aposentado do Tribunal Regional Federal da 5ª Região — Membro do IFA — *International Fiscal Association*

O procedimento de arrolamento de bens do contribuinte foi instituído pela Lei 9.532 como forma de garantia do crédito tributário e sua feitura pressupõe a existência de crédito tributário regularmente constituído.

É patente, porém, que a Lei 9.532/97 é desprovida de validade jurídica, em virtude de sua inconstitucionalidade, tanto formal quanto material. Primeiro porque trata de matéria privativa de lei complementar (CF/88, art. 146, III, *b*). Segundo porque viola o direito de propriedade e a garantia do sigilo fiscal (CF/88, arts. 1º, IV; 5º, X, XII, XXII, LIV e § 2º; e 170, *caput* e IV e o art. 198 do CTN).

Ainda que fosse válido o arrolamento, sua feitura não seria encargo do contribuinte, mas da autoridade fiscal. Não comete ilegalidade, portanto, o contribuinte que deixa de atender a notificação de agentes fiscais para que o faça.

Consulta

XXX, sediada nesta Capital, consulta-me a respeito do procedimento de arrolamento de bens do contribuinte, de que trata a Lei 9.532, de 10 de dezembro de 1997, informando, para a final perguntar, o seguinte:

"A Consulente foi fiscalizada por Auditores Fiscais do Tesouro Nacional, tendo referida ação fiscal tido seu início em 17.2.1998 e encerramento em 29.12.1999. Resultou da mesma a lavratura de 9 (nove) Autos de Infração versando sobre os seguintes tributos:

- *Imposto de Renda Pessoa Jurídica — IRPJ (s/ omissão de receitas);*
- *Imposto de Renda Retido na Fonte (reflexo);*
- *Contribuição para o Programa de Integração Social — PIS (reflexo);*
- *Contribuição para o Financiamento da Seguridade Social — COFINS (reflexo);*
- *Contribuição Social sobre o Lucro — CSLL (reflexo);*
- *Imposto de Renda Pessoa Jurídica — IRPJ (s/ expurgo correção monetária Plano Real);*
- *Contribuição para o Programa de Integração Social — PIS;*

• *Contribuição para o Financiamento da Seguridade Social — COFINS;*

• *Contribuição Social sobre o Lucro — CSLL.*

Há de se destacar que 5 (cinco) desses lançamentos (PIS-reflexo; COFINS-reflexo; IRPJ-expurgo corr. mon. Plano Real; PIS e COFINS (reflexo) correspondem a créditos tributários com exigibilidade suspensa por força de decisão judicial.

Em face da autuação em apreço e de seu valor os Auditores Fiscais autuantes lavraram termo de intimação, com base nos arts. 927 e 928 do Regulamento do Imposto de Renda (Decreto 3.000/99) de arrolamento, determinando a apresentação pelo contribuinte de relação contendo seus bens e direitos classificáveis em seu Ativo Permanente, mediante preenchimento de um formulário (cópia anexa), bem como de fotocópia dos respectivos documentos de aquisição.

Diante do exposto, pergunta-se:

1. As exações com exigibilidade suspensa entram no cômputo dos 30% (percentual sobre o patrimônio conhecido do contribuinte) para efeito do arrolamento?

2. Cumpre ao contribuinte, ou aos fiscais, a feitura do arrolamento?

3. É válido o arrolamento, nos termos e para os fins previstos na lei que o instituiu?"

Examinei os documentos fornecidos pela consulente, as questões formuladas e a legislação pertinente, e passo a emitir meu

Parecer

1. O arrolamento de bens e seus efeitos

1.1 O arrolamento e suas finalidades

O arrolamento de bens e direitos do contribuinte é o procedimento criado pela Lei 9.532, de 10 de dezembro de 1997, como forma de garantia do crédito tributário. Como procedimento, consiste na atividade administrativa de relacionar, fazer um elenco, ou relação, que em linguagem contábil se define como inventário, de todos os bens e direitos do sujeito passivo da obrigação tributária.

O arrolamento tem duas finalidades. Uma aparente e outra disfarçada. A sua finalidade aparente é a de tornar conhecido da Fazenda o patrimônio do suposto devedor, de sorte a facilitar a penhora e conseqüentemente garantir a eficácia do processo executivo fiscal. O *rol* de bens e direitos do sujeito passivo na verdade facilita a penhora sobre um, alguns ou todos os bens do devedor, se e quando promovida a execução fiscal. Tem, todavia, o arrolamento, uma finalidade disfarçada, ou oculta, que é a de criar um constrangimento para o contribuinte, dificultando suas atividades, com o que pretende a Fazenda obrigá-lo, por via oblíqua, a pagar o que lhe esteja sendo exigido, sem questionar a legalidade da exigência.

A Lei 9.532/97 estabelece: "Art. 64. A autoridade fiscal competente procederá ao arrolamento de bens e direitos do sujeito passivo sempre que o valor dos créditos tributários de sua responsabilidade for superior a trinta por cento de seu patrimônio conhecido.

"§ 1º. Se o crédito tributário for formalizado contra pessoa física, no arrolamento devem ser identificados, inclusive, os bens e direitos em nome do cônjuge, não gravados com a cláusula de incomunicabilidade.

"§ 2º. Na falta de outros elementos indicativos, considera-se patrimônio conhecido o valor constante da última declaração de rendimentos apresentada.

"§ 3º. A partir da data da notificação do ato de arrolamento, mediante entrega de cópia do respectivo termo, o proprietário dos bens e direitos arrolados, ao transferi-los, aliená-los ou onerá-los, deve comunicar o fato à unidade do órgão fazendário que jurisdiciona o domicílio tributário do sujeito passivo.

"§ 4º. A alienação, oneração ou transferência, a qualquer título, dos bens e direitos arrolados, sem o cumprimento da formalidade prevista no parágrafo anterior, autoriza o requerimento de medida cautelar fiscal contra o sujeito passivo.

"§ 5º. O termo de arrolamento de que trata este artigo será registrado independentemente de pagamento de custas ou emolumentos:

"I — no competente registro imobiliário, relativamente aos bens imóveis;

"II — nos órgãos ou entidades, onde, por força de lei, os bens móveis ou direitos sejam registrados ou controlados;

"III — no Cartório de Títulos e Documentos e Registros Especiais do domicílio tributário do sujeito passivo, relativamente aos demais bens e direitos.

"§ 6º. As certidões de regularidade fiscal expedidas deverão conter informações quanto à existência de arrolamento.

"§ 7º. O disposto neste artigo só se aplica à soma de créditos de valor superior a R$ 500.000,00 (quinhentos mil reais).

"§ 8º. (...)

"§ 9º. (...)."

Em face desses dispositivos legais vamos a seguir examinar os aspectos indispensáveis ao oferecimento de respostas às questões formuladas.

1.2 Oportunidade do arrolamento

Embora a lei não estabeleça explicitamente a oportunidade na qual deve ser feito o arrolamento, entende-se que este somente é cabível quando concluído o procedimento de determinação do valor do crédito tributário. É que ao referir-se, como se refere, ao *valor dos créditos tributários de sua responsabilidade*, coloca como pressuposto do arrolamento a existência de *créditos tributários*. Não basta a existência de obrigações tributárias, que são, como é sabido, ilíquidas e incertas.

Sobre a distinção entre crédito tributário e obrigação tributária, temos ensinado:

"Na terminologia adotada pelo CTN, crédito tributário e obrigação tributária são coisas distintas. O crédito decorre da obrigação e tem a mesma natureza desta (CTN, art. 139).

"Em primeiro lugar, a lei descreve a hipótese em que o tributo é devido. É a *hipótese de incidência*. Concretizada essa hipótese pela ocorrência do *fato gerador*, surge a obrigação tributária, vale dizer, o vínculo jurídico por força do qual o particular sujeita-se a ter contra ele feito um lançamento tributário.

"Em face da *obrigação tributária* o Estado *ainda* não pode exigir o pagamento do tributo. Também em face das chamadas obrigações acessórias não pode o Estado exigir o comportamento a que está obrigado o particular. Pode, isto, sim, tanto diante de uma obrigação tributária principal como diante de uma obrigação acessória descumprida, que por isto fez nascer uma obrigação principal (CTN, art. 113, § 3º), fazer um lançamento, constituir um *crédito* a seu favor. Só então poderá exigir o objeto da prestação obrigacional, isto é, o pagamento.

"O crédito tributário, portanto, é o vínculo jurídico, de natureza obrigacional, por força do qual o Estado (sujeito ativo) pode exigir do particular, o contribuinte ou responsável (sujeito passivo), o pagamento do tributo ou da penalidade pecuniária (objeto da relação obrigacional)."[1]

Aliás, é esta a doutrina que temos preconizado desde a primeira edição do *Curso de Direito Tributário*, em 1979, como se pode ver de suas sucessivas edições, com ligeiras diferenças de redação.[2] E temos mantido, até hoje,[3] porque neste sentido é forte a nossa convicção, não obstante os

1. *Curso de Direito Tributário*, 5ª ed., Forense, Rio de Janeiro, 1992, pp. 107 e 108.

2. *Curso de Direito Tributário*, 1ª ed., Resenha Tributária, São Paulo, 1979, p. 85; 2ª ed., Forense, Rio de Janeiro, 1981, pp. 85 e 86; 3ª ed., Forense, Rio de Janeiro, 1985, pp. 85 e 86; 4ª ed., Forense, Rio de Janeiro, 1987, pp. 85 e 86.

3. *Curso de Direito Tributário*, 17ª ed., Malheiros Editores, São Paulo, fevereiro de 2000, pp. 129 e 130.

equívocos de alguns doutrinadores que insistem em desconhecer os dispositivos do Código Tributário Nacional.

É certo que o lançamento tributário tem natureza meramente declaratória da obrigação, mas tem inegável natureza constitutiva do crédito, que na terminologia adotada pelo Código Tributário Nacional com aquela não se confunde. Nos termos do Código Tributário Nacional o lançamento é que constitui o crédito. Por isto mesmo Fonrouge, ilustre tributarista argentino, reportando-se à doutrina de Gomes de Sousa e Ruy Barbosa Nogueira, e ao nosso Código Tributário, assevera: "Por su parte, la doctrina brasileña y algunos códigos tributarios latinoamericanos, establecen una nítida separación entre 'obligación' y 'exigibilidad de la obligación'. Según esta tendencia, la obligación tributaria principal nace al producirse el hecho generador, en tanto que la determinación (lançamento) tiene por fin constituir el crédito tributario, de modo que este acto tiene un efecto mixto: declarativo en cuanto al nacimiento de la obligación y constitutivo con respecto al crédito fiscal; así resulta del art. 113, § 1, del código tributario nacional con relación al primer aspecto, e del art. 142 al segundo, los cuales no hacen mas que recoger las normas propuestas por Gomes de Sousa en los arts. 81 y 105 del proyecto de código y explicadas en términos inequívocos por ese autor. En igual sentido se manifiesta Nogueira".[4]

Dúvida, portanto, não pode haver, de que a referência a "o valor dos créditos tributários de sua responsabilidade" expressamente feita pela lei, está a indicar que o arrolamento somente pode ser feito depois de definitivamente constituído o crédito tributário, pelo lançamento.

Nem podia mesmo, aliás, ser de outro modo, posto que a simples obrigação tributária ainda não tem um valor determinado, certo, estando a depender sempre de liquidação, ou determinação. O lançamento, ao constituir o crédito tributário, é que lhe determina o valor, e este é um elemento absolutamente indispensável para definir a hipótese de arrolamento dos bens e direitos do contribuinte.

1.3 O lançamento como ato indispensável ao arrolamento

Realmente, o arrolamento só é cabível em face de créditos tributários de valor acima de quinhentos mil reais, e que ultrapasse trinta por cento do patrimônio conhecido do sujeito passivo dos mesmos.

Indispensável, portanto, para a determinação da hipótese em que se faz cabível o arrolamento, é saber o montante dos créditos tributários respectivos. Em outras palavras, para que se possa identificar a hipótese de arrolamento é preciso que tenha havido o lançamento, constitutivo dos créditos tributários.

A propósito do lançamento, já escrevemos:

"O art. 142 do Código Tributário Nacional define lançamento. Entretanto, para dizermos adequadamente o que é lançamento tributário, temos de alterar expressão literal daquele dispositivo legal, que encerra duas impropriedades. A primeira consiste em dizer que no lançamento se tem de *calcular* o montante do tributo devido. É sabido que existem os denominados tributos fixos, cujo montante independe de cálculo. É sabido também que no crédito se incluem as penalidades pecuniárias. Por isto, preferimos dizer que no lançamento se tem de *calcular ou por outra forma definir o valor do crédito tributário*. Por outro lado, a expressão literal do art. 142 do CTN expressa uma contradição em seus próprios termos. Se o lançamento constitui o crédito tributário, tornando líquida e certa a obrigação correspondente, não se compreende que apenas *proponha* a *aplicação* da penalidade cabível, conforme o caso. O que na verdade a autoridade administrativa faz, com o lançamento, é *aplicar* a penalidade.

4. Giuliani Fonruge, *Derecho Financiero*, v. 1, 2ª ed., Depalma, Buenos Aires, 1970, p. 487.

Somente assim é possível determinar o montante do crédito tributário. Sem que esteja aplicada a penalidade não é possível calcular o montante do crédito tributário de cuja constituição se cogita, porque a penalidade pecuniária integra esse montante.

"Lançamento tributário, portanto, é *o procedimento administrativo tendente a verificar a ocorrência do fato gerador da obrigação correspondente, identificar o seu sujeito passivo, determinar a matéria tributável e calcular ou por outra forma definir o montante do crédito tributário, aplicando, se for o caso, a penalidade cabível.* Esta é a definição de lançamento, contida no art. 142 do Código Tributário Nacional, com alterações decorrentes da interpretação sistemática da referida norma, como acima demonstrado.

"A atividade administrativa de lançamento é vinculada e obrigatória sob pena de responsabilidade funcional (CTN, art. 142, parágrafo único). Tomando conhecimento do fato gerador da obrigação tributária principal, ou do descumprimento de uma obrigação tributária acessória, que a este equivale porque faz nascer também uma obrigação tributária principal, no que concerne à penalidade pecuniária respectiva, a autoridade administrativa tem o *dever* indeclinável de proceder ao lançamento tributário. O Estado, como sujeito ativo da obrigação tributária, tem um direito ao tributo, expresso no direito potestativo de criar o crédito tributário, fazendo o lançamento. A posição do Estado não se confunde com a posição da autoridade administrativa. O Estado tem um *direito*, a autoridade tem um *dever*.

"A natureza jurídica do lançamento tributário já foi objeto de grandes divergências doutrinárias. Hoje, porém, é praticamente pacífico o entendimento segundo o qual o lançamento não cria direito. Seu efeito é simplesmente declaratório. Entretanto, no Código Tributário Nacional o crédito tributário é algo diverso da obrigação tributária. Ainda que, em essência, crédito e obrigação sejam a mesma relação jurídica, o crédito é um momento distinto. É um terceiro estágio na dinâmica da relação obrigacional tributária. E o lançamento é precisamente o procedimento administrativo de determinação do crédito tributário. Antes do lançamento existe a obrigação. A partir do lançamento surge o crédito.

"O lançamento, portanto, é *constitutivo do crédito tributário*, e apenas *declaratório da obrigação* correspondente. Por isto, salvo disposição de lei em contrário, quando o valor tributável esteja expresso em moeda estrangeira, no lançamento sua conversão em moeda nacional se faz ao câmbio da data da ocorrência do fato gerador (CTN, art. 143). Também por isto a legislação que a autoridade administrativa tem de aplicar ao fazer o lançamento é aquela que estava em vigor na data da ocorrência do fato gerador da obrigação correspondente, ainda que posteriormente modificada ou revogada (CTN, art. 144). Em relação às penalidades, todavia, prevalece o princípio do Direito Penal da retroatividade da lei mais favorável (CTN, art. 106). Aplica-se também ao lançamento a legislação que, posteriormente à ocorrência do fato gerador da obrigação, tenha instituído novos critérios de apuração ou processos de fiscalização, ampliando os poderes de investigação das autoridades administrativas, ou outorgando ao crédito maiores garantias ou privilégios, salvo a que atribuir responsabilidade tributária a terceiros (CTN, art. 144, § 1º)."[5]

Sem lançamento não existe crédito tributário, e assim não tem cabimento o procedimento de arrolamento de que se cuida. E de outro modo não poderia ser, pois a hipótese de arrolamento é definida com a indicação do valor do crédito tributário, que evidentemente só é juridicamente determinado com o lançamento.

Realmente, diz a lei que a autoridade fiscal fará o arrolamento dos bens e direitos do contribuinte sempre que *o valor dos*

5. *Curso de Direito Tributário*, 17ª edição, Malheiros Editores, São Paulo, 2000, pp. 131 a 132.

créditos tributários de sua responsabilidade for superior a trinta por cento de seu patrimônio conhecido. Assim, sem que tenha sido ainda definido o valor dos créditos tributários, porque estes ainda não foram constituídos, não se pode cogitar do arrolamento.

1.4 A suspensão da exigibilidade

Pode parecer que a constituição do crédito tributário ocorre com a simples lavratura do auto de infração. Aliás, o Supremo Tribunal Federal, ao apreciar alegações de decadência do direito de a Fazenda Pública constituir o crédito tributário, disse que uma vez lavrado o auto de infração não mais se cogita de decadência. Não se pode, porém, deduzir daí que o Supremo tenha afirmado estar o crédito tributário definitivamente constituído com o lançamento. Na verdade não o disse. Tanto que asseverou não ter início com o auto de infração o curso do prazo de prescrição.

Seja como for, a questão resolvida pelo Supremo Tribunal Federal diz respeito à decadência do direito de lançar. Entendeu a Corte Maior que depois de lavrado o auto de infração já não se pode cogitar de decadência. E isto pode justificar-se sem a necessidade de se afirmar que o auto de infração constitui desde logo o crédito. É bastante admitir-se que uma vez iniciado o procedimento de constituição do crédito tributário já não se pode cogitar de decadência.

Não se pode esquecer que as decisões judiciais devem ser interpretadas tendo-se em vista a situação concreta em face das quais foram proferidas. Quando o Supremo Tribunal Federal decidiu que lavrado o auto de infração tinha-se como constituído o crédito tributário, a tese posta em apreciação era a da decadência. Os contribuintes sustentavam que o prazo de cinco anos, estabelecido pelo art. 173 do Código Tributário Nacional, era concedido à Fazenda Pública para a constituição definitiva do crédito. O Fisco sustentava que a lavratura do auto de infração afastava a argüição de decadência. E foi esta a questão resolvida. Entendeu o Supremo Tribunal Federal que uma vez lavrado o auto de infração dentro do prazo de cinco anos a contar do primeiro dia do exercício seguinte àquele em que o lançamento poderia ser efetuado, nos termos do art. 173, não se havia mais de cogitar de decadência, porque a Fazenda Pública havia exercitado o seu direito.

Aliás, tal entendimento é razoável, porque em geral o que se exige para evitar a decadência é o início do exercício do direito. Não o seu exaurimento. Tanto assim que o prazo de 120 dias para impetração do mandado de segurança, como o de dois anos para a propositura da ação rescisória, leva em conta o ato inicial, o ingresso em juízo, e não o desfecho final do procedimento.

Por outro lado, cogitando da suspensão da exigibilidade do crédito tributário, já escrevemos:

"O crédito tributário, por sua própria natureza, é exigível, pois o sujeito ativo (o Fisco) pode compelir, pelos meios legais próprios, o sujeito passivo (contribuinte ou responsável) a satisfazê-lo. Essa exigibilidade ao lado das qualidades de liquidez e certeza tornam o crédito tributário cobrável mediante processo de execução, bastando, para tanto, que o Fisco formalize o título executivo, que é a certidão da inscrição do crédito como Dívida Ativa.

"Mas a exigibilidade do crédito tributário pode ser suspensa. A suspensão pode ser:

"a) prévia, operando-se antes do surgimento da própria exigibilidade, caso em que mais propriamente se devia dizer *impedimento*, em lugar de suspensão; e

"b) posterior, operando-se depois que o crédito se tornou exigível.

"Nos termos do art. 151 do CTN, suspendem a exigibilidade do crédito tributário: (a) a moratória; (b) o depósito de seu montante integral; (c) as reclamações e os recursos, nos termos das leis reguladoras do processo tributário administrativo; e (d) a concessão da medida liminar em mandado de segurança.

"As reclamações e os recursos, evidentemente, constituem modalidade de suspensão necessariamente prévia, pois o crédito tributário definitivamente constituído não mais comporta tais medidas. A rigor, o que aqui denominamos *suspensão prévia* é impedimento. As reclamações e os recursos na verdade não *suspendem* a exigibilidade do crédito tributário, pois ao serem interpostos o crédito ainda não é exigível, e não se pode cogitar de suspender a exigibilidade se esta ainda não existe. O crédito, a rigor, só é exigível quando já não caiba reclamação, nem recurso, contra o lançamento respectivo, quer porque transcorreu o prazo legalmente estipulado para tanto, quer porque tenha sido proferida decisão de última instância administrativa."[6]

Realmente, quando afirmei que as reclamações e os recursos constituem forma de suspensão prévia, ou impedimento, porque ao serem interpostos ainda não existe exigibilidade, pretendi deixar claro que a exigibilidade ainda não existe porque ainda não existe o próprio crédito. E tem de ser assim porque com o nascimento do crédito tributário nasce a exigibilidade, que é uma de suas características essenciais.

A rigor, as reclamações e os recursos atacam a pretensão de constituir o crédito tributário. Não o crédito, que este ainda não existe. Por isto mesmo é correto dizer-se que não se trata propriamente de suspensão, mas de impedimento da exigibilidade. A exigibilidade não chega a se instaurar. Não começa a existir.

1.5 Ainda a suspensão da exigibilidade

O art. 151 do Código Tributário Nacional arrola causas de verdadeira suspensão da exigibilidade do crédito tributário, a saber, a moratória, o depósito de seu montante integral e a medida liminar em mandado de segurança. É certo que tais meios de suspensão da exigibilidade do crédito tributário também podem ser utilizados em caráter preventivo, mas podem ser utilizados depois de definitivamente constituído o crédito tributário, pelo lançamento, e neste caso é que são realmente meios de suspensão da exigibilidade deste.

Com efeito, constituído o crédito tributário este será, em princípio, exigível, porque a exigibilidade é um atributo essencial do crédito tributário. Mesmo assim, se o contribuinte deposita o valor integral deste, ou quando executado tem seus bens penhorados, tal exigibilidade resta suspensa.

Em tais casos, suspensa a exigibilidade do crédito tributário, não se pode cogitar de arrolamento de bens do contribuinte, posto que o crédito da Fazenda Pública está sobejamente garantido.

1.6 Inexistência da exigibilidade e suspensão desta pela garantia

Seja como for, certo é que se inexiste a exigibilidade, como acontece com o crédito tributário que ainda não está definitivamente constituído, ou nas hipóteses em que a suspensão da exigibilidade ocorre pela prestação de garantia efetiva de seu pagamento, razão nenhuma existe para o arrolamento de bens.

No primeiro caso, porque seria absurdo admitir o constrangimento que o arrolamento acarreta sem que sequer tenha a Fazenda Pública apreciado, administrativamente, as razões oferecidas pela contribuinte em sua defesa, ou recurso. Tanto que a lei, cuja constitucionalidade não vem ao caso discutir aqui, exige como condição para o recurso o depósito de apenas 30% do valor pretendido pela Fazenda. Isto quer dizer que a própria Fazenda Pública está admitindo a incerteza do valor por ela pretendido.

O arrolamento só tem sentido nas situações em que o crédito tributário esteja definitivamente constituído, e sua exigibili-

6. *Curso de Direito Tributário*, 17ª edição, Malheiros Editores, São Paulo, 2000, pp. 136 e 137.

dade esteja suspensa sem que esteja garantido o seu pagamento. Somente em tais hipóteses existe efetivamente um crédito tributário cuja cobrança poderá, uma vez cessada a causa suspensiva de sua exigibilidade, vir a ser feita, com a propositura da execução fiscal, e neste caso o arrolamento será útil para facilitar a penhora de bens.

Por outro lado, tendo-se em vista que o arrolamento, na forma como está colocado nos dispositivos do art. 64 da Lei 9.532/97, acima transcritos, é uma forma oblíqua de compelir o contribuinte a fazer o pagamento da quantia que lhe está sendo exigida, para escapar do constrangimento de ver levado a registro público um procedimento que será interpretado como indicativo de situação financeira difícil, que nenhum empresário quer ter. Assim, a única forma de conciliar o procedimento de arrolamento com as garantias constitucionais do contribuinte está no entendimento segundo o qual dito arrolamento só é possível quando se trate de crédito efetivamente exigível, já apurado e sem garantia de pagamento.

1.7 Efeitos teóricos e práticos do arrolamento

Em tese, o arrolamento presta-se para dar maior eficácia à execução fiscal. O acompanhamento do patrimônio do contribuinte permite a propositura da ação cautelar fiscal, a indicação de bens à penhora e a frustração de tentativas de fraude à execução. Assim, os efeitos que produz no plano teórico são: (a) a publicidade da situação patrimonial do titular dos bens arrolados; (b) o dever deste de informar ao Fisco a alienação dos bens arrolados; e ainda, (c) facilitar a realização da penhora quando da propositura da execução fiscal.

O primeiro desses efeitos coloca por si só o arrolamento em conflito com a garantia constitucional de sigilo, como adiante será demonstrado. Entretanto, existem ainda os efeitos práticos, não referidos explicitamente pela lei, mas que ocorrem inexoravelmente no plano dos fatos. A publicidade emprestada ao arrolamento, que é levado ao registro imobiliário, aos órgãos ou entidades que registram ou controlam a propriedade de bens móveis e ao registro de títulos e documentos, cria contra o titular dos bens arrolados, na prática, a proibição de dispor de seus bens, posto que ninguém vende se não houver comprador, e com certeza em face do arrolamento todos ficarão predispostos a não comprar, ou pelo menos a aviltar o preço dos bens objeto do arrolamento.

Embora em tese a alienação dos bens seja possível, não sendo o arrolamento empecilho à sua validade jurídica, a publicidade da situação fiscal do alienante significará a possibilidade de problemas futuros, o que inibirá a contratação. É inegável que o direito de propriedade estará, assim, a sofrer sérias restrições, sem que sequer tenha havido decisão afirmando a procedência da pretensão fiscal.

Além disso, a medida que se pretende impor à consulente implica danos a sua imagem com os prejuízos daí decorrentes. O suposto débito, que pode até ser inteiramente improcedente, impressionará seus concorrentes, fornecedores e compradores, dando-lhes a falsa impressão de fragilidade de sua situação econômica, o que será terrivelmente prejudicial ao exercício de suas atividades.

Destaque-se que o arrolamento de bens do contribuinte, para produzir os efeitos de legítima garantia do crédito tributário, não precisaria ser publicado. A publicidade só tem mesmo o efeito de causar constrangimento ao contribuinte, para obrigá-lo, por via oblíqua, a fazer o pagamento do que a Fazenda Pública lhe está cobrando, devida ou indevidamente. Como não está legalmente proibida a alienação dos bens arrolados, é evidente que o registro do arrolamento nos órgãos legalmente indicados não cumpre nenhuma outra finalidade. É puro arbítrio para fazer sucumbir o contribuinte.

Assim, o arrolamento de bens de que se cuida, por seus efeitos teóricos e práticos, padece de indiscutível inconstitucionalidade, tanto formal quanto material, como se passa a demonstrar.

1.8 Inconstitucionalidades

1.8.1 Inconstitucionalidade formal

O arrolamento de bens de que se cuida é sem dúvida uma garantia do crédito tributário. Aplica-se a créditos de PIS, COFINS, IRPJ, IRRF, CSLL, IPI, II, IE, ITR, enfim, qualquer tributo ou contribuição administrado pela Receita Federal. Tem-se, pois, lei ordinária contendo normas gerais de direito tributário, em flagrante violação do art. 146, inciso III, alínea *b*, da Constituição Federal.

Com efeito, essa matéria está reservada às leis complementares, pelo art. 146, inciso III, alínea *b* da Constituição Federal, que estabelece:

"Art. 146. Cabe à lei complementar: (...).

"III — estabelecer normas gerais em matéria de legislação tributária, especialmente sobre: (...).

"b) obrigação, lançamento, crédito, prescrição e decadência tributários."

Aliás, o vigente Código Tributário Nacional cuida já das garantias e privilégios do crédito tributário, o que deixa fora de qualquer dúvida razoável nossa afirmação de que a matéria em questão está reservada ao campo privativo das leis complementares.

Não há dúvida, portanto. Para ser formalmente compatível com a Constituição, o arrolamento de bens do sujeito passivo deveria constar de Lei Complementar. Por outro lado, além da inconstitucionalidade formal, o art. 46 da Lei 9.532/97 incorre ainda em inconstitucionalidade substancial, como a seguir se verá.

1.8.2 Inconstitucionalidade substancial

Realmente, mesmo que a Lei 9.532/97 fosse lei complementar — o que evidentemente só para argumentar se admite — a sua inconstitucionalidade persistiria, em razão do conteúdo viciado de suas prescrições.

A publicidade atribuída ao arrolamento leva ao conhecimento de todos a existência do crédito tributário, o seu montante e a relação entre este e o patrimônio do sujeito passivo autuado, trazendo sérias restrições ao direito de propriedade,[7] anteriores a qualquer procedimento contraditório. Cria uma indisponibilidade *de fato*, porque torna praticamente impossível a alienação de bens, afrontando a garantia constitucional segundo a qual ninguém será privada da liberdade ou de seus bens sem o devido processo legal.[8]

Além disso, o sigilo de dados[9] e a inviolabilidade da vida privada[10] das empresas passa a ser inexistente, o que lesa a livre iniciativa[11] e a liberdade de concorrência,[12] também direitos fundamentais.[13]

É secular a proteção atribuída aos livros comerciais, e a tudo que se relaciona ao funcionamento interno da empresa. Já em 1850 o Código Comercial preconizava: "Art. 17. Nenhuma autoridade, juízo ou tribunal, debaixo de pretexto algum, por mais especioso que seja, pode praticar ou ordenar alguma diligência para examinar se o comerciante arruma ou não devidamente seus livros de escrituração mercantil, ou neles tem cometido algum vício".

E nem poderia ser diferente, pois, como assevera o saudoso comercialista cearense Fran Martins, "Os livros comerciais, encerrando, em resumo, as atividades dos comerciantes, não podem ser manuseados por terceiros, já que nos negócios mercantis existem particularidades que não devem ser conhecidas por outras pessoas que não os próprios comerciantes".[14]

7. CF/88, art. 5º, XXII.
8. CF/88, art. 5º, LIV.
9. CF/88, art. 5º, XII.
10. CF/88, art. 5º, X.
11. CF/88, art. 1º, IV; art. 170, *caput*.
12. CF/88, art. 170, IV.
13. CF/88, art. 5º, § 2º.
14. *Curso de Direito Comercial*, 3ª ed., Rio de Janeiro, Forense, 1970, p. 167.

É certo que o Código Tributário Nacional, em seu art. 195, afirma não terem aplicação quaisquer disposições legais excludentes ou limitativas do direito de examinar mercadorias, livros, arquivos, documentos, papéis e efeitos comerciais ou fiscais dos comerciantes, industriais ou produtores, ou da obrigação destes de exibilos. Trata-se de exceção necessária à viabilidade da fiscalização, que não atenta contra o direito do empresário, pois a este apenas interessa que *os outros particulares* não conheçam seus segredos comerciais. Por isto é que o Fisco não pode, sob qualquer hipótese, divulgar as informações obtidas nesses mesmos livros.

O art. 198 do CTN é expresso: "Art. 198. Sem prejuízo do disposto na legislação criminal, *é vedada a divulgação, para qualquer fim, por parte da Fazenda Pública ou de seus funcionários, de qualquer informação, obtida em razão do ofício, sobre a situação econômica ou financeira dos sujeitos passivos* ou de terceiros e sobre a natureza e o estado dos seus negócios ou atividades" (grifei).

Trata-se de mera explicitação do disposto no art. 145, § 1º da Constituição Federal de 1988, que estabelece:

"Art. 145. (...).

"§ 1º. Sempre que possível, os impostos terão caráter pessoal e serão graduados segundo a capacidade econômica do contribuinte, facultado à administração tributária, especialmente para conferir efetividade a esses objetivos, identificar, *respeitados os direitos individuais* e nos termos da lei, o patrimônio, os rendimentos e as atividades econômicas do contribuinte" (grifei).

Realmente, não pode o Fisco invocar a exceção ao sigilo comercial, que lhe autoriza o exame da intimidade da empresa, porque tal exceção não lhe autoriza a tornar público o resultado obtido nessa atividade.

A este propósito temos ensinado:

"Ao mesmo tempo em que assegura ao Fisco o direito de penetrar nos domínios dos particulares, tomando conhecimento do que se passa com seus patrimônios, preserva o CTN o interesse destes de que ao público em geral não chegue tal conhecimento. Assim, proíbe a divulgação, para qualquer fim, por parte da Fazenda Pública ou de seus funcionários, de qualquer informação obtida em razão do ofício, isto é, obtida em função da atividade de administração e fiscalização tributária sobre a situação econômica ou financeira dos sujeitos passivos, ou de terceiros, e sobre a natureza e o estado de seus negócios ou atividades (CTN, art. 198).

"A proibição se dirige à Fazenda Pública, vale dizer, à pessoa jurídica de Direito Público, e também a seus funcionários. Violada a proibição, responde a Fazenda Pública civilmente. É obrigada a indenizar os danos que porventura a divulgação venha a causar, e pode agir regressivamente contra o funcionário, se houver dolo ou culpa deste (Constituição Federal, art. 37, § 6º)".[15]

Aliás, especificamente a respeito do arrolamento de bens do contribuinte, instituído pela Lei 9.532/97, já tivemos a oportunidade de escrever:

"Pensei, de início, que o arrolamento de que se cuida teria o único objetivo de tornar mais fácil a oportuna penhora de bens do sujeito passivo de obrigações tributárias. Mera providência administrativa, mera atividade da Administração Tributária, sem qualquer repercussão nos direitos do administrado.

"Fosse assim, não se haveria de falar em registro do auto de arrolamento.

"Como previsto, porém, com a formalidade que lhe empresta publicidade, o arrolamento de bens padece de inconstitucionalidade. Tanto a inconstitucionalidade formal, porque previsto em lei *ordinária* visivelmente invasora de terreno reservado à lei complementar pelo art. 146, inciso III, alínea *b*, como substancial, porque agri-

15. *Curso de Direito Tributário*, 17ª ed., São Paulo, Malheiros Editores, 2000, pp. 189-190.

de abertamente a garantia albergada pela expressão *respeitados os direitos individuais*, constante do art. 145, § 1º, que faculta à administração tributária incursão no patrimônio, nos rendimentos e nas atividades econômicas do contribuinte. Garantia que há de ser entendida em consonância com o estabelecido pelo art. 5º, incisos X, XII, LIV, e especialmente no seu § 2º, posto que o direito ao sigilo sobre o patrimônio e sobre as atividades econômicas é inerente à garantia de livre concorrência, expressamente adotado pela vigente Constituição [CF/88, art. 170, IV].

"Tais incursões estão autorizadas, *respeitados os direitos individuais*, que a publicidade, no caso, violenta abertamente."[16]

Essa também é a conclusão do ilustre Professor Marco Aurelio Greco, Doutor em Direito pela Pontifícia Universidade Católica de São Paulo, que assevera: "No caso do arrolamento, é o Fisco que trará a público não só uma indicação de valor como também a informação quanto à proporção que este representa perante o patrimônio do sujeito passivo, bem como outras informações sobre bens ou direitos que não constam de registros oficiais acessíveis por terceiros e que o Fisco só tem conhecimento por força das suas prerrogativas de Fisco. Em suma, nítida violação ao sigilo fiscal".[17]

Realmente, não se pode confundir o conhecer, com o publicar. O Fisco tem o direito de conhecer os fatos da vida do contribuinte. Para tanto foi estabelecida a exceção ao sigilo comercial. Não pode, porém, publicar nada a respeito dos fatos que conhece no exercício desse direito que excepcionalmente lhe foi por lei concedido.

Repita-se que a publicidade que a lei manda fazer do arrolamento de que se cuida não tem nenhuma finalidade, a não ser a de causar constrangimento ao contribuinte, tornando pública a sua situação patrimonial e seu litígio com o Fisco. Já que a lei não impede, e nem poderia impedir, a alienação dos bens, o registro do arrolamento é absolutamente inútil como garantia do crédito tributário. Presta-se apenas para criar um abusivo constrangimento ao contribuinte que pretenda utilizar o seu legítimo direito de defesa, impugnando os autos de infração contra eles lavrados.

1.9 Possível dano moral

A Constituição Federal, ao assegurar a inviolabilidade da vida privada, da intimidade e da imagem, previu expressamente a reparação por danos morais ou à imagem,[18] e ao fazê-lo não limitou a abrangência do dispositivo às pessoas físicas. Tanto que ganhou corpo a tese, afinal consagrada pelo Superior Tribunal de Justiça, segundo a qual *a pessoa jurídica pode sofrer dano moral*.[19]

No caso, é indiscutível que a feitura e a publicidade de um arrolamento de bens acarretará dano moral à consulente. Tem-se ato ilícito[20] por parte da Administração Tributária que culmina em dano à imagem, abalo do crédito e desgaste injusto no conceito de que a consulente desfruta no mercado. Seu direito à indenização é indiscutível. Funda-se diretamente nos arts. 5º, X e 37, § 6º da Constituição Federal.

Ressalte-se que o direito da consulente à reparação independe da procedência ou improcedência dos autos de infração lavrados. O ato ilícito, no caso, não é a constituição de crédito tributário indevido, mas a publicação da existência de um débito, suposto ou mesmo real, de elevadíssimo valor, e com a indicação da relação entre este e o patrimônio da consulente (superior a 30% do patrimônio conhecido). Se esta publici-

16. "O arrolamento de bens do contribuinte", in *Processo Administrativo Fiscal*, 3º v., coord. Valdir de Oliveira Rocha, 1ª ed., São Paulo, Dialética, 1998, p. 71.

17. "Arrolamento fiscal e quebra de sigilo", in *Processo Administrativo Fiscal*, 3º v., coord. Valdir de Oliveira Rocha, 1ª ed., São Paulo, Dialética, 1998, p. 173.

18. CF/88, art. 5º, X.

19. Súmula 227 do STJ.

20. Contrário à Constituição Federal e ao CTN, como vimos no item anterior deste parecer.

dade ocorrer, a lesão à honra objetiva do contribuinte estará consumada, independentemente de serem ou não serem procedentes os autos de infração, ou da comprovação de qualquer dano material decorrente.

2. O dever de fazer o arrolamento

2.1 A prática adotada pelas autoridades fiscais

É comum às autoridades fiscais, por sobrecarga de serviço ou por acomodação, atribuírem aos contribuintes fiscalizados a realização de tarefas suas. Ao invés de examinarem os livros contábeis, os fiscais exigem um demonstrativo com toda a movimentação de determinado período. Solicitam do contribuinte o que deveriam procurar e encontrar por conta própria nos livros fiscais e, quando este recusa-se a atendê-los é acusado de embaraço à fiscalização.

Tal prática é ilegal e abusiva. O dever de fiscalizar é do servidor público, em razão de seu cargo. O contribuinte tem apenas o dever de tolerar a presença do Fiscal em seu estabelecimento, e permitir o exame de sua contabilidade. Dever, aliás, que hoje pode ser posto em dúvida em face da garantia constitucional do direito ao silêncio, na medida em que o legislador definiu como crime certos ilícitos tributários.

Constato dos documentos que me foram fornecidos pela consulente que ela está sendo vítima dessa prática abusiva. Está tendo de trabalhar para os fiscais, que a intimaram a entregar, no prazo de cinco dias, a relação dos bens e direitos classificáveis no seu ativo permanente, mediante preenchimento de formulário anexo, com a juntada de fotocópia dos respectivos documentos de aquisição.

O dever de fazer o arrolamento de que se cuida é da autoridade competente da Administração Tributária, não é ônus do contribuinte.

2.2 Dispositivo legal expresso

É a própria Lei 9.532, que, ao instituir o arrolamento, estabelece que este será efetuado pela autoridade fiscal competente. Sua redação é de clareza solar:

"Art. 64. *A autoridade fiscal competente procederá o arrolamento* de bens e direitos do sujeito passivo sempre que o valor dos créditos tributários de sua responsabilidade for superior a trinta por cento de seu patrimônio conhecido" (grifei).

E não é apenas a lei que determina ser o arrolamento tarefa do Fisco. Também a Instrução Normativa SRF 143/98, do Secretário da Receita Federal, norma dirigida especialmente aos agentes do Fisco, que expressamente o diz, estabelecendo: "Art. 3º. O arrolamento a que se refere o artigo anterior será efetuado pelo titular da Delegacia da Receita Federal — DRF ou da Inspetoria da Receita Federal, classe A — IRF com jurisdição sob o domicílio fiscal do sujeito passivo".[21]

Dúvida, portanto, não pode haver. A feitura do arrolamento dos bens do contribuinte, nos termos da legislação tributária, é um ônus procedimental das autoridades da Administração Tributária. Não do contribuinte. Assim, deixando de atender a notificação para que o faça, o contribuinte não estará cometendo nenhum ilícito.

Além disto, a exigência feita ao contribuinte, de que faça ele próprio o arrolamento de seus bens, preenchendo o formulário que lhe é entregue com a notificação, pode caracterizar ilícito penal, como se passa a demonstrar.

2.3 O possível excesso de exação

O art. 316, § 1º do Código Penal estabelece que "se o funcionário exige tributo ou contribuição social que sabe ou deveria saber indevido, ou, quando devido, emprega na cobrança meio vexatório ou gravoso, que a lei não autoriza", resta caracterizado o crime de excesso de exação, para o qual comina a pena de reclusão de três a oito anos, e multa.

21. *DOU* 7.12.1998, p. 9.

A feitura do arrolamento é meio vexatório e gravoso de cobrança de tributo, mas a lei o autoriza expressamente. A lei é inconstitucional, mas enquanto não declarada pelo Judiciário deverá ser aplicada pela autoridade administrativa, em razão do caráter vinculado de sua atividade. Apenas se persistir o Fisco na prática do arrolamento, depois de declarado inconstitucional o art. 64 da Lei 9.532/97, é que poderá restar configurado o crime em análise, no que diz respeito ao arrolamento procedido pela autoridade.

Entretanto, o ato dos fiscais de determinar ao contribuinte que proceda ao arrolamento, além de ilegal pode ser considerado um meio vexatório e gravoso de cobrança do tributo, que a lei não autoriza. Especialmente se seguido da ameaça de qualquer natureza.

3. *As respostas*

Diante do exposto, respondo:

1. As exações com exigibilidade suspensa entram no cômputo dos 30% (percentual sobre o patrimônio conhecido do contribuinte) para efeito do arrolamento?

No caso de que se cuida nem se pode afirmar presente hipótese de arrolamento de bens, posto que não existe ainda crédito tributário cujo valor possa ser colocado como parâmetro para a definição da hipótese prevista em lei.

Não se tem, no caso, exigibilidade suspensa, mas exigibilidade que não chegou a se instaurar. Nunca existiu e por isto mesmo não podia ser suspensa.

2. Cumpre ao contribuinte, ou aos fiscais, a feitura do arrolamento?

A feitura do arrolamento é ônus da autoridade administrativa competente, nos termos claros do art. 64 da Lei 9.532/97 e do art. 3º da Instrução Normativa do Secretário da Receita Federal 143/98.

3. É válido o arrolamento, nos termos e para os fins previstos na lei que o instituiu?

NÃO. O arrolamento padece do vício de inconstitucionalidade, tanto formal quanto material, violando a Constituição Federal e o Código Tributário Nacional.

Normas gerais sobre lançamento e crédito tributário somente a lei complementar pode estabelecer. Se o faz a lei ordinária, como aconteceu no caso, infringe o art. 146, III, "b" da Constituição Federal. Incorre em inconstitucionalidade formal. Por outro lado, a publicidade do arrolamento viola os arts. 1º, IV; 5º, X, XII, XXII, LIV e § 2º; e 170, "caput" e inciso IV da Constituição Federal (inconstitucionalidade substancial, ou material). Além disto, o arrolamento, como está legalmente determinado, viola também de modo claro e induvidoso o art. 198 do CTN, conforme demonstrado neste parecer.

É o meu parecer, s.m.j.

Fortaleza, 4 de abril de 2000

NOTA DE COMPLEMENTAÇÃO/ ATUALIZAÇÃO:

Com a evolução posterior da legislação, surgiu a questão do arrolamento como forma de garantia da instância administrativa, cuja abordagem se faz interessante em complemento do que consta do parecer supra.

O Decreto 70.235/72 foi alterado pela Medida Provisória 1.973-63/2000, passando o § 3º de seu art. 33 a vigorar com a seguinte redação: "§ 3º. Alternativamente ao depósito referido no parágrafo anterior, o recorrente poderá prestar garantias ou arrolar, por sua iniciativa, bens e direitos de valor igual ou superior à exigência fiscal definida na decisão, limitados ao ativo permanente se pessoa jurídica ou ao patrimônio se pessoa física".

Essa Medida Provisória foi regulamentada pelo Decreto 3.717/2001, que prescreve: "Art. 6º. O arrolamento de bens e direitos, limitado ao Ativo Permanente ou ao patrimônio, conforme o recorrente seja pessoa jurídica ou pessoa física, avaliados pelo valor constante da contabilidade ou da última declaração de rendimentos apresentada pelo sujeito passivo, será efetuado por iniciativa do recorrente, aplicando-se as disposições dos §§ 1º, 2º, 3º, 5º e 8º do art. 64 da Lei 9.532, de 10 de dezembro de 1997".

Aplica-se à essa nova modalidade de arrolamento, portanto, toda a tese desenvolvida neste parecer, guardando especial relevo a questão de saber, no caso, de quem é o dever jurídico de efetuá-lo, se do contribuinte ou do Fisco, em face da expressão "por iniciativa do recorrente", constante da norma supra transcrita.

Conforme explicamos no item 2 do parecer acima, o arrolamento é dever da autoridade administrativa, que deve tomar a iniciativa de fazê-lo. A única obrigação do contribuinte é a de *tolerar* o procedimento. Na interposição do recurso administrativo, entretanto, a iniciativa deve ser do contribuinte, pois a este cabe decidir sobre a alternativa que lhe confere a lei, de fazer o depósito, ou oferecer bens a serem objeto do arrolamento.

E não poderia mesmo ser de outra forma. Primeiro, porque a iniciativa tem de caber ao contribuinte, que pode preferir efetuar o depósito de 30% do valor da exigência, ou prestar garantia fiduciária ou hipotecária. A sua iniciativa exterioriza a opção pelo arrolamento, que, nos termos do art. 64, *caput*, da Lei 9.532/97, há de ser feito pela autoridade administrativa.

Na prática, tem-se observado que a autoridade administrativa, em atitude de puro comodismo, atribui ao contribuinte o ônus de adotar todas as providências formais relativas ao arrolamento. É mais uma forma de agir arbitrária que caracteriza a conduta das autoridades da Administração Tributária, o que, aliás, não é peculiar a nosso País. Como assevera Rubén O. Asorey:[22]

"El Derecho tributario debe, en forma substancial, su desarrollo y evolución al esquema esencial de la relación jurídica tributaria. Los enfoques dinámicos o procedimentalistas aparecidos a partir de la década del sesenta no pudieron relativizar el papel trascendental de esa relación dentro de la teoría general del Derecho tributario.

"Ese núcleo esencial, objeto de los más profundos análisis y disquisiciones intelectuales, permitió la incorporación legislativa de la juridicidad de tales desarrollos dogmáticos, convirtiendo en anatema el principio de subordinación del administrado a un poder estatal situado en un plano superior y consagrando la plena sumisión de los dos sujetos de la relación al mismo plano de igualdad.

"Sin embargo, el ejercicio de los derechos y obligaciones de esa relación, por efectos de diversos factores jurídicos y metajurídicos, fue sufriendo la erosión ostensible de la situación del sujeto pasivo, es decir, de los contribuyentes y responsables. Quizá la razón fundamental de ello radica en la siempre bienvenida lucha contra la evasión, que lleva al Estado al desmadre de calificar y tratar como evasores a quienes actuando de buena fe optan por una alternativa legal de mejor opción económica, a la presencia de criterios eficientistas que tratan de superar las deficiencias y carencias de los organismos de recaudación con medidas que devienen arbitrarias por las más diversas razones, y a la actuación desmedida de funcionarios bajo la invocación de conceptos vagos e inasibles.

"En fin, se originan en la vida del Derecho tributario una serie de abuso, desvíos, arbitrariedades, donde el sujeto activo actúa fuera de la ley y del derecho, a través de comportamientos anómalos, utilizando en ciertos casos máscaras legitimadoras de la juridicidad, como seudointerpretaciones reñidas con las garantías constitucionales.

"A partir de los años ochenta se comienza a prestar atención a esta situación, no ya desde la teoría general del Derecho fiscal, sino desde la práctica y ejercicio de los derechos y deberes de la relación.

22. *Protección Constitucional de los Contribuyentes*, Marcial Pons, Madrid, 2000, pp. 25-26.

"Este fenómeno no reconoce fronteras, ni identificación con organismos, ni personas, gozando de universalidad y comprendiendo por igual a organismos de recaudación impositivos, aduaneros y provisionales, federales o locales, de países desarrollados o en vías de desarrollo."

Ao interpor o recurso administrativo, o contribuinte que pretenda garantir a instância mediante arrolamento, deve informar sua opção à autoridade administrativa, e fornecer a esta a relação dos bens a serem objeto do arrolamento, com o que terá tomado a iniciativa de que trata o Decreto 3.717/2001. As providências burocráticas a serem adotadas no interesse da Fazenda Pública ficam a cargo da autoridade administrativa.

Ressalte-se, finalmente, que o registro do arrolamento no Cartório do Registro Público é isento de custas e tal isenção certamente há de ser reivindicada pela Fazenda Pública, a única interessada no ato. Se, porém, o contribuinte tomar a seu encargo tal registro, com certeza o Oficial do Registro vai pretender cobrar as custas correspondentes, pois estará evidenciado o interesse do contribuinte no ato, o que configura evidente distorção da realidade, pois de fato tal interesse é exclusivamente da Fazenda.

CADERNOS DE DIREITO TRIBUTÁRIO

CONSIDERAÇÕES SOBRE A TRIBUTAÇÃO DE CIGARROS PELO IPI

SACHA CALMON NAVARRO COELHO

1. Da consulta

Consulta-nos XXX S/A, por meio de seu ilustre advogado, Professor YYY, sobre questões relativas à incidência do IPI sobre cigarros, nos seguintes termos:

"Tem a presente a finalidade de submeter ao exame de V. Exa. questão relativa à instituição de regime de tributação dos cigarros, pelo IPI, tendo em vista a propositura, pelo Ministério Público Federal, de Medida Cautelar preparatória de Ação Civil Pública contra a União Federal e mais quatro empresas privadas produtoras ou distribuidoras de cigarros (Processo 5255-2000, em curso perante a 3ª Vara Federal em Brasília), por entenderem caracterizada manifesta lesão ao patrimônio público.

"O objeto da ação é o de buscar a tutela jurisdicional para que seja declarada a invalidação do regime tributário do IPI sobre cigarros, implementado pelo Decreto 3.070/99 e Instrução Normativa 060/99, da Secretaria da Receita Federal, consistente na tributação fixa, em reais e por vintena de produtos.

"Argumenta-se que a instituição do regime pela IN/SRF 060/99 afronta o arquétipo constitucional do tributo e o Código Tributário Nacional e viola os princípios constitucionais da legalidade tributária; da igualdade e da graduação segundo a capacidade contributiva; da livre iniciativa e livre concorrência; da separação de poderes; da vedação de criação de cartéis e ao princípio que veda delegação daquilo que foi recebido por delegação (*delegatur delegare non potest*), razão pela qual a referida Instrução Normativa seria nula.

"Foi requerida a concessão de medida liminar para, diante das 'ilicitudes apontadas e da desmotivada utilização da *pauta fiscal*, substituindo o fato gerador e a alíquota por um valor fixo sobre cada vintena de cigarro vendido, determinar a imediata suspensão dos efeitos jurídicos e da aplicabilidade dos atos administrativos concretos (Decreto 3.070/99 e Instrução Normativa/SRF 060/99)'.

"Examinado pelo MM. Juiz o pleito cautelar, não foi concedida a medida liminar requerida.

"Estes os principais fatos, sem prejuízo de outros que V. Exa. melhor poderá avaliar pela leitura das peças que integram a presente Consulta.

"Consulta

"A questão envolve vários ângulos, restringindo-se a presente consulta ao exame atinente à matéria de fundo, de direito tributário, em especial quanto a possibilidade de, no sistema tributário brasileiro, instituir-se regime de tributação fixa, tema sobre o qual permitimo-nos tecer breves considerações.

"Sustenta o Ministério Público Federal que a tributação fixa desatende às normas contidas na lei complementar (arst. 46 e 47 do CTN), que determinam ser fato gerador do IPI a saída dos produtos industrializados dos estabelecimentos (art. 46, II) e sua base de cálculo o valor da operação de que decorrer a saída da mercadoria (art. 47, II, *a*).

"A nosso ver, contudo, a Constituição Federal, ao conferir à lei complementar a tarefa de dispor sobre fatos geradores e bases de cálculo (art. 146, III, da CF) tem por objetivo segregar os campos impositivos, impedindo as invasões de competência. Nesse sentido há de ser compreendida a referência a 'normas gerais'. Desse modo, a lei complementar, ao tratar de fatos geradores e bases de cálculo, não restringe as competências tributárias nem impede a adoção de sistemática que institua o tributo de acordo com modelos que atendam às particularidades próprias de certas atividades, até mesmo para atendimento dos princípios que regem a ação do Estado, sobretudo os que respeitam à generalidade da imposição e da eficiência da ação administrativa em matéria de tributos, este expresso no art. 37, da CF/88, com a redação da EC 19/98.

"Em matéria de IPI, em 1989, a Lei 7.798/89 criou sistemática em virtude da qual determinados produtos poderiam ser tributados por unidade, estabelecendo que esta sistemática poderia abranger não só os produtos lá especificados mas também outros, definidos pelo Poder Executivo, tendo em vista o comportamento do mercado em sua comercialização. Trata-se da adoção de sistema de tributação onde não há alíquota nem base de cálculo, de sorte que a cada unidade ou conjunto de unidades corresponderá um determinado valor fixo. Trata-se de imposto fixo, técnica especial que normalmente convive com a geral e que é utilizada para atender os objetivos da política fiscal e da administração tributária, em especial para impedir a elisão ou evasão fiscal. Foi para coibir estas práticas que, em alguns setores, como o de cigarros, adotou-se o método do imposto fixo.

"Em conclusão, nada impede, a nosso ver, possa a lei dispor que o ônus do tributo corresponda a um valor determinado, tendo como parâmetro uma ou mais unidades de determinado produto. A sua instituição não afronta a lógica interna do tributo nem tampouco caracteriza invasão de outros campos impositivos. Cuida-se, pois, de previsão normativa que se insere dentro da competência privativa da União.

"Em vista dos fatos e das considerações brevemente tecidas, solicitamos a V. Exa. responder às seguintes indagações:

"*1.* Os impostos fixos podem ser adotados no sistema tributário brasileiro? Podem eles ser instituídos em matéria de IPI?

"*2.* É possível a adoção de tributos fixos em face do que dispõe o § 1º, do art. 145, da Constituição Federal? É certo que, em termos de IPI, a capacidade contributiva considerada é a do contribuinte de fato, uma vez que ele é quem suportará o ônus do tributo?

"*3.* Haveria inconstitucionalidade na nova disciplina traçada para o IPI pela Lei 7.798/89 e pelo Decreto 3.070/99, posto haverem fixado contornos específicos ao tributo em face do Código Tributário Nacional?

"*4.* A IN/SRF 060/99 criou regra jurídica nova ou apenas reproduziu o que constava do Decreto 3.070/99?

"*5.* A determinação de recolhimento do IPI com base em valores predeterminados caracteriza pauta fiscal?"

A Consulta veio acompanhada da Ação Cautelar preparatória de Ação Civil Pública, da manifestação da União Federal e do despacho do MM Juiz da 3ª Vara Federal de Brasília-DF, que indeferiu o pedido de liminar.

Passamos a responder. Cumpre observar, entretanto, que no presente parecer, serão abordadas somente as questões de índole eminentemente tributária, com exclusão dos pontos atinentes a aspectos processuais.

2. *O IPI na Constituição e na legislação infraconstitucional: não-cumulatividade, essencialidade e legalidade formal*

O nome originário do imposto era Imposto de Consumo, porque os sujeitos passivos de direito (*de jure*) eram os industriais, importadores, arrematantes e, em certas hipóteses, os comerciantes atacadistas de produtos industrializados, mas os contribuintes de fato eram os consumidores, já que o imposto aderia ao preço do produto, por fora, acrescendo o valor da transação.

No livro *Direito Tributário Aplicado* (Del Rey, Belo Horizonte, 1997, pp. 18-19) deixamos consignado:

"No Brasil, o primeiro tributo a adotar a não-cumulatividade foi o Imposto de Consumo, antecessor do atual IPI (Leis 297/56 e 4.502/64 — art. 25), como já registrado. Era princípio infra-constitucional.

"O princípio da não-cumulatividade — o qual só faz sentido se a tributação recair sobre o valor agregado — torna-se princípio constitucional na Constituição de 18 de setembro de 1946, em razão da Emenda Constitucional 18, de 1.12.1965, alcançando já agora o IPI federal e o ICM estadual.

"'Art. 11. Compete à União o imposto sobre produtos industrializados.

"'Parágrafo único. O imposto é seletivo em função da essencialidade dos produtos, e não-cumulativo, abatendo-se, em cada operação, o montante cobrado nas anteriores.

"'Art. 12. Compete aos Estados o imposto sobre operações relativas à circulação de mercadorias, realizadas por comerciantes, industriais e produtores. (...)

"'§ 2º. O imposto é não-cumulativo, abatendo-se, em cada operação, nos termos do disposto em lei complementar, o montante cobrado nas anteriores, pelo mesmo ou por outro Estado, e não incidirá sobre a venda a varejo, diretamente ao consumidor, de gêneros de primeira necessidade, definidos como tais por ato do Poder Executivo estadual.'

"O princípio manteve-se intacto na evolução constitucional posterior. Na CF/67, art. 22, V, § 4º (IPI), e art. 24, II, § 5º (ICM). A Emenda 1, também chamada de Constituição emendada de 17.10.1969, manteve o princípio para o IPI no art. 21, V, § 3º, e para o ICM no art. 23, II. A Constituição de 1988, igualmente, realça o princípio da não-cumulatividade em relação a ambos os impostos uma vez que são, como já enfatizamos, partícipes da grande família dos impostos sobre valores adicionados, embora ostentem traços fisionômicos próprios e inconfundíveis."

Como se vê, desde há muito tempo, na trama do imposto atua o princípio da não-cumulatividade, ou seja, em cada operação o imposto incide sobre o valor adicionado pelo agente econômico que a implementa. Mas o sistema não funciona por produto, nem por operação. Mensalmente, como no ICMS, o contribuinte soma o valor do imposto incluído no preço dos insumos e produtos que adquiriu, carregados do imposto (conta de crédito) e, igualmente, soma o valor do imposto adicionado ao preço dos produtos que vendeu (conta de débito). Se o saldo apontar débito remanescente, haverá IPI a recolher. Se o saldo apontar crédito, este é transferido para o mês seguinte, quando será aproveitado. É fora de dúvida, no entanto, ser o consumidor final o contribuinte de fato do imposto, pois o mesmo está construído (pela sua própria natureza) para repercutir (a renda gasta no consumo é o objetivo econômico do imposto). A técnica da não-cumulatividade viabiliza este desiderato.

Na espécie da Consulta, o princípio da não-cumulatividade está presente nas etapas anteriores à industrialização dos cigarros bem como nas operações que se lhe seguem. A plurifasia não foi eliminada. A concentração do tributo na indústria atende a outros princípios, o da praticabilidade, o da segurança e da eficiência da arrecadação.

Entre nós, também, há o princípio da seletividade das alíquotas em razão da essencialidade dos produtos. Tal princípio, contemplado no art. 153, § 3º, I, da Constituição de 1988, visa o consumidor final. É para ele a "essencialidade" do produto posto ao consumo. O que o princípio da seletividade resguarda é um sacrifício menor das classes mais pobres ao adquirirem produtos essenciais. Assim, fecha-se o círculo e resta evidenciado que o IPI é imposto-sobre-consumo, de fato, pago pelos consumidores de produtos industrializados. Qual, ao cabo, a importância da assertiva? A de assegurar uma outra, esta sim de supina importância para a conclusão desse estudo, e que cifra-se em declarar que o IPI para os agentes econômicos (os industriais, de um modo geral) é um custo automaticamente repassado aos preços até mesmo por força da norma constitucional assecuratória da mecânica da não-cumulatividade, montada sobre a plataforma da repercussão dos impostos indiretos.

José Juan Ferreiro Lapatza, catedrático da Universidade de Barcelona, reforça nossas assertivas. Diz o festejado autor:

"El legislador intentará normalmiente establecer impuestos sobre quienes pueden pagarlos, sobre quienes tengan capacidad económica para soportalos.

"Los impuestos que recaen sobre la renta y el patrimonio son en este sentido impuestos directos, ya que gravan la riqueza en si misma, directa e imediatamente considerada. Pero la riqueza de un individuo puede manifestarse también indirectamente través de su utilización; utilización que puede ser grabada por un impuesto. Los impuestos indirectos gravan, tienen por objeto, precisamente manifestaciones indirectas de la capacidad económica, como son la circulación o consumo de la riqueza."

O IPI encontra-se excepcionado, na Constituição, dos princípios da legalidade e da anterioridade, no que se refere a alterações de suas alíquotas, que podem ocorrer por ato do Poder Executivo com vigência imediata. A licença concedida pela Constituição e pelo CTN, contudo, baseia-se na política industrial, isto é, na extrafiscalidade, e não no princípio da seletividade. Alegou-se que o Poder Executivo, para ajustar a política industrial do país, deveria, livremente, poder alterar as alíquotas do imposto, sem a prévia licença do Poder Legislativo, afetando, sem dúvidas, a inteireza dos princípios da legalidade e da anterioridade. Visto o IPI em suas linhas gerais, confira-se a sua regulamentação constitucional e infraconstitucional.

Sobre o IPI, dispõe a Constituição da República de 1988:

"Art. 153. Compete à União instituir impostos sobre: (...)

"IV — produtos industrializados; (...)

"§ 1º. É facultado ao Poder Executivo, atendidas as condições e os limites estabelecidos em lei, alterar as alíquotas dos impostos enumerados nos incisos I, II ,IV e V. (...)

"§ 3º. O imposto previsto no inciso IV:

"I — será seletivo, em função da essencialidade do produto;

"II — será não-cumulativo, compensando-se o que for devido em cada operação com o montante cobrado nas anteriores;

"III — não incidirá sobre produtos industrializados destinados ao exterior."

De sua vez, o CTN estatui:

"Art. 46. O imposto, de competência da União, sobre produtos industrializados tem como fato gerador:

"I — o seu desembaraço aduaneiro, quando de procedência estrangeira;

"II — a sua saída dos estabelecimentos a que se refere o parágrafo único do art. 51;

"III — a sua arrematação, quando apreendido ou abandonado e levado a leilão.

"Parágrafo único. Para os efeitos deste imposto, considera-se industrializado o produto que tenha sido submetido a qualquer operação que lhe modifique a natureza ou a finalidade, ou o aperfeiçoe para o consumo.

"Art. 47. A base de cálculo do imposto é:

"I — no caso do inciso I do artigo anterior, o preço normal, como definido no inciso II do art. 20, acrescido do montante:

"a) do Imposto sobre a Importação;

"b) das taxas exigidas para entrada do produto no País;

"c) dos encargos cambiais efetivamente pagos pelo importador ou dele exigíveis;

"II — no caso do inciso II do artigo anterior:

"a) o valor da operação de que decorrer a saída da mercadoria;

"b) na falta do valor a que se refere a alínea anterior, o preço corrente da mercadoria, ou sua similar, no mercado atacadista da praça do remetente;

"III — no caso do inciso III do artigo anterior, o preço da arrematação.

"Art. 48. O imposto é seletivo em função da essencialidade dos produtos.

"Art. 49. O imposto é não-cumulativo, dispondo a lei de forma que o montante devido resulte da diferença a maior, em determinado período, entre o imposto referente aos produtos saídos do estabelecimento e pago relativamente aos produtos nele entrados.

"Parágrafo único. O saldo verificado, em determinado período, em favor do contribuinte, transfere-se para o período ou períodos seguintes. (...)

"Art. 51. Contribuinte do imposto é:

"I — o importador ou quem a lei a ele equiparar;

"II — o industrial ou quem a lei a ele equiparar;

"III — o comerciante de produtos sujeitos ao imposto, que os forneça aos contribuintes definidos no inciso anterior;

"IV — o arrematante de produtos apreendidos ou abandonados, levados a leilão.

"Parágrafo único. Para os efeitos deste imposto, considera-se contribuinte autônomo qualquer estabelecimento de importador, industrial, comerciante ou arrematante."

Como se vê, constitui industrialização toda operação física, química, mecânica ou técnica que modifique a natureza da "coisa" ou a sua finalidade, ou que a aperfeiçoe para o consumo. O IPI continua a ser financeiramente, imposto sobre o consumo de bens industrializados, seletivo e não-cumulativo, tomando-se como aspecto temporal a saída do produto do estabelecimento fabricante, a sua entrada no país e a sua arrematação.

3. A legislação aplicável à espécie

A legislação pertinente à tributação específica dos cigarros pelo IPI foi devidamente resenhada pela Procuradoria da Fazenda Nacional nos autos da referida Ação Cautelar, nos seguintes termos:

"A sistemática de tributação dos cigarros é diferenciada da tributação normal desde a instituição do IPI (Emenda Constitucional 18, de 1965 e Lei 4.502, de 30 de novembro de 1964, antiga lei do Imposto de Consumo convolada em legislação do IPI). Na vigência da Lei 4.502, de 1964, alterado pelo Decreto-lei 34, de 18 de novembro de 1966, os cigarros eram tributos às alíquotas 200 a 260%, dependendo do preço de venda no varejo, com base em Valor Tributável estabelecido na observação n. 1, do Capítulo 24, da tabela anexa à referida Lei, que variava de 22,5 a 27% em relação ao preço de venda no varejo não podendo a base de cálculo ser inferior aos valores obtidos pela aplicação desses percentuais. Ou seja, a mencionada Lei dispunha que a tributação do cigarro não deveria ser inferior ao valor referente à aplicação de determinados percentuais sobre o preço de venda no varejo.

"Com a alteração 29ª do art. 2º do Decreto-lei 34, de 1966, os cigarros foram distribuídos por 10 classes, de *A* a *J*, com preços de venda no varejo entre Cr$ 250,00 e 800,00, sendo o IPI calculado, quando da saída do estabelecimento industrial, com base em percentual *em relação ao preço de venda no varejo, não podendo ser inferior a 25,60%.*

"Ou seja, para facilitar a cobrança e a fiscalização do IPI nas operações com cigarros, desde 1965 já se tributava os cigarros com base não no valor da operação na fábrica, mas com base no preço de varejo — pré-fixado (que nada tem a ver com pauta fiscal).

"Tal sistemática foi aperfeiçoada com a edição do Decreto-lei 1.593, de 21 de dezembro de 1977, que impôs controles fiscais maiores aos fabricantes de cigarros, e aperfeiçoou a sistemática vigente. Assim, a partir da edição deste Decreto-lei, o valor tributável passou a ser obtido mediante aplicação de uma percentagem fixada pelo Poder Executivo, sobre o preço de venda no varejo (art. 4º, inciso I). Os cigarros continuaram a ser tributados por classes de preço de venda no varejo por vintena, vinculada à marca do cigarro, à classe de preço em que se enquadrava, sendo a competência do Ministro da Fazenda estabelecer classes e fixar e alterar os preços de venda no varejo a eles atribuídos (arts. 6º e 1º).

"O Decreto 82.830, de 11 de dezembro de 1978, fixou o valor tributável dos cigarros em 17,577363% sobre o preço de venda a varejo e a margem bruta do varejista em 11% do referido preço, a vigorar a partir de 1º de janeiro de 1979. Em 1º de janeiro de 1979 foi fixado o valor tributável em 18,081340% sobre o preço de venda no varejo e mantida a margem bruta (Decreto 84.036, de 1º de outubro de 1979).

"Aqui destacam-se dois pontos importantes: o preço de venda no varejo era pré-fixado e constava do selo do cigarro, i.e., estava na própria embalagem do cigarro; e, portanto, a tributação não dependia diretamente do valor de venda na fábrica, i.e., do valor da operação de que decorresse a saída da mercadoria do estabelecimento fabricante — que é a base de cálculo do imposto de acordo com a previsão do Código Tributário Nacional, art. 47, inciso II, *a*.

"Houve uma seqüência de atos, ao longo do tempo, que alteraram os percentuais de valor tributável, independentemente de modificações nos preços de venda na fábrica. (...)

"A Lei 7.798, de 10 de julho de 1989, que inovou na tributação de alguns produtos, em especial as bebidas, que passaram a ser tributadas com base em tributação específica, que representa, conforme a Lei o valor que seria aplicado no caso de uma valoração normal. Esta lei, em seu art. 1º, § 2º, alínea *b*, dispõe que a tributação específica (*ad rem*) poderia ser estendida a outros produtos, por ato do Poder Executivo.

"Com a edição do Decreto 99.061, de 7 de março de 1990, os cigarros deixaram de ter seus preços marcados no selo, passando a serem dividido em classes, as quais correspondiam a um preço único para cada classe (que compreendia diversas marcas). Isto desvinculou, na prática, a base de cálculo para aplicação da alíquota *ad valorem* com base no Decreto-lei 1.593, de 1977, considerando-se que, dentro de uma mesma classe, embora os preços fossem iguais no varejo não o eram, necessariamente, iguais na fábrica. Contudo, a tributação era, ainda, baseada no preço de varejo, correspondente à cada classe.

"Com base no dispositivo do § 2º do art. 1º da Lei 7.798, o Poder Executivo, por intermédio do Decreto 3.070, de 27 de maio de 1999, passou a tributar o cigarro por via de alíquota específica (*ad rem*), e não mais com base no preço de venda no varejo, i.e., com base na sistemática da Lei 7.798, de 1989, restando suspensa a aplicação da sistemática do Decreto-lei 1.593, de 1977, conforme impõe o art. 6º da Lei 7.798, de 1989. (...)

"Ressalte-se que o enquadramento do produto na classe, com base na Lei 7.798, de 1989, deve ser feito pelo Ministro da

Fazenda, conforme dispõe o art. 2º da Lei. Desta forma, o Ministro delegou ao Secretário da Receita esta atribuição, e, portanto, os atos praticados pelo Secretário da Receita Federal, para dar aplicabilidade aos ditames da Lei 7.798, de 1989, por delegação de competência estão ao abrigo do princípio da legalidade — de maneira incontestável."

A Lei 7.798, de 10 de julho de 1989, que legitima o Decreto 3.070, de 27 de maio de 1999, dispõe naquilo que interessa ao presente caso:

"Art. 2º. O enquadramento do produto na classe será feito pelo Ministro da Fazenda, com base no que resultaria da aplicação da alíquota a que o produto estiver sujeito na Tabela de Incidência do Imposto sobre Produtos Industrializados — TIPI, sobre o valor tributável.

"§ 1º. Para efeito deste artigo, o valor tributável é o preço normal da operação de venda, sem descontos ou abatimentos, para terceiros não interdependentes ou para coligadas, controladas ou controladoras (Lei 6.404, de 15 de dezembro de 1976, art. 243, §§ 1º e 2º) ou interligadas (Decreto-lei 1.950, de 14 de julho de 1982, art. 10, § 2º).

"§ 2º. O contribuinte informará ao Ministério da Fazenda as características de fabricação e os preços de venda, por espécie e marca do produto e por capacidade do recipiente.

"§ 3º. O contribuinte que não prestar as informações, ou que prestá-las de forma incompleta ou com incorreções, terá o seu produto enquadrado ou reenquadrado de ofício, sendo devida a diferença de imposto, acrescida dos encargos legais.

"§ 4º. Feito o enquadramento inicial, este poderá ser alterado, observados os limites constantes do Anexo I.

"Art. 3º. O Poder Executivo poderá, em relação a outros produtos dos Capítulos 21 e 22 da TIPI, aprovada pelo Decreto 97.410, de 23 de dezembro de 1988, estabelecer classes de valores correspondentes ao IPI a ser pago.

"§ 1º. Os valores de cada classe deverão corresponder ao que resultaria da aplicação da alíquota a que o produto estiver sujeito na TIPI, sobre o valor tributável numa operação normal de venda.

"§ 2º. As classes serão estabelecidas tendo em vista a espécie do produto, capacidade e natureza do recipiente.

"§ 3º. Para efeitos de classificação dos produtos nos termos de que trata este artigo, não haverá distinção entre os da mesma espécie, com a mesma capacidade e natureza do recipiente.

"§ 4º. Os valores estabelecidos para cada classes serão reajustados automaticamente nos mesmos índices do BTN ou, tratando-se de produto de preço de venda controlado por órgão do Poder Executivo, nos mesmos índices e na mesma data de vigência do reajuste."

Agora, o Decreto 3.070/99, possui a seguinte redação:

"O Presidente da República, no uso da atribuição que lhe confere o art. 84, inciso IV, da Constituição, e tendo em vista o disposto no art. 1º, § 2º, alínea *b* da Lei 7.798, de 10 de julho de 1989, DECRETA:

"Art. 1º. Os cigarros classificados no código 2402.20.00 da TIPI, aprovada pelo Decreto 2.092, de 10 de dezembro de 1996, ficam sujeitos ao Imposto sobre Produtos Industrializados — IPI fixado em reais por vintena, conforme Anexo, de acordo com o disposto no art. 1º da Lei 7.798, de 10 de julho de 1989.

"Art. 2º. As marcas comerciais de cigarros passam a ser distribuídas em quatro classes, observadas as seguintes regras para o respectivo enquadramento:

"I — Classe IV: marcas apresentadas em embalagem rígida e versões dessas mesmas marcas em embalagem maço, de comprimento superior a 87 mm;

"II — Classe III: marcas apresentadas em embalagem rígida e versões dessas mesmas marcas em embalagem maço, de comprimento até 87 mm;

"III — Classe II: outras marcas apresentadas em embalagem maço, de comprimento superior a 87 mm;

"IV — Classe I: outras marcas apresentadas em embalagem maço, de comprimento até 87 mm.

"Parágrafo único. As expressões embalagem rígida e embalagem maço estão empregadas conforme definições da Associação Brasileira da Indústria do Fumo — ABIFUMO.

"Art. 3º. A Secretaria da Receita Federal expedirá as normas necessárias à aplicação do disposto neste Decreto.

"Art. 4º. Este Decreto entra em vigor na data de sua publicação, produzindo efeitos a partir de 1º de junho de 1999.

ANEXO

CLASSES	VALOR DO IPI (reais/vintena)
I	0,35
II	0,42
III maço	0,49
III *box*	0,56
IV maço	0,63
IV *box*	0,70

Finalmente a Instrução Normativa/SRF 060, de 28 de maio de 1999, reproduz o conteúdo do Decreto 3.070/99, no que se refere à distribuição dos cigarros por classe e os valores do IPI por vintena, acrescentando apenas o que se segue:

"Art. 3º. Os fabricantes de cigarros ficam obrigados a comunicar à Secretaria da Receita Federal:

"a) até o dia 31 de maio de 1999: o enquadramento e o preço de venda ao consumidor de suas respectivas marcas de cigarros;

"b) com antecedência mínima de três dias úteis à data de vigência:

"b.1) alterações de enquadramento ou de preço;

"b.2) enquadramento e preços de novas marcas.

"Parágrafo único. A Secretaria da Receita Federal divulgará os enquadramentos comunicados pelos fabricantes, mediante ato declaratório.

"Art. 4º. Os fabricantes deverão assegurar que os seus preços de venda a varejo, à data de entrada em vigor, sejam divulgados ao consumidor mediante tabela informativa que os varejistas deverão, obrigatoriamente, afixar em local bem visível ao público nos respectivos estabelecimentos."

4. Da alegada ofensa ao princípio da estrita legalidade

Afirma o Ministério Público Federal, na inicial da Ação Cautelar Preparatória de Ação Civil Pública, que o Decreto 3.070/99 e a IN/SRF 060/99 afrontam, dentre outros, o princípio da estrita legalidade e o princípio geral de direito *delegatur delegare non potest*, pelas seguintes razões:

"Contudo, não pode o Chefe do Executivo Federal delegar competência privativa que lhe foi atribuída pela Constituição (art. 84, IV, CF/88), ao Secretário da Receita Federal — para disciplinar as denominadas classes de valores de IPI, por meio de pautas fiscais ilícitas — sob pena de afronta ao princípio geral de direito que veda a delegação daquilo que foi recebido por delegação. E ainda mais fixando classes de valores, pautas, aquém, menores, dos valores correspondentes ao IPI a ser pago. (...)

"Nesse tocante, nem haveria que se pretender aplicar, por analogia, o disposto no § 1º do art. 153, da Constituição Federal de 1988, que faculta ao Poder Executivo, atendidas as condições e limites estabelecidos em lei, alterar as alíquotas do IPI ou substituir o fato gerador e a alíquota por um valor fixo (pauta) por maço ou *box* de cigarro.

"O desiderato do Fisco Federal é alcançado com violação ao princípio da legalidade, o que é fácil de ser verificado quando se constata estar o imposto tratado — o IPI, no caso dos cigarros — sendo cobrado com embasamento em pauta fiscal (convertendo o tributo em *ad rem*, em vez de fato gerador e alíquota um valor fixo em real por unidade do produto, valores estabelecidos nas classes previstas nos atos administrativos), por obra de delegação do Senhor Presidente da República ao Secretário da Receita Federal, segundo bases de cálculo estabelecidas na Instrução Normativa 060/00, de nada valendo o disposto no art. 47 do CTN.

"Certo é que ainda que fosse viável a delegação nos termos estabelecidos, para tratar da matéria, a única possibilidade delegável seria alterar as alíquotas, nunca as bases de cálculo."

Como se vê, o alegado ferimento ao princípio da estrita legalidade ampara-se, primeira e fundamentalmente, no argumento de que a fixação do IPI em valores fixos por vintena de cigarros se equipararia à pauta fiscal, de há muito rechaçada pela doutrina e jurisprudência de nossos tribunais. Os diversos julgados sobre a matéria mencionados na peça de ingresso são inaplicáveis à espécie. O equívoco conceitual do Ministério Público em relação ao tema é gritante.

A uma porque, a maioria da jurisprudência colacionada se refere ao ICMS, que, no que diz respeito ao princípio da legalidade, destoa bastante do IPI. É que no ICMS não há exceção ao princípio, havendo sim, o importante papel conferido aos Convênios firmados entre os Estados dispondo sobre matérias relativas à renúncia fiscal; já no IPI, o art. 153, § 1º da Constituição Federal, expressamente o excetua do princípio da legalidade no que se refere a alteração de suas alíquotas, em virtude do caráter extrafiscal de que se reveste o imposto.

A duas porque, todos os julgados batem todos na mesma tecla: a inadmissibilidade da fixação de base de cálculo de tributo por meio de pauta fiscal. Ocorre que o Decreto 3.070/99 e a IN/SRF 60/99 não estabelecem pauta fiscal alguma, pelo contrário. A jurisprudência, bem como a doutrina, ao rejeitarem a pauta fiscal o fazem pelo simples fato de ser inaceitável no nosso sistema jurídico a *adoção de base de cálculo por mera ficção legal, dissociada do efetivo valor econômico do fato imponível. É este o significado da pauta fiscal.*

Outra coisa é, tomando por base a classe de cigarros definida por decreto, adotar um valor fixo do IPI, por vintena de cigarros, que varia de acordo com a categoria do produto, por razões de praticidade e racionalidade fiscal, de há muito praticada no país, como demonstrou-se no item anterior.

A adoção de um imposto com valor fixo por quantidade de cigarros não traduz novidade alguma. Cabe lembrar que em relação ao setor de bebidas, o IPI com base em valor fixo é adotado há mais de uma década sem qualquer contestação. Sobre o tema manifestou-se Paulo de Barros Carvalho:

"A locução base de cálculo não é aceita com unanimidade entre os especialistas. Bem que alguns a empreguem, indiferentemente, como sinônima de base imponível, matéria tributável, pressuposto, valorativo do tributo e outras mais, há aqueles que a impugnam, como Geraldo Ataliba, por entenderem que existem tributos *cuja determinação quantitativa independe de cálculo e cuja base, portanto, não pode ser corretamente designada como 'de cálculo' (além dos impostos fixos, isto se dá com a maioria das taxas).*

"Achamos que a crítica do ilustre professor não tem visos de procedência, por razões que passaremos a expor.

"Primeiramente, a instituição de tributo sem base de cálculo agrediria de maneira frontal os comandos constitucionais a que já nos referimos, tornando-os disposições imprestáveis. Depois, faria ruir a tipologia dos tributos, armado sobre o binômio hipótese de incidência/base de cálculo, impedindo ao estudioso discernir a legítima natureza jurídica das figuras impositivas. E o terceiro motivo, de ordem lógica, pode ser enunciado assim: *admitindo-se a exis-*

tência de impostos fixos e de grande quantidade de taxas edificadas dessa forma, o que aceitamos porque verdadeiramente existem, por certo que não há de falar em cálculo, posto que a quantia a ser paga a título de prestação final vem imediatamente consignada no texto normativo. Mas, se não de falar-se em cálculo, em casos que tais, não poderemos também aludir a qualquer tipo de base, pois o valor da dívida está integralmente definido. Em contrapartida, nas hipóteses de tributos, que não os fixos, sempre haverá base e, por conseguinte, sempre haverá cálculo, do que inferimos ser plenamente apropriada a expressão base de cálculo" (in *Curso de Direito Tributário*, 4ª ed., Saraiva, p. 232) (grifou-se).

"Etimologicamente, alíquota, vocábulo latino da primeira declinação, quer dizer parte, a parcela que se contém no todo um número exato de vezes. Esse deve ser o motivo pelo qual a doutrina insiste em considerá-la como a quota, fração ou parte que o Estado chama para si, do valor dimensível (base de cálculo) manifestado pelo fato jurídico tributário. Por certo que na maioria das vezes é isso que ocorre. Mas não se pode tomar como regra geral. *Se freqüentemente a alíquota se apresenta em forma de percentagem, nada impede que seja concebida em termos monetários, como aludimos em páginas anteriores (no exemplo, Cr$ 1,20 por metro linear de comprimento, no caso da fabricação de tecidos)*. Soaria deveras estranho vê-la aqui como parte, parcela ou fração pretendida pela Fazenda Pública. A verificação etimológica da palavra atende só a uma espécie do gênero, o que sugere sua impropriedade.

"Não custa recordar a equação do objeto prestacional dos liames tributários. No critério quantitativo há dois fatores: base de cálculo e alíquota, que se combinam para traduzir um resultado que, obrigatoriamente, haverá de ter cunho pecuniário. Se assim é, tanto a base como a alíquota podem revestir esse caráter. Agora, se a base cálculo não for uma importância em dinheiro, a alíquota certamente o será. Nessa hipótese, o nome alíquota briga com a sua etimologia.

"Infere-se do exposto que as alíquotas podem assumir duas feições: a) um valor monetário fixo, ou variável em função de escalas progressivas da base de cálculo (p. ex.: Cr$ 1,20 por metro linear, até 100 metros; Cr$ 2,40 por metro linear, de 100 a 300 metros, e assim por diante); ou b) uma fração, percentual ou não, da base de cálculo (que neste caso será representada por quantia monetária)" (ob. cit., pp. 235 e 236) (destacou-se).

Geraldo Ataliba também lecionava:

"A própria designação (alíquota) já sugere a idéia que esteve sempre na base do conceito assim expresso: é a quota (fração), ou parte da grandeza contida no fato imponível que o Estado se atribui.

"Na maioria dos impostos, essa grandeza é uma expressão de riqueza, da qual o Estado se atribui, mediante a lei tributária, uma quota (parte, fração).

"Assim, a lei tributária imputa ao Estado 10% da renda de alguém; 15% do valor de um produto; 10% do preço de uma operação mercantil etc. Na maioria das vezes, a alíquota é expressa sob a forma de percentual do valor de uma coisa. Evidentemente, só tem cabimento a alíquota *ad valorem*, quando a base imponível seja o valor da coisa posta como aspecto material da h.i. Quer dizer: se a perspectiva dimensível do aspecto material da h.i. for um valor, expresso em dinheiro, então a alíquota poderá ser um percentual.

"Se — como é raro — a base imponível for outra (peso, volume, tamanho, capacidade etc.) já a alíquota deverá ser expressa diretamente em dinheiro, cuja expressão numérica será multiplicada pela base imponível. Assim, por exemplo, a lei tributária dirá: 'pague Cr$ 1,00 por quilo', ou 'por metro' etc." (in *Hipótese de Incidência Tributária*, 3ª ed., Ed. RT, p. 106).

Como se vê, o que importa é que a lei estabeleça critérios para a fixação do *quantum debeatur*, seja por meio da combinação da base de cálculo com a alíquota ou por meio de valores fixos, desde que qualquer desses critérios esteja em sintonia com o aspecto material da hipótese de incidência. Isto é, o valor do débito tributário deverá decorrer da ocorrência do fato imponível e representar parte de seu conteúdo econômico.

Assim, no caso concreto, tanto é possível considerar a vintena de cigarros classificada por classe como base de cálculo do IPI e os valores em reais como alíquota, como entender que o Poder Executivo Federal conhecendo os valores praticados na venda do cigarro, adiantou-se ao fabricante já apresentando-lhe o resultado da aplicação de uma alíquota em percentual sobre uma base de cálculo em dinheiro, ou ainda, que o valor fixo do imposto levou em conta a quantidade de cigarros e a sua categoria, onde implicitamente está o seu preço. Representam técnicas de tributação, que respeitam a estrutura do imposto tal como concebida na Constituição e no CTN.

É dizer, a adoção de um valor fixo para o IPI não macula a sua hipótese de incidência e muito menos invade área de incidência de qualquer outro imposto. Além do mais, não podemos perder de vista que por autorização constitucional, o *quantum debeatur* do IPI pode, nos limites da lei, ser alterado pelo Executivo.

Este é o ponto nuclear da questão. O Decreto 3.070/99, do qual a IN/SRF 060/99 é mera reprodução, agiu nos limites permitidos pela Lei 7.798/89 — que em momento algum, diga-se de passagem, teve a sua constitucionalidade questionada.

Repita-se que a Lei 7.798/89 adotou para o setor de bebidas o IPI em valores fixos e permitiu que o Executivo estendesse o regime a outros setores, desde que observados os parâmetros nela estabelecidos. E quais são estes parâmetros? Aqueles constantes no art. 3º da referida lei, transcrito no tópico anterior. É só conferir.

O que fez então o Decreto 3.070/99? Estabeleceu classes de cigarros tendo em vista a espécie do produto (definida pelo comprimento do cigarro), capacidade (20 cigarros) e natureza do recipiente (maço ou *box*), não fazendo distinção entre os cigarros da mesma espécie, com a mesma capacidade e natureza do recipiente, tudo de acordo com os §§ 2º e 3º do art. 3º da Lei 7.798/89.

Pergunta-se agora: qual a metodologia para se encontrar o valor fixo do IPI? Os valores de cada classe correspondem ao resultado da aplicação da alíquota a que o produto estava sujeito na TIPI, sobre o valor tributável numa operação normal de venda.

Desse modo, o Decreto 3.070/99 agiu conforme a Lei 7.798/89 que, de sua vez, está em perfeita sintonia com os arts. 46 e 47 do CTN, porque a nova técnica não modificou nem a base de cálculo nem a alíquota do imposto. É a própria Lei 7.798/89 que diz em seu art. 2º e art. 3º que o valor fixo do IPI é o que resultaria da aplicação da alíquota *ad valorem* sobre o valor tributável Pergunta-se mais: a alíquota constante na TIPI pode ser alterada? A resposta é afirmativa, tanto para diminuir quanto para majorar, tendo em vista o que dispõe o art. 153, § 1º da Constituição Federal.

É verdade que noutra ocasião opinamos contra a Lei 7.798/89. E o fizemos porque, no caso examinado, quebrara-se o princípio da isonomia, o que não ocorre *in casu*. A espécie dizia respeito ao IPI dos revendedores — distribuidores de bebidas, cujo imposto batia em valores mais elevados do que aqueles efetivamente praticados por eles, deixando-os em situação de desigualdade perante os supermercados que compravam as bebidas sem substituição tributária, com espeque nos preços efetivamente praticados pela indústria. Naquelas circunstâncias, poder-se-ia concluir que o sistema da lei estava a criar uma situação semelhante à das "pautas fiscais", fenômeno comum a toda substituição tributária progressiva ou para a frente, cuja operacionalização exige, sempre, a suposição de um preço por presunção. No caso vertente, tal não ocorre porquanto todos os consumidores finais, por tipo classificatório de cigarro, pagam o mesmíssimo preço, independentemente do local de compra. Naquela ocasião chegamos a increpar de inconstitucional a Lei 7.798/89. Hoje, pensando melhor, retificamos o entendimento para concluir que a lei não é de si inconstitucional, podendo apenas abrir ensanchas a situações concretas de inconstitucionalidade, na medida em que haja um preço prefixado por presunção capaz de ser contrastado com outro, real, em valor menor, situação que inexiste *in casu*.

5. *Da alegada ofensa ao anexim: "delegatur delagatere non potest"*

Quanto à alegada afronta ao princípio geral de direito *delegatur delegare non potest*, basta uma simples leitura conjunta do Decreto 3.070/99 com a IN 060/99 para se verificar que a definição das classes de cigarros e os valores do IPI foi feita pelo Decreto 3.070/99, cabendo à Secretaria da Receita Federal, somente, por meio de ato declaratório, enquadrar, com base nas informações dos fabricantes, os cigarros nas faixas definidas pelo Decreto 3.070/99.

Aliás, registre-se apenas para argumentar que o princípio questionado não é absoluto. No direito privado, hipóteses há em que poderes delegados podem ser transferidos, caso do contrato de mandato com autorização expressa para substabelecer. No direito público, igualmente, nas hipóteses que configuram o processo de concreção progressiva das normas, admite-se a delegação em prol da autoridade que estiver mais próxima dos fatos.

In casu seria ridículo quando não patético atribuir o mister da Secretaria da Receita Federal ao Presidente da República.

6. *Do alegado ferimento aos princípios da igualdade, da capacidade contributiva e da seletividade*

A IN/SRF 60/99 afrontaria, ainda, segundo alegado pelo Ministério Público Federal, os princípios da capacidade contributiva e da isonomia, pelos seguintes motivos:

"Constitui a pauta fiscal de IPI, fixada pela Instrução Normativa apontada, uma forma engenhosa de estabelecimento de desigualdade, onde aqueles contribuintes que mais caro cobram os seus produtos menos impostos pagam, proporcionalmente.

"Os fatos podem ser assim sintetizados:

"1) Entre as diversas indústrias do setor produtivo do cigarro, o preço de venda varia de acordo com seus custos. As pequenas indústrias de cigarro, para concorrer com as grandes, reduzem os seus lucros, controlam suas despesas e tornam anêmica a propaganda, que tem peso significativo.

"2) O valor do IPI, aplicando-se a alíquota sobre a base de cálculo — valor do produto — tem uma conseqüência direta no valor final do produto industrializado;

"3) Assim, logicamente, quanto maior o valor do produto, da operação de venda, maior será o valor do IPI devido;

"4) Integrando o valor do IPI o preço final do produto, o seu peso é fundamental para estabelecer a concorrência e estar participante nos atos de comércio;

"5) Ao exigir o Fisco Federal o IPI com base em pauta fiscal, estabelecendo valor predeterminado e uniforme a ser recolhido, indistintamente, por todas as indústrias do setor, inferior ao que deveria ser pago por todas elas, acaba por, de uma só vez: a) dispensar o pagamento de tributo sem que tenha estabelecido isenção; b) dá desconto desigual, beneficiando a quem tem preço mais elevado, contribuindo para alijar ou colocar à margem da lei aqueles contribuintes que podem oferecer preços inferiores.

"Tal mecanismo, a toda evidência, representa afronta direta ao princípio da isonomia e ao princípio da capacidade contributiva. Constitui forma diferenciada de tributação. Apresenta-se como recurso inverso ao da aplicação da capacidade contributiva. Apesar de todas recolherem valores menores a título de IPI, algumas empresas recolhem muito menos do que outras. O benefício fica com quem tem mais poder econômico, numa inversão que o ordenamento jurídico não pode admitir.

"É a utilização do tributo indireto em prejuízo do Erário Federal e contrário aos princípios tributários, premiando os contribuintes de maior capacidade contributiva em detrimento dos seus congêneres de menor fôlego econômico."

Mais uma vez, a confusão conceitual leva a equívocos insuperáveis. Cabe-nos, antes de verificarmos a aplicação dos princípios da isonomia e da capacidade contributiva ao caso concreto, tecermos breves considerações a respeito do tema.

Os impostos, sempre que possível, terão caráter pessoal e serão graduados segundo a capacidade econômica (contributiva) dos contribuintes. Ao falar em pessoalidade, o constituinte rendeu-se a classificações pouco científicas da Ciência das Finanças. Nem por isso o seu falar é destituído de significado. Dentre as inúmeras classificações dos impostos, avultam duas:

a) a que divide os impostos em pessoais e reais; e

b) a que os divide em diretos e indiretos.

Impostos pessoais seriam aqueles que incidissem sobre as pessoas, e reais, os que incidissem sobre as coisas. Pessoal, por exemplo, o imposto de renda, e real o imposto sobre a propriedade de imóveis ou de veículos.

A classificação é falha, por isso que os impostos, quaisquer que sejam, são pagos sempre por pessoas. Mesmo o imposto sobre o patrimônio, o mais real deles, atinge o proprietário independentemente da coisa, pois o vínculo *ambulat com dominus*, isto é, segue o seu dono.

O caráter pessoal a que alude o constituinte significa o desejo de que a pessoa tributada venha a sê-lo por suas características pessoais (capacidade contributiva), sem possibilidade de repassar o encargo a terceiros. Esta impossibilidade de repassar, transferir, repercutir o encargo tributário é que fecunda a classificação dos impostos em diretos e indiretos. O imposto sobre a renda dos assalariados, p. ex., seria direto, porquanto a pessoa tributada não teria como transferi-lo para terceiros. Ao revés, seria indireto o ICMS e o IPI, porque a pessoa tributada tem condições de transferir o ônus fiscal a terceiros, denominados de contribuintes de fato desses impostos, pois em última análise, visa o legislador atingir a capacidade contributiva dos que estão a gastar as suas rendas ao consumirem bens e serviços, com já ficou clarificado *ab initio* no presente parecer.

Em suma, imposto pessoal e direto é o que incide sobre o contribuinte sem transferência. O contribuinte *de jure* (eleito pela lei) é ele próprio também contribuinte de fato (o que sofre no mercado o peso do encargo). O IPI, para exemplificar, tem como contribuinte *de jure* o industrial ou fabricante e como contribuinte de fato os consumidores ou adquirentes, pois no preço da compra está embutido o valor do imposto.

A capacidade contributiva é a possibilidade econômica de pagar tributos (*ability to pay*). É subjetiva quando leva em conta a pessoa (capacidade econômica real). É objetiva quando toma em consideração manifestações objetivas da pessoa (ter casa, carro do ano, sítio numa área valorizada etc.). Aí temos "signos presuntivos de capacidade contributiva".

Por ser do homem a capacidade de contribuir, a sua medição é pessoal, sendo absolutamente desimportante intrometer no assunto a natureza jurídica das espécies tributárias. É errado supor que, sendo a taxa um tributo que tem por fato jurígeno uma atuação do Estado, só por isso, em relação a ela não há falar em capacidade contributiva. Ora, a atuação do Estado é importante para dimensionar a prestação, nunca para excluir a consideração da capacidade de pagar a prestação, atributo do sujeito passivo e não do fato jurígeno. O que ocorre é simples. Nos impostos, mais que nas taxas e contribuições de melhoria, está o campo de eleição da capacidade contributiva. Contudo, os impostos "de mercado", "indiretos", não se prestam a realizar o princípio com perfeição. É nos impostos patrimoniais, com refrações, e nos impostos sobre a renda das pessoas físicas, principalmente nestes, que a efetividade do princípio é plena pela adoção das tabelas progressivas e das deduções pessoais. Nas taxas e contribuições de melhoria, o princípio realiza-se negativamente pela incapacidade contributiva, fato que tecnicamente gera remissões e reduções subjetivas do montante a pagar imputado ao sujeito passivo sem capacidade econômica real. É o caso, *v.g.*, da isenção da taxa judiciária para os pobres e o da redução ou mesmo isenção da contribuição de melhoria em relação aos miseráveis que, sem querer, foram beneficiados em suas humílimas residências por obras públicas extremamente valorizadoras. Obrigá-los a vender suas propriedades para pagar a contribuição seria impensável e inadmissível, a não ser em regimes totalitários de direita. Nos impostos que percutem (chamados de "indiretos" ou de "mercado") entra em cena o contribuinte de fato, diferente do *de jure*, e a capacidade contributiva realiza-se imperfeitamente. É o caso das alíquotas menos gravosas do IPI e do ICMS. Supõe-se que os de menor renda (contribuintes de fato) consomem artigos necessários tão-somente a uma existência sofrida e, por isso, as alíquotas são reduzidas, ou mesmo isenções são dadas. Ocorre que tanto compra feijão José da Silva quanto Ermírio de Moraes, com o rico industrial se beneficiando dos favores pensados para José. Em compensação, José não consome champanha ou caviar, cujas alíquotas são altas...

Conclui-se que igualdade na tributação, capacidade contributiva, essencialidade e extrafiscalidade formam uma intricada teia cujo resultado está longe do pretendido pelo Ministério Público Federal.

Ora, a capacidade contributiva nos tributos indiretos ou sobre o consumo, o caso do IPI, visa à pessoa do fumante ou do consumidor do produto cigarro e de forma alguma a indústria tabagista. Ocorre que, no caso específico de cigarros, por se tratar de produto não essencial e prejudicial à saúde, a tributação deve ser mais alta do que a de produtos essenciais, tais como os produtos que integram a cesta básica, em obediência ao princípio da essencialidade, e também em virtude do aspecto extrafiscal, qual seja, o de desmotivar o consumo do fumo. De forma que as questões que se colocam na tributação do cigarro são diametralmente opostas àquelas pretendidas pelo MPF, cuja algaravia conceitual produz apenas fumaça.

Muito menos há falar em ferimento ao princípio da isonomia. A tributação é uniforme e idêntica para todos os produtos enquadrados nas mesmas classes de cigarros definidas no Decreto 3.070/99. Todos os consumidores do mesmo tipo de cigarro pagam o mesmo valor de IPI.

7. *Resposta aos quesitos*

1. Os impostos fixos podem ser adotados no sistema tributário brasileiro? Podem eles ser instituídos em matéria de IPI?

Sim. A determinação do *quantum debeatur* pode se dar pela fixação de um valor, desde que esse critério respeite o fato imponível do imposto e os princípios constitucionais tributários que o balizam. No caso do IPI, o valor fixo é compatível com a sua estrutura constitucional não ferindo princípio constitucional algum, nem em especial o princípio da legalidade, da não-cumulatividade e o da seletividade.

2. É possível a adoção de tributos fixos em face do que dispõe o § 1º do art. 145 da Constituição Federal? É certo que, em termos de IPI, a capacidade contributiva considerada é a do contribuinte de fato, uma vez que ele é quem suportará o ônus do tributo?

Sim, é possível, em tese, para todos os tributos. A capacidade contributiva é, de fato, a espinha dorsal da justiça tributária. É o critério de comparação que inspira, em substância, o princípio da igualdade. Mas não é o único. Critérios constitucionalmente válidos podem presidir as exceções da proibição de discriminar entre iguais (pessoas que demonstram mesma capacidade contributiva). O Texto Constitucional relativiza a vedação de discriminar, quando estipula as imunidades, atendendo a outros valores... A política de exportação de manufaturados (arts. 153, § 3º, III; 155, X, *a*; e 156, § 4º, II) orientou a imunidade dos produtos industrializados destinados ao exterior, em relação ao imposto federal incidente e ao estadual sobre operações de circulação de mercadorias. Entretanto, os exportadores, em geral, são dotados de grande capacidade econômica e os maiores beneficiados (do ponto de vista pessoal) serão os consumidores estrangeiros, enquanto os nacionais não têm as mesmas vantagens. O mesmo critério autoriza as isenções heterônomas nas exportações, concernentes ao imposto sobre operações de circulação de mercadorias e serviços e ao imposto municipal sobre serviços, por meio de lei complementar federal (arts. 155, XII; e 156, § 4º, II).

Na extrafiscalidade, em muitos casos, a capacidade contributiva é posta de lado, de forma total ou parcial. Nas isenções e demais benefícios fiscais, outorgados como incentivos, os destinatários do favor legal podem ser pessoas de grande capacidade econômica; igualmente na progressividade (ou regressividade) dos impostos incidentes sobre propriedade imobiliária, ou se colima a produtividade da terra ou a edificação e plena utilização, o que pressupõe também capacidade econômica. Mas isso não representa quebra do princípio da igualdade formal. Trabalha-se, então, com novo critério de comparação (valores distintos) que não a capacidade contributiva.

Nos incentivos fiscais, a pessoa isenta demonstra aptidão maior para realizar os objetivos da política econômica do País, ou mérito econômico (ou mérito científico, nas invenções, por ex.), por isso é premiada. Na tributação extrafiscal progressiva, o proprietário que conduz mal a sua propriedade, conservando-a socialmente inútil, é onerado com encargos fiscais mais elevados, pois mantém comportamento inadequado ao interesse público ou inaptidão para se adaptar a esse interesse.

Assim, as pessoas favorecidas por isenções, créditos presumidos, prêmios e alíquotas diminutas, devolução de tributo pago etc., são tratadas de uma forma especial porque são consideradas da mesma categoria essencial, em razão de uma aptidão para concretização dos planos econômicos governamentais ou por mérito. Também aqueloutras, tratadas de forma mais desfavorável, assim o são, graças a seu comportamento, danoso à política agrária ou urbanística.

O que importa registrar é que, se o critério da capacidade econômica nem sempre prevalece na extrafiscalidade, em nenhum caso poderá haver ofensa à igualdade formal, estando dessa maneira submetida à regra de *regularidade e igual tratamento para seres da mesma categoria essencial*. Inconstitucional será a norma legal que, concedendo estímulos à exportação, exclua pessoas que dela poderiam gozar por estarem em igualdade de condições, ou por pertencerem à mesma categoria essencial.

As atividades identicamente situadas têm de merecer, sem exceções, o mesmo tratamento nos impostos, nos incentivos, nos prêmios, nas isenções. Qualquer critério de exclusão do tratamento igual para pessoas iguais jamais poderá ser arbitrário, mas dele dever-se-á poder aferir a razoabilidade.

A jurisprudência norte-americana, assim como a jurisprudência alemã e brasileira estabelecem determinadas condições (v. A. R. Sampaio Dória, *Direito Constitucional Tributário e "Due Process of Law"*, Rio de Janeiro, Forense, 1986, pp. 149 e ss.; K. H. Friauf, "Verfassungsrechtliche Anforderung von die Gesetzgebung über die Steuern vom Einkommen und vom

Ertrag", in *Steuerrecht und Verfassungsrecht*, Köln, Otto Schmidt KG, 1989, p. 29). Como regra geral, a lei precisa basear-se em princípios justos no caso, e, se esse princípio não existe, dá-se o arbítrio, há ausência de princípios jurídicos, há vontade qualquer. O princípio do justo fornece os critérios para medir o que é digno de pena, digno de prêmio, digno de ajuda social, de subvenção ou de imposto. Assim o princípio da igualdade: "proíbe ao legislador adotar a lógica da valoração nula (sem efeito), pois, no mínimo, ele precisa justificar-se por meio de outro princípio (contra-princípio ou exceção)" (cf. Tipke K., *Steuerrecht*, 9, Köln, Schmidt, Otto KG, 1983, pp. 26-27).

Mesmo para o imposto de renda da pessoa física, onde a capacidade contributiva deve ser plenamente observada, adota-se um valor fixo para a fixação da base de cálculo. Como se sabe, se aplica uma alíquota em percentual sobre uma base de cálculo manifestada em dinheiro (salário) sobre a qual a lei fixa um valor para fins de abatimento por faixas salariais. Isto é, para quem ganha acima de R$ 1.800,00 por mês a parcela de dedução é fixada em R$ 360,00. Assim, tanto para quem ganha R$ 1.800,00 ou R$ 10.000,00 o valor do abatimento é o mesmo. Tal critério fixo para apuração da base de cálculo foi recentemente reconhecido pelo Supremo Tribunal Federal ao decidir recurso que questionava o congelamento dos valores da tabela de dedução.

Tratando-se de IPI, o que se deve verificar é se aquele valor fixo fere o princípio da seletividade, que é o instrumento possível de fazer valer a capacidade contributiva dos consumidores. Por exemplo, os produtos essenciais se forem tributados devem sê-lo por valores fixos baixos, os produtos supérfluos, podem ser tributados por valores fixos altos. Como a capacidade contributiva é do consumidor, jamais do fabricante, o valor fixo pode aumentar, repita-se, de acordo com a essencialidade do produto e atingir patamares inclusive que venha a impossibilitar o consumo, por motivação extrafiscal. Isto é, o cigarro pode ter a sua vintena tributada por R$ 0,35 ou por R$ 5,00, não importa.

3. Haveria, inconstitucionalidade na nova disciplina traçada para o IPI pela Lei 7.798/89 e pelo Decreto 3.070/99, posto haverem fixado contornos específicos ao tributo em face do Código Tributário Nacional?

Não. A sistemática da Lei 7.798/89 e do Decreto 3.070/99 não afronta o CTN porque a nova técnica não modificou nem a base de cálculo nem a alíquota do imposto. É a própria Lei 7.798/89 que diz em seus arts. 2º e 3º que o valor fixo do IPI é o que resultaria da aplicação da alíquota *ad valorem* sobre o valor tributável.

4. A IN/SRF 060/99 criou regra jurídica nova ou apenas reproduziu o que constava do Decreto 3.070/99?

A IN/SRF 060/99 apenas reproduziu o que constava do Decreto 3.070/99 no que se refere à classificação dos cigarros e aos valores do IPI, não inovando em nada em matéria de tributação.

5. A determinação de recolhimento do IPI com base em valores predeterminados caracteriza "pauta fiscal"?

Não. Pauta fiscal pressupõe fixação de base de cálculo por presunção legal em dissonância com a realidade dos fatos, o que é diferente da fixação de valores fixos para o imposto, levando em consideração as várias categorias em que se divide o produto tributado.

É o parecer.

Belo Horizonte, 18 de outubro de 2000

CADERNOS DE DIREITO TRIBUTÁRIO

GERMAN INCOME TAX

Outline and Reforms

EKKEHART REIMER*

Among other countries, Germany shows a long history of both income taxation and related academic reflection. Income taxes were first levied in parts of Germany in 1808.[1] During the 19th century they were enacted in many of the German states which kept the exclusive power to legislate on the field of income taxation until 1918. It was only under the 1919 Weimar Constitution that the federal level (the former *Reich*) was first entitled to pass a uniform income tax. Such uniform Income Tax Act (*Einkommensteuergesetz*, hereafter referred to as EStG) was enacted under Minister of Finance *Matthias Erzberger* in 1920. The current EStG is an up to date version of this statute. In spite of an uncountable number of amendments, concealments and deteriorations, the main principles have remained unaffected ever since.

Today, however, taxation in the European Union is subject to significant competition which has arisen between the member states. While smaller states reacted quickly and flexibly to new challenges, the Federal Republic of Germany took some time to adapt her tax law system to the needs of a common market with its race to the bottom. In 2001 the overall national income is burdened with 55,2% (compared to 57,1% in 2000); the tax burden amounts to 32,4%.[2] Now that major tax reforms have taken place since 1999,[3] the following ar-

* Research Assistant at the *Forschungsstelle für Europäisches und Internationales Steuerrecht*, University of Munich, Germany (Ekkehart.Reimer@jura.uni-muenchen.de).

1. Mainly in the state of Prussia; cf. *Thier*, Steuergesetzgebung und Verfassung in der konstitutionellen Monarchie. Staatssteuerreformen in Preußen 1871-1893 (1999). For a comparative history of income taxation in Germany, see *Großfeld*, Die Einkommensteuer. Geschichtliche Grundlage und rechtsvergleichender Ansatz (1981); *P. Kirchhof*, in: Kirchhof/Söhn/Mellinghoff, Einkommensteuergesetz Kommentar, § 2 EStG marginal nos. A 240 et seq.

2. The remaining 22,8% are assigned to social security duties. Figures according to *Bund der Steuerzahler* Press Briefing of 19 July 2001; cf. Frankfurter Allgemeine Zeitung, 20 July 2001, p. 13. The economic tax quota (*volkswirtschaftliche Steuerquote*, i.e. the overall tax burden per GDP) amounted to 23,0% in 2000 and is considered to decrease to 21,7% in 2001, according to the Federal Ministry of Finance (www.bundesfinanzministerium.de).

3. Replacement of the corporation/personal income tax integration (credit of corporation tax against personal income tax) by a new "half income principle" (see *infra* IV. E.2); moderate broadening of the tax base while reducing the rates significantly by 2005; increase of petrol tax; introduction of a new tax on carbondioxide emissions and consumption of electric-

ticle aims at presenting and exemplifying the current[4] structure of the German personal income tax law and shows how details have been worked out both by the legislator and administrative practice as well as judicial case law. Moreover, some further concepts of reform are reported.[5]

I — *Constitutional Issues*

A. Legislative Power and the Distribution of Revenue

Being still the foundation stone of the sophisticated and well-balanced system of tax and revenue allocation in the Federal Republic, personal income tax can be analyzed and evaluated only within the general framework of other kinds of taxes. As it will be shown in the following table, the

IMPORTANT TAXES IN GERMANY

kind of tax	legislative power	entitlement to revenue	fiscal importance	
			in % of total federal and state revenue (as estimated for 2000)	absolute amount (in 1.000.000 •; as estimated for 2000)
personal income tax	federal level	shared between federal level, states and municipalities	35,4	169.000
value-added tax	federal level, but subject to EC harmonisation	shared between federal level and states	30,6	141.000
petrol tax	federal level	federal level	8,7	38.000
trade tax	federal level	municipalities	5,8	27.000
corporate income tax	federal level	shared between federal level and states	4,8	23.600
tobacco tax	federal level	federal level	2,5	11.500
real property tax	federal level	municipalities	1,9	8.800
real property transfer tax	federal level	states; participation of municipalities subject to state law	1,3	5.100
inheritance and gift tax	federal level	states	0,7	3.000

ity. - Selected literature in English: *Robert Amann* (ed.), German Tax Guide (2001); see also *Homburg*, German Tax Reform 2000: Description and Appraisal, in: FinanzArchiv 57 (2000), pp. 504-513; *Schreiber*, German Tax Reform - An International Perspective, in: FinanzArchiv 57 (2000), pp. 525-541.

4. As of August 2001, unless indicated otherwise. For all tax-free amounts, limits etc., the numbers are given in the new currency EURO (•), as effective from January 1, 2002 (cf. Act of 19 December 2000, Bundesgesetzblatt 2000 vol. I, pp. 1790 et seq. - *Steuer-Euroglättungsgesetz*).

5. A commission chaired by Prof. Joachim Lang (Cologne) elaborated the "*Entwurf eines Steuergesetzbuches*" (Draft of a Tax Code), published in the *Schriftenreihe des Bundesministers der Finanzen* (Series issued by the Federal Minister of Finance), vol. 49, in 1993. Another commission chaired by Prof. Peter Bareis (Stuttgart) presented their "Thesen zur Reform des Einkommensteuerrechts" in November 1994. Inspiring discussions on income taxation took place during the annual meeting of the *Deutsche Steuerjuristische Gesellschaft e.V.* at Heidelberg (September 2000); they are published by *Ebling* (ed.), Besteuerung von Einkommen. Veröffentlichungen der Deutschen Steuerjuristischen Gesellschaft e.V., vol. 24 (2001). A committee of experts under the leadership of Prof. Paul Kirchhof (Heidelberg) published the draft of a re-structured and simplified Income Tax Act in spring 2001; this draft aims at being the cornerstone of a uniform tax code (*Bundessteuergesetzbuch*); cf. *Paul Kirchhof, Klaus Altehoefer, Hans-Wolfgang Arndt,*

personal income tax holds the first position within the range of different taxes in Germany.[6-7]

As far as personal income taxation is concerned, the power to legislate has been established by Art. 105 (2), read in connection with Art. 106 (3) of the 1949 Federal Constitution (*Grundgesetz*, abbr. GG). It is allocated to the federal level. Indeed, the federal government (42.5%) is obliged to share income tax revenue with the *Länder*, i.e. the 16 constituent states (another 42.5%), and the municipalities (15%).[8] Since late 1997, the Constitution has entitled the legislator to give the municipalities the power to fix a flexible rate autonomously with respect to their share in revenue.[9] Parliament has not made use of this power yet, though it may do so in the future. It is remarkable anyway that there is no parallel provision in the Constitution regarding an autonomous rate for each of the *Länder*'s share in the revenue. With respect to income taxation, Germany is therefore still a completely homogenous territory without any differences between the different *Länder* or municipalities.[10]

While income tax affects individuals only, bodies corporate[11] (but not partnerships[12]) are subject to corporate income tax (corporation tax, *Körperschaftsteuer*).[13] Profit determination, for purposes of the corporate income tax, follows the personal income tax rules to a large extent. corporate income tax has been subject to major reforms recently. The current tax fell from 40% (for treasured profits) and 30% (for distributed profits) to a uniform 25% flat rate; in turn, the right of resident individuals to credit the company's corporate income tax *pro rata* against their personal income tax will has been abolished.[14]

Income from commercial enterprises[15] is not only subject to income taxation (per-

Peter Bareis et al., Karlsruher Entwurf zur Reform des Einkommensteuergesetzes (2001); cf. http://www.uni-heidelberg.de/institute/fak2/kirchhof/estg-entwurf.pdf.

6. For a detailed scrutiny of constitutional law relating to taxation, see *Vogel & Waldhoff*, Vorbemerkungen zu Art. 104a bis 115 GG, in Dolzer & Vogel (eds.), Bonner Kommentar zum Grundgesetz (= *id.*, Grundlagen des Finanzverfassungsrechts (1999)); see also *P. Kirchhof* (*supra* fn. 1), m.nos. A 150 et seq.; *Waldhoff*, Verfassungsrechtliche Vorgaben für die Steuergesetzgebung im Vergleich Deutschland-Schweiz, Munich (1997).

7. Cf. *P. Kirchhof* (*supra* fn. 1), m.nos. A 175 et seq.

8. Art. 106 (5) GG, read in connection with § 1 cl. 1 Gemeindefinanzreformgesetz, as of 6 February 1995 (Bundesgesetzblatt part I 1995, pp. 189 et seq.). Slightly different figures apply to the capital yields tax.

9. GG Art. 106 (5), 3rd sentence.

10. This is different for some other types of taxes, like the trade tax (*Gewerbesteuer*; see below).

11. Examples: public limited company (*Aktiengesellschaft*, hereafter AG), partnership limited by shares (*Kommanditgesellschaft auf Aktien*, KGaA), and limited company (*Gesellschaft mit beschränkter Haftung*, GmbH). Moreover, enterprises run by public bodies are subject to corporation taxation if they are engaged in commercial business. For details, cf. Corporation Tax Act (*Körperschaftsteuergesetz*, KStG) § 1 (1).

12. A special regime applies to German partnerships, similar non corporate member-related German entities (like, *e.g.*, joint ownerships or communities of heirs), and similar foreign entities (for a list of foreign entities, see *Finanz-Rundschau* 1987, p. 8). They are treated as transparent under EStG § 15 (1) no. 2; taxation occurs only at the partner's level. For details on partnership taxation, see *infra* IV.B.2.

13. Foreign entities other than individuals may fall into the personal scope of the German Corporation Tax as well if, by virtue of a typological comparison (*Typenvergleich*) with related German entities, they are more similar to a German body corporate than to a partnership; their domestic classification for tax or tax treaty purposes (of body corporate or not corporate) is immaterial. Rather, the decisive point is whether the foreign entity, according to all single features assigned to it by the foreign legal system, looks like a German body corporate (then corporation taxation) or rather resembles a German partnership.

14. See also *infra* VIII.A.

15. The term is defined by the elements enumerated in EStG § 15 (2) (see *infra* IV.B.1). Agricultural and forestry activities are not covered. Neither do independent personal services (especially typial activities performed by members of liberal professions like physicians, advocates, independent engineers, artists, architects etc.) constitute a commercial enterprise. Partnerships are uniformly treated as a commercial enterprise once they perform any kind of commercial activities; if so, it is immaterial whether they are engaged in other kinds of activities as well

sonal income tax or corporate income tax, as the case may be) but also to trade tax (*Gewerbesteuer*, sometimes referred to as *Gewerbeertragsteuer*) which is imposed on the commercial profit of the enterprise.[16] Most part of revenue is assigned to the municipalities. However, the tax base follows uniform substantive rules which are laid down in the federal Trade Tax Act (*Gewerbesteuergesetz*). Indeed, the municipalities have the power to fix a tax rate multiplier (so-called *Hebesatz*) for their respective territory autonomously; thus, they are competing with each other for investors on a local or regional basis. Since, from a technical point of view, trade tax is not designed as a personal tax but a tax on the object (viz., the commercial enterprise), it ties to the mere existence of a commercial enterprise, irrespective of who it runs. Consequently, there are three groups of taxpayers: individuals (sole proprietors, so-called *Einzelunternehmer* or *Einzelkaufleute*), partnerships, and bodies corporate. It has often been disputed whether a separate trade tax on commercial activities (as an addition to income taxation) with tax rates between 0% and 25% can be justified. The legislator has recently increased the efforts to compensate the unequal treatment of commercial entrepreneurs *vis-à-vis* other taxpayers by a range of privileges on the field of income tax law.[17] Still, trade tax may be abolished on the long run. As the constitution guarantees the municipalities souvereignty of their own tax (GG Art. 28 (2), 3rd sentence), abolition of trade tax would require the introduction of a municipal surplus to income/corporation tax.[18]

Further taxes and duties. Until 31 December 1996, both individuals and corporations were subject to a federal ***net wealth tax*** (*Vermögensteuer*) which was traditionally justified by its function as supplementing income taxation. Due to tremendous inconsistencies in the valuation of different types of assets, the traditional wealth tax was declared discriminatory and unconstitutional by the Federal Constitutional Court[19] and the legislator explicitly refrained from enacting a proper new Wealth Tax Act.[20]

Since 1991, yet with interruptions, there has been a surcharge on personal and corporate income tax payments of any kind (payments after assessment, pre-paid income tax, and pre-payments in the forms of wage tax or capital yields tax). This so-called ***solidarity surcharge*** (*Solidaritätszuschlag*) was designed as a temporary source of fiscal revenue which is exclusively assigned to the *Bund* (federal level).[21] It aims at financing federal subsidies paid to the Eastern parts of Germany after the unification. At first, these public transfer payments amounted to more than 100 billion DEM per year but have meanwhile been reduced. Consequently, the solidarity

(cf. EStG § 15 (3)). As a rule, bodies corporate are always subject to trade taxation since their income is regarded as commercial income in almost all cases, cf. KStG § 8 (2), read in connection with the Commercial Code (*Handelsgesetzbuch*, hereafter HGB) §§ 6 (1)&(2), 238 et seq.

16. This was different before 1 January 1997 in the Western parts of Germany when the tax base consisted of both a profit-related element and an element relating to capital wealth of the enterprise.

17. Trade tax payments have always been acknowledged as business expenses which reduce the income tax base. In addition, EStG § 35 (effective from 1 January 2001) provides for a lump-sum credit of trade tax against income tax; see *infra* VIII.C. This rule reduces, and often eliminates, the double burden established by the coexistence of income tax (or corporation tax, respectively) and trade tax.

18. The Federal Administration has recently made relating proposals; cf. Frankfurter Allgemeine Zeitung of 4 May 2001, p. 15. See also *Broer,* Ersatz der Gewerbesteuer durch ein kommunales Zuschlagsrecht zur Einkommen- und Körperschaftsteuer, in: Deutsche Steuer-Zeitung 2001, pp. 622-627.

19. Decision of 22 June 1995, BVerfGE vol. 93, pp. 121 et seq.

20. For a history and outline of the German Wealth Tax, also in a comparative European perspective, cf. *Lehner et al.,* The European Experience With a Wealth Tax: A Comparative Discussion. In: 23 Tax Law Review 613-690 (2000).

21. GG Art. 106 (1) no. 6; the statutory provisions are laid down in the Solidarity Surchage Act (*Solidaritätszuschlaggesetz,* SolZG), with later amendments

surcharge has fallen from 7.5 percent to 5.5 percent of the respective income tax payments. It should be noted that the solidarity surcharge might continue to exist for some more years.

The churches and religions associations which are incorporated under public law are entitled, under federal law and some concordats, to impose ***church taxes*** on their individual members autonomously.[22] The statutory provisions are laid down in State (not Federal) acts. As a rule, church taxes amount to a certain percentage of individual income tax. They are withheld at source in the case of wage taxation (by the employer[23]) or assessed together with income tax.[24] Tax rates differ from State to State but are fixed at 8% of the respective income tax in most States.

B. Constitutional Demands for the Design of Income Tax Law

Some basic guidelines as to the design of tax law, and to principles of income tax law in particular, have been derived from constitutional law; they have been sharpened particularly by the case law of the Federal Constitutional Court. The broadest guideline is the principle of taxation according to the taxpayer's ability to pay (*Besteuerung nach der wirtschaftlichen Leistungsfähigkeit*) which is regarded as one aspect of the general principle of equality and non-discrimination, as laid down in Art. 3 (1) of the Federal Constitution (*Grundgesetz*, hereafter referred to as GG),[25] but which is based on other fundamental rights as well. The ability-to-pay principle contains more requirements as to the tax base than it does *vis-à-vis* the tax rate.[26] Read in connection with the fundamental right to life (Art. 2 (2) GG), human dignity (Art. 1 (1) GG) and the social welfare state principle (*Sozialstaatsprinzip*, Art. 20 (1) GG), the ability-to-pay principle forbids taxation of the lowest part of income which covers the individual and family subsistence minimum.[27] This is referred to as the net principle in a personal sense (so-called *subjektives Nettoprinzip*). Moreover, the ability-to-pay principle demands that, as a rule, income-related expenses and business losses must be deductible. This is referred to as net principle in an objective sense (*objektives Nettoprinzip*).

Art. 6 (1) GG guarantees "particular state protection" (including non-discrimination) to marriage and family.[28] It is a matter of dispute, however, if protection of marriage necessarily requires the current (optional) joint assessment of spouses (*Zusammenveranlagung*, § 26b EStG) and the unlimited application of a uniform tax rate (so-called *Splitting-Tarif*, § 32a (5) EStG);[29] and if it forbids the extension of such favorable treatment to registered homosexual couples.[30] The Constitution does not nec-

22. Nb. Church tax paid is deductible from the income tax base, like donations to charitable institutions; see VI.C.

23. Wage tax is no separate kind of tax but a pre-payment to income tax; cf. IV.D.2, VIII.A.

24. Church tax is levied by state authorities on behalf of the church, mostly in course of the ordinary income tax assessment. In return, the state is entitled to a small share in the church tax revenue, covering the administrative expenditure.

25. For the relevance of non-discrimination and equality rules in a comparative European perspective (with particular focus on the European Convention on Human Rights), cf. *Meussen* (ed.), The Principle of Equality in European Taxation, 2 Eucotax Series on European Taxation (1999).

26. At least, the Federal Constitutional Court alludes that a uniform poll tax might be unconstitutional due to its ignoring differences in the taxpayers' economic situation: cf. Amtliche Sammlung der Entscheidungen des Bundesverfassungsgerichts (official law reporter; hereafter referred to as BVerfGE) vol. 93, pp. 121 et seq. (and p. 135 in particular).

27. Cf. also BVerfGE 87, 153 (and p. 169 in particular); BVerfGE 99, 246.

28. For case law on the impact of GG Art. 6 (1) on tax legislation, see BVerfGE 13,318, BVerfGE 29,104, BVerfGE 82,60, BVerfGE 87,153, BVerfGE 99, 216; BVerfGE 99, 246.

29. See *infra* III.F and VII.B.

30. A bill providing for such extension was drafted recently but has not been enacted yet, due to significant opposition in the Federal Council (*Bundesrat*), i.e. the Second Chamber of the Federal Parliament, representing the 16 state governments.

essarily require, but would certainly not forbid, that families (taxpayers with children) are entitled to a joint family assessment and/or a special design of tax rates which has the same structure as the privileges applying to spouses under § 32a (5) EStG, i.e. that the family income is divided *per capita*, and that a uniform tax rate applies. Children must indeed be respected by grant of special child relief to their parents' assessment. This relief must cover the ordinary expenses which parents have to support their children.[31] The protection of marriage and family is also relevant for the recognition of contracts between relatives under tax law. If dealing at arm's length, spouses or families must not suffer any disadvantages, neither by provisions of substantive law (including case law) nor by the rules on the burden of proof.[32]

The state has to respect the freedom of private property under Art. 14 (1) GG. The Federal Constitutional Court has demanded that tax legislation, too, must spare personal property to the best possible degree (*Prinzip der eigentumsschonenden Besteuerung*). Referring to the protection of personal property, the Court has gone so far as to introduce an absolute limit of taxation, ruling that the maximum burden of all direct taxes on a given source, under ordinary circumstances, should not remarkably exceed half of the taxpayer's income.[33] At last, both the freedom of property and the *Rechtsstaatsprinzip* ("state of law principle", similar to the common law notion of "rule of law") limit the legislator's power to enact disadvantageous acts with retroactive effect. Yet the meaning of "retroactive" is extremely difficult to determine; this is particularly true for tax law.[34]

II — Sources of Law

A. Statutes

Apart from the Constitution which infiltrates both the design of income tax law and its interpretation,[35] German income tax law is laid down in a range of statutes and other legal documents. The most important legal source of the individual's tax obligation is contained in the Income Tax Act (*Einkommensteuergesetz*). It lays down the personal scope and the factual and legal conditions under which income tax may be levied at an individual level. It provides exceptions or benefits; and it establishes the applicable tax rate. Indeed, particular economic situations like some abusive cross-border moves or transactions[36] or the merger and restructuring of enterprises[37] have been sourced out so that the respective acts can comprise provisions on more than one type of tax. In addition, a General Tax Code (*Abgabenordnung*) contains general substantive rules for all types of taxes as well as for state and municipal fees and contributions. The Code determines the character of the tax obligation and the taxpayer's

31. BVerfGE 82, 60 (and pp. 87 et seq. in particular); BVerfGE 99, 216; BVerfGE 99, 246; BVerfGE 99, 268; BVerfGE 99, 273.

32. See BVerfGE 69, 188 (and pp. 205 et seq. in particular), referring to GG Art. 6 (1), read in connection with Art. 3 (1). For family transactions, see also *infra* IV.B.3.

33. This so-called "halving concept" (*Halbteilungsgrundsatz*) refers to a very literal interpretation of Art. 14 (2) GG which reads: "Its use [i.e., the use of private property] shall **equally/likewise** [German: "*zugleich*"] serve public interest." See BVerfGE 93, 121 et seq. (and p. 138 in particular). Many discussions have arisen on this judgment. A final (judiciable) concretization has not yet been achieved.

34. Case law on this issue has been delivered both by the Federal Constitutional Court (BVerfGE 72, 200 (241 ff.); BVerfGE 97, 67 (78 f.)) and the Federal Tax Court (most recently, decision of 5 March 2001, Case IX B 90/00, Der Betrieb 2001, pp. 622 et seq., also available via www.bundesfinanzhof.de). See also *Finanzgericht Münster* of 16 October 2000, Entscheidungen der Finanzgerichte (EFG) 2001, pp. 71 et seq.; and of 18 January 2001, EFG 2001, pp. 294 et seq.

35. By virtue of what is referred to as "interpretation in conformity with the constitution" (*verfassungskonforme Auslegung*); cf. *Reimer,* European Taxation vol. 39 (1999), pp. 458, 460 et seq.

36. Cf. the External Relations Tax Act (*Außensteuergesetz,* abbr. AStG).

37. Cf. the Restructuring and Merger Tax Act (*Umwandlungssteuergesetz,* abbr. UmwStG).

additional duties. Moreover, it governs all stages of administrative procedure including the enforcement of tax duties. Court procedure follows a separate statute.[38]

One of the oldest unfulfilled demands is a comprehensive codification of tax law in one single tax statute. A draft has been submitted in 1993, while another one will be submitted in the future.[39] However, both are far from being realized and enacted.

B. Regulations

Today, all important substantive tax statutes are supplemented by regulations (*Rechtsverordnungen*). For the field of income tax law, the Income Tax Regulations (*Einkommensteuerdurchführungsverordnung*, abbr. EStDV) as well as the Wage Tax Regulations (*Lohnsteuerdurchführungsverordnung*, abbr. LStDV) are relevant. Those Regulations have been issued by the government (usually the Federal Minister of Finance) on the basis of statutorily delegated power.[40] Within the hierarchy of norms, Regulations are placed below the level of ordinary statutes (parliamentary acts). But like acts, they have binding effect on the taxpayer, the tax authorities, and the courts; thus, they are of significant importance in practice though they, too, leave open many questions.

C. Administrative Instructions

The application of tax law is the official duty of the tax authorities. In order to achieve a practical and uniform standard throughout the country, the 17 finance ministers (Federal Minister and 16 State Ministers of Finance) issue administrative instructions (*Verwaltungsvorschriften*) which provide internally binding legal standards as a concretization of statutory requirements or practical necessities. Guidelines are internally binding for the administration, but they do not create any rights or duties upon the taxpayers or the courts. There are general guidelines (*Richtlinien*) for the interpretation of specific tax law provisions, like Income Tax Guidelines (*Einkommensteuerrichtlinien*, abbr. EStR[41]) and Wage Tax Guidelines (*Lohnsteuerrichtlinien*, abbr. LStR). These guidelines have to be approved by the *Bundesrat*.[42] They contain definitions for a great number of tax law terms and deliver practical examples. Guidelines are modified rather frequently and form a huge official commentary on tax statutes and regulations. A second type of instructions are orders (*Erlasse*) for specific topics or for situations which may occur at more than one taxpayer and therefore deserve uniform treatment.[43] The third type of instructions are mutual agreements entered into between the German tax administration and the competent authority of a foreign State with which a tax treaties has been concluded.[44] All types of administrative instructions have high importance for administrative practice and tax consulting.

III — Characteristic Principles of the Income Tax Act (EStG)

A. Taxable Persons; Treatment of Partnerships

As indicated above, personal income tax affects individuals only. Partnerships and

38. Cf. the Tax Court Act (*Finanzgerichtsordnung*, abbr. FGO).

39. Commission paper presented by Prof. Joachim Lang (*supra* fn. 5). The draft of a new Income Tax Act submitted by the Kirchhof/Altehoefer/Arndt/Bareis commission (*supra* fn. 5), too, aims at being the cornerstone of a future uniform tax code (*Bundessteuergesetzbuch*).

40. According to GG Art. 80 (1) and related case law, the empowering Act must itself lay down the basic outline, purpose, and limits of the Regulation.

41. A 2001 EStR update is currently pending; the draft can be downloaded via www.bundesfinanzministerium.de.

42. GG Arts. 85 (2), 108 (7). As to the *Bundesrat*, cf. *supra* fn. 30.

43. As to the specific form of *Nichtanwendungserlasse*, see *Offerhaus*, in: Steuerberater-Jahrbuch 7, 12 et seq., 22 et seq. (1995/96); and *Tipke & Kruse* Abgabenordnung [Commentary] § 4 m.no. 48b, with further references.

44. Cf. Art. 25 (3) 1st sent. of the OECD Model Convention with Respect to Taxes on Income and on Capital (hereafter: OECD MC), as amended.

similar non-corporate entities which are referred to as co-entrepreneurships (*Mitunternehmerschaften*) are regarded as transparent as far as the duty to pay income taxes is concerned. It is the partners who have to bear the burden of tax, but it is the partnership as such which performs the income-generating activity and which earns the income. Basically, a partnership may fall under any of the seven types of income. Even though commercial income prevails in many cases,[45] a particular advantage of partnerships *vis-à-vis* corporations is that partnerships who restrain themselves to investing in companies (like investment funds, private equity funds and the like) may be regarded as non-commercial; therefore, the partners can avoid capital gains taxation easily.[46] Even though the partnership as such does not pay income tax, it is subject to some procedural duties.[47] The most important procedural duty is that the partnership as such has to observe the accounting and declaration rules. Profits and losses will be assessed on the level of the partnership by way of a particular notice of assessment which is issued to the partnership and contains both the partnership's profits or losses and the share in the profits/losses which is assigned to each partner.[48] This notice of assessment is binding for every partner's subsequent individual assessment. Further particularities apply as to the assignment of assets to the partnership or the partner's private sphere, respectively.[49]

B. World-wide Taxation of Residents, Limited Taxation of Non-Residents

Like most income tax systems in the world, the German EStG provides for unlimited tax liability of residents (taxation of the world-wide income) and limited tax liability of non-residents (taxation of income from sources in Germany[50]). An individual is considered to be a German resident if he/she has a residence[51] or his/her habitual abode[52] within the territory of the Federal Republic of Germany.[53] As a rule, nationality is irrelevant.[54] Particular rules apply to non-residents who opt for personal benefits which normally require unlimited tax liability (sometimes referred to as "virtual unlimited tax liability"). This is particularly attractive for cross-border commuters. It was mainly with respect to them that in 1996, the German legislator modified the law in order to fulfil some of the EC Court of Justice's requirements on non-discriminatory taxation, as established in the 1995 *Schumacker* case[55] and related judicature.[56] Moreover, the families of na-

45. Cf. *infra* IV.B.2.

46. This privilege has been strongly defended recently by *Stotschek & Protzen,* in: Finanz-Rundschau (FR) 2001, pp. 816 et seq.

47. Cf. *Bodden,* Die einkommensteuerliche Subjektfähigkeit der Personengesellschaft. In: Deutsche Steuer-Zeitung 1996, pp. 73 et seq.

48. Cf. AO § 179 (2), 2nd sentence, read in connection with § 180 (1) no. 2 lit. a: "*Bescheid über die einheitliche und gesonderte Gewinnfeststellung*".

49. See also *infra* IV.B.2 and IV.B.3.

50. In absence of general source rules, EStG § 49 enumerates the different types of "domestic income" (*inländische Einkünfte*). This provision ties to traditional criteria like, *e.g.*, the use of real property, permanent establishment, permanent agent, place of activity, place of exploitation or utilisation, and the like. Generally spoken, these criteria do not extend German taxation of non-residents too much on areas which are usually assigned to the exclusive taxation of the other state (mostly the taxpayer's state of residence) under the OECD Model Tax Convention. For instance, Germany normally does not levy income tax upon interest paid by a German private bank to a non-resident recipient. German income tax is levied, however, if interest is paid by a public fund (the state, etc.) or if the loan for which interest is paid has been secured by mortgages on real property located in Germany (for details, see EStG § 49 (1) no. 5 c).

51. Cf. AO § 8.

52. Cf. AO § 9.

53. EStG § 1 (1). For comprehensive analysis of personal tax liability, see *Lehner & Waldhoff,* in: Kirchhof, Söhn & Mellinghoff (eds.), Einkommensteuergesetz Kommentar (looseleaf service, as updated September 2001), § 1 EStG.

54. But German nationals who live abroad but are not subject to unlimited tax liability there, and their families, are unlimitedly liable to tax in Germany under § 1 (2) EStG.

55. EC Court of Justice (hereafter: ECJ) of 14 February 1995, C 279/93 (European Court Reporter (hereafter: ECR) 1995, I-225) - *Roland Schumacker.*

56. Leading ECJ cases on non-discrimination: Decisions of 28 January 1986, C-270/83 (ECR 1986,

tionals of EU member states are put on equal footing with German residents in that special personal allowances, personal deductions etc. are granted to them even if they are not resident in Germany, provided that the taxpayer himself is subject to (normal or virtual) unlimited tax liability.[57]

C. Seven Sources of Income

German income tax law does not provide for comprehensive taxation of the overall increase of the taxpayer's wealth. Rather, taxation ties to seven separate sources (groups, types) of income which have been enumerated in § 2 (1) EStG. They form a *numerus clausus* of taxable income:

- income from agriculture and forestry,
- income from commercial enterprise (commercial income),
- income from independent personal services (professional income),
- income from dependent personal services (employment income),
- capital yields,
- income from renting and leasing,
- so-called "other income", as defined by § 22 EStG.

The design of each of the seven types of income will be described below.[58] Regarding their interaction,[59] it should be noted here that the seventh type ("other income") is by no means a catch-all clause. Rather, it is itself restricted to a relatively small catalogue of specific inflows in money or in money's worth. A significant number of actual inflows in money or in money's worth remain untaxable, like lottery wins, income from certain forward exchange transactions,[60] private damages or compensatory payments,[61] strike payments out of a union's strike fund,[62] and all inflows by gift, inheritance or find. Moreover, the range of nontaxable income comprises every unrealized increase in value of assets (both of private and business assets), and even the realized increase in value of private assets in most cases.[63] Thus, profits realized from the alien-

p.273) - **avoir fiscal**; of 27 September 1988, C-81/87 (ECR 1988, 5505) - **Daily Mail**; of 8 May 1990, C-175/88 (ECR 1990, I-1779) - **Biehl I**; of 26 January 1993, C-112/91 (ECR 1993, I-429) - **Werner**; of 26 October 1995, C-151/94 (ECR 1995, I-3699) - **Biehl II**; of 11 August 1995, C-80/94 (ECR 1995, I-2508) - **Wielockx**; of 14 November 1995, C-484/93 (ECR 1995, I-3955) - **Svensson & Gustavsson**; of 27 June 1996, C-107/94 (ECR 1996, I-3089) - **Asscher**; of 15 May 1997, C-250/95 (ECR 1997, I-2471) - **Futura Participations**; of 17 July 1997, C-28/95 (ECR 1997, I-4161) - **Leur-Bloem**; of 28 April 1998, C-118/96 (ECR 1998, I-1919) - **Jessica Safir**; of 12 May 1998, C-336/96 (ECR 1998, I-2823) - **Gilly**; of 16 July 1998, C-264/96 (ECR 1998, I-4711) - **ICI**; of 26 January 1999, C-18/95 (ECR 1999, I-345) - **Terhoeve**; of 29 April 1999, C-311/97 (ECR 1999, I-2651) - **Royal Bank; of Scotland**; of 14 September 1999, C-391/97 (ECR 1999, I-5451) - **Frans Gschwind**; of 21 September 1999, C-307/97 (ECR 1999, I-6161) - **Saint-Gobain**; of 14 October 1999, C-229/98 (ECR 1999, I-7113) - **G. Vander Zwalmen**; of 26 October 1999, C-294/97 (ECR 1999, I-7447) - **Eurowings**; of 28 October 1999, C-55/98 (ECR 1999, I-7641) - **Bent Vestergaard**; of 18 November 1999, C-200/98 (ECR 1999, I-8261) - **X AB and Y AB**; of 13 April 2000, C-251/98 (ECR 2000, I-2787) - **C. Baars**; of 16 May 2000, C-87/99 (ECR 2000, I-3337) - **P. Zurstrassen**; of 6 June 2000, C-35/98 (ECR 2000, I-4071) - **Verkooijen**; of 14 December 2000, C-141/99 (not yet published in ECR, cf. www.curia.eu.int) - **AMID**; and of 8 March 2001, C-397/98 and 410/98 (not yet published in ECR, cf. www.curia.eu.int) - **Hoechst and Metallgesellschaft**. For the structure of EC non-discrimination rules and their impact on German income tax law, see *Reimer,* Die Auswirkungen der Grundfreiheiten auf das Ertragsteuerrecht der Bundesrepublik Deutschland - Eine Bestandsaufnahme. In: Lehner (ed.), Grundfreiheiten im Steuerrecht der EG-Staaten. Münchener Schriften zum Internationalen Steuerrecht vol. 23 (2000), pp. 39-101; shortened version published in European Taxation (ET) vol. 40 (2000), pp. 48 et seq.

57. The respective rules can be found in EStG §§ 1 (3) and 1a.

58. *Infra* IV.

59. See also *Paul Kirchhof* (*supra* fn. 1), m.no. B 85 et seq.

60. Cf. EStR no. 168a with further reference to case law of the Federal Tax Court (Bundesfinanzhof, abbr. BFH), and further examples.

61. See, however, some exceptions laid down in EStG § 22 no. 4.

62. EStR no. 168a; BFH BStBl. [*Bundessteuerblatt,* i.e. Federal Tax Gazette] vol. II 1991, p. 337.

63. For the delimitation of private asset sphere from business asset sphere, see *infra* IV.B.4.c. With

ation of shares on a stock exchange remain untaxable, and losses are not deductible, if the shares used to belong to the taxpayer's private asset sphere (and not to his business asset sphere) which is acknowledged in almost every case. The same is true for profits or losses from the alienation of rented houses or flats. Here, too, the tax authorities basically follow the taxpayer's declaration that these houses/flats belong to his private asset sphere.[64] It follows that the delimitation between assets hold in the taxpayer's private sphere and the ones hold in the business sphere gains tremendous legal relevance; and there is no general rule saying that assets stop qualifying as "private assets" merely due to the fact that the taxpayer uses them to make capital gains or capital yields.

D. Dualism of Types of Income

The classification of taxable income into seven types (categories) runs along parallel lines to the issue how income/profit is quantified. Here, the EStG has laid down a fundamental dualism of income/profit determination systems (*Dualismus der Einkunftsarten*) which might be justified by a different affinity or access to the market:[65]

To the extent that the taxpayer gains income from agriculture and forestry, commercial enterprise, or independent personal services, all assets which he uses for his activity are assigned to the sphere of business assets (*Betriebsvermögen*). Being a self-employed person, the taxpayer has intensive contact to the market. His income is basically, though with exceptions, determined by comparison of the net business assets at the end of the assessment period is with the net business assets at its beginning. The difference, i.e. profit (*Gewinn*) or loss (*Verlust*), constitutes the tax base. For the determination of the net business assets, commercial accounting rules apply.[66] The question at what time increase or decrease in value of business assets becomes relevant for income taxation must generally be answered by recourse to the commercial law accounting rules which follow the EC Accounting Directive but are supplemented and modified by a number of autonomous rules laid down in the EstG.[67]

By contrast, the traditional concept of the EStG provides that income from dependent personal services, capital yields, income from renting and leasing, and the so-called "other income" (§ 22 EStG) can be derived only through the use of private assets. There is no "business asset sphere" for these four types of income. Consequently, the comparison method cannot apply. Instead, the tax base is determined by addition of all single inflows and deduction of all single outflows. Here, the increase or decrease in economic value does not gain any relevance for tax purposes unless otherwise provided for by law.[68]

Income of the first-mentioned group is therefore referred to as profit income (*Gewinneinkünfte*), and income from the second group as surplus income (*Überschußeinkünfte*).

E. Net Principle

1. Objective Aspect

As a rule, the taxpayer is entitled to deduct from his gross income all costs and

respect to private assets, taxation exceptionally occurs for the alienation of substantial participations in companies corporate under private law (EStG § 17; see *infra* fn. 172), for the alienation of rent claims (EStG § 21 (1) no. 4; see *infra* IV.F.1), and for alienation of private assets within a short period after acquisition (EStG § 23, read in connection with § 22 no. 2; see *infra* IV.G).

64. As to the delimiation to commercial activities, see *infra* fn. 95.

65. Cf. *Paul Kirchhof* (*supra* fn. 1), m.no. B 89.

66. For details, and for deviations and modifications of this rule, see *infra* IV.B.3 to IV.B.5.

67. HGB §§ 238 et seq.; cf. *infra* IV.B.3 to IV.B.5.

68. Some exceptions to this principle have indeed been made, like the taxability of some profits from the alienation of private assets (*supra* fn. 63), depreciations on private assets used for professional purposes and on rented houses, and the deduction of some expenses relating to private assets, especially finance cost. For details, see my remarks on the respective type of income *infra* IV.

expenses in money or in money's worth which are brought about by the taxable activity or engagement.[69] This approach is referred to as *objektives Nettoprinzip* (net principle, in the objective sense of the word). It goes very far. It includes, *e.g.*, the full costs which the taxpayer has for the daily trip from her home to the place of work, however far the distance may be and whatever mean of travel she uses.[70] It is basically immaterial whether or not the taxpayer acted reasonably when causing expenses of the respective amount.[71] However, both the legislator and the tax administration have elaborated relatively sharp rules for the delimitation of income-related expenses from private expenses.[72] One of these rules is that expenses which are induced partly by income-related activities and partly for private reasons must not be deducted at all (principle of non-apportionment); exceptions apply for telephone costs and costs for the use of private cars and (since recently) computers.[73]

2. Individual Aspect

Moreover, a characteristic feature of the German income tax law is the individual net principle (referred to as *subjektives Nettoprinzip*). This aspect covers the deductibility from the tax base of a remarkable range of individual expenses which are not income-related. This range comprises the basic free-amounts for the taxpayer and his children as well as expenditure for insurance, donations to charitable institutions, some kinds of alimony payments, and a lot of further expenses most of which are deductible as "special expenses" or "extraordinary burden".[74]

F. Joint Assessment of Spouses

Spouses are entitled to opt for a joint income tax assessment unless they live in permanent separation.[75] If spouses have opted for joint assessment, both of them are subject to separate income determination, but on a later stage, both amounts of income are added and the spouses are further treated as one taxpayer. Consequently, a special design of the tax rates applies.[76]

G. The Scheme for the Determination of Tax

The determination of the tax base and the tax duty follows a uniform scheme most of which is laid down in EStG § 2 EStG.

Stage in the scheme	**EStG §§ ...**	**for details, see ...**
seven sources of income, viz.	2 (1)	*supra* III.C
profit income	**2 (2) no. 1**	***supra*** **III.D**
• income from agriculture and forestry	2 (1) no. 1; 13 to 14a	*infra* IV.A
• income from commercial enterprises	2 (1) no. 2; 15 to 17	*infra* IV.B
• income from independent personal services	2 (1) no. 3; 18	*infra* IV.C

cont. ...

69. Cf. the commentaries on § 4 (4) EStG
70. But there are (compulsory) lump sum deductions if she chooses to take the car, see *infra* fn. 102.
71. See, however, § 4 (5) no. 7; and my remarks *infra* fn. 101.
72. See *infra* IV.A (re. § 12 EStG), and the remarks on commercial income, *infra* IV.B.3.
73. See also *infra* VI.A and *infra* fns. 99 and 166.
74. See *infra* VI.C, VI.D.
75. The latter term ("*dauernd getrennt leben*") means a pre-divorce period; in using this term, income tax law refers to the *Bürgerliches Gesetzbuch* (Civil Code), § 1567.
76. So-called *Splittingtarif;* see *infra* VII.B.

cont. ...

Stage in the scheme	EStG §§ ...	for details, see ...
+ surplus income	**2 (2) no. 2**	***supra*** III.D
• income from dependent personal services	2 (1) no. 4; 19; 19a	*infra* IV.D
• income from capital	2 (1) no. 5; 20	*infra* IV.E
• income from renting and leasing	2 (1) no. 6; 21	*infra* IV.F
• so-called "other income"	2 (1) no. 7; 22; 23	*infra* IV.G
= sum of income	**2 (3)**	
– age relief	2 (3); 24a	*infra* VI.E
– special relief for agriculture and forestry	2 (3); 13 (3)	*infra* VI.A.3
= total amount of income	**2 (3)**	
– special expenses, including losses from previous or subsequent years	2 (4); 10 et seq.	*infra* VI.C
– extraordinary burden	10d	*infra* V.C
= **income**	2 (4); 33 et seq.	
	2 (4)	*infra* VI.D
– child allowance	2 (5); 31, 32	*infra* VI.B.1
– special relief for double household	2 (5); 32 (7)	*infra* VI.B.2
– other deductions	46 Abs. 3; EStDV § 70	
= taxable income	**2 (5)**	
x applicable tax rate	2 (5); 32a et seq.	*infra* VII
= **standard income tax** (*tarifliche Einkommensteuer*)		
– creditable foreign tax	34c; tax treaties	*infra* VIII.B
+ particular addition for estimated foreign income	2 (6); 34c (5)	*infra* VIII.B
– lump-sum trade tax compensation	35	*infra* VIII.C
+ child benefit paid to the taxpayer if child allowance was granted	10 (5); 31 et seq.	*infra* VI.B.1
+ belated taxation if deduction of special expenses was erroneously granted in previous years	10 (5), read in connection with §§ 31 et seq. EStDV	*infra* VI.C
= **income tax to be fixed**	**2 (6)**	
– advance income tax payments	36 (2) no. 1, 37	*infra* VIII.A
– wage tax withheld by the employer	36 (2) no. 2	*infra* IV.D.2
– income tax withheld by the bank (for interest, dividends)	36 (2) no. 2	*infra* IV.E.5
= payable income tax (or tax refund)		

IV — Details on the Seven Types of Income

A. Income from Agriculture and Forestry (EStG §§ 13 et seq.)

Income from agriculture and forestry is the type of income which contains the most unsystematic structure of all types and shall therefore be dealt with only briefly.

1. Scope

The terms "agriculture" and "forestry" are defined as continuous activities which mainly rely on the use of the natural capacities of land. It comprises viniculture, horticulture, fruit-growing, vegetable-growing, tree nurseries, and other enterprises which make use of natural force in order to obtain plants or parts thereof. Particular difficulties in connection with the scope of this type of income are the delimitation to commercial-like livestock breeding (which is treated as a commercial enterprise under § 15 EStG) on the one hand,[77] and the treatment of enterprises engaged in mixed activities on the other hand.[78]

2. Profit Determination

Taxpayers who run an agricultural or forestry enterprise of minor seize are entitled to refrain from a concrete profit determination[79] and may opt for average taxation instead, according to EStG § 13a. This option is regularly very favorable. Average taxation ties to a fictitious net profit. Gross profit is computed by an addition of (1) a basic amount (*Grundbetrag*) which depends on the uniform substance value of the agriculture or forestry, according to the Evaluation Act (*Bewertungsgesetz*),[80] (2) the value of personal services spent by the taxpayer and his family to the agriculture or forestry,[81] (3) interest received for the lease of land,[82] and (4) some other elements. For the computation of net profit, some major deductions are allowed like, *e.g.*, rent paid for the lease of land, or interest paid in consideration of business-related loans.[83]

3. Special Tax-Free Amounts and Other Privileges

Moreover, the taxpayer is entitled to deduct a special tax-free amount of • 670 from this profit if his net profit does not exceed • 30,700 p.a.[84] Further privileges apply, under EStG §§ 34b and 34e, on a temporary or steady basis, *e.g.*, for extraordinary alienation of wood by a forestry enterprise.

4. Alienation of the Enterprise

As a rule, the alienation of an agricultural or forestry enterprise or a separable part of the enterprise induces taxation of the alienation profit according to the same rules which apply for the alienation of commercial enterprises:[85] As a rule, the entire net

77. The first problem (classification of livestock breeding as land-related or commercial-like) has partly (see, however, no. 135 of the Income Tax Guidelines (*Einkommensteuerrichtlinien*, abbr. EStR) for further details which comprise a typological approach as well) been solved by a merely quantitative approach: § 13 (1) no. 1 EStG contains a formula which determines the maximum numerical relationship of livestock units per square. The livestock units are to be computed by reference to a table of different types of animals; cf. EStR no. 124a.

78. The problem of by-enterprises is solved by a typological approach laid down in § 13 (2) no. 1 EStG according to which by-enterprises (*Nebenbetriebe*) which are subordinated to the agriculture or forestry do not form a commercial enterprise under § 15 but are part of the agriculture or forestry and are therefore granted the same tax privileges as the latter. For some aspects of this delimitation, see EStR no. 135 (3); cf. also Federal Ministry of Finance, Letter Ruling of 3 June 1997, BStBl. vol. I 1997, p. 629.

79. Which would have been the ordinary approach; cf. *infra* IV.B.3.

80. Cf. EStG § 13a (3) no. 1 & (4), read in connection with *Bewertungsgesetz* §§ 33 et seq.

81. Cf. § 13a (3) no. 2 read in connection with (5) EStG.

82. Cf. § 13a (3) no. 3 read in connection with (4), 2nd sentence EStG.

83. Cf. EStG § 13a (3), 2nd sentence EStG.

84. EStG § 13 (3).

85. Cf. *infra* IV.B.6.

profit is taxed in the year of alienation but the tax rate is calculated on the basis of the fiction that only one fifth of the profit falls into the current year. Taxpayers of an age of 55 years or more are entitled to a special tax-free amount of up to • 30,700;[86] and they have an option to be taxed at half of the ordinary rate.[87] Indeed, § 14a EStG modifies and supplements this rule in that other tax-free amounts are granted for small enterprises which apply partly in addition to, and partly instead of, the first-mentioned relief.

B. Income from Commercial Enterprise (EStG §§ 15 et seq.)

Commercial income (*Einkünfte aus Gewerbebetrieb*) is the type of independent income which has gained the highest economic relevance today. Major issues in this connection are the scope and delimitation of this type of income (*infra* 1), the particular treatment of partnerships (*infra* 2), the basic rules on profit determination, including the evaluation of assets (*infra* 3 to 5), and the tax impact of alienation of the enterprise (*infra* 6). It should be noted in this connection that commercial income, unlike other categories of income, is subject to both income tax and municipal trade tax; however, recent legislature has brought about significant income tax reductions which aim at mitigating the double burden.[88]

1. Scope

According to § 15 (2) EStG[89] and longstanding case law, commercial income requires that the taxpayer performs an ***independent and continuous***[90] ***activity*** *at the* ***common economic market*** which forms part of an interchange of goods and services.[91] In doing so, the taxpayer must ***intend to make an overall profit***.[92] In addition to these positive elements, income from commercial enterprises requires a triple delimitation: The activity must be neither ***agriculture and forestry***[93] nor ***independent personal services***.[94] Moreover, it must exceed the level of a mere **personal asset *management***.[95]

86. This relief is designed degressively; it is not granted if the profit of alienation exceeds the amount of • 184,700. For details, see EStG § 16 (4).

87. EStG § 14 (1), read in connection with § 16 (2) to (4) and § 34 (3).

88. See *infra* VIII.C.

89. In German: "*eine selbständige nachhaltige Betätigung, die mit der Absicht, Gewinn zu erzielen, unternommen wird und sich als Beteiligung am allgemeinen wirtschaftlichen Verkehr darstellt [...]*"

90. Short period of times are sufficient (*e.g.*, five weeks for the trading with bonds: BFH BStBl. vol II 1991, p. 66), but one single event is not. It is not sufficient that the taxpayer intends to use only a single opportunity (situation) to make money. On the other hand, an activity which *ex post* appears as a singular activity although the taxpayer had originally intended to go on with further activities of the same kind will be regarded as continuous and therefore taxed under § 15 EStG. For further details in the requirement of continuity, see EStR H 134a with many references to BFH case law.

91. This element of the definition is of little practical relevance; it excludes begging (cf. also EStR H 134c) and some minor activities within the family or close friends. - It is not required, however, that the taxpayer performs the market activity personally. Rather, it is sufficient that an agent or the like acts on the taxpayer's account: cf. EStR H 134c; BFH BStBl. vol. II 1991, p. 66.

92. This criterion aims at excluding hobbies and similar private activities from the sphere of income taxation. To distinguish initial business losses (deductible) from losses out of hobbies (not deductible), the tax inspector usually acknowledges the losses for about five to seven years but makes a reservation when assessing the taxpayer's duty to pay under AO § 165. If it appears afterwards that the taxpayer does not succeed in turning into the profit zone and that he does not even show any efforts (*e.g.*, if he does not correct harmful management decisions which have induces the losses in the past), the whole activity is retrospectively regarded as a hobby and all losses are assigned to the private sphere retroactively. For details, see EStR H 134b

93. According to EStG § 15 (2), 1st sentence. For this delimitation, see EStR R 135; for the definition of income from agriculture and forestry, see *supra* A.

94. For this delimitation, see EStR H 136 with a synoptic list of examples; for income from independent personal services, see *infra* C.

95. For the purchase, sale, or lease of real property and of bonds, securities etc., the tax inspector will have to scrutinize whether the activity forms part

2. Treatment of Partnerships

As indicated above,[96] the income which is attributed to the partners upon their participation in the partnership is basically categorized according to the activity performed by the partnership. It is immaterial whether (and when) any money is actually paid to them. On the level of the partnership, commercial income cannot coexist with any other type of income. Once a partnership runs a commercial enterprise (even if it is only of a subordinate character, compared to the partnership's other activities), the whole partnership income is regarded as commercial income.[97] There are only rare cases where income attributed to a partner is re-categorized on the individual partner's level and therefore deviates from the type of income which the partnership derives.

3. Profit Determination: General Rules

Disregarding a special regime for the determination of commercial income from ships in international traffic,[98] there are two different methods of commercial profit determination. Each of them brings their own rules (*infra* 4 and 5). Indeed, both methods have a number of basic features in common. This is particularly true for a bundle of rules on the delimitation of tax-relevant expenses and private expenses. Basically, assets (including liabilities) are considered to be operating assets (*Gegenstände des Betriebsvermögens*) if it can be established that they form part of the business sphere (*Betriebsvermögen*) and not of the taxpayer's private sphere (*Privatvermögen*). It should be noted that a pro rata apportionment of one and the same asset or liability to both the private and the business sphere is regularly not admissible.[99] While some of

of a commercial enterprise or whether it is merely a (non-taxable) restructuring of private wealth. He will particularly apply the following criteria: outer appearance; intensity and frequency of the trade/restructuring activities; existence of a professional office. The main substantive point is whether the taxpayer aims at gaining an increase in value of her assets (then commercial enterprise) or whether she only seeks to make use of the capital which she anyway has (by earning rents, interest, dividends, etc.). For the sale of land, houses, and apartments, the courts have established sophisticated case law which became well-known as the three-object limit (*Drei-Objekt-Grenze*); see, *e.g.*, BFH Grand Senate BStBl. vol II 1995, p. 617. According to this test, the sale of more than three units (houses, apartments, estates) within a five-years period indicates commercial activities and induces taxability for all these activities. It is irrespective whether the taxpayer acts himself, through an agent, or through a partnership in which he participates at 10% or more. If the taxpayer exceeds this limit, all alienations (including the first three units) are ex post assigned to his commercial sphere and will therefore be subject to tax. - For more details on the *Drei-Objekt-Grenze,* see EStR H 137 (1) with reference to BFH case law; for latest developments, Finanzgericht Münster of 24 May 2000, Case 8 K 5186/99, Entscheidungen der Finanzgerichte (EFG) 2000, p. 1370; Finanzgericht Niedersachsen of 15 August 2000, Case 15 K 83/97, EFG 2001, p. 19; and Schmidt/*Weber-Grellet*, Einkommensteuergesetz [Commentary], 20th edition (2001), § 15 EStG, at m.nos. 50 et seq.

96. *Supra* III.A.

97. § 15 (3) no. 1 EStG. In this case, there is no space for income from independent personal services (§ 18 EStG) nor for any other type of income. This rule is referred to as *Abfärbetheorie* (rub-off theory) in German literature.

98. As from 1999, taxpayers who derive commercial income from ships flying the German flag which are engaged in international sea transport are entitled to opt for a lump sum profit determination, dependant on the tonnage. The new provisions grant tax privileges to shipowners engaged in international traffic. Because of its effect as a state aid, it required (and gained) the approval of the EC Commission under Art. 87 of the EC Treaty: BGBl. vol. I 1998, p. 4023.

99. Exceptions from this exclusivity have been made for land (real estate); see EStR no. R 13 (4); and Schmidt/*Heinicke* EStG, loc. cit., § 4 m.no. 189, with further reference. Apart from that, there is strict exclusivity. This is indeed corrected (or compensated) indirectly: It is possible to come to a *pro rata* apportionment on the level of **expenses** relating to some assets like cars, computers or telephone systems where it is easy to assign a certain amount of the expenses to either sphere. The taxpayer must establish that a separate part of the use value is contributed from the private sphere into the business sphere (though the asset as such remains within the private sphere!). Here, this contribution (*Einlage*) reduces the commercial profit, according to § 4 (1) EStG). Vice versa, if the asset as such has been assigned to

the delimitation rules concern all types of income and are therefore concentrated in EStG § 12,[100] others primarily apply to commercial income; these rules are contained in EStG § 4 (5).[101] Moreover, for some business-induced expenses, it is only allowed to deduct a lump sum.[102]

Further common features cover the acknowledgment of transactions within a family, between associated enterprises, between a taxpayer and the partnership or company of which she is a partner/shareholder, and between the taxpayer's private sphere and her sole proprietorship. All those transactions must meet arm's-length requirements. If they do not, the taxpayer takes the risk that the whole payment will not be deductible. In some cases, however, prices may be adjusted.[103] Further restrictions apply on family transactions. They must be valid under private law, must have been agreed upon in advance, and must have been performed actually.[104]

4. Balance Sheet Method

The most important method of profit determination is the indirect method. Under this regime, "profit" is the difference between operating assets/liabilities on the end of the assessment period and on its beginning, reduced by private contributions (*Einlagen*), and increased by private drawings (*Entnahmen*). The indirect method is referred to as *Betriebsvermögensvergleich*; the main rules are laid down in EStG § 4 (1) and §§ 5 et seq. It applies to taxpayers who are legally obliged to keep books or who have opted for doing so. Book-keeping duties follow from commercial law or genuinely from tax law. Since only very small business enterprises[105] have been exempted from these duties, by far the vast majority of entrepreneurs is obliged to keep books. Compared to other methods of profit determination, the balance sheet method is highly elaborated, relatively sophisticated, but offers a great variety of tax planning options.

The central difficulties of this kind of profit determination are (a) the (qualitative) determination of which items, positions, or elements can be regarded as "assets" or "liabilities" at all, (b) the attribution of assets/liabilities to a concrete taxpayer, (c) the qualification of assets/liabilities as "operating assets/liabilities" (i.e.,

the business sphere (as an operating asset), the commercial profit increases if the taxpayer withdraws a certain part of the use value from the business sphere into the private sphere (so-called *Entnahme*).

100. They are dealt with *infra* VI.A.

101. Under these rules, the following costs are not deductible as business expenses: most kinds of gifts to persons other than taxpayer's employees (§ 4 (5) no. 1 EStG); business entertainment costs (particularly costs for restaurant food, beverages and the like) which exceed a 80% limit of a reasonable average (§ 4 (5) no. 2 EStG); costs for the accomodation of persons (other than taxpayer's employees) at any place outside the place of his commercial site (§ 4 (5) no. 3 EStG); expenses for fishing, hunting, boats, and connected expenses (§ 4 (5) no. 4 EStG); expenses for a double household over two or more years at the same place (§ 4 (5) no. 6a EStG); most part of the expenses for an office (bureau, working room) at home, unless the taxpayer does not have any other office (bureau, working room) at hand (sophisticated rules in § 4 (5) no. 6b EStG with related case law; cf. the commentaries thereon); penalties and fines (§ 4 (5) no. 8 EStG); bribes, but only if the taxpayer has been convicted or if criminal proceedings have taken place but were ceased, although innocence could not have been proven (§ 4 (5) no. 10 EStG); contributions to political parties or voluntary expenses for any other public purpose (§ 4 (6) EStG); and other expenses affecting the taxpayer's private sphere, but only to the extent that it can be established that these expenses are clearly inappropriate (§ 4 (5) no. 7 EStG).

102. This is true for costs caused by out-of-town accomodation of the taxpayer (§ 4 (5) no. 5 EStG) or trips between the taxpayer's home and her place of work if she uses her private car (§ 4 (5) no. 6 EStG).

103. Cf. EStG § 6 (1) no. 5 (see also KStG § 8 (3)), or AStG § 1 and OECD-MC Art. 9 for cross-border transactions

104. See also *infra* IV.F.2 for income from renting or leasing.

105. Only single proprietorships which meet all of the following three requirements: They do not require a professional management (§ 1 (2) HGB), their profits do not exceed • 25,000 per year (§ 141 (1) no. 4 AO), and their turnover does not exceed • 260,000 per year (§ 141 (1) no. 1 AO).

assets/liabilities relating to the business sphere and not to the taxpayer's private sphere), (d) the point of time from which onwards entry in the books is admissible, comprising the problem of contingency reserves, and (e) the quantitative valuation of the operating assets/liabilities. Issues (a) to (c) are considered to follow autonomous rules of tax law,[106] whereas issues (d) and (e) require reference to private law.

a. *Delimitation of Assets and Non-Assets* — These rules base on §§ 4 (1) and 5 EStG and have been given sharp contours by judicial case law. The term "asset" (*Wirtschaftsgut*) has been given a very broad understanding in German tax law. Even if an item forms part of a bigger unit (like goods in a store, houses and other buildings on real estate, or furniture within houses), it is usually regarded as a separate asset on its own. Indeed, only very general elements like the taxpayer's physical energy, education, etc. are excluded from being assets.

A general distinction is made between tangible assets, movable or immovable, including livestock, land, etc.; intangible assets, including know-how, patents, licences, concessions, usufruct, rental or lease; the established clientele as such and even the enterprise's general goodwill (but only to the extent which it exceeds the ordinary value of all other assets and therefore represents special appreciation attributed to the enterprise as such[107]); and special rights like shares in companies and money claims. This distinction is of tremendous importance because intangible assets (*immaterielle Wirtschaftsgüter*) which form part of the capital assets[108] must not be activated unless they have been purchased or contributed to the enterprise from the entrepreneur's (or partner's) private sphere.[109] It follows that, *e.g.*, specialized computer software (which is usually regarded as intangible[110]) must not be activated if it has been developed by the taxpayer herself within, and for permanent use by, her enterprise. But the same software must be activated if it was bought from outside or if the taxpayer carries on trade with it.[111]

As far as the liabilities side of the balance sheet is concerned, German accounting rules acknowledge negative assets, viz. debts and liabilities (*Verbindlichkeiten*). Moreover, the liabilities side contains some types of reserves (*Rückstellungen*) for future liabilities[112] which must indeed be distinguished from mere savings (*Rücklagen*). The latter form part of the taxpayer's/partner's equity (*Eigenkapital*) and do not reduce the profit of the enterprise.

b. *Personal Assignment of Assets* — The personal assignment of assets follows the traditional substance-over-form concept (the *wirtschaftliche Betrachtungsweise*). This concept is very similar to the notion of beneficial ownership in international tax law.[113] Thus, ownership/proprietorship established under private law is only an indication of to which person or entity an asset is attributed for the purposes of tax law.[114] If someone else than the private law owner is (legally or merely factually) able to exercise the power of disposition for the ordinary useful life of the asset, the asset will be attributed to her rather than to the private law owner. This is particularly true for a trustor (i.e. the beneficiary of a trust) or a

106. Prevailing opinion; see, *e.g.*, Schmidt/*Weber-Grellet* EStG, loc. cit., § 5 m.no. 22, with further references. According to my point of view, this opinion *de lege lata* goes too far and is not fully in line with the concept laid down in the EStG.

107. So-called *Geschäftswert* or *Praxiswert*. For details, see EStR no. 31a with further references; Schmidt/*Weber-Grellet*, loc. cit., m.nos. 221 et seq.

108. So-called *Anlagevermögen*, i.e. assets which at the date of the closing balance sheet are intended to serve the business permanently.

109. EStG § 5 (2).

110. Unlike, *e.g.*, cheaper standard software which is considered to be tangible, according to EStR no. R 31a (1); see also Schmidt/*Weber-Grellet*, loc. cit., m.no. 270 – "Software".

111. The latter makes the asset form part of the floating assets (*Umlaufvermögen*).

112. See *infra* d.

113. See, *e.g.*, OECD MC Arts. 10 (2), 11 (2), and 12 (3) of the OECD.

114. AO § 39 (1).

person providing security, like a chattel mortgagee.[115] If these requirements are fulfilled by two or more persons, the asset will be attributed to all of them *pro rata*.[116] The same rules apply, *mutatis mutandis*, to liabilities. They are not acknowledged for tax law purposes as being the debtor's liabilities if he appears to be an intermediate nominee only, but will be attributed to the person who eventually benefits from the loan.

c. *Operating Assets vs. Private Assets* — In addition to the general provisions presented above, the balance sheet method brings some special rules for the distinction of operating assets and private assets. As far as ***sole proprietors*** are concerned, the assignment of assets to either sphere does not necessarily depend on whether or not the taxpayer lists the asset on her balance sheet. Here again, a substance-over-form concept applies. Within the business sphere, two different types are distinguished. First, the asset/liability can belong to the business ***compulsorily*** (so-called notwendiges Betriebsvermögen). This happens if holding such items in the private sphere would not make sense or if it is obvious that the taxpayer has acquired, or uses, this very asset exclusively for business purposes. Second, the asset as such could well be part of the private sphere but in this particular case serves as a support for, and is integrated in, the business. This second type of operating assets are referred to as operating assets ***by choice*** (gewillkürtes Betriebsvermögen). The taxpayer may opt for posting them, and regularly will do so for depreciable assets and for liabilities. The option can be exercised explicitly or implicitly (i.e. by the actual activation in the balance sheet). However, the taxpayer is also entitled to refrain from activating those assets. This is usually more favourable for non-depreciable assets where the taxpayer expects an increase in value and wants to cash this increase tax-free.[117]

As far as ***partnerships*** are concerned, the second-mentioned type of assets (operating assets by choice) does not exist. The basic principle is that all assets which have been ***listed on the ordinary balance sheet*** are considered to be compulsory operating assets. Exceptions have been made only if it was established that it would not make any sense to use a particular asset for the enterprise but that the asset actually serves the taxpayer's private needs.[118] Assets/liabilities which have ***not*** been ***activated on the ordinary balance sheet*** of the partnership are usually part of the private sphere. However, two very important exceptions must be made. (1) The partner who owns the asset, or owes the liability, may dedicate it to the partnership if the asset/liability can serve for the partnership's business use (so-called ***category I special operating assets/liabilities***[119]). (2) If the asset/liability functions to serve the partner's participation in the partnership, it will be regarded as a ***category II special operating asset***.[120] Both types of special operating assets are subject to particular substantive and procedural rules. As far as substantive tax law is concerned, these assets are of no relevance for any of the partners except for the one who owns them. She enjoys the full depreciation of the assets and may therefore suffer losses from her participation in the partnership, even if the other partners are attributed a positive result. As far as inflows and outflows are concerned, the owner will usually receive remuneration in consideration for dedicating category I as-

115. AO § 39 (2) no. 1.

116. AO § 39 (2) no. 2.

117. See *supra* III.C., and fn. 63 in particular.

118. See *Schmidt* EStG, loc. cit., § 5 m.nos. 481 et seq.

119. This category (in German: "*Sonderbetriebsvermögen I*") is mentioned in EStG § 15 (1) no. 2, end of the 1st sentence; but the doctrinal fundaments are laid down in the general concept of "operating assets", as used in EStG § 4 (1) and § 5. See also *Schmidt* loc. cit., m.no. 507. Examples are cars, equipment, or real estate owned by one of the partners but dedicated to the partnership for its use.

120. In German: "*Sonderbetriebsvermögen II*". Example: a loan which the taxpayer (partner) has raised in order to acquire her participation in the partnership.

sets to the partnership. This remuneration, too, is subject to special treatment: It is part of the (whole) partnership's expenses, and therefore also reduces our partner's profit *pro rata*, but at the same time it forms part of her (separate) special receipts which are taxable as income from commercial enterprises. The same applies, *mutatis mutandis*, to interest paid by the taxpayer to a bank in consideration of the category II loan granted to him. These particularities of substantive law require special procedural treatment. It is German practice that the partnership as such (not the individual partner concerned) is obliged to establish a special purpose balance sheet (*Sonderbilanz*) for every partner who holds special operating assets of either category. Consequently, the assessment of special operating assets or special receipts/expenses takes place on the level of the (separate; cf. *supra* III.A.) assessment of the partnership as such, although it gains relevance only for one partner.

d. *Temporal Assignment* — For the point of time from when an asset (established or potential) must be entered in the books, German tax law has refrained from establishing a full system of autonomous rules. Rather, it makes reference to the balance sheet as set up in accordance with traditional private law rules of book-keeping.[121] This reference to commercial law is called "*Maßgeblichkeitsgrundsatz*" (principle of prevalence of commercial law over tax law); it forms an exception to the general autonomy of tax law from private law.[122] Under commercial law, positive tangible assets generally must not be activated before they have been realized, and claims not before they have fallen due. By contrast, debts and liabilities have to be entered on the liabilities side of the balance sheet as soon as possible. This imparity (*assymmetry*) follows from the underlying aim of commercial law accounting rules, viz. to protect creditors and potential investors. The principle of precaution (*Vorsichtsprinzip*) allows cautious activation of assets, but requires quick listing of actual or merely potential liabilities on the liabilities side.

It is evident that these commercial law rules regularly result in the setting up of hidden reserves. To avoid too big shortfalls in tax revenue and to ensure period-related taxation, tax law modifies the commercial accounting rules in that it provides for a bundle of special rules in EStG § 5 and §§ 6 to 7k. Moreover, tax law requires that commercial law options to activate assets must be exercised; and that commercial law options to enter debts, reserves, etc. on the liabilities side must not be exercised.[123] This sophisticated interference of commercial law and tax law may be exemplified on the field of contingency reserves (*Rückstellungen*). They are allowed, both under commercial law[124] and under income tax law, for uncertain liabilities (*ungewisse Verbindlichkeiten*) as well as for renewals and similar outstanding claims. Moreover, § 249 (1) of the Commercial Code provides that reserves must be set aside for threatening losses out of floating treaties (*Drohverlustrückstellungen*). Since 1997, however, this has been explicitly forbidden under EStG § 5 (4a). Therefore, there is an open conflict of compulsory commercial law rules with compulsory tax law rules. Similar conflicts arise due to some significant further tax law restrictions which have been enacted only recently.[125] As a consequence, the taxpayer who has to present her commercial balance sheet to the tax authorities must add an amendment in which she re-

121. In German referred to as *Grundsätze ordnungsgemäßer Buchführung*. These traditional rules have been codified in HGB §§ 238 et seq. and were strongly influenced by the European [Economic] Community Accounting Directive (4th Directive, EEC OJ no. L 222 of 14 August 1978); and the following Directives like the Bank Accounting Directive (no. 86/635 EEC) and the Insurance Company Accounting Directive (no. 91/674/EEC).

122. For discussion, see *Hennrichs,* in: Ebling (ed.) (*supra* fn. 5), pp. 301 et seq.

123. Long standing case law; see BFH Grand Senate BStBl. vol. II 1969, p. 291.

124. HGB § 249.

125. EStG § 6 (1) no. 3a.

tracts the set aside of threat-of-loss reserves; the whole document is referred to as "tax balance sheet". Compared with the pure commercial balance sheet, the tax balance sheet results in an increment in profit of the current assessment period which corresponds to a decrement in the later assessment period when the (commercial law) reserve is being dissolved. Tax must therefore be paid earlier than it would have been if pure commercial law had governed.

e. *Valuation* — As far as the valuation of operating assets (basic amount; depreciation or increment in value) is concerned, it is impossible to deliver a full treatise of all accounting rules here. Some of the basic elements and characteristics can be derived from what has been stated above, regarding the particular purpose of the commercial balance sheet to protect creditors and investors. Additional rules are structured as follows:

(1) Basic amount — All assets and liabilities must be valued separately.[126] The basic amount of loans or debts consists of the nominal value. There is no adaption in case of inflation. The basic amount of other positive assets consists of the initial costs including ancillary costs if the asset has been acquired from outside (*Anschaffungskosten*), or of the production costs if the taxpayer has manufactured the asset in his own enterprise (*Herstellungskosten*). The production costs are to be distinguished from maintenance expenses (*Erhaltungsaufwand*) which do not form part of the asset's value but are deductible separately, i.e. immediately at 100%. According to German case law, later enlargements or substantial improvements of existing assets can be treated as "production" rather than "maintenance".[127] Similarly, expenses made to improve an asset within a three-years period after acquisition form part of the initial costs.[128] If an asset is transferred from the private sphere into the enterprise or vice versa, the fractual value is decisive (*Teilwert*, i.e. the going concern value of the asset).[129]

(2) Depreciation — The taxpayer can opt to assess all kinds assets at the fractual value if this value is lower than the initial costs. By virtue of commercial law, he is even obliged to do if the fractual value has lowered not only temporarily.[130] As far as floating (i.e., circulating) assets are concerned, the taxpayer is additionally obliged to depreciate on the lower market value of the assets.[131] As far as fixed assets (i.e., assets which are intended to serve the business permanently) are subject to wear and tear, the taxpayer usually has to depreciate according to a linear scheme (i.e., depreciate the same amount year by year). In any case, the ordinary useful life is decisive for the length of the depreciation period. Here, too, the principle of precaution applies.[132] Extraordinary depreciation is required in case of outstanding decrease in value, both for technical and for economic (market) reasons, and in case of total loss or destruction.[133] For movable fixed assets,[134] the tax-

126. HGB § 252 (1) no. 3.

127. For details, see HGB § 255 (2) and the Commentaries thereon; and EStR R 157.

128. See EStR R 157 (4); and EStR H 157, re. "*anschaffungsnaher Aufwand*".

129. EStG § 6 (1) no. 5; see there for further details. The *Teilwert* definition has been laid down in EStG § 6 (1) no. 1, 3rd sentence.

130. EStG § 6 (1) no. 1, 2nd sentence, and no. 2, 2nd sentence, read in connection with HGB § 253 (2) and (3); see also Schmidt/*Glanegger* EStG, loc. cit., § 6 m.nos. 217 et seq. - For compulsory appreciation when the decrease in value was made up, see *infra* (3).

131. HGB § 253 (3).

132. However, the Federal Ministry of Finance (BMF) has issued voluminous tables containing depreciation periods for common assets: *BMF* (ed.), Handausgabe "AfA-Tabellen". Published by the *Stollfuß-Verlag*, Bonn. The tax courts are not bound to these guidelines and may even lay down a longer depreciation period (like in BFH BStBl. vol. II 1992, p. 1000). - For some types of assets, the legislator himself has fixed the depreciation period, *e.g.*, for houses and other buildings, flats, mines and other exploitation sites (see the detailed provisions in EStG § 7 (4) to (6)); or for the goodwill of an enterprise (EStG § 7 (1), 3rd sentence: 15 years).

133. EStG § 7 (1), 5th sentence.

134. I.e., movable property which is intended to serve the business permanently, like production facilities, vehicles, computer equipment.

payer can initially make a choice between two types of depreciation, viz. linear depreciation and degressive depreciation. The maximum rate of degressive depreciation has been lowered recently from 30% to 20% p.a.[135] If the taxpayer has opted for degressive depreciation, he may later change to linear depreciation, but not vice versa.

Sometimes, the legislator has granted special (accelerated) depreciation to stimulate certain investments, like housing construction in the Eastern part of Germany in the years after reunification, environment protection, renovating national heritage, and the like.[136] As they often show negative impact on the competitiveness of foreign investors, however, such hidden subsidies might fall under the state aid rules of the EC Treaty[137] and therefore become subject to review by the European Commission and the specific permit requirements. In addition, considerable restraints might follow from a constitutional point of view. While the requirement of certainty of the annual budget demand an overall limit of traditional subsidy programmes, the legislator is not able to forecast and steer the factual acceptance of tax-reducing depreciations and other tax deductions. There is no limit on the factual acceptance of such indirect state aids; parliament loses control. This analysis has recently led to the conclusion that all provisions granting favorable tax treatment for the sake of non-tax purposes should be abolished.[138]

(3) Increment in value — According to current legislature, the taxpayer is neither obliged nor entitled to increase the *initial* amount at which the asset was activated at the time of acquisition, even if the value of the asset concerned has multiplied. Hidden reserves are realized only by way of alienation of the asset, by withdrawal for the entrepreneur's personal use, or by abandonment of the enterprise. However, the legislator has recently established a duty to redo extraordinary depreciations if it shows that the justification for a former depreciation has ceased to exist.[139]

(4) Realisation of hidden reserves — Compared to other jurisdictions, the abovementioned rules allow the creation of hidden reserves at a significant amount. They must be disclosed as soon as the taxpayer abandons her enterprise or as soon as she withdraws assets from the business sphere into her private sphere. Likewise, both the alienation of single assets and the alienation of the enterprise as a whole lead to a disclosure of hidden reserves. Here, however, the profit increase may be redone (fully compensated) through the establishment of special reserves (*Rücklagen*) if the taxpayer acquires similar assets within a period of one year prior to the alienation or four years thereafter.[140] Further privileges might be enacted in the near future, according to a recent proposal of the federal cabinet.[141]

5. Excess of Receipts over Expenses

The second traditional method of profit determination is the direct method, as laid down in EStG § 4 (3). This method bases on the mere difference between inflows and outflows during the assessment period, again reduced by private contributions (*Einlagen*), and increased by private withdrawals (*Entnahmen*). Though this method applies mainly to income from in-

135. EStG § 7 (2), 2nd sentence.

136. Most examples taken from the catalogue of EStG §§ 7a to 7k.

137. EC Treaty, Arts. 87 et seq.

138. Kirchhof/Altehoefer/Arndt/Bareis et al., Karlsruher Entwurf (*supra* fn. 5).

139. EStG § 7 (1), 6th sentence. The duty is limited to the value before depreciation; cf. HGB § 253 (5), read in connection with the rule that commercial options to activate must be exercised under tax law (see *supra* d). For corporations, a similar rule has existed long before; cf. HGB § 280 (2).

140. For details: EStG § 6b. Similar rules apply also to taxpayers applying the direct method (cf. *infra* 5) and for income from agriculture and forestry (cf. *supra* A).

141. Proposal of an Act on Further Development of Business Taxation (*Gesetz zur Fortentwicklung des Unternehmenssteuerrechts*) of 15 August 2001; cf. www.bundesfinanzministerium.de.

dependent personal services,[142] some small commercial enterprises may use it, too. It is based upon the idea that all taxpayers who are engaged in independent activities but are not familiar with financial accounting rules should be offered a method of profit determination which is easy to handle and does not require professional book-keeping including asset accounts (real accounts) and inventories (stock-taking). Under EStG § 4 (3), the taxpayer is basically only obliged to record his inflows and outflows in money or in money's worth. The exact point of time (assignment of an inflow or outflow to a certain assessment period) follows the provisions of §§ 11 to 11b EStG. As a rule, claims and debts are irrelevant because they, as such, are not considered to be inflows or outflows.

However, the general inflow-outflow principle is weakened in many respects. The most important point is that the taxpayer is obliged to switch to the balance sheet method for the assessment period in which she alienates or abandons her enterprise.[143] This rule aims at ensuring that the cumulative taxable base (i.e., the overall taxable amount covering all years during which the enterprise has existed) is the same, irrespective of which method has been applied. It implies also that under EStG § 4 (3), like under the balance sheet method, a distinction must be made between private assets and operating assets.[144]

The second important exception from the pure inflow-outflow principle is that acquisition of fixed assets as such does not affect the profit, because the outflow of money is compensated by an inflow in money's worth (i.e., entry of the asset acquired) on the same level. Depreciation of assets which are subject to wear and tear is possible, like under the scope of EStG § 4 (1) and §§ 5 et seq. For non-depreciable fixed assets (like land, shares, etc.), the initial expenses are deductible not before the asset has been alienated, drawn into the private sphere or lost, or before the enterprise has been abandoned, respectively. Similar rules apply to loans: Raising a loan does not increase the profit, even though it leads to an inflow in cash; and paying it back does not reduce profit. Correspondingly, granting a loan is immaterial unless interest is paid or unless it shows that the recipient suffers insolvency; in the latter case, the taxpayer is entitled to deduct the lost amount as an outflow in money's worth.

6. Alienation of the Enterprise

Profits from the alienation of a commercial enterprise are taxable as commercial income, according to EStG § 16 (1). It is not required that the taxpayer alienates the whole enterprise. Rather, the alienation of a separable part of the enterprise is sufficient. Moreover, the abandonment of an enterprise is put on equal footing with its alienation. In any case, the legal consequence is that all hidden reserves which are embodied in the enterprise (or the separable part thereof) are uncovered and therefore subject to taxation. Indeed, the EStG has traditionally combined the disclosure of hidden reserves with special tax privileges which aimed at mitigating the negative effect which the progressive tax rate scale had in such situations. Since recently, two privileges are granted alternatively.[145] It should be noted anyway that taxpayers who applied the direct method of EStG § 4 (3) must first make up the privileges they have been granted, compared to taxpayers who applied the balance sheet method. Therefore, § 4 (3)-taxpayers first of all have to set up

142. See *infra* IV.C.2. As to the (little) relevance for income from agriculture and forestry, see *supra* IV.A.2.

143. For details, see § 16 (2), 2nd sentence EStG; and *infra* 6.

144. Here, again, assets used for purposes of the enterprise become "operating assets", like under the indirect method described above. However, some particularities apply, especially regarding the category of "operating assets by choice".

145. Cf. my remarks *supra* IV.A.4.

a balance sheet which may lead to a step-up profit (*Übergangsgewinn*).[146]

7. New: Withholding Tax for Construction Works

Parliament has recently adopted a bill providing for a 15% withholding tax on remuneration paid by public bodies or private entrepreneurs to resident or non-resident construction enterprises in consideration of house building, roadworks and the like (EStG §§ 48 et seq.). The new withholding tax will apply from January 1, 2002. The rules aim at containing tax evasion. They do not apply, however, if the payee proves ordinary assessment and (for non-resident payees) if a resident agent is available (EStG § 48b).[147]

8. Proposed Reforms

As early as during the 1920ies, tax scholars disputed the impact of private law and tax law upon one another.[148] These discussions have been accompagnied and nourished by an increasing distance of the two branches which has not yet come to an end. As indicated above, it is particularly the link between tax accounting and financial accounting which the legislator has weakened more and more during the past five years. This link may be fully abolished in the future if the tax balance sheets becomes an autonomous system rather than staying a mere annex to the traditional commercial balance sheet.

146. EStG § 16 (2), 2nd sentence; see also Schmidt/*Heinicke,* loc. cit., § 4 m.no. 668; and my remarks *supra* 5. This step-up profit as such (unlike the later profit from the alienation/abandonment) is taxable under § 15 rather than § 16. It is therefore not subject to the privileges provided for by §§ 16, 34 EStG; cf. EStR no. R 16 (7).

147. For details, see *Lieber*, Die neue Steuerabzugspflicht für Leistungen am Bau, in: Deutsches Steuerrecht (DStR) 2001, pp. 1470 et seq.

148. Cf. *Reimer & Waldhoff* (eds.), Albert Hensel: System des Familiensteuerrechts und andere Schriften (2000), pp. 78 et seq.

C. Income from Independent Personal Services (EStG § 18)

1. Scope

Like commercial activities, independent personal services are characterized by the elements of independence, continuity, intend to gain an overall profit, and participation in an economic market.[149] With respect to the requirement of independence, there is no sharp demarcation to income from dependent personal services (EStG § 19 EStG). Rather, a typological approach is required here.[150] The same is true for the distinction between personal services and commercial activities (§ 15 EStG). In this respect, however, the EStG itself provides for descriptions of three categories of activities which are to be regarded as independent personal services.[151]

It is basically immaterial whether the taxpayer employs other persons who support him in exercising her profession. However, EStG § 15 applies even though the taxpayer's personal qualification would meet the requirements described above if

149. Cf. EStG § 15 (2); and my remarks *supra* IV.B.1.

150. For details, see *infra* IV.D.1.

151. The **first category** of independent personal services is the ordinary activity of taxpayers who belong to the group of so-called liberal professions (*freie Berufe*: EStG § 18 (1) no. 1; the catalogue covers doctors, dentists, veterinarians, advocates, notaries, patent attorneys, surveying engineers, engineers, architects, graduated chemists, certified accountants, tax consultants, business consultants, non-medical practitioners, physiotherapists, journalists, photo reporters, free-lance interpreters, translators, pilots, and members of similar liberal professions. Moreover, all independent activities are covered which base on qualified training (often academic education) rather than on the use of capital or equipment and which are of scientific, artistic, literary, educative, or pedagogic character.). The **second category** is formed by taxpayers who are entitled to run a state lottery, or to sell lots of state lotteries. The **third category** covers "other independent personal services", like execution of a will, (professional) private asset management, membership of the supervisory board (*Aufsichtsrat*) of big companies, non-professional membership of a local councils.

she, in her concrete enterprise, were merely be occupied with the management of the enterprise and the supervision of her employees. The decisive test for EStG § 18 is whether it is the taxpayer himself rather than her employees who performs the genuine core of the qualified activity.

It is indeed possible that one and the same individual performs both independent personal services and a commercial enterprise.[152] In these cases, the taxpayer's total income would be apportioned: a part would be regarded as § 18 income, another part as § 15 income. The same applies as to the relationship between § 18 and any other type of income (income from agriculture and forestry, from dependent personal services, from capital, from rental or lease, or other income). While partnerships, too, can make profit from independent personal services,[153] it should be noted that here, commercial income cannot coexist with any other type of income.[154]

2. Profit Determination, Alienation, etc.

For income from independent personal services, taxpayers are not obliged to commercial accounting. Therefore, they are entitled to choose between the two traditional methods of profit determination which have been explained above, viz. the balance sheet method (indirect method)[155] and the inflow-outflow method (direct method),[156] with the latter being by far the more popular method. - With regard to the alienation or abandonment of the enterprise, practice, etc., no particularities need to be observed either. EStG § 18 (3) provides that profit from the alienation of separable business assets or of the enterprise as a whole forms part of the income from independent personal services, but is granted the privileges of EStG §§ 16 and 34.[157]

D. Income from Dependent Personal Services (EStG §§ 19, 19a)

1. Scope; Deduction of Expenses

Unlike for independent activities where the EStG distinguishes three types of income (*supra* A to C), there are no sub-distinctions for the field of dependent activities. Therefore, the rules on dependent personal services show a remarkably broad scope. In terms of the kind of activity, the delimitation to independent activities is determined by a typological concept rather than a clear-cut definition.[158] If the typological requirements are met, there is a broad range of elements which form taxable income, covering wages, salaries, gratifications, employment benefits, tantièmes, and the like paid to the taxpayer (employee) by his employer in consideration for dependent personal services. Moreover, advantages in money's worth are taxable,[159] like discounts, services, free or cheap meals or accommodation, the availability of a car for private purposes, and advantages in the purchase of shares in the employer's company (*e.g.*, by the exercise of stock op-

152. *E.g.*, an architect who does not only provide the draft of a building, but also manages its construction on his own behalf; or a writer or free-lance interpreter who runs her own publishing house.

153. EStG § 18 (4), read in connection with §§ 15 (1) no. 2, 15 (2) sentences 2 and 3, and 15a. *E.g.*, societies of advocates, accountants, tax consultants, and (medical) doctors.

154. See § 15 (3) no. 1 EStG; and my remarks *supra* IV.B.2.

155. *Supra* IV.B.4.

156. *Supra* IV.B.5.

157. Cf. *supra* IV.B.6.

158. Among others, the following elements may be decisive: number of principals (potential employers, customers); degree of taxpayer's autonomy in working time and place; entrepreneurial risk; flexible remuneration; contribution of own capital; contractual obligation of the taxpayer to perform services of different kind, according to flexible day-to-day instructions by the principal; degree of bureaucratic and organizational integration into the principal's enterprise; holiday agreements; agreements on ongoing remuneration in case of illness. - For an extended list, see LStR no. 67 (1); and the commentaries on EStG § 19.

159. Cf. the general rule in EStG § 8 (1); and § 8 (2) and (3) for valuation.

tions[160]). The employer can be a private person or enterprise as well as a public body.[161] It is irrespective whether these wages (etc.) refer to current or to former services,[162] whether they accrue regularly or only once, and whether or not the taxpayer is entitled to these benefits.[163] Income paid to the taxpayer by third persons falls under EStG § 19 if it accrues in due course of the employment (like tips, miles-and-more benefits etc.). By contrast, it is not covered by EStG § 19 if it is paid in case of a non-exercise or an abusive exercise of the contractual duties (like pensions by social security funds;[164] strike payments by workers' unions; or bribes[165] etc.); it may be taxable, however, under EStG §§ 22, 23.

The taxpayer is entitled to deduct almost all employment-related expenses from his gross income. Here, the legislator is traditionally relatively generous;[166] but the general restrictions on the deduction of expenses as laid down in EStG § 4 (5) and § 12 apply. For simplification purposes, every employee is granted an annual lump sum deduction of • 1,044.[167]

2. "Wage Tax" Withhold by the Employer

For dependent personal services, income tax is levied in the particular form of wage tax (*Lohnsteuer*) which the employer withholds; he pays it to the tax authorities on behalf of the employee. Thus, wage tax is no separate kind of tax on its own but only pre-paid income tax of the employee.[168] The withholding procedure is relatively simple. It does not, as a rule, allow individual deduction of expenses. Indeed, both the basic personal relief (subsistence minimum, • 7,235 p.a.) and the tax-free amount for employment-related expenses (• 1,044 p.a.) are respected automatically.[169] Special rules apply for spouses who opted for joint assessment.

In some cases, especially in case of part-time work, the ordinary wage taxation can be replaced fully or partly by a simplified method and on reduced rates if the employer opts for it.[170] In these cases, the items of income concerned are exempt from any taxation on the level of the recipient. Likewise, the tax paid by the employer is

160. For tax treatment of stock options, see leading cases BFH BStBl. vol. II 1972, p. 596; with major modifications established by BFH of 24 January 2001 (Cases I R 100/98 and I R 119/98; annotated by *Herzig & Lochmann*, in: Der Betrieb 2001, pp. 1436-1441) and of 20 June 2001 (Case VI R 105/99): taxation of non-tradeable stock options is deferred upon the exercise of the option. See also *Norbert Herzig*, Steuerliche und bilanzielle Probleme bei Stock Options und Stock Appreciation Rights, in: Der Betrieb 1999, pp. 1 et seq.. All recent BFH judgments are available via www.bundesfinanzhof.de.

161. Cf. *Lohnsteuerdurchführungsverordnung* (Wage Tax Implementing Regulation, abbr. LStDV), § 1 (1).

162. EStG § 24 no. 2 in general, and § 19 (1) no. 2 in particular. A special relief is granted under EStG § 19 (2).

163. EStG § 19 (1), 2nd sentence.

164. As to them, see *infra* IV.G. and VI.C with fn. 224.

165. Nb. According to AO § 40, German tax law does refrain from taxing illegal activities. This does not imply any justification or permission of the activity. Rather, the idea is that income from illegal activities, too, results in an increase of the taxpayer's ability to pay taxes. GG Art. 3 (1) requires equal taxation of whatever activity. In other words, illegal activities must not be treated more favourably than legal ones. - For reference to case law, see Schmidt/*Weber-Grellet* EStG, loc. cit., § 15 m.no. 45.

166. *E.g.*, the following expenses are allowed for deduction: transport from the taxpayer's home to the place where the employment is exercised (private car expenses or public transport tickets), expenses for a double household if occupationally required, professional dress (such as uniforms, etc.), job-related literature, costs of application for a new job, telephone and computer costs, etc.

167. I.e., the taxpayer will have to prove his expenses only if they exceed • 1,044. In this case, however, he has to prove all expenses; the • 1,044 lump sum is not granted *in addition to* the actual expenses.

168. For the (mostly optional) assessment procedure, see *infra* IX.

169. The taxpayer may, however, apply for the acknowledgment of further personal tax-free amounts. If the tax authorities consent, a higher amount of non-withheld income is registered on the wage tax card which the taxpayer hands out to his employer.

170. Cf. EStG §§ 40 (2), 40a.

totally disregarded when the employee is later on assessed to income tax. Consequently, he is not allowed to deduct expenses which are effectively connected with these items of income. Neither is lump-sum wage tax creditable to his income tax duty.

E. Capital Yields (EStG § 20)

1. Scope

Unlike income from human activities, capital yields (income from private capital investments, *Einkünfte aus Kapitalvermögen*) do not form a homogenous type of income. The decisive rules contained in EStG § 20 deliver a rather mixed catalogue of different inflows.[171] Their common denominator is that all of them are advantages which the taxpayer gains from the sustainable use of private assets. By contrast, capital gains (i.e., the realized increase in value of the capital stock as such) remain basically untaxed.[172] But once the taxpayer has contributed his assets (like loans, shares, etc.) into the sphere of a business enterprise (agriculture, commercial enterprise, or professional practice), all advantages connected therewith or derived thereof, including capital gains, form part of business income and are no longer taxable under EStG § 20 but under EStG §§ 13 et seq., 15 et seq., or 18, respectively.[173]

2. Half income principle for dividends

While the double burden of corporate and personal income tax was avoided by an integration system (full credit of corporate tax against resident shareholder's personal income tax) until 2000, corporate proftis earned from 2001 onwards remain taxed twice, viz. on the level of the corporation and on the level of the individual shareholder on receiving dividends. However, this double burden is mitigated in two ways. First, corporate tax has been lowered to a 25% flat rate. Second, half of the gross dividend is exempted from the tax base by virtue of the new EStG § 3 no. 40. Though the remaining half is subject to the ordinary tax rate, the new way of dividend taxation shows some similarity to the notion of a dual income tax. Economists have regarded the rule as the nucleus of a consistent dual income tax system, covering all types of capital income.[174]

3. Deduction of Expenses

The delimitation between capital yields (taxable) and capital gains (usually non-taxable) is of some relevance for the deduction of expenses. Due to the basic idea that expenses are not deductible if they are not *fully* connected to taxable income, the

171. Like *e.g.*, money paid out of the participation in the profit of a company, mainly dividends, including hidden distribution of profits (*verdeckte Gewinnausschüttungen*); money paid out of the participation in the profit of trade and industrial co-operatives; income of a typical silent partner; and interest and similar capital yields. - By contrast, atypical silent partnerships are treated like commercial partnerships (EStG § 15 (1) no. 2). The decisive point is whether the silent partner has been granted rights (particularly the right to be involved in the management) which exceed the ordinary degree provided for under private law (HGB §§ 230 et seq.).

172. Indeed, this concept has been modified by some exceptions. The most important exception concerns certain profits from the alienation of shares in companies (bodies corporate under private law). These profits are taxable under § 17 EStG as commercial income (even though the participation was held in the taxpayer's private sphere) if the taxpayer owned an equity participation of 1 per cent or more, directly or indirectly, at any time during a five-years period before the sale of stocks: cf. EStG § 17 (1). Taxation occurs as well if the taxpayer, instead of alienating his shares, contributes it (or a part of it) to another company. EStG § 20 may even apply if the taxpayer tries to circumvent capital yields taxation by way of bond stripping oder dividend stripping, i.e. by alienating the capital yields claim (cf. EStG § 20 (2)) or even the entire asset (cf. AO § 42) before interest (dividend, etc.) is due, or by temporarily interposing a trustee.

173. EStG § 20 (3).

174. *Fuest & Huber,* Can Corporate-personal Tax Integration Survive in Open Economies? Lessons from the German Tax Reform, in: FinanzArchiv 57 (2000), pp. 514-524 (and p. 523 in particular).

courts hold that expenses (like interest, a disagio, commission or banking fees) relating to a loan which a taxpayer has raised in order to finance a capital investment in shares are basically not be deductible since they are effectively connected with both capital yields and capital gains.[175] Likewise, inflation losses are not deductible.[176] This is a consequence of the general concept that for private assets both an increase and a decrease in value are not taxable. By contrast, expenses are deductible if the taxpayer has acquired fixed-interest securities, bonds, etc. where no capital gains occur. The deductible expenses also cover the costs of bank deposits, fees, and provisions; telephone costs and other general administrative expenses; and broken period interest paid by the taxpayer. A lump-sum deduction of • 51 per year (or • 102 for spouses with joint assessment) is granted which aims at covering the ordinary expenses connected with capital yields.[177]

4. Tax-free Allowance

Unlike for most other types of income, the legislator has granted a special tax-free allowance for capital yields (EStG § 20 (4)). Its introduction in 1993 was designed as a psychological compensation for the establishment of withholding taxation (see *infra* 5) which lead to a much more effective tax coverage of domestic capital yields. Moreover, the allowance may have served to counteract unequal treatment of capital income *vis-à-vis* other types of income with respect to the non-deductibility of inflation losses. The allowance amounts to • 1,550 for single-assessed taxpayers and • 3,100 for spouses who have opted for joint assessment.

175. For a good survey on the wide range of judicial decisions, see Schmidt/*Heinicke* EStG, loc. cit., § 20 m.no. 230, particularly sub "Schuldzinsen".

176. It is also in line with the general legal tradition in all branches of German law that inflation is treated as a para-legal phenomenon which should be avoided and therefore is not recognized by the law to a large extent.

177. EStG § 9a no. 2. The taxpayer is entitled to replace the lump-sum deduction by a (higher) amount of concrete expenses if he can prove the latter.

5. Withholding Tax (Capital Yields Tax)

Most kinds of inflows from private capital are subject to a taxation at source called *Kapitalertragsteuer* (KESt).[178] Like wage tax, the KESt is not a genuine tax on its own but a prepayment on income tax (or corporation tax, respectively). From 2001, the tax rate will be 20% for dividends, profit from a silent participation, and some other capital yields; and 30% for most types of interest.

Usually, the payor (or the custodian bank) is obliged to withhold the KESt and to issue a tax voucher which enables crediting of KESt against the taxpayer's assessed income tax.[179] The taxpayer is entitled to give to his custodian bank(s) an order of exemption (*Freistellungsauftrag*). By means of this order of exemption, the bank(s) refrain from withholding taxes up to an annual amount of • 1,601 per person (• 3,202 for spouses with joint assessment).[180] If the taxpayer gives orders of exemption to more than one bank, the sum of all amounts to be exempted must not exceed the • 1,601; the banks are entitled to inform the tax office about orders of exemption which have been given to them by the individual taxpayer.[181] Moreover, they issue certificates of withholding tax to their customers so that they can prove to the tax inspector the amount of withholding tax which will be credited against their income tax duty (or paid back to him, as far as the withholding tax exceeds the due income tax).

178. EStG §§ 43 to 45d.

179. Cf. *infra* VIII.A.

180. This tax-free amount is the sum of the saver's allowance and the lump-sum deduction of expenses. For details, see EStG § 44a (1) no. 1, read in connection with (2) no. 1.

181. EStG § 45d.

F. Income from Renting and Leasing (EStG § 21)

1. Scope

Income from renting and leasing (*Vermietung und Verpachtung*) covers remuneration paid in consideration of the temporary use of immovable property (including flats), of rights to which the private law rules on immovable property apply (like, *e.g.*, mortgages, usufruct, etc.), and of ships (§ 21 (1) no. 1). Moreover, it covers renting or leasing of enterprises,[182] including the movable property attached; and of group of assets (also group of movable assets, like *e.g.*, books in a library, pictures in a coherent collection, furniture in house, etc.);[183] income from the temporary granting of rights (other than those the taxpayer himself has created), particularly copyrights, know-how, etc.; and income from the assignment of claims to rental payments and the like, irrespective of whether these claims are assigned separately or as a part of the alienation of real property. By contrast, income from renting or leasing does not comprise the hiring of single movable assets. Neither does it cover profits from any kind of commercial renting or leasing, or renting or leasing in course of any other enterprise, including agriculture and forestry, commercial enterprises, and independent personal activities.[184]

Unlike before 1987, a taxpayer who resides in his own house is not taxable with the rental value of this house under § 21, read in connection with the (former) § 21a EStG. The abolition of the rental-value taxation of own houses is a consequent step, taking into consideration the general philosophy that income taxation must tie to market activities only.

2. Deduction of Expenses

Remarkable inconsistencies apply as to the deduction of expenses connected with renting and leasing income. First of all, the taxpayer is entitled to deduct the whole costs for the acquisition or construction of the rented object, according to the provisions which apply to business assets (for houses or flats, particularly § 7 (4) to (5a) EStG). Unlike for capital yields,[185] it is immaterial whether, or to what extend, the taxpayer intends to profit from an increase in value of the rented object rather than from the renting or leasing as such - even though the rented object does not become a "business asset" of which the hidden reserves would have been taxable. Therefore, house-owners are allowed a 100 percent depreciation, and afterwards they enjoy non-taxable gains from the sale of the house.

The second inconsistency is that the taxpayer is entitled to let houses or flats to his relatives at favorable conditions. The only requirement is that the rent agreed upon must not go below 50 percent of the ordinary market rent[186] and that it must actually be paid in advance, etc.[187] This is a breach of the dealing-at-arm's-length principle which usually applies throughout German tax law,[188] and particularly for the employment of relatives (§ 19 EStG) and for the determination of hidden profit distribution (§ 20 EStG).

These two points are made even worse by the fact that the tax authorities have often been reluctant in scrutinizing whether or not the taxpayer intends to gain an over-

182. But nb.: EStG § 21 applies only if the assets do not (or no longer) form a part of an enterprise which the taxpayer himself runs. The decisive requirement is that the taxpayer must not, or no longer, be capable or willing to perform entrepreneurial activities with respect to these assets. It must be established that he has abandoned his own entrepreneurial activity not only temporarily.

183. But not the rental or lease of single movable assets; here, § 22 no. 3 applies.

184. According to § 21 (3), both EStG §§ 13 et seq., 15 et seq., and 18 prevail.

185. Cf. *supra* IV.E.3.

186. EStG § 20 (2), 2nd sentence

187. See EStR no. 162a.

188. This rule follows from the principle of equality (GG Art. 3 (1)). As to the other types of income, cf. EStR no. 19; and my remarks *supra* IV.B.3.

all profit. Unlike all other types of income, losses from renting and leasing are often acknowledged even if the taxpayer has acquired or constructed the house only in order to produce tax losses for a certain period of time and to afterwards sell the house.[189] This, too, forms a tremendous violation of the systematic principles of income tax law. Particularly in the first half of the 1990ies when extraordinary depreciation rates were allowed for house-building in Eastern Germany after the unification, this practice has led to a significant decrease of fiscal revenue.

G. "Other Income" (EStG §§ 22, 23)

As stated above, the category of "other income" does not cover all kinds of inflow in money or in money's worth which have not yet been covered by any of the six ordinary types of income. Rather, there is a relatively small catalogue in § 22 EStG of what "other income" is.[190] It covers regular payments which do not belong to any of the afore-mentioned types of income, namely pensions (unless paid by the employer),[191] fixed life annuities, alimony payments if the payer is not subject to unlimited tax liability in Germany or if he is entitled to deduct these payments from his German income tax base.[192] Moreover, EStG §§ 22 no. 3, read in connection with § 23 applies to private capital gains (i.e., income from the alienation of private assets) if the taxpayer held the asset for less than one year (movable assets including shares, securities and bonds) or less then ten years (immovable property). In course of the 1999 income tax reform, the scope of application has been broadened significantly. Taxable capital losses may not be deducted from positive income of other categories; however, they are allowed for carry-back and carry-forward.

At last, income from sustainable private deals (*Leistungen*) which are not covered by any of the other types of income, *e.g.*, payments in consideration for the occasional renting or leasing of movable assets (like private cars, vans, or boats) are taxable under EStG § 22 no. 3 if these payments exceed • 256 per year. Certain compensations, gratifications for civil servants, insurance payments and payments to members of parliament are taxable by virtue of EStG § 22 no. 4.

V — Treatment of Losses

The treatment of losses does not follow uniform rules. Rather, the EStG contains general rules and a number of exceptions to these rules. The following paragraphs present all categories of rules on loss deduction. As far as the rules mentioned under paragraphs 1. to 3. are concerned, the taxpayer is not free to opt for either rule but must make use of the first rule in the following scheme which is applicable to his case.

A. No Kind of Loss Deduction

Generally, the EStG always provides at least one (and often more than one) way of loss deduction, subject to the rules and particularities described below. There is, however, one provision which disallows all kinds of loss deduction: Since 1996, the fourth sentence of § 17 (2) EStG has provided that losses from the alienation of substantial participations in companies, under certain circumstances, must not be deducted at all. This total denial of loss deduction is designed as an anti-abuse provision, fighting the acquisition of companies in deficit

189. See, however, BFH of 14 February 1995, BStBl. vol. II 1995, p. 462 (losses have not been acknowledged in a case where the taxpayer was entitled to resell a house to the vendor at the original price within a 5 years period after acquisition; burden of proof allocated to the tax authorities). For details, cf. EStR nos. 161 et seq.

190. See the negative examples given *supra* III.C.

191. See also *supra* IV.D.1 and *infra* VI.C with fn. 224

192. Most of these rules are indeed more complicated than I have described here; cf. the wording of EStG § 22 no. 1, the relating EStR nos. 165 et seq., and BFH case law for details.

and maintaining consistency of tax law. It has been given a relatively small scope.[193]

B. Loss Deduction within the Same Assessment Period

1. Loss Deduction within the Same Type of Income

As a rule, no problems arise if the taxpayer wants to deduct losses which have accrued in one commercial enterprise from profit he derives from another one, or negative yields from one capital investment from positive yields he derives from another capital investment, etc., within the same assessment period.

EStG § 15 (4) disallows the deduction of losses out of commercial livestock breeding, cattle trade, etc., from any other kind of commercial income (as to the carry-forward of these losses, see *infra* C.). EStG § 15a (1) orders that losses from the participation in a limited partnership (*Kommanditgesellschaft*) must not reduce commercial income from other sources if the equity account of the taxpayer is negative. Hidden reserves are left out of consideration. § 15a originally served to restrict the popularity of those limited partnerships which are intentionally designed for the purposes of loss-production. However, § 15a applies even if the taxpayer can establish that her limited partnership does not, or not only, pursue these purposes.[194] By virtue of EStG § 20 (1) no. 4, the same restrictions apply for taxpayers who hold a negative equity account as silent partners.

2. Cross-Deduction of Losses

According to the traditional concept of EStG § 2 (3), 1st sentence, the taxpayer was also entitled to deduct losses from one type of income (*e.g.*, rental or lease) from profit derived from another one (*e.g.*, employment income) which has accrued in the same assessment period. Exceptions apply only for non-resident taxpayers[195] and for those situations where loss deduction in general (*supra* A.) or present loss deduction within the same type of income was disallowed (*supra* B.1). Since 1999, however, legislators have reduced the cross-deduction of losses significantly. The newly introduced sentences 2 et seq. of EStG § 2 (3) provide for an unlimited cross-deduction only to the extent that the types of income from which the taxpayer earns positive income do not exceed • 51.500. By contrast, as far as positive income derived from these types of income exceeds this amount, only half of it can be lowered by a cross-deduction of losses.[196] These rules establish a kind of minimum tax. Due to their complexity, due to some technical inconsistencies and mainly due to alleged violations of the ability-to-pay principle, they are subject to significant criticism from a constitutional point of view.[197] Further re-

193. Cf. the commentaries on EStG § 17 (2), 4th sentence.

194. BFH decision of 9 May 1996, BStBl. vol. II 1996, p. 474; cf. EStR no. H 138d, sub "Anwendungsbereich". - As to the carry-forward of these losses, see *infra* C.

195. Losses from most kinds of interest investments (EStG § 20 (1) nọs. 5 and 7) cannot be deducted from positive income of other categories, according to EStG § 50 (2).

196. EStG § 2 (3), 3rd sentence. For instance, if the taxpayer's net salary from a commercial enterprise amounts to • 251.500 (her positive income) and she suffers losses from a capital investment of the same amount (• 251.500), the maximum deduction against the highest • 200,000 of her positive income (• 251.500 less • 51.500) is 50% thereof, i.e. • 100.000. Consequently, the maximum overall deduction is • 51.500 (always fully deductible) plus • 100.000 = • 151.500; and the taxable income amounts to • 251,500 less • 151,500= • 100,000. The remaining losses (• 100,000) are ignored for the current assessment period but may be carried back or forward under EStG § 10d (cf. *infra* C). - Special rules apply for spouses with joint assessment: cf. EStG § 2 (3), sentences 6 et seq. Moreover, EStG § 2 (3) contains difficult rules as to which type of (positive or negative) income is affected at which fraction.

197. Cf. *Stapperfend,* Verluste im Einkommensteuerrecht. In: Ebling (ed.) (*supra* fn. 5), pp. 329 et seq., (pp. 358 et seq. in particular); see also *Ritzer,*

strictions on the cross-deduction of losses apply to certain types of "other income".[198]

C. *Intertemporal Deduction of Losses*

1. General Rules on Carry-back and Carry-Forward (EStG § 10d)

As indicated earlier, German income tax law provides for both a carry-back and a carry-forward of losses incurred in one assessment period to the respective adjoining assessment period(s). According to EStG § 10d (1), a carry-back of losses is only possible to the previous assessment period and must not exceed a total amount of • 511,500. A carry-forward of losses (EStG § 10d (2)) is not subject to any limits in terms of time or amount, but must be made in the earliest possible year. The taxpayer is free to choose either the carry-back or the carry-forward of unused losses.[199] He may even choose both a carry-back (to the highest possible degree) and a carry-forward (with respect to the remaining amount).

Losses are treated as negative income in the period where they occured. By contrast, in case of a carry-back or carry-forward, losses are no longer treated as negative income from the respective type of income where they had occurred. Rather, the intertemporal losses are subject to a special regime, very similar to deductible special expenses.[200]

2. Special Regimes

No intertemporal loss deduction under § 10d EStG is allowed where every kind of loss deduction is denied (*supra* A). Likewise, these general rules are restricted by virtue of a couple of special provisions. Many of them combine these general rules with the above-mentioned notion of a denial of cross-deductions (B.2). This is true for losses from commercial livestock breeding, cattle trade, etc. (EStG § 15 (4)); for losses from particular tax-saving investments (EStG § 2b); for certain losses out of sustainable private deals (*Leistungen*[201]); and for losses out of the alienation of private assets (EStG 23 (3), 8th and 9th sentence). All these losses may be deducted only from profit out of the same source. Similarly, losses which fall under § 15a EStG (participation in a limited partnership if the equity account of the taxpayer is negative) are deductible from any later profits out of the same participation. The same is true for those foreign losses which fall into the scope of EStG § 2a. Losses incurred to non-resident taxpayers are subject to further restrictions.[202]

VI — Personal Deductions

A. *Separation of Private Expenses from Income-Related Expenses*

Unlike income-related expenses, private expenses are not deductible from the tax base but have to be paid out of the taxpayer's taxed income. This basic rule has been explicitly laid down in EStG § 12, but modifications have been made into both

Die Mindestbesteuerung nach dem Steuerentlastungsgesetz 1999/2000/2002 (2000). The BFH did not share the scruples; cf. decision of 9 May 2001, Case XI B 151/00, BStBl. II 2001, pp. 552 et seq., www.bundesfinanzhof.de.

198. See *supra* IV.G and EStG §§ 22 no. 3, 3rd sentence, § 23 (3), 8th sentence for further details. As to the constitutionality of these rules, see Finanzgericht [State Tax Court] Thüringen of 13 December 2000, Entscheidungen der Finanzgerichte (EFG) 2001, pp. 447 et seq. (the BFH is likely to review the case but has not delivered any decision yet; cf. BFH register no. IX R 13/01).

199. For example, losses of 2001 can be transferred to the year 2003 basically only to the extend that there is no compensating positive income in 2000 or in 2002. But the taxpayer is free to opt for the carry-forward of all losses to 2002. If the losses carried forward to 2002 are not used in that year, the 2002 assessment will again fix the (then) remaining amount of losses which consequently is transferable to 2003, etc.

200. EStG § 10d (1). For the notion of special expenses (*Sonderausgaben*), cf. *infra* VI.C.

201. EStG § 22 no. 3; cf. *supra* IV.G.

202. EStG §§ 50 (1) and 50 (2), 2nd sentence.

directions. On the one hand, some privately-motivated deductions are allowed. This is mainly true for inevitable expenses as well as for payments which serve a specific public interest. All details are dealt with below (*infra* B to E).

On the other hand, expenses with a double purpose (i.e., expenses motivated by both income-related and private considerations) are generally not deductible at all (cf. § 12 no. 1, 2nd sentence; principle of non-apportionment[203]). Apportionment is exceptionally admissible for mixed-motivated trips between the taxpayer's home and his place of work,[204] for costs incurred by the maintenance of two households,[205] for telephone costs, computer costs, and costs for the use and maintenance of private cars.[206]

Moreover, the following private expenses are generally excluded from deductibility: all costs of living (§ 12 no. 1), including household costs and alimony payments (but see the exceptions described below); gifts and similar payments, particularly within the family (§ 12 no. 2);[207] all personal taxes including collateral payments, particularly income tax itself and value-added tax on private consumption (§ 12 no. 3);[208] and penalties and fines.[209] In addition, the catalogue of EStG § 4 (5),[210] read in connection with § 9 (5), applies to all types of income and may therefore be regarded as a kind of substantive supplement to EStG § 12.

203. For details, see Schmidt/*Drenseck* EStG, loc. cit., § 12 m.nos. 11 et seq.

204. EStG § 9 (1) no. 4 (lump-sum deduction).

205. EStG § 9 (1) no. 5.

206. See my remarks *supra* III.E.1 and *supra* fn. 99.

207. But for donations and contributions to charitable associatons and institutions, see *infra* C.

208. By contrast, trade tax payments (cf. *supra* fn. 17) are deductible because the trade tax is regarded as an (impersonal) tax on objects. In addition (!),a lump-sum trade tax credit has been introduced recently (for details, see *infra* VIII.C).

209. For details, see EStR no. 120; as to administrative fines, see the sophisticated rule in EStR no. 24.

210. See *supra* fn. 101.

B. Child Relief and Related Allowances

1. Child Relief and Child Benefit

Taxpayers who support children actively, or who pay alimony to children, are granted particular personal reliefs. Yet, this area has been subject to recent changes, caused by a couple of far-reaching decisions of the Federal Constitutional Court.[211] Currently, the ordinary tax-free amount (*Kinderfreibetrag*) and the corresponding tax-free amount for child care and education amount to an aggregate • 2.556 per child and year for each parent, or • 5.112 per child and year for both parents.[212] From January 2002, these deductions will increase to an aggregate • 2.904 (each parent) or • 5.808 (both parents).[213] All deductions are applicable until the child reaches the age of 18, or 21 in case of unemployment, or 27 in case of further education. No child relief is given for children who receive their own income of more than • 7.188 per year.

It should be noted that there is a connection of exclusivity between the children relief and the child benefit (*Kindergeld*[214]): The parents are granted *either* the • 5.112 tax relief (i.e., the deduction from the tax base) for each child *or* a real tax-free sub-

211. BVerfG of 10 November 1998, BVerfGE 99, 216 et seq.; 99, 246 et seq.; 99, 268 et seq.; 99, 273 et seq. An in-debth analysis with particular focus on constitutional law is provided by *Kanzler*, Besteuerung von Ehe und Familie, in: Ebling (ed.) (*supra* fn. 5), pp. 417 et seq. Many of the constitutional requirements have been shaped before by *Lehner*, Einkommensteuerrecht und Sozialhilferecht (1993).

212. EStG § 32 (6).

213. The EStG has been modified accordingly by virtue of the *Zweites Familienförderungsgesetz* of 21 August 2001, Bundesgesetzblatt 2001 vol. 1, pp. 2074 et seq. (www.bgbl.de). An overview on the new system of familiy taxation is given by *Hillmoth*, Familienförderung 2000, in: Die Information über Steuer und Wirtschaft (INF) 2001, pp. 513 et seq.

214. Though they belong to social security law in substance, child benefit rules are laid down in the EStG, §§ 62 et seq. This is due to the close connection of child benefits to child relief.

sidy. At present, this benefit amounts to • 1.656 (from 2002: • 1.848) per year for the first and second child, • 1.848 for the third child, and • 2.148 for the fourth and every further child. The child benefit is paid to one parent only and cannot be split up. During the income tax assessment, the tax authorities automatically apply the most-favoured treatment principle. EStG § 31 provides that during the assessment period, a child benefit has to be paid to either parent, irrespective of their income. If it shows in the assessment that the taxpayer has earned high income and therefore would profit more from a child relief than from the child benefit, the tax authorities will automatically grant the tax relief, revoke the child benefit *ex post* and increase the due income tax by the child benefit which the taxpayer received during the year.[215]

2. Free Amount for Household Expenses of Single Parents

Based on the assumption that unmarried (single), divorced, and widowed taxpayers who look after children are often exposed to a particular burden in that they might have to spend money for childcare, they have been granted an additional relief through a tax-free amount of • 2.916 per year (EStG § 32 (7)). This relief is granted only if the preconditions for child relief/child benefit are met, too. However, the Federal Constitutional Court argued that any more favored treatment of unmarried or divorced taxpayers *vis-à-vis* spouses violates the special non-discrimination rule of GG Art. 6 (1). The deductions of EStG § 32 (7) were therefore declared unconstitutional; they will be faded out by the end of 2004.[216]

3. Education Relief

Moreover, there are special tax-free amounts for child education and formation (*Ausbildungsfreibetrag*). Systematically, they form part of the extraordinary burden (*außergewöhnliche Belastungen*[217]). These free-amounts, too, are granted in addition to child relief/child benefit, but only if the preconditions for the latter are also met. The rules are laid down in § 33a (2) EStG. Until end 2001, the maximum tax-free amount is • 2.148 per year;[218] but it will be cut to a maximum of • 924 from 1 January 2002. The education tax-free amount is granted to either parent, not to both of them.

4. Miscellaneous

Some types of extraordinary costs caused by the support of children are deductible as special expenses (like 30% of the fees for private schools[219]) or extraordinary burden (like the special tax-free amount for handicapped and their parents[220]).

C. Special Expenses (EStG §§ 10 et seq.)

A second main category of deductible private expenses has traditionally been labelled as "special expenses" (*Sonderausgaben*). *Inter alia*, EStG § 10 (1) covers alimony payments to the taxpayer's divorced spouse (if the recipient agrees that these payments are taxable under EStG § 22 no. 1a; so-called "factual splitting": § 10 (1) no. 1); special sorts of annuity payments (no. 1a); insurance premiums and social security contributions (no. 2); church tax payments (no. 4); insurance payments and social security contributions (no. 2);[221] expenses for tax consultancy (no. 6); expenditure for his own further (but not primary) education, i.e. advanced training and adult

215. EStG § 2 (6), 2nd sentence, read in connection with § 31, 5th sentence, and § 36 (2), 1st sentence.

216. EStG § 52 (40a), as inserted by Act of 21 August 2001 (*supra* fn. 213).

217. See *infra* VI.D.

218. For children over 18 who do not live in their parents' home and do not receive an own annual income in excess of • 1.848.

219. EStG § 10 no. 9.

220. EStG § 33b.

221. But subject to flexible limits, cf. EStG § 10 (3).

education (§ 10 (1) no. 7); and 30% of the fees for private schools for the taxpayer's children (no. 9).

Moreover, the taxpayer is entitled to deduct from the tax base donations and contributions to charitable institutions, the churches, non-profit associations, political parties,[222] foundations and the like (EStG § 10b), but only to the extent that these expenses do not exceed a flexible limit (5% or 10% of the total amount of income). Indeed, in some instances a carry-back or a carry-forward of big donations is allowed.[223]

Other deductions, like certain income-tax related deductions (former EStG § 10 no. 5 — but not income tax as such) and wage paid to household help, up to an annual amount of • 9.204 (EStG § 10 (1) no. 8, in force through end 2001) expired or are about to cxpire. On the other hand, the legislators broadened the range of deductible payments recently; in course of the 2001 old-age pensions reform, a new EStG § 10a was introduced. It acknowledges private savings for deduction if those payments are contributions to certified old-age fonds.[224] The maximum deductible amount will be • 525 p.a. from 1 January 2002, rising up to • 2.100 p.a. from the year 2008.

222. See also EStG § 34g for a particular privilege (tax is reduced by 50% of the expenses). Both privileges are subject to certain limits, however (see also EStG § 10b (2)).

223. EStG § 10b (1), 4th and 5th sentence.

224. The certification is governed by a new *Altersvorsorgeverträge-Zertifizierungsgesetz*. - Moreover, taxpayers who pay contributions to certified investments may also qualify for an extra tax-free bonus paid by the federal government under the new *Altersvermögensgesetz* (maximum annual bonus in 2002: • 38; rising up to • 154 from 2008 onwards; in addition, special child bonuses will be granted to the mother or the father). - For employee pension schemes established by the employer, see *Langohr-Plato,* Die Novellierung des BetrAVG durch das Altersvermögensgesetz und ihre Auswirkungen auf das Steuerrecht der betrieblichen Altersversorgung, in: Die Information über Steuer und Wirtschaft (INF) 2001, pp. 518 et seq. For a general scrutiny on taxation of old age payments, see *Peter Fischer,* in: Ebling (ed.) (*supra* fn. 5), pp. 463 et seq., and my remarks *supra* IV.D.1 and IV.G.

The taxpayer is entitled to a general lump-sum deduction of special expenses of • 36 per year. Moreover, there is an additional lump-sum deduction of provision expenditure for taxpayers who earn employment income. As to the latter, the amount depends on a variety of different factors.[225] If a taxpayer who derives income from dependent personal services (§ 19 EStG) does not declare any special expenses at all, both lump-sums will be deducted automatically.

D. Extraordinary Burden

Unlike special expenses, deductions for extraordinary burden are available to a relatively small number of taxpayers only. Indeed, the legal consequences of extraordinary burden are equal to those of special expenses. Apart from the cases mentioned above,[226] the law acknowledges a personal burden only if it occurs to the taxpayer in an inevitable manner, if he cannot pass it on (*e.g.*, to an insurance company),[227] and if it significantly reduces his ability to pay taxes, compared with other taxpayers who derive the same income, hold the same wealth, and have the same marital status (EStG § 33 (1)). Examples given by the Income Tax Guidelines[228] are costs caused by the restitution of (own and unavoidable) damages, particularly due to force majeure; medical care and serious illness (particularly if he is in need of nursing care[229]); accidents; divorce; and death of close relatives.[230]

E. Age Relief

In addition the above-mentioned privilege on the alienation of enterprises,[231] tax-

225. Cf. EStG § 10c (2)&(3) for details.

226. *Supra* VI.B.3 and 4.

227. Cf. EStR 2001 (*supra* fn. 41), no. 186.

228. EStR 2001, nos. 187 et seq.

229. See EStR 2001, no. 188, particularly for the delimitation to EStG §§ 33a (3) and 33b.

230. Cf. the definition in AO § 15. For further details, see EStR no. 189.

231. *Supra* IV.A.4.

payers of 65 years of age or more are granted a special relief (*Altersentlastungsbetrag*) under § 24a EStG. This relief is computed on the basis of gross employment income (i.e., expenses remain irrelevant) and the net amount of other income. It amounts to an annual maximum of • 1.908.

VII — Tax Rates

A. Ordinary Tax Rate

Unlike for corporation tax, the German income tax is designed in a progressive manner; the higher the tax base is, the higher is also the tax rate. As from 2002, the following figures apply:[232] The lowest • 7.235 remain tax-free in order to secure the subsistence minimum.[233] The progressive rates start at 19,9% and reach their maximum of 48,5% for all elements of the taxable income which exceed • 55.007. By 2005, the tax rates will drop to a range between 15% and 42%.[234]

The former EStG § 32c provided for a specific limitation of the tax rate for commercial income; the tax rate did not exceed 47%. This privilege aimed at compensating the disadvantages caused by the (additional) trade tax[235] and to avoid a too big gap in taxation of individuals (including partnerships) on the one hand and corporations on the other hand. Due to a lump sum credit of trade tax against income tax,[236] the justification became obsolete. Therefore, the privilege is expiring by the end of 2001.[237]

B. Uniform Tax Rate for Spouses with Joint Assessment

As indicated above,[238] spouses who have opted for joint assessment may enjoy favorable treatment with respect to the tax rate in that their income is added, split by half, and attributed to each of them at (virtual) equal portions. Then, the ordinary tax rate applies to both of them (EStG § 32a (5) and (6)). Each spouse is obliged to pay not only his or her (virtual) portion but also the other spouse's one.

VIII — Tax Reductions

A. Domestic Tax Credits

The income tax due is reduced by prepaid (domestic[239]) taxes. After the abolition of the corporate tax credit (as effective from 1 January 2002 in most cases), four main types of tax credits are worth being mentioned: (1) ordinary income tax paid in advance, regularly monthly for bulk taxpayers and quarterly for medium taxpayers; (2) wage tax withhold by the employer on account of the employee (=taxpayer);[240] (3) capital yields tax withhold by the custodian bank from interest and dividends;[241] and (4) the new withholding tax for construction works.[242] All these payments are regarded as pre-payments to income tax. As far as they exceed the due income tax (as fixed by way of assessment), they will be reimbursed to the taxpayer.

B. Avoidance of Double Taxation

EStG § 34c provides for a unilateral relief on double taxation. In contrast to the general tendency in Germany's tax treaty network (where the exemption method prevails), relief is granted by the credit method here. Indeed, tax treaty law prevails over unilateral relief under § 34c, but only if the application of the treaty actually results in the relief desired.[243]

232. EStG § 32a (1), read in connection with § 52 (41).
233. Cf. *supra* III.E.2.
234. EStG § 52 (41).
235. Cf. *supra* I.A and fn. 17 in particular.
236. Cf. *infra* VIII.C.
237. For details, cf. EStG § 52 (44).
238. Cf. *supra* III.F.

239. As to creditable foreign taxes, see *infra* VIII.B.
240. But not in case of lump-sum taxation; see *supra* IV.D.2.
241. *Supra* IV.E.5.
242. *Supra* IV.B.7.
243. This has been explicitly provided for in § 34c (6); indeed, the technical rules of § 34c do

Foreign tax is creditable only if it is of the same type of tax as German income tax, and only if it occurs in the state which is regarded as the source state, as determined by German law.[244] The concrete preconditions for the application of the credit method are that the foreign tax has been both fixed (assessed) and paid; moreover, it must be established that all means of achieving a foreign tax relief have been exhausted. A tax credit is granted only to the extent the foreign tax refers to income which accrued within the respective assessment period, as determined by German law. The maximum amount against which credit of foreign tax is allowed (*Anrechnungshöchstbetrag*) does not consist of the whole German income tax due. Rather, the EStG provides for a per-country limitation: A tax credit is available only against that very part of German income tax which corresponds to the respective foreign source of income.[245]

If this amount is much lower than the respective foreign tax actually paid, the taxpayer would not profit very much from the tax credit. For these (rare) situations, § 34c (2) EStG grants an option that he may waive of the tax credit and choose a deduction of the tax paid abroad from the German tax base instead. If the application of EStG § 34c (1) appears to be inopportune or particularly difficult in a particular case, the tax authorities are entitled to fix a lump-sum payment or even to release the taxpayer from the apportionate (fractual) German tax.[246]

C. *Lump-Sum Trade Tax Credit*

For profit determination periods starting from 1 January 2001, the legislator aims at mitigating the double burden which resulted from the co-existence of income taxation and (municipal) trade tax.[247] Since the abolition of trade tax was politically inopportune (and would have required the introduction of a municipal surplus to income/ corporation tax[248]), a different approach has been chosen: If the taxpayer's income consists (in full or in part) of income from a commercial enterprise, she qualifies for a tax reduction under EStG § 35. However, this reduction does not depend on the actual amount of trade tax imposed on the taxpayer (which varies significantly between different municipalities). Rather, the taxpayer is entitled to a lump-sum reduction on the basis of a typical (average) level of trade tax.[249]

IX — Tax Assessment

The taxation period, under substantive income tax law, is the calendar year (1 January to 31 December).[250] Correspondingly, income tax is assessed annually after the end of each assessment period, i.e. regularly during the following calendar year.[251] As a rule, an assessment procedure is compulsory if the taxpayer received income other than employment income or if he received employment income from more than one employer.[252] Special rules apply to spouses.[253] All residents and many non-residents are

apply if the tax treaty orders the application of the credit method.

244. Cf. EStG § 34d. In triangular cases where the latter requirement is not met, Germany does not grant any tax credit; instead, § 34c (3) provides for a deductibility of the foreign tax paid from the German tax base.

245. See EStG § 34c (1), 2nd sentence for details; and § 34d for the definition of the "foreign income".

246. EStG § 34c (5).

247. Cf. *supra* I.A.

248. See *supra* I.A.

249. The lump-sum credit equals an exact compensation if the municipal tax rate multiplier amounts to ca. 390% , which is the case for bigger cities like Erfurt, Freiburg, Heidelberg, Ingolstadt, Ludwigshafen or Potsdam.

250. EStG § 2 (7), read in connection with EStDV § 8b. Even if profits are determined on the basis of a deviating period (as is the case for income from agriculture and forestry and may be true for commercial income in certain cases as well; cf. EStG § 4a), the assessment period is always the calendar year.

251. Cf. EStG § 25 (1). In practice, the taxpayer is usually asked to declare her income by 31 August of the following year.

252. EStG § 46; EStDV § 56 sent. 1 no. 2 a).

253. EStDV § 56 sent. 1 no. 1.

entitled to an optional assessment. However, certain capital yields cannot be included in an assessment if the taxpayer is a non-resident.

Assessment guarantees the exact determination of income and results in the fixing of the income tax for the respective assessment period. Income tax paid in advance (pre-paid income tax, wage tax, capital yields tax) is credited. If the result is negative, the taxpayer is basically entitled to a tax refund. The tax authorities are entitled to fix pre-payments of income tax for the following periods,[254] as far as no other forms of pre-payments are provided for by the law, like wage tax or withholding capital yields tax.

X — Conclusion

Though German income taxation has undergone significant reforms recently, the main structure elements have remained the same. The law still provides for the dualism of unlimited and limited tax liability, refrains from taxing partnerships as such but focuses on the partner's income, and distinguishes seven types of income. The personal subsistence minimum of both the taxpayer, her spouse, and their children is tax-free for everybody. Equality rights forbid discrimination of spouses *vis-à-vis* unmarried taxpayers, of non-resident EU citizens *vis-à-vis* German residents, and of foreign citizens *vis-à-vis* German nationals. Business profits are usually determined by reference to the commercial law balance sheet, allowing the aggregation of significant hidden reserves. The former corporate/personal income tax integration has been abolished; but corporate tax dropped to a 25% flat rate (with inter-company dividends being tax free) and the personal income tax burden of resident individuals is mitigated by the half-income principle. Most profits from the alienation of private assets remain untaxed. The same is true for the value of private housing if the taxpayer owns the apartment. There is a huge catalogue of personal deductions, including contributions to certain pension schemes. Tax rates are about to drop to a range of 15% to 42%. Some of the recent steps of reform indicate a slight shift from direct to indirect taxation which strengthens ecological elements within the tax system (like, *e.g.*, a significant rise of petrol tax and the introduction of a new electricity tax). Other amendments are due to the European and international competition the field of business taxation. Adding the fact that there are Double Taxation Conventions with 90 countries, German income tax law has made its contribution to the notion of an open economy with moderate taxation under the rule of law.

254. EStG § 37.

CADERNOS DE DIREITO TRIBUTÁRIO

ALGUNS DESAFIOS ACTUAIS DA TRIBUTAÇÃO*

JOSÉ CASALTA NABAIS
Professor da Faculdade de Direito de Coimbra

I — O quadro dos desafios actuais da tributação. II — Os desafios mais recentes da tributação: 1. A concorrência fiscal prejudicial: a) O Relatório da OCDE sobre as práticas fiscais prejudiciais; b) O Código de Conduta da União Europeia. 2. A tributação do comércio electrónico: a) O Relatório da OCDE relativo à tributação do comércio electrónico; b) A Proposta de Directiva sobre a Tributação do Comércio Electrónico; c) A diversidade de problemas da tributação do comércio electrónico. 3. A integração das contribuições para a segurança social e do imposto sobre o rendimento. 4. No limiar de um novo direito fiscal?

I — O quadro dos desafios actuais da tributação

Um dos núcleos mais importantes de problemas que se colocam ao actual Estado fiscal,[1] prende-se com os duros desafios que hoje em dia enfrenta a tributação[2] e, consequentemente, o direito fiscal, alguns deles sem qualquer solução adequada à vista.

Dentro desses desafios podemos dizer que são visíveis dois grupos. Um grupo, mais antigo, pois já tem algumas décadas, tem a ver, de uma banda, com a actual preo-

* Texto que, com uma ou outra alteração de pormenor para o público brasileiro, reproduz o que foi publicado em Portugal no n. 6 da revista *Fiscalidade*.

1. V., sobre o Estado fiscal, entre nós, o nosso livro *O Dever Fundamental de Pagar Impostos. Contributo para a Compreensão Constitucional do Estado Fiscal Contemporâneo*, Almedina, Coimbra, 1998, pp. 191 e ss., e o nosso estudo, "O princípio do estado fiscal", *Estudos Jurídicos e Económicos em Homenagem ao Professor João Lumbrales*, Edição da Faculdade de Direito da Universidade de Lisboa, Coimbra Editora, 2000, pp. 363 e ss. Na literatura alemã, à qual se deve, de resto, o tema, v., entre outros e por último, Chr. Gramm, "Vom Steuerstaat zum gebührenfinanzierte Dienstleistungsstaat?", *Der Staat*, 1997, pp. 267 e ss.; B. Hansjürgens, "Vom Steuerstaat zum Gebührenstaat?", *Zeitschrift für Gesetzgebung*, 14, 1999, pp. 186 e ss.; R. Hendler, "Gebührenstaat statt Steuerstaat?", *Die öffentliche Verwaltung*, 1999, pp. 746 e ss., e Von Erik Gawel, "Das Steuerstaatgebot des Grundgesetzes", *Der Staat*, 39, 2000, pp. 209 e ss.

2. Naturalmente que utilizamos esta expressão com o sentido estrito e usual que tem tido em Portugal, a começar pela própria Constituição (v. o art. 104º, ns. 2, 3 e 4), embora tenhamos consciência do maior rigor, para traduzir a realidade em causa, da expressão imposição, como demonstrou recentemente Aníbal Almeida, *Teoria Pura da Imposição*, Almedina, Coimbra, 2000, pp. 5 e ss. Sobre a tributação no sentido amplo decorrente da própria palavra, v. António L. de Sousa Franco, "Tributação", *Dicionário Jurídico da Administração Pública*, v. VII, 1996, pp. 487 e ss.

cupação ambiental, entretanto chegada ao direito fiscal e com a consequente proposta de impostos ecológicos[3] e, de outra banda, com a problemática da administração ou gestão privada dos impostos e da consequente redução da administração tributária a uma administração fundamentalmente de natureza inspectiva ou fiscalizadora. Outro grupo, bem mais recente, está intimamente ligado ao fenómeno da crescente globalização ou mundialização da economia, de que constituem, aliás, consequências directas, como são a concorrência fiscal internacional prejudicial, a tributação do comércio electrónico e a necessidade de uma integração da tributação dos rendimentos do trabalho no imposto pessoal sobre o rendimento, isto é, no Imposto sobre o Rendimento das Pessoas Singulares,[4] e nas contribuições para a segurança social e, bem assim, o da possibilidade de aparecimento de um direito fiscal radicalmente novo que um tal fenómeno estará a provocar. Um direito fiscal novo traduzido seja num direito fiscal *soft*, que levanta não poucas questões, a começar pela da sua própria natureza jurídica, seja num direito fiscal supranacional, regional ou mesmo universal, a que a referida supranacionalização dos impostos inevitavelmente conduzirá.[5]

Naturalmente que não vamos aqui tratar de todo este rico e diversificado universo de desafios que se colocam ao actual direito dos impostos e cujos contornos acabamos de recortar muito sumariamente. Especificamente vamos deixar de fora destas nossas considerações os problemas integrantes do grupo mais antigo, isto é, do primeiro dos grupos de problemas referenciados.

É que, quanto aos impostos ecológicos, não obstante a sua especificidade, eles inserem-se na temática mais ampla dos impostos extrafiscais, uma temática integrante, a nosso ver, do direito económico fiscal, todo um sector, e um sector importante, do actual direito fiscal.[6] Isto naturalmente quando tais impostos não constituam verdadeiros impostos ficais, como acaba por ser a regra dos ditos impostos ecológicos, seja porque o seu objectivo principal ou dominante é a obtenção de receitas, seja porque este objectivo se apresenta em equilíbrio com o da modelação dos comportamentos ambientais dos contribuintes.[7]

Por seu lado, quanto ao fenómeno da administração ou gestão privada dos impostos, inscreve-se o mesmo na profunda mudança de função que vem suportando a administração tributária, função essa que cada vez menos se conjuga com o lançamento, a liquidação e a cobrança dos impostos. É que, independentemente de saber se uma tal "privatização" da administração ou gestão dos impostos se inscreve num universo de mudança mais amplo, como o que, de algum modo, pressupõe a questão, que hoje se começa a colocar, traduzida em saber se o actual Estado não está a evoluir para um "Estado vigilante", do que não há dúvidas é de que, em sede fiscal, à administração pública cabe, cada vez mais, uma função passiva, uma função vigilante.[8]

Aos particulares pertence agora o principal papel activo da administração ou gestão dos impostos, o qual se vem traduzindo

3. Isto quando se não propõe mesmo um sistema fiscal inteiramente subordinado às preocupações ambientais. Cf. os nossos livros *O Dever Fundamental de Pagar Impostos*, cit., pp. 627 e ss., e *Direito Fiscal*, Almedina, Coimbra, 2000, pp. 119 e ss., e os autores aí citados.

4. Conhecido pela sigla IRS.

5. Cf. o que dizemos *infra*, n. II — 4.

6. Sector que, não podemos esquecer, se destaca do direito fiscal clássico ou direito fiscal *tout court*, não apenas porque alberga os impostos extrafiscais, mas, sobretudo porque integra os benefícios fiscais. Cf. O nosso livro *O Dever Fundamental de Pagar Impostos*, cit., pp. 627 e ss.

7. Sobre a temática dos impostos ecológicos, v. a dissertação de mestrado de Cláudia Soares, *Os Instrumentos de Promoção da Qualidade Ambiental. O Imposto Ecológico*, Faculdade de Direito, Universidade de Coimbra, 1999, e "O condicionalismo jurídico a que está sujeito o legislador de um Estado-Membro na criação de impostos ecológicos", *Direito e Justiça*, v. XIV, 2000, t. 3, pp. 77 e ss.

8. Cf. Ricardo Rivera Ortega, *El Estado Vigilante*, Tecnos, Madrid, 1999, que trata basicamente da função inspectiva da administração em geral.

em dois aspectos. De um lado, uma parte cada vez mais significativa dos impostos actuais é liquidada e cobrada pelos particulares, seja pelos próprios contribuintes através do mecanismo da autoliquidação, seja por terceiros actuando em substituição dos contribuintes com base na conhecida técnica de retenção na fonte.

De outro lado, mesmo quando a liquidação permanece nas mãos da administração tributária, como acontece em Portugal no IRS, a administração limita-se, na quase totalidade dos casos, a realizar meras operações matemáticas baseadas nas declarações de rendimento dos contribuintes. Operações matemáticas essas que, por serem de carácter automático, são mesmo levadas a cabo com o recurso a meios informáticos.

Por isso e em conclusão, quer se trate de impostos em que há autoliquidação, quer de impostos liquidados pela administração com base em declarações e elementos fornecidos pelos particulares, a administração desempenha assim basicamente uma função de controlo ou de fiscalização. O que significa que a administração fiscal deixou de ser a aplicadora das normas de imposição ou de tributação, com base em elementos de que antecipadamente dispunha, para passar a ser a fiscalizadora da aplicação dessas normas por parte dos particulares. Pelo que a parte de leão da administração fiscal se traduz, hoje em dia, na actividade de fiscalização ou de inspecção.

O que coloca não poucos problemas, mormente os ligados ao reforço dos poderes da administração que, deste modo, passou a ter sobre os seus ombros a enorme responsabilidade da quase totalidade da luta contra a fraude e evasão fiscais. Sendo, pois, a esta nova luz que há que equacionar ou reequacionar problemas tão sensíveis e complexos como, por exemplo, o do exacto alcance do clássico princípio da legalidade fiscal (que foi pensado para uma administração tributária activa em sede de administração ou gestão dos impostos) ou o da derrogação administrativa do sigilo bancário. Temáticas bem carentes de tratamento, pois a actual legislação fiscal continua a proceder como se a administração tributária ainda fosse a administradora ou gestora dos impostos, "fingindo" nada se ter passado. Todo um amplo domínio que, como facilmente se compreenderá, não podemos analisar aqui e agora.

Vamos, assim, limitar-nos a tratar do segundo grupo de problemas, ou seja, dos desafios mais recentes. E mesmo, no que respeita a estes, como facilmente se compreenderá, vamos ficar-nos por umas considerações gerais relativamente a cada um deles.

II — Os desafios mais recentes da tributação

Ora bem, como referimos, vamos analisar problemas intimamente ligados ao fenómeno da crescente globalização ou mundialização da economia. Mais exactamente vamos analisar os problemas da concorrência fiscal internacional prejudicial, da tributação do comércio electrónico e da necessidade de integração da tributação dos rendimentos do trabalho no IRS e nas contribuições para a segurança social e, bem assim, interrogarmo-nos sobre a possibilidade de aparecimento de um direito fiscal radicalmente novo exigido pelo mencionado fenómeno da globalização. Vejamos, então, cada um destes aspectos de per si.

1. A concorrência fiscal prejudicial

No respeitante ao primeiro desafio enumerado, à concorrência fiscal prejudicial, é de começar por referir que, durante muito tempo, a concorrência fiscal internacional foi vista pela generalidade dos autores com simpatia, justamente porque a mesma seria benéfica. Para o que contribuiu decisivamente o modelo elaborado por Charles Tibeout em 1956.[9]

9. Charles Tiebout, "A pure theory of local expenditures", *Journal of Political Economy* 64/416

Segundo este autor a concorrência entre sistemas fiscais num espaço de liberdade de movimentação dos factores de produção conduz a resultados eficientes, na medida em que aos diferentes níveis de fiscalidade correspondam necessariamente níveis diversos de fornecimento de bens e serviços públicos financiados por aqueles. As pessoas e as empresas seriam assim livres de se fixar ou estabelecer nos territórios em que obtivessem um melhor equilíbrio entre a receita fiscal que suportam e a despesa pública correspondente às suas preferências.

Defendidas com visível entusiasmo, no quadro de triunfo da ideologia neoliberal, por diversos autores, que nelas viam um suporte eficaz para o aumento da eficiência da despesa pública e para a limitação da sua dimensão, tais ideias não tardaram a ser objecto de importantes críticas. Assim, objectou-se ao modelo de Tibeout, *inter alia*: 1) trata-se de um modelo que, esquecendo a função redistributiva dos impostos, está construído como se as pessoas e as empresas obtivessem benefícios da actividade do Estado iguais aos impostos pagos, ou seja, tem por base um entendimento dos impostos assente exclusivamente na ideia de troca ou de benefício quando actualmente se procura reconduzi-los, embora em medida que difere de imposto para imposto,[10] à ideia da capacidade contributiva;[11] 2) o equilíbrio para que tende o modelo é um equilíbrio de subtributação, pois os Estados, preocupados com a atracção do investimento externo, são forçados a níveis de despesa e de impostos abaixo do que seria desejável nomeadamente para a manutenção de um Estado social ainda que emagrecido face ao passado; 3) o modelo ignora por completo a diferente mobilidade seja dos factores de produção, seja das diversas manifestações da cada factor, o que leva à deslocação da tributação do capital para o trabalho e, dentro deste, da tributação do rendimento do trabalho mais qualificado (e por conseguinte mais nómade) para a tributação do trabalho menos qualificado (e por conseguinte mais sedentário), fenómenos estes bem visíveis nos tempos que correm.[12]

Por conseguinte, compreende-se que, hoje em dia, a concorrência fiscal seja considerada prejudicial, pelo menos a partir de um determinado nível. Daí que ela constitua um dos problemas que preocupa a generalidade dos países, designadamente os mais industrializados e desenvolvidos, e tenha originado muito diálogo e tomadas de posição a nível internacional, sobretudo em sede da OCDE e da União Europeia, em que organismos especificamente encarregados das matérias fiscais — o Comité dos Assuntos Fiscais na OCDE e Direcção Geral XXI na União Europeia — vêm acompanhando com toda a atenção a evolução desta realidade. O que se traduziu, em sede da OCDE, na aprovação em 1998 do Relatório "Concorrência fiscal prejudicial: um problema mundial"[13] e, em sede da União Europeia, a adopção do conhecido Código de Conduta relativo à fiscalidade das empresas.[14]

E, muito embora os resultados alcançados até ao momento estejam muito longe

e ss., 1956. Como o próprio título deste artigo logo deixa antever, o modelo não teve em conta a concorrência fiscal internacional, mas a concorrência fiscal intranacional, sobretudo a concorrência fiscal entre os Estados federados norte-americanos.

10. V., neste sentido o nosso livro *O Dever Fundamental de Pagar Impostos*, cit., pp. 479 e ss.

11. V. sobre estes suportes do imposto, o nosso livro *O Dever Fundamental de Pagar Impostos*, cit., pp. 449 e ss.

12. A concorrência fiscal origina assim um crescente acantonamento do poder tributário dos Estados, concretizado, de um lado, na tributação indirecta, seja a constituída pelos clássicos Imposto sobre o Valor Acrescentado (IVA) e Impostos Especiais de Consumo (IEC's), seja a revelada na pretensão de tributação ambiental e, de outro, na tributação do rendimento do trabalho com menor mobilidade.

13. Aprovado em 9 de abril de 1998 pelo Conselho da OCDE, com as mui significativas abstenções do Luxemburgo e da Suíça.

14. Aprovado por Resolução do Conselho e dos Representantes dos Governos dos Estados-Membros, reunidos no Conselho em 1 de dezembro de 1997.

daqueles que seriam os adequados aos que o crescimento exponencial da referida concorrência reclamam, o certo é que as medidas que vêm sendo adoptadas pela OCDE e pela União Europeia revelam um alto significado e um importante alcance. Na verdade, elas são a expressão mais visível do início do estabelecimento de uma disciplina a nível internacional tendencialmente global, ou seja, ao nível a que a concorrência fiscal justamente se verifica.

a) O Relatório da OCDE sobre as práticas fiscais prejudiciais

Assim e quanto ao Relatório da OCDE de 1998, é de referir que ele criou um *Forum* para as práticas fiscais prejudiciais, que encarregou de identificar os regimes fiscais preferenciais potencialmente prejudiciais dos países-membros e, bem assim, os países que, de acordo com os critérios definidos no Relatório, configurem paraísos fiscais, definiu os princípios directores relativos ao tratamento dos regimes preferenciais prejudiciais dos 29 países membros. Para além disso, adaptou uma série de 19 recomendações dirigidas à luta contra as práticas fiscais prejudiciais e fixou um calendário para os países-membros identificarem, declararem e suprimirem as características prejudiciais dos seus regimes preferenciais.

Na sequência dos trabalhos lavados a cabo pelo *Forum*, foi elaborado o Relatório 2000 "Para uma cooperação fiscal global", em que, de um lado, nos dá conta da avaliação feita dos regimes fiscais preferenciais prejudiciais dos países-membros e dos regimes fiscais que constituem paraísos fiscais, através da elaboração de uma lista de cada uma destas situações[15] e, de outro lado, se estabelecem instrumentos seja de aprofundamento do diálogo com os países que se apresentam cooperativos na eliminação das práticas fiscais prejudiciais, seja de participação das economias dos países não membros.

b) O Código de Conduta da União Europeia

Por seu turno, no que à União Europeia diz respeito, temos o Código de Conduta relativo à fiscalidade das empresas.[16] Um instrumento que não pode deixar de ser objecto de análise ainda que sumária. Nomeadamente há que fazer menção ao seu objectivo, à sua natureza, ao seu âmbito e ao seu conteúdo.

Pois bem, quanto ao seu objectivo, o Código de Conduta visa combater a concorrência fiscal prejudicial através de medidas que sejam susceptíveis de ter incidência sensível na localização das actividades económicas na Comunidade, sejam estas levadas a cabo por empresas diferentes, sejam exercidas dentro de um mesmo grupo de sociedades.

Relativamente à sua natureza, devemos dizer que se trata dum instrumento de natureza política, uma espécie de *gentlemen's agreement* que integra um compromisso político.[17] Daí que, na Resolução do Conselho e dos Representantes dos Gover-

15. Avaliações estas que, é de sublinhá-lo, têm um carácter dinâmico, o que implica, nomeadamente, que as mesmas sejam objecto de actualização, prosseguindo assim os trabalhos do *Forum*.

16. V., sobre este e em geral, Manuel Henrique Freitas Pereira, "Concorrência fiscal prejudicial — O Código de Conduta na União Europeia", *Ciência e Técnica Fiscal* 390/205 e ss., abr.–jun. 1998; União Europeia, "Conclusões do Conselho ECOFIN, de 1 de Dezembro de 1997, em matéria fiscal", *Ciência e Técnica Fiscal* 393/177 e ss., jan.-mar. 1999; Carlos Santos e Clotilde Celorico Palma, "A regulação internacional da concorrência fiscal prejudicial", *Ciência e Técnica Fiscal* 395/7 e ss., jul.–set. 1999, e Giovanni Rolle, "Mercato interno e fiscalità diretta nel trattato di Roma e nelle recenti iniciative della Comissione Europea", *Diritto e Pratica Tributaria*, LXX, 1999, 2, pp. 5 e ss. Cf. também Raul Esteves, "Princípios e orientações vigentes na União Europeia em matéria fiscal", *Ciência e Técnica Fiscal* 393/89 e ss., jan.-mar. 1999.

17. Giovanni Rolle, "Mercato interno e fiscalità diretta nel trattato di Roma e nelle recenti iniciative della Comissione Europea", cit., pp. 57 e ss., considera que, embora apresente analogias com a "recomendação", o Código se reconduz à categoria dos "actos atípicos".

nos dos Estados-Membros que adoptou o Código, expressamente se sublinhe que "o código de conduta é um compromisso político e que, portanto, não afecta os direitos e obrigações dos Estados-Membros nem as competências respectivas dos Estados-Membros e da Comunidade tal como decorrem do Tratado". O que significa, designadamente, de um lado, que a sua interpretação e aplicação não pode ser controlada pelo guardião do direito comunitário, pelo Tribunal de Justiça e, de outro e em consequência, que o controlo do seu cumprimento será um mero controlo político. Controlo este que, atenta a sua natureza, pode vir a revelar-se demasiado fraco face aos Estados económica e politicamente mais fortes e demasiado forte ou mesmo opressor face aos Estados económica e politicamente mais fracos.[18]

Por seu turno, no respeitante ao âmbito de aplicação do Código de Conduta, há que referir aqui três aspectos: o dos impostos visados, o das medidas fiscais abrangidas e o das áreas geográficas a que se aplica. Quanto aos impostos visados, o Código abrange o domínio da fiscalidade das empresas, muito embora não nos forneça qualquer critério de interpretação desta expressão. Tendo em conta, todavia, as declarações que acompanham a decisão do Conselho relativas, de um lado, ao regime fiscal dos trabalhadores fronteiriços e, de outro, aos problemas do tratamento do IVA da locação financeira transfronteiriça no sector automóvel, é de concluir que se teve em vista apenas os impostos directos incidentes sobre as unidades económicas empresariais.[19]

No respeitante às medidas fiscais abrangidas, como consta do Código, devem considerar-se como tal todas as medidas fiscais que afectem a localização das actividades económicas, qualquer que seja a sua base jurídica ou forma de concretização (disposições legislativas, disposições regulamentares e simples práticas administrativas), que possam ser consideradas como potencialmente prejudiciais. Nestas se integram, designadamente, as que se traduzam num nível de tributação efectivo, incluindo a taxa zero, significativamente inferior ao normalmente aplicado no Estado-Membro em causa. Resulte isto quer da taxa nominal do imposto, quer do processo de determinação da matéria colectável, quer de qualquer outro factor pertinente, como as isenções ou as deduções à colecta.

Ainda a este respeito, para efeitos de qualificação de uma medida fiscal como prejudicial, o Código fornece, a título de exemplo, alguns parâmetros a considerar em termos alternativos: 1) se o regime é aplicável apenas a não residentes ou a transacções realizadas com não residentes; 2) se as vantagens concedidas são totalmente isoladas da economia interna, sem incidência na base fiscal nacional; 3) se as vantagens são concedidas mesmo que não exista qualquer actividade económica real nem qualquer presença económica substancial no Estado-Membro que proporciona essas vantagens; 4) se o método de determinação dos lucros resultantes das actividades internas de um grupo multinacional se afasta dos princípios geralmente aceites a nível internacional, nomeadamente das regras aprovadas pela OCDE; 5) se as medidas fiscais carecem de transparência, nomeadamente quando as disposições legais sejam aplicadas de forma menos rigorosa e não transparente a nível administrativo.

Relativamente ao âmbito geográfico, o Código restringe a sua aplicação naturalmente ao espaço comunitário, ao território a que se aplica o Tratado da Comunidade Europeia. Todavia, refere expressamente que deseja que os princípios relativos às medidas fiscais prejudiciais venham a ser

18. V., neste sentido, Carlos Santos e Clotilde Celorico Palma, "A regulação internacional da concorrência fiscal prejudicial", cit., pp. 16 e ss., e o que dissemos no nosso *Direito Fiscal*, cit., pp. 172 e ss. V. também *infra*, II — 4.

19. Cf. Manuel Henrique de Freitas Pereira, "Concorrência fiscal prejudicial — O Código de Conduta na União Europeia", cit., p. 210, e Carlos Santos e Clotilde Celorico Palma, "A regulação internacional da concorrência fiscal prejudicial", cit., pp. 17 e ss.

adoptados num quadro geográfico tão amplo quanto possível, comprometendo os Estados-Membros promover a sua adopção em países terceiros e em territórios a que se não aplique o Tratado.

Finalmente, no que ao seu conteúdo diz respeito, o Código de Conduta estabelece para os Estados-Membros os seguintes compromissos: 1) de informação recíproca das medidas vigentes ou futuras potencialmente subsumíveis no âmbito da aplicação do Código, podendo qualquer Estado-Membro ou a Comissão solicitar informações; 2) de adopção de dois tipos de intervenção relativamente às medidas fiscais prejudiciais: de um lado, o congelamento (*standstill*), não introduzindo, portanto, novas medidas fiscais prejudiciais e, de outro, o desmantelamento (*roll over*) das medidas fiscais prejudiciais existentes.

Para além destes compromissos relativos aos Estados-Membros, o Código estabeleceu um compromisso para a Comissão, em sede dos auxílios do Estado. Com efeito, tendo em conta que estes auxílios poderão estar abrangidos também pelos arts. 92º a 94º do Tratado, o Código previu o compromisso de a Comissão publicar até meados de 1998, as directrizes para a aplicação das regras relativas aos auxílios do Estado em questão. Foi com base neste compromisso que a Comissão aprovou e apresentou formalmente ao Conselho ECOFIN, de 1 de dezembro de 1998, a Comunicação em que se estabeleceu o âmbito de aplicação do regime dos auxílios de Estado, tendo em conta o domínio da tributação directa e o objectivo da redução das distorções da concorrência, e se fixaram os critérios a utilizar na aferição da respectiva compatibilidade com o mercado comum.[20]

2. *A tributação do comércio electrónico*

Também a tributação do comércio electrónico começa a constituir um enorme desafio ao direito fiscal contemporâneo. Na verdade, é para este do maior interesse dar conta dos principais problemas que uma tal realidade comercial, ainda diminuta, mas em crescimento exponencial, levanta e indicar as propostas de solução que, embora muito timidamente por enquanto, começam a ser adiantadas.[21]

E, a respeito desta matéria, é de começar por assinalar que também neste domínio a comunidade internacional está preocupada. Daí as múltiplas iniciativas levadas a cabo nomeadamente no seio da OCDE e da União Europeia. De destacar são aqui, relativamente à OCDE, o Relatório destinado a estabelecer as condições gerais da tributação do comércio electrónico,[22] apresentado pelo seu Comité de Assuntos Fiscais na Conferência Inter-Ministerial de 8 de outubro de 1998, em Ottawa,[23] e no respeitante à União Europeia, a proposta sobre a tributação do comercio electrónico. Vejamos então estas medidas.

20. Para mais desenvolvimentos, v. União Europeia, "Comunicação da Comissão sobre a aplicação das regras relativas aos auxílios estatais às medidas que respeitem à fiscalidade directa das empresas", *Ciência e Técnica Fiscal* 393/162 e ss., jan.-mar. 1999; Manuel Henrique de Freitas Pereira, "Concorrência fiscal prejudicial — O Código de Conduta na União Europeia", cit., pp. 215 e ss., e Carlos Santos e Clotilde Celorico Palma, "A regulação internacional da concorrência fiscal prejudicial", cit., pp. 23 e ss.

21. V. sobre o comércio electrónico, entre outros e por todos, Diogo Leite de Campos, "A *Internet* e o princípio da territorialidade dos impostos", *Revista da Ordem dos Advogados*, ano 58, 1998, v. II, pp. 637 e ss.; Piergiorgio Valente, "Ipotesi di tassazione del reddito transnazionale in *Internet*", *Rivista di Diritto Finanziario e Scienza delle Finan–ze*, LVII, 1998, 3, I, pp. 383 e ss.; Miguel Teixeira de Abreu, "Efeitos fiscais da utilização da *Internet* em sede de impostos sobre o rendimento", *Fiscalidade*, 2, abr. 2000, pp. 25 e ss., e António Fernandes de Oliveira, "O IVA nas transacções internacionais de comércio electrónico", *Fiscalidade*, 2, abr. 2000, pp. 37 e ss. V. também os diversos estudos constantes dos números monográficos dedicados ao tema pelas revistas *National Tax Journal* (v. LIII, n. 4, parte 3, dez. 2000) e *Revista Euroamericana de Estudios Tributários* (6, set.-dez. 2000) e, bem assim, a notícia inserida na *Ciência e Técnica Fiscal* 393/367 e ss., jan.–mar. 1999).

22. Com o título: "Electronic commerce: taxation framework conditions".

23. Dedicada ao tema: "A borderless world — Realising the potential of electronic commerce".

a) O Relatório da OCDE relativo à tributação do comércio electrónico

Ora bem, no Relatório da OCDE acabado de mencionar, concluiu-se em síntese e *inter alia*, o seguinte: 1) os princípios que regulam o comércio convencional devem aplicar-se ao comércio electrónico; 2) tais princípios podem ser aplicados a partir das normas fiscais existentes; 3) as tecnologias, em que assenta o comércio electrónico, oferecem importantes possibilidades para melhorar os serviços junto do contribuinte; e 4) os processos de aplicação dos referidos princípios pressupõem um diálogo aprofundado. Uma palavra sobre cada um destes aspectos.

De um lado, os princípios que regulam o comércio convencional devem aplicar-se igualmente ao comércio electrónico. Trata-se dos seguintes princípios: *a*) da neutralidade (entre estas duas modalidades de actividade comercial); *b*) da eficiência (minimizando os custos administrativos relativos à liquidação e cobrança); *c*) da certeza e simplicidade (as normas fiscais devem ser claras e simples de compreender de modo a que os contribuintes saibam a que ater-se); *d*) da eficácia e equidade (a tributação deve proporcionar uma receita normal e na data desejada, minimizando a evasão e a fraude fiscais); e *e*) da flexibilidade (os sistemas de tributação devem ser flexíveis e dinâmicos de modo a acompanhar o ritmo dos desenvolvimentos tecnológicos e comerciais).

Depois, o Comité dos Assuntos Fiscais da OCDE considera que estes princípios podem ser aplicados a partir das normas fiscais existentes. Por conseguinte qualquer nova medida administrativa ou qualquer revisão de uma medida existente no quadro dessas normas deve ser concebida na perspectiva da aplicação dos princípios da tributação existentes e não deve visar impor um tratamento fiscal discriminatório ao comércio electrónico.

Em terceiro lugar, as tecnologias, que estão na base do comércio electrónico, oferecem importantes possibilidades para melhorar os serviços junto do contribuinte. Ora este deve ser um objectivo a prosseguir activamente pelos poderes públicos.

Finalmente, os processos de aplicação destes princípios pressupõem um diálogo aprofundado com todos os intervenientes no domínio do comércio electrónico. Isto é, um diálogo com todos os actores do *e-commerce*: com as empresas, com as associações de contribuintes e com as economias dos países não membros da OCDE.

Assim, como se deduz das conclusões acabadas de enunciar, tanto no que respeita aos problemas que suscita como no que concerne às soluções que começam a ser esboçadas, estamos aqui perante dois núcleos de problemas, centrado cada um deles em seu sector de tributação, a saber: o sector da tributação dos rendimentos obtidos através do comércio electrónico e o sector da tributação do consumo em sede das transacções efectuadas e dos serviços prestados através do comércio electrónico.

b) A Proposta de Directiva sobre a Tributação do Comércio Electrónico

Por seu turno, no respeitante às iniciativas da União Europeia, temos a Proposta de Directiva sobre a Tributação do Comércio Electrónico apresentada em 7 de junho de 2000 pela Comissão,[24] no quadro de uma estratégia para melhorar o funcionamento do IVA no mercado interno. Trata-se de uma proposta que teve em conta os princípios relativos ao fornecimento *on-line* de bens digitais, adoptados na primeira tomada de posição da União Europeia sobre esta matéria, que teve lugar no Conselho ECOFIN de julho de 1998.

Quanto aos princípios, adoptados pela União Europeia em 1998 relativos à tributação do comércio electrónico, são eles os seguintes: 1) não deveriam ser criados no-

24. Na sequência do Conselho Europeu de Lisboa, que tive lugar nos dias 23 e 24 de março desse mesmo ano.

vos impostos relativamente ao comércio electrónico, devendo antes ser adaptados os regimes tributários existentes, nomeadamente o IVA, de modo a poderem ser aplicados ao comércio electrónico; 2) a entrega de produtos sob a forma electrónica deveria ser considerada como prestação de serviços para efeitos de IVA; 3) deveriam ser tributados na Europa apenas as prestações respeitantes a serviços os bens consumidos na Europa.[25]

Com base nestes princípios, a Proposta de Directiva em análise propõe-se alterar, no que ao comércio electrónico diz respeito, o actual quadro da tributação da prestação de serviços como decorre das disposições da Sexta Directiva. Com efeito, nos termos desta Directiva, o regime actualmente vigente é o seguinte: de um lado, nenhuma tributação recai sobre os fornecimentos de serviços a consumidores estabelecidos na União Europeia por empresas estabelecidas em países terceiros; de outro lado, os fornecimentos de serviços por operadores estabelecidos na União Europeia a adquirentes de países terceiros, ou de outros países da União, são sujeitos a tributação no Estado-Membro onde o prestador se encontra estabelecido, de acordo com a regra do lugar onde os serviços são materialmente executados.

Pois bem, a Proposta de Directiva em referência pretende alterar este quadro no respeitante ao fornecimento de serviços por via electrónica. Uma alteração que concerne, de um lado, aos serviços fornecidos por empresas estabelecidas na Comunidade a adquirentes de países terceiros ou de outros países da União Europeia e, de outro lado, aos serviços fornecidos por empresas estabelecidas em países terceiros a adquirentes estabelecidos na União Europeia.

Para esse efeito e no que à prestação de serviços por fornecedores estabelecidos na União respeita, a Proposta localiza o fornecimento desses serviços, sujeitando-os consequentemente a tributação, por via de regra, no lugar onde o adquirente tem a sede da sua actividade económica, um estabelecimento estável, o domicílio ou a sua residência habitual. Só assim não sucederá, mantendo-se, portanto, a mencionada regra da localização no Estado-Membro do estabelecimento do fornecedor, nos casos em que os serviços são fornecidos a particulares estabelecidos noutro Estado-Membro.

Por seu turno, no que à prestação de serviços electrónicos por empresas estabelecidas fora da União Europeia a adquirentes nesta estabelecidos diz respeito, a solução varia consoante os adquirentes sejam empresas ou particulares. Assim, no caso de se tratar de serviços adquiridos por empresas estabelecidas na União, estas serão as únicas responsáveis pelo pagamento do IVA, aplicando-se o sistema de autoliquidação (*reverse charge*). Tratando-se, porém, de adquirentes que sejam particulares residentes na União, os fornecedores estabelecidos em países terceiros terão de registar-se e cumprir as obrigações correspondentes em qualquer Estado-Membro da União Europeia, se estes operadores realizarem no conjunto dos países da União um volume de negócios anual superior a 100.000 euros, mantendo-se, por conseguinte, na situação de não tributação dessas operações e de não exigência de qualquer obrigação se esse limite não for ultrapassado.

Uma Proposta que, sobretudo no que respeita à tributação dos serviços adquiridos por particulares estabelecidos na União a empresas de terceiros países, levanta alguns problemas que poderão dificultar a obtenção do consenso necessário à sua aprovação. De um lado, a Proposta faculta às empresas estabelecidas fora da União Europeia a escolha do Estado-Membro onde querem fazer o registo e cumprir as respectivas obrigações fiscais, considerando-se que aí passam a dispor de um estabelecimento estável a partir do qual efectuam todas as operações na União. Ora, considerando que a estas operações será aplicá-

25. Regras estas que, como facilmente se vê, não coincidem inteiramente com as defendidas pelo Comité dos Assuntos Fiscais da OCDE.

vel a taxa normal de IVA, que em conformidade com o direito actualmente vigente varia entre um mínimo de 15% (caso, por exemplo, do Luxemburgo) e um máximo de 25% (caso, por exemplo, da Dinamarca), é previsível que as empresas fornecedoras de serviços electrónicos de países terceiros optem por se registar em países de baixa tributação em detrimento dos que praticam taxas mais elevadas. Uma consequência que, de um certo ponto de vista, nem será criticável, pois que, na medida em que provoque uma concorrência fiscal entre os Estados-Membros, conduzirá a um abaixamento das taxas de IVA mais elevadas.

De outro lado, e esta é uma objecção bem mais poderosa, não nos parece que facilite a aprovação de uma tal Proposta a reacção das autoridades fiscais dos Estados Unidos da América que a vêm criticado fortemente, alegando que uma decisão unilateral da Comissão Europeia nesse domínio só irá atrasar o desenvolvimento do comércio electrónico e dificultar o processo de discussão que a esse respeito se vem travando no seio da OCDE. Para além de que o sistema proposto pela Comissão apenas poderá funcionar se as empresas estabelecidas nos Estados Unidos, que dominam a quase totalidade do comércio electrónico, decidirem cooperar voluntariamente, pois que não vemos como a União Europeia lhes possa impor a observância das regras do IVA.

c) A diversidade de problemas da tributação do comércio electrónico

No respeitante à tributação do comércio electrónico, é de sublinhar ainda a diversidade de problemas que se colocam em sede da tributação do rendimento e em sede da tributação do consumo. Pois os problemas num e noutro sector são completamente diferentes.

Com efeito, relativamente à tributação do rendimento levantam-se questões que têm a ver, sobretudo, com o pôr à prova de conceitos tradicionais de contornos relativamente definidos como os de "residência" e de "estabelecimento estável"[26] ou as tradicionais regras sobre o tratamento fiscal a dar aos preços de transferência.[27] Já, no respeitante à tributação do consumo, debatem-se problemas ligados fundamentalmente à localização das operações sujeitas a IVA na *Internet* e à exequibilidade das actuais e eventuais novas regras, perspectivadas seja do ponto de vista dos seus destinatários, seja do ponto de vista das administrações fiscais.[28]

3. A integração das contribuições para a segurança social e do imposto sobre o rendimento

Um outro desafio, que começa a colocar-se ao direito fiscal dos nossos dias, prende-se com a necessidade de integração da tributação concretizada nas contribuições para a segurança social na tributação dos rendimentos do trabalho dependente. Com efeito, à semelhança do que ocorreu noutros países, também em Portugal se resistiu, durante muito tempo, à ideia de aproximar tais contribuições dos impostos. Daí que tais contribuições tenham sido integradas noutras figuras tributárias, seja na figura das taxas, seja na figura dos prémios de seguros.[29]

26. Um conceito que a Lei 30-G/2000, de 29 de dezembro, veio redefinir em termos mais estritos e mais próximos dos que figuram no Modelo de Convenção Fiscal sobre o Rendimento e o Património da OCDE, aditando o art. 4º-A ao Código do Imposto sobre o Rendimento das Pessoas Colectivas.

27. V., sobre a tributação do rendimento proporcionado pelo comércio electrónico, Piergiorgio Valente, "Ipotesi di tassazione del reddito transnazionale in *Internet*", cit., e Miguel Teixeira de Abreu, "Efeitos fiscais da utilização da *Internet* em sede de impostos sobre o rendimento", cit.

28. V., sobre a tributação em IVA do comércio electrónico, António Fernandes de Oliveira, "O IVA nas transacções internacionais de comércio electrónico", cit.

29. No primeiro sentido, v. Sérvulo Correia, "Teoria da relação jurídica de seguro social", *Estudos Sociais e Corporativos*, ano VII, n. 27, jul.-set. 1968, esp. pp. 300 e ss., e, no segundo, Alberto Xavier, *Manual de Direito Fiscal*, Lisboa, 1974, pp. 66 e ss.

Para isso, contribuiu, de um lado, a compreensão das funções estaduais em matéria de segurança social. Pois, se esta for entendida, como o foi durante muito tempo, assunto que diz respeito, sobretudo, a cada um dos cidadãos, facilmente se aceita que as contribuições, que cada um realizar para lhe fazer face, não sejam consideradas impostos. Mas se a segurança social for concebida como um direito de todos os cidadãos, abrangendo inclusivamente os que para ela não contribuíram, como o faz o art. 63º, n. 1, da Constituição portuguesa, que assim a concebe como um "bem público por imposição constitucional",[30] então já não há obstáculos, antes tudo se conjuga, para as considerar impostos ou, pelo menos, para aceitar a sua equiparação aos impostos.[31]

O que vem acontecendo um pouco por toda a parte e tem manifestações importantes também entre nós, traduzidas no seguinte: 1) na integração das contribuições para a segurança social no nível de fiscalidade ou carga fiscal, nomeadamente para efeitos da sua comparação internacional; 2) na equiparação das contribuições para a segurança social aos impostos, ao menos para efeitos jurídico-constitucionais, que o mesmo é dizer em sede da constituição fiscal; 3) na aplicação às contribuições para a segurança social das normas do procedimento e processo tributários e do regime das infracções tributárias.[32]

Mas se aqui convocamos esta temática, no quadro, portanto, dos problemas ou desafios que presentemente se colocam ao direito fiscal, não é naturalmente, como de resto se infere da própria epígrafe a que subordinamos esta matéria, para darmos conta destes aspectos. É manifesto, pois, que pretendemos aqui chamar a atenção para outros vectores, nomeadamente para a necessidade de uma abordagem conjunta de tais contribuições e da tributação do rendimento do trabalho dependente. Ou seja, uma abordagem conjunta da tributação dos rendimentos do trabalho dependente concretizada tanto no IRS como nas contribuições para a segurança social.

Uma abordagem que se impõe na Holanda, dada a integração destes dois tipos de impostos, designadamente no respeitante à sua base de incidência, e que é visível em Inglaterra, mas que continua de todo ausente em Portugal, em que as próprias bases de incidência para efeitos de IRS e para efeitos das contribuições para a segurança social estão longe de coincidir.[33] Ora é bem

30. Cf. o nosso livro *O Dever Fundamental de Pagar Impostos*, cit., pp. 199 e ss. e 215. Refira-se que actualmente se vem consolidando a ideia para aceitar que a segurança social assente em três pilares: o pilar da segurança social *tout court* ou segurança social pública, o pilar da segurança social empresarial ou profissional e o pilar da segurança social individual ou, noutra terminologia, o pilar da segurança social, o pilar da segurança empresarial ou profissional e o pilar da segurança individual.

31. Ao menos em termos jurídico-constitucionais. Para essa equiparação, no respeitante às contribuições para a segurança social das entidades patronais, v. o acórdão do Tribunal Constitucional 363/92.

32. V. o art. 1º do Código do Procedimento e Processo Tributário e os arts. 1º, n. 1, al. *d)*, e 106º e 107º do Regime Geral das Infracções Tributárias, aprovado pela Lei 15/2001, de 5 de junho. Embora já não se aplique às contribuições para a Segurança Social a Lei Geral Tributária (LGT), pois esta lei, depois de dispor que os tributos podem ser fiscais e parafiscais e que os tributos compreendem os impostos e outras espécies tributárias criadas por lei, nomeadamente as taxas e demais contribuições financeiras a favor de entidades públicas, estabelece que o regime geral das taxas e demais contribuições financeiras acabas de referir constará de lei especial cfr. os ns. 1 e 2 com o n. 3 do art. 3º da LGT. Daí que a LGT não seja, em rigor, nem uma lei geral nem uma lei tributária. V., neste sentido, Alfredo J. Sousa e J. Silva Paixão, *Código de Procedimento e Processo Tributário. Comentado e Anotado*, Coimbra, 2000, pp. 8 e ss.

33. V., sobre a situação em cada um dos Estados, respectivamente, Manuel Henrique de Freitas Pereira, "Relações entre a tributação dos rendimentos do trabalho dependente e as contribuições para a Segurança Social — A experiência portuguesa"; David Willians, "IRS e contribuições para a Segurança Social: dois problemas ou apenas um?", e Arthur Pleijsier, "O efeito de uma abordagem conjunta do IRS e das contribuições para a Segurança Social. A perspectiva holandesa", em Glória Teixeira (coord.), *Tributação do Trabalho Dependente. Relação com as Contribuições para a Segurança Social*, Vida Económica, 2000, pp. 9 e ss., 33 e ss. e 73 e ss.

sabido quanto uma abordagem conjunta destas tributações é necessária nesta época de globalização económica, em que a concorrência fiscal a nível internacional e ao nível da União Europeia impõe que as empresas, no seu planeamento fiscal, saibam muito claramente com que encargos fiscais podem contar sobre o factor trabalho. Pois, é óbvio que, nesta concorrência, pesa tanto o IRS como as contribuições para a segurança social. Um problema que, como bem se compreende, não tardará a colocar-se com a maior acuidade.

4. No limiar de um novo direito fiscal?

Um outro aspecto da actual disciplina dos impostos e que constitui um enorme desafio, para o qual não se vislumbra, para já, qualquer solução adequada, é o que se prende com a questão de saber se não estamos perante a emergência de um novo direito fiscal. Um direito fiscal assente numa realidade que caminha, de um lado, da órbita nacional para a órbita internacional ou, com mais rigor, para a órbita supranacional e, de outro lado, do domínio dos compromissos jurídicos, do direito, para o domínio dos compromissos políticos, para a política.

Assim e quanto à primeira manifestação referida, não podemos esquecer que a concorrência fiscal internacional vem forçando os Estados a soluções que, embora adoptadas ainda no quadro nacional, são impostas pelo mercado internacional tendencialmente globalizado da fiscalidade. O que coloca a questão crucial da perda da soberania fiscal por parte dos Estados, a dimensão da soberania que, como é sobejamente sabido, constitui a base da soberania dos Estados desde que o mundo é mundo.[34] Efectivamente, à medida que a concorrência fiscal internacional provoca a erosão do poder tributário dos Estados, estes correm o risco sério de colapso, se rapidamente se não encontrar uma plataforma de cooperação internacional que imponha uma tributação mínima a todos os Estados. Daí as medidas que, embora em estado um pouco embrionário, vêm sendo tomadas tanto pela OCDE e pela União Europeia. Medidas, cujo desenvolvimento e consolidação, mais tarde ou mais cedo, conduzirão a um direito de indiscutível cariz supranacional, perdendo assim os Estados parte significativa da sua soberania fiscal e, por conseguinte, da sua soberania *tout court*.

Um direito que levanta não poucos problemas, entre os quais um dos mais re-

34. V., no respeitante a ideia de soberania fiscal, o nosso livro *O Dever Fundamental de Pagar Impostos*, cit., pp. 290 e ss. Por seu lado, quanto aos impostos como base do poder do Estado desde que o mundo é mundo, v. a obra de Charles Adams, *For Good and Evil. The Impact of Taxes on the Course of Civilization*, 2ª ed., Madison Books, Lanham, New York, Oxford, 1999, em que o autor, com grande profundidade e uma louvável dose de humor, procura demonstrar, contrariando não raro ideias feitas com centenas de anos, que os impostos estiveram presentes nos acontecimentos históricos, bons e maus, mais importantes e marcantes da nossa civilização, quer como sua causa decisiva, quer como instrumento intencionalmente utilizado para atingir os objectivos mais hediondos. Assim e quanto ao primeiro aspecto, o autor imputa, de um lado, a más soluções fiscais acontecimentos como o colapso de Rodes (a Suíça do Helenismo), a queda da República e do Império romanos (às mãos, respectivamente, das *societates publicanorum* e do despotismo fiscal imperial), o afundamento do colossal império espanhol (em que o sol jamais se punha), o declínio da Holanda (e a ascensão da Inglaterra), as guerras civis inglesa e americana, a derrota de Napoleão, a queda de Margaret Thatcher, etc., e de outro lado, a boas soluções fiscais os sucessos da Grécia antiga, de Rodes, de César Augusto (o estratega fiscal), da Idade Média (em que, na sua expressão, os contribuintes tinham Deus do seu lado), de Isabel I de Inglaterra (a *Good Queen Bess*), da Suíça (que, tendo nascido da luta contra a tributação e domínio austríacos, dirigida por Guilherme Tell, chegou à situação actual fundada no segredo bancário, cujo herói é, assim, o "No-tell"), etc. Por seu turno, no respeitante ao segundo aspecto, basta lembrar que a monstruosa "solução final" de Hitler foi, em larga medida, a continuação e o desenvolvimento de anteriores "soluções fiscais" para o problema judaico, pelas quais, de resto, Hitler começou com a sua reforma fiscal de 1934. V. sobre este aspecto, Reimer Boss, *Steuern im Dritten Reich. Vom Recht zum Unrecht unter der Herrschaft des Nationalsozialismus*, Verlag C. H. Beck, München, 1995, esp. pp. 135 e ss.

levantes é certamente o da necessidade de lançar as bases fundacionais, as bases constitucionais, do dever de pagar impostos nesse Estado fiscal supranacional (ou mesmo universal *in fieri*). Bases que hão-de traduzir-se, de um lado, em exigências de natureza democrática, concretizadas na participação dos contribuintes na elaboração das normas fiscais, através da estruturação democrática do nível supranacional a que o poder tributário venha a ser exercido, e, de outro lado, em exigências de natureza social a implicar uma solidariedade supranacional que, correspondendo a seu modo à actual solidariedade nacional, reconheça aos impostos o papel redistributivo próprio de um Estado social.

Ou noutros termos, se os impostos são o que pagamos por termos uma sociedade civilizada, como dizia o juiz do *Supreme Court*, Olivier W. Holmes, bom é que esse preço seja um preço aceitável também no quadro supranacional. Assim, igualmente nesse plano, os impostos hão-de ser o preço que pagamos por termos uma sociedade assente na liberdade. O que implica que esse preço não seja muito elevado, pois, a verificar-se uma tal hipótese, não vemos como possa ser preservada a liberdade que um tal preço justamente visa servir.[35]

Em suma, há que lançar as fundações da construção de um Estado fiscal supranacional simultaneamente democrático e social. Ou, por outras palavras, um Estado fiscal social que, ultrapassando os limitados territórios nacionais, ofereça uma cobertura jurídico-constitucional adequada às amplas zonas de integração económica que o mercado inexoravelmente vai engendrando.

Por seu turno, quanto ao segundo aspecto assinalado, é de referir que se trata de uma expressão, porventura qualificada, da cada vez mais visível fuga, a que hoje se começa a assistir, dos instrumentos jurídicos, do direito, para os instrumentos essencialmente políticos, para a política. O que, no que ao domínio do direito fiscal diz respeito, tem, por exemplo eloquente, o já mencionado Código de Conduta sobre a fiscalidade das empresas adoptado pela União Europeia em 1997. Um Código que, embora aparentemente surja como um *soft law*, pode revelar-se quer como um *hard law*, relativamente aos Estados económica e politicamente mais fracos, quer basicamente como um domínio da política, um domínio de *political questions*, no respeitante aos Estados económica e politicamente mais fortes.[36]

Pois bem, embora tenhamos a certeza de que esse "admirável mundo novo", constituído pelo "fim do direito" e pelo "triunfo da política", não constitui a "última palavra", como por vezes o deslumbramento do pensamento pós-moderno parece fazer crer, ainda assim não podemos deixar de ter uma tal fenomenologia na devida conta.[37] Designadamente teremos que contar, de futuro, com uma certa partilha entre o direito e a política na disciplina de amplos sectores que estamos habituados a ver como coutada do direito. E, sobretudo, não nos podemos esquecer de que um dos domínios onde essa partilha já entrou em cena é justamente o domínio da disciplina dos impostos.

Mas, face ao que acabamos de dizer, uma pergunta perece impor-se com toda a acuidade, que é esta: será de exigir a constituição de uma organização fiscal mundial? Uma pergunta que faz todo o sentido, já que um dos principais problemas desse di-

35. Sobre o carácter intrinsecamente liberal da técnica assente no imposto, v., por todos, Gabriel Ardant, *Théorie Sociologique de l'Impôt*, vs. I e II, Paris, 1965, e *Histoire de l'Impôt*, vs. I e II, Fayard, Paris, 1972.

36. Para uma crítica de instrumentos deste tipo, v. Jan Klabbers, "The undesirability of soft law", *Nordic Journal of International Law* 67, 1998, esp. pp. 384. V. também *infra*, II — 4. Convém acentuar que nem sempre a adopção de soluções ancoradas no *soft law* é criticável. De facto, isso só é assim quando o *soft law* é adoptado em lugar do *hard law*, já que traduz uma deterioração da disciplina jurídica de um dado sector como ocorre justamente no caso do Código de Conduta. Mas já não, como é óbvio, quando o *soft law* é, afinal de contas, adoptado em lugar do *no law*. V. também o que dissemos *supra*, II — 1.b).

37. Para uma recusa frontal do relativismo pós-moderno, v., por todos e por último, Thomas Nagel, *A Última Palavra*, Gradiva, Lisboa, 1999.

reito em formação, ao lado naturalmente de outros como o do seu carácter de direito *soft* a resvalar para a política, reside justamente na ausência, por enquanto, de um suporte organizatório internacional, ou melhor, supranacional, adequado.

É que, ao contrário do que ocorreu noutros sectores, cujo paradigma é o do comércio internacional tutelado pela OMC, no domínio da política fiscal apenas temos o Comité dos Assuntos Fiscais da OCDE. Uma organização que, não obstante os relevantes os serviços prestados à comunidade internacional, não está em condições de se constituir em suporte organizatório dessa realidade fiscal internacional. Pois, como é sabido, da OCDE não faz parte a maioria dos países do mundo.

Daí a proposta, que vem sendo adiantada por alguns autores, no sentido da criação de uma organização fiscal mundial. Uma organização fiscal que fique responsável pelo estabelecimento daquela disciplina fiscal mínima capaz de enfrentar os desafios fiscais decorrentes da globalização económica.[38]

Também nos parece que o problema, que a comunidade internacional tem entre mãos, passa inevitavelmente pela instituição de uma organização fiscal internacional de vocação universal, seja esta uma organização própria, constituída especificamente com esse objectivo, seja uma organização internacional já existente que venha a ser aproveitada para o efeito. Uma organização para a qual não deixará de ser transferida uma parcela da actual soberania fiscal dos Estados.

A nosso ver não basta, porém, a instituição de uma tal organização fiscal. Na verdade, é preciso algo mais. Pois é imperioso, como de resto já referimos, lançar as bases fundacionais de um Estado fiscal supranacional, de um Estado supranacional que seja, simultaneamente, um Estado democrático e um Estado social. Ou, por outras palavras, um Estado fiscal social que, ultrapassando os limitados territórios nacionais, ofereça uma cobertura jurídica constitucional adequada às amplas zonas de integração económica que o mercado inexoravelmente vai engendrando.

38. V., neste sentido e por todos, Vito Tanzi "Is there a need for a World Fiscal Organization?", em A. Razin & E. Sadka, *The Economics of Globalization. Policy Perspectives from Public Economics*, Cambridge U.P., 1999, pp. 173 e ss.

CADERNOS DE DIREITO TRIBUTÁRIO

OSSERVAZIONI SU UNA RECENTE SENTENZA DELLA CORTE COSTITUZIONALE ITALIANA IN TEMA DI FISCALITÀ E LAVORO

ANDREA AMATUCCI

Professore ordinario di Diritto Finanziario nell'Università Federico II di Napoli

1. I vincoli costituzionali alla disciplina fiscale del lavoro. 2. Il lavoro subordinato e l'imposta sul reddito delle persone fisiche. 3. Il lavoro autonomo e l'imposta sul reddito delle persone fisiche. 4. Il lavoro autonomo organizzato e l'imposta regionale sulle attività produttive con riferimento alla sentenza della Corte Costituzionale n. 156 del 21.5.2001.

1. La Costituzione italiana inizia con il riconoscimento al lavoro di un ruolo fondamentale. Difatti l'art. 1, al primo comma, stabilisce che l'Italia è una Repubblica fondata sul *lavoro*. Tale norma contiene tre elementi che consistono nell'assetto organizzativo–Repubblica, nella struttura politica-democrazia e nel regime fondato sul lavoro.

L'art. 2 Cost., al secondo comma, attribuisce alla Repubblica, che si fonda sul lavoro, funzioni di tutela del lavoratore. Difatti sancisce che è compito della Repubblica rimuovere gli ostacoli di ordine economico e sociale, che, limitando di fatto la libertà e l'uguaglianza dei cittadini, impediscono il pieno sviluppo della persona umana e l'effettiva partecipazione di tutti i *lavoratori* all'organizzazione politica, economica e sociale del Paese. Infine l'art. 4 Cost., al primo comma, invece elabora il concetto di effettività di diritto al lavoro e lo collega ai cittadini. Difatti afferma che la Repubblica riconosce a tutti i cittadini il diritto al *lavoro* e promuove le condizioni che rendono effettivo questo diritto. Il medesimo articolo, al secondo comma, invece, vincola l'esercizio del diritto al lavoro a finalità sociali. Difatti stabilisce che ogni cittadino ha il dovere di svolgere, secondo le proprie possibilità e la propria scelta, un'attività o una funzione che concorra al progresso materiale o spirituale della società.

Inoltre, il titolo III della parte prima, dedicata ai diritti e doveri, della Costituzione tutela nei suoi primi articoli il lavoro. Difatti, l'art. 35 stabilisce che la Repubblica ha il compito di tutelare il *lavoro* in tutte le sue forme ed applicazioni, cura la formazione e l'elevazione professionale dei lavoratori, promuove e favorisce gli accordi e le organizzazioni internazionali intesi ad affermare e regolare i diritti del lavoro e riconosce la libertà di emigrazione, salvo gli obblighi stabiliti, dalla legge nell'interesse generale, e tutela il lavoro italiano all'estero.

L'art. 36 afferma che il lavoratore ha diritto ad una retribuzione proporzionata alla quantità e qualità del suo *lavoro* e in ogni caso sufficiente ad assicurare a sè ed alla sua famiglia un'esistenza libera e dignitosa.

Gli artt. 37 e 38 tutelano in particolare il *lavoro* delle donne, del minore e gli inabili, mentre l'art. 39 dichiara la libertà dell'organizzazione sindacale e l'art. 40 tutela il diritto di sciopero ed affida alla legge il compito di limitarla.

Un principio generale, che si deduce agevolmente dalla Costituzione in materia di lavoro, è la tutela della persona umana in un contesto di modifica del sistema sociale (*favor libertatis*). I principi di favorabilità assolvono anche la funzione di criteri di interpretazione in caso di dubbio.

Ovviamente l'operatività concreta del principio di favorabilità nel sistema in generale è condizionata all'utilizzazione da parte del legislatore degli strumenti adatti.

La legge tributaria è particolarmente idonea a realizzare le garanzie costituzionali in materia di lavoro, in quanto strumento redistributivo del risultato del processo produttivo. Il diritto tributario, favorendo il lavoratore, è in grado di porlo in condizione di partecipare effettivamente all'organizzazione politica, economica e sociale del Paese; infatti le esclusioni di imposta, esenzioni, agevolazioni ed aliquote differenziate riducono la progressività e contribuiscono decisamente alla realizzazione del principio di *favor* del lavoratore.

La discriminazione qualitativa tra reddito di capitale e reddito di lavoro è costituzionalmente legittima, in quanto si fonda sul corretto presupposto che il primo è perpetuo ed il secondo è temporaneo. Il lavoratore, dovendo preoccuparsi dei mezzi di sostentamento per il periodo in cui avrà cessato di lavorare, è costretto a risparmiare in misura maggiore del percettore del reddito di capitale; l'imposta grava due volte sulla parte del reddito risparmiato ed il lavoratore, risparmiando di più, necessita di un intervento correttivo del legislatore. Inoltre il reddito di lavoro, in virtù dello sforzo produttivo, utilizza meno i servizi pubblici ed implica maggiore sacrificio rispetto al reddito di capitale, il quale consente di utilizzare energie per produrre anche reddito di lavoro.

Difatti, per effetto della "penosità del lavoro" o dei vincoli al tempo libero e dell'impegno, l'utilità netta del reddito derivante dal lavoro è inferiore al reddito di capitale, a parità di reddito e di utilità marginale. Dal reddito di lavoro deve sottrarsi la disutilità del lavoro, mentre il reddito di capitale accresce pienamente l'utilità del percettore. Al fine di produrre un sacrificio percentualmente eguale bisogna sottrarre al lavoro minore utilità e perciò minor reddito.

Da queste considerazioni emerge che il reddito di lavoro esprime minore capacità contributiva del reddito di capitale a parità quantitativa. Il principio di capacità contributiva perciò impone una discriminazione qualitativa a favore del reddito di lavoro.

Il reddito di lavoro subordinato non esprime, a parità di ammontare, una capacità contributiva inferiore al reddito di lavoro autonomo. Forse è il contrario, perchè alcuni lavoratori autonomi, come l'artigiano ed il piccolo commerciante, godono di meccanismi di protezione meno intensi. Il legislatore però è talvolta influenzato nelle sue scelte dalla presunzione di evasione del reddito di lavoro autonomo.

La discriminazione qualitativa a favore del reddito di lavoro non si identifica perciò nel *favor*, perchè non si fonda sugli elementi essenziali di tutela complessiva del lavoratore. La discriminazione qualitativa esprime parzialmente il fenomeno giuridico del *favor*, in quanto riguarda più gli aspetti economici che la tutela dello *status* del lavoratore.

Il principio di capacità contributiva si collega al principio di solidarietà ed è alla base delle norme che esprimono la discriminazione qualitativa.

Il principio del *favor* per il lavoratore, quale criterio finale di interpretazione, è vincolato alle garanzie della persona umana del lavoratore.

Talvolta il reddito è misto ed in tal caso bisogna distinguere nel suo ambito il reddito di capitale dal reddito di lavoro per sottoporli a diversi regimi fiscali.

2. Il concetto di lavoro comprende una pluralità di fenomeni giuridici disciplinati da diversi rami del diritto e pertanto non è una categoria omogenea.

Le norme sull'imposta di registro e di bollo si riferiscono alle prestazioni di lavoro attraverso la recezione di istituti privatistici. Non è corretto tentare una definizione unitaria della nozione di lavoro; bisogna considerare le specifiche figure di lavoro il cui reddito è assunto come presupposto di imposta.

Su un piano orizzontale si colloca la relazione tra due nozioni giuridiche: il rapporto giuridico ed il concetto di reddito. Sul piano verticale la definizione della natura del rapporto con riferimento ai diversi redditi in relazione alle rispettive fonti.

L'imposta sul reddito delle persone fisiche, disciplinata dal Testo Unico sulle Imposte Dirette (T.U.I.R.) approvato con decreto del Presidente della Repubblica n. 917 del 22.12.1986, è personale e progressiva. Concorrono a formare il reddito complessivo tutti i redditi del soggetto, compreso perciò il reddito di lavoro.

L'art. 6, primo comma, del T.U.I.R. afferma infatti che i singoli redditi sono classificati nelle seguenti categorie: a) redditi fondiari; b) redditi di capitale; c) redditi di lavoro dipendente; d) redditi di lavoro autonomo; e) redditi di impresa; f) redditi diversi.

L'art. 11 del T.U.I.R. stabilisce che l'imposta lorda è determinata applicando al reddito complessivo, al netto degli oneri deducibili indicati nell'art. 10, le seguenti aliquote per scaglione di reddito in un arco che va dal dal 18% fino al 45%, il quale diverrà del 44% dal 2003.

Sono soggetti a tassazione separata ai sensi dell'art. 16 del T.U.I.R. e pertanto non concorrono alla formazione del reddito complessivo i redditi conseguiti a fronte della cessazione di un'attività lavorativa ed altri tipi di reddito percepiti una *tantum* per il verificarsi di particolari eventi, quali gli emolumenti arretrati per prestazioni di lavoro dipendente. Tali redditi sono agevolati in quanto non si cumulano con il reddito percepito nello stesso anno, però sono gravati progressivamente tutti insieme nell'anno di percezione, lasciando sorgere dubbi circa la rispondenza di tale trattamento fiscale al principio di capacità contributiva.

L'art. 13, comma primo, del T.U.I.R. stabilisce che se alla formazione del reddito complessivo concorrono uno o più redditi di lavoro dipendente spetta una detrazione dall'imposta lorda, rapportata al periodo di lavoro o di pensione nell'anno anche a fronte delle spese inerenti alla produzione del reddito, che si riduce con l'aumentare dell'ammontare complessivo dei redditi di lavoro dipendente.

Al comma terzo è sancito che, se alla formazione del reddito complessivo concorrono uno o più redditi di lavoro autonomo, spetta una detrazione dall'imposta lorda che si riduce man mano che aumenta l'ammontare complessivo del reddito di lavoro autonomo.

L'art. 46, primo comma, del T.U.I.R. stabilisce che i redditi di lavoro dipendente[1] sono quelli che derivano da rapporti aventi per oggetto la prestazione di lavoro, con qualsiasi qualifica, alle dipendenze e sotto la direzione di altri, compreso il lavoro a domicilio quando è considerato lavoro dipendente secondo le norme della legislazione sul lavoro.

Sono ritenuti dal secondo comma dell'art. 46 del T.U.I.R. altresì redditi di lavoro dipendente le pensioni di ogni genere e gli assegni ad esse equiparati e le somme di cui all'art. 429, ultimo comma, del codice

1. G. Puoti, *Il lavoro dipendente nel diritto tributario*, Milano, 1975.

di procedura civile, il quale ha ad oggetto la pronuncia della sentenza in materia di credito di lavoro per interessi e svalutazioni.

L'art. 47 del T.U.I.R estende la fattispecie definita dall'art. 46, primo comma, considerando quali redditi assimilati a quelli di lavoro dipendente i compensi dei lavoratori delle cooperative dei lavoratori dipendenti a carico di prestazioni di terzi, le borse di studio, i compensi per attività di collaborazione nell'ambito di un rapporto unitario e continuativo, le remunerazioni dei sacerdoti, le attività professionali dei dipendenti del settore sanitario, taluni compensi per pubbliche funzioni, le indennità parlamentari, le rendite vitalizie e le prestazioni pensionistiche di cui al decreto legislativo 21.4.1993 n. 124, oltre assegni periodici e compensi per lavori socialmente utili.

L'art. 48, primo comma, del T.U.I.R. stabilisce che il reddito di lavoro dipendente è costituito da tutte le somme ed i valori in genere, a qualunque titolo percepiti nel periodo di imposta, anche sotto forma di erogazioni liberali, in relazione al rapporto di lavoro.

Invece l'art. 48, secondo comma, del T.U.I.R. contribuisce dall'esterno a definire la categoria di reddito di lavoro dipendente, indicando le esclusioni dal concorso alla formazione del reddito.

Non concorrono infatti, sulla base di una logica di *favor*, tra gli altri i contributi che il datore di lavoro versa per l'assistenza, previdenza e sanità, le erogazioni liberali concesse in occasione di festività, le somministrazioni di vitto, le prestazioni di servizi di trasporto collettivo, i compensi reversibili, l'utilizzazione di opere e servizi, le somme erogate per frequenza da parte dei figli del lavoratore di asilo nidi, colonie climatiche e borse di studio, il valore delle azioni offerte ai dipendenti, le somme trattenute dal datore di lavoro per effetto di contratti collettivi e le mance percepite dagli impiegati tecnici delle case da gioco.

L'art. 48, comma quinto e seguenti, del T.U.I.R. stabilisce i criteri in base ai quali ciascuna indennità riconosciuta al lavoratore costituisce reddito solo in parte.

Rientrano nell'ambito del reddito di lavoro subordinato tutti i compensi, comunque denominati, riconducibili al rapporto di lavoro, sia in danaro che in natura, nonchè le prestazioni di carattere retributivo, sia di carattere previdenziale ed assistenziale e anche a titolo di liberalità in dipendenza di tale rapporto ed anche successivamente alla sua cessazione. Sono perciò compresi tutti i compensi accessori agli stipendi ed ai salari.

Sono estranee al concetto di reddito le indennità risarcitorie, le quali sono le prestazioni aventi natura di reintegrazione patrimoniali e non funzione sostitutiva o integrativa della retribuzione.

Taluni redditi sono assimilati per ragioni varie, talvolta per la similarietà delle fonti del reddito, a quelli di lavoro dipendente e sono fattispecie atipiche ed eterogenee, indicate dall'art. 48 bis del T.U.I.R.

La nozione tributaria di redditi di lavoro dipendente si articola pertanto nelle seguenti categorie: redditi di lavoro dipendente pubblico e privato, redditi di lavoro a domicilio, pensioni di ogni tipo, escluse le risarcitorie, e assegni ad esse equiparati e somme che il datore di lavoro deve corrispondere al lavoratore in seguito a sentenza di condanna da parte del giudice del lavoro.

Si ricavano da queste norme tre principi.

a) *Onnicomprensività*. La base imponibile è costituita da tutti i compensi. Rientra in essa ogni provento che si colleghi allo *status* del lavoratore in quanto lo costituiscono o in quanto ad esso sono assimilati. Subisce una deroga il principio, in base al quale è sottoposto ad imposta il reddito prodotto e non il reddito entrata, in quanto l'onnicomprensività comporta che rientrano nella base imponibile anche le liberalità che il datore di lavoro effettua a favore del lavoratore come però "liberalità remuneratorie". Rientrano anche i compensi ricevuti come partecipazione agli utili.

b) *Valori in genere*. Il reddito di lavoro dipendente è costituito da tutte le somme ed i valori in genere che sono in natura e rientrano nei benefici, anche non in natura, che il datore di lavoro o terzo attribuisce in aggiunta alla normale retribuzione al lavoratore o ai familiari. Ai sensi del terzo comma dell'art. 48 del T.U.I.R., si applicano le disposizioni relative alla determinazione del valore normale dei beni e dei servizi contenuti nel precedente art. 9 e nello stesso art. 48, comma quarto, relativamente ad autoveicoli, prestiti e fabbricati concessi al lavoratore.

c) *Principio di cassa*. L'imposizione è collegata al momento della percezione. Sono imponibili i compensi allorchè sono percepiti. I redditi in natura sono gravati da imposta in relazione all'anno della fruizione del servizio o ricevimento del bene.

L'espressione "in relazione al rapporto di lavoro", contenuta nel primo comma dell'art. 48 del T.U.I.R., lascia intendere che il reddito imponibile non è solo quello che dipende dal lavoro svolto effettivamente, ma anche le indennità di malattie e di maternità.

La nozione di lavoro nel diritto tributario[2] non è vincolato al corrispondente concetto civilistico[3] e neppure ad alcune componenti di esso.

Perciò la qualificazione fiscale del reddito di lavoro dipendente recepisce ed amplia quella civilistica di prestazione di lavoro subordinato, in quanto si estende anche al reddito di pubblici dipendenti ed alle pensioni.

3. Il reddito di lavoro autonomo,[4] ai sensi dell'art. 49 del T.U.I.R., invece deriva dall'esercizio di arti e professioni, il quale si intende l'esercizio per professione abituale, ancorchè non esclusiva di attività di lavoro autonomo diverse dall'esercizio di impresa.

Il reddito di lavoro autonomo si determina attraverso i compensi in danaro o natura, componenti attivi, e le spese inerenti sostenute, componenti passivi, secondo il principio di cassa.

I principi, in materia di spese deducibili, sono l'inerenza e la cassa, con eccezione a favore della competenza dei costi pluriennali. Per il *leasing* immobiliare vale principio di competenza. Le spese per beni mobili ad uso promiscuo, quali le auto, sono deducibili alla metà.

Sono equiparati al reddito di lavoro autonomo i diritti d'autore e simili, le partecipazioni agli utili derivanti da contratti di associazione in partecipazione, se l'apporto è rappresentato solo da prestazione di lavoro, gli utili spettanti ai promotori ed ai soci fondatori di società per azioni, in accomandita per azioni ed a responsabilità limitata, le indennità per cessazione di rapporti di agenzie e per l'attività di protesti cambiari esercitata dai segretari comunali e dagli sportivi.

Per distinguere sotto il profilo tributario il reddito di lavoro autonomo dal reddito subordinato[5] sono determinanti le modalità di svolgimento.

Ai fini della qualificazione del reddito di lavoro autonomo,[6] non hanno quindi rilevanza i principi di natura civilistica. Oltre le modalità esistono il requisito soggettivo della professionalità e la condizione oggettiva dell'autonomia patrimoniale. La professionalità costituisce il nucleo essenziale della definizione del reddito di lavoro autonomo, mentre la subordinazione rappresenta il nucleo essenziale del reddito dipendente.[7]

2. Tinelli, *Lavoro nel diritto tributario*, Dig. IV, Torino VIII, 1992.

3, C. Sacchetto, "Relazione tra normativa civilistica e fiscale. Il rapporto di lavoro ed il reddito di lavoro", in *Rass. Trib.*, 1989, I, 337.

4. P. Tarigo, *I redditi di lavoro autonomo* in AAVV, *Imposta sul reddito delle persone fisiche*, diretta da Tesauro, Torino, Utet, 1994, I, 331.

5. F. Batistoni Ferrara, "Lavoro subordinato", in *Dir. prat. trib.*, 1996, I, 679.

6. C. Sacchetto, *I redditi di lavoro autonomo*, Milano, 1984.

7. F. Crovato, *I redditi di lavoro dipendente* in AAVV, *Imposta sul reddito delle persone fisiche*, Giurisprudenza sistematica di diritto tributario, diretta da F. Tesauro, I, Torino, 1994, 299.

La categoria del reddito di impresa si informa a due criteri recepiti dal diritto privato: la commercialità e l'organizzazione imprenditoriale, che ad un tempo si separano e si uniscono, ma che si riequilibrano attraverso un principio di natura tributaria che giustifica la distinzione tra categorie di reddito.

In questo contesto si colloca il concetto tributario di impresa commerciale, che può essere caratterizzata da una complessità organizzativa ed economica e che con la coesistenza di capitali e lavoro esprime il reddito di impresa.

Allorchè non esistono questi elementi, si verifica l'esercizio di arti e professioni, il quale non esprime autonomia tecnica e funzionale o assetti produttivi.

La non autonomia tecnica è dipendenza di mezzi tecnici, mentre la non autonomia funzionale è dipendenza funzionale. La dipendenza richiama la strumentalità ed accessorietà, tipiche dell'assetto produttivo di lavoro autonomo. Autonomia è assenza di vincolo di subordinazione ed è autoattribuzione di norme e regole di comportamento.

E' qualitativo il sottocriterio per distinguere il reddito di lavoro autonomo da quello imprenditoriale. Nel rapporto capitale–lavoro, relativo al reddito di impresa, il capitale riveste autonomia tecnica e funzionale. Nel rapporto capitale-lavoro, relativo invece al reddito di lavoro autonomo, il capitale non riveste tale autonomia. Difatti l'azienda sopravvive al titolare, mentre il capitale non sopravvive al lavoratore autonomo.

Pertanto l'attività da cui consegue tale reddito deve avere quali requisiti l'autonomia, che lo distingue dal reddito di lavoro dipendente, l'abitualità che lo distingue dal reddito di lavoro diverso e l'inesistenza della natura commerciale, che lo distingue dal reddito di impresa, il quale è tale allorchè rientra nell'art. 2195 cc ai sensi dell'art. 51 del T.U.I.R.. Se l'organizzazione è di tipo imprenditoriale, si ha il reddito di impresa; se non lo è si ha reddito di lavoro autonomo.

La natura residuale della categoria di reddito di lavoro autonomo nel diritto tributario si fonda sull'intento del sistema di raccogliere tutti i redditi che non sono qualificati diversamente. La categoria di reddito di lavoro autonomo può anche essere ricostruita in positivo ricavandola proprio dal "negativo", attraverso la qualità che si desume dalle modalità di esercizio, come le altre categorie di reddito.

Ai fini dell'accertamento potrebbero anche essere unificate le due categorie di reddito. Il diritto tributario perciò non recepisce integralmente il concetto privatistico di lavoratore autonomo, perchè questo concetto è inidoneo sul piano tecnico ed economico per motivi strutturali. Il concetto tributario di reddito di lavoro autonomo è particolare ed è auspicabile che si riduca la natura residuale.

La legge n. 537 del 24.12.1993 ha ricondotto i redditi di provenienza illecita nell'ambito del presupposto di imposta, ma determina problemi circa la natura interpretativa o retroattiva. Difatti interviene sul T.U.I.R. stabilendo che nelle categorie di cui all'art. 6, 1 c, rientrano proventi derivanti da fatti atti o attività qualificabili come illecito civile penale o amministrativo, se non già sottoposti a sequestro o confisca. Si discute se la legge n. 537/1993 ha efficacia interpretativa o innovativa.[8]

4. Il reddito di lavoro autonomo, in attuazione del principio di discriminazione qualitativa, è anche gravato dall'imposta regionale sulle attività produttive (IRAP), di provenienza dottrinale, che è stata introdotta con Decreto legislativo n. 446 del 15.12.1997. Presupposto dell'imposta è l'esercizio abituale di un'attività autonomamente organizzata diretta alla produzione o allo scambio di beni ovvero alla prestazione di servizi. Tra i soggetti passivi, ai sensi dell'art. 3 lett. c), rientrano le persone fisiche, le società semplici e quelle ad esse

8. F. Amatucci, "La natura innovativa del regime impositivo dei proventi illeciti", in *Dir. prat. trib.*, 1999, II, 659.

equiparate ***esercenti arti e professioni***. L'imposta si applica sul valore della produzione netta derivante dall'attività esercitata nel territorio della regione. La capacità contributiva consiste nella potenzialità economica espressa dall'apparato produttivo.

Essa grava con aliquota del 4.25%, però le Regioni possono variarla fino ad un massimo di un punto e differenziarla per attività e soggetti. Tale imposta è intesa come il corrispettivo dell'attività svolta dalla Regione quale fattore di produzione e intende razionalizzare il prelievo sulle imprese e sul lavoro, sostituendosi ad una serie di tributi e per finanziare la sanità.

Per gli esercenti arti e professioni sia in forma individuale che associata, ai sensi dell'art. 8, la base imponibile si calcola come differenza tra l'ammontare dei ricavi e l'ammontare dei costi sostenuti, compreso l'ammortamento dei beni materiali ed immateriali ed esclusi gli interessi passivi e le spese per il personale dipendente.

Interessante è il dibattito sulla legittimità costituzionale di questa imposta relativamente al trattamento fiscale differenziato tra un tipo di reddito di lavoro autonomo da un lato e l'altro tipo di reddito di lavoro autonomo ed il reddito di lavoro subordinato dall'altro.

La Corte Costituzionale, con la sentenza n. 156 del 21.5.2001, prende posizione rispetto a questo dibattito, ribadendo che rientra nella discrezionalità del legislatore, con il solo limite della non arbitrarietà, la determinazione dei singoli fatti espressioni della capacità contributiva, la quale, intesa come idoneità del soggetto all'obbligazione tributaria, può essere desunta da qualsiasi indice che sia rilevatore di ricchezza e non solamente del reddito individuale. Il legislatore, sostiene la Corte Costituzionale, ha individuato nel caso di questa imposta un nuovo indice di capacità contributiva, cioè il valore aggiunto prodotto dalle attività autonomamente organizzate, la nuova ricchezza creata dalla singola unità produttiva assoggettata ad imposta, ancor prima che sia distribuita al fine di remunerare i diversi fattori della produzione, trasformandosi in reddito per l'organizzazione dell'attività, i suoi finanziatori, i suoi dipendenti e collaboratori.

Ad avviso della Corte Costituzionale, la premessa da cui parte la dottrina e giurisprudenza, in base alla quale l'onere derivante dall'IRAP sia, per i lavoratori autonomi, maggiore di quello da cui erano precedentemente gravati per effetto dei tributi e contributi soppressi dall'art. 36 del decreto legislativo n. 446/1997 è apodittico ed indimostrato. Oltre a ciò, considera la Corte Costituzionale, il criterio direttivo cui fa riferimento tale convincimento riguarda non solamente l'istituzione dell'IRAP, ma il complesso delle riforme del sistema tributario indicate nello stesso art. 3, comma 143, della legge n. 662 del 23 dicembre 1996, tra le quali, ad esempio, figura anche, alla lettera b), la revisione degli scaglioni, delle aliquote e delle detrazioni dell'imposta sul reddito delle persone fisiche, con la conseguenza che la comparazione andrebbe semmai effettuata con riguardo non alla sola IRAP, ma all'intero carico fiscale gravante sul lavoro autonomo prima e dopo la riforma.

La Corte Costituzionale ritiene legittima la normativa istitutiva dell'IRAP, nella parte in cui questa opera l'equiparazione, ai fini del trattamento fiscale, tra redditi di impresa e redditi di lavoro autonomo, in quanto non viola i principi di eguaglianza, di capacità contributiva ed infine di tutela del lavoro in tutte le sue forme.[9]

9. Vengono sotto tale profilo in considerazione le questioni di legittimità costituzionale dell'art. 3, comma 1, lettera c), del decreto legislativo n. 446/1997 sollevate dalla Commissione tributaria provinciale di Como, con l'ordinanza emessa il 18 ottobre 1999, in riferimento agli artt. 3 e 35 Cost., dalla Commissione tributaria provinciale di Torino, con le due ordinanze emesse il 23 settembre 1999, in riferimento all'art. 53 Cost., dalla Commissione tributaria provinciale di Milano in riferimento agli artt. 3 e 53 Cost., dalla Commissione tributaria di primo grado di Bolzano, con tutte e tre le ordinanze, in riferimento all'art. 3 Cost., le questioni di legittimità costituzionale degli artt. 2 e 3 del medesimo decreto

La Corte Costituzionale osserva che l'IRAP non è un'imposta sul reddito, bensì un'imposta di carattere reale che grava, come già si è osservato, sul valore aggiunto prodotto dalle attività autonomamente organizzate.

Nella convinzione che la normativa sull'IRAP non riguarda i redditi personali, la Corte Costituzionale ritiene infondati i rilievi sull'illegittimità costituzionale dell'equiparazione del trattamento fiscale dei redditi di lavoro autonomo a quello dei redditi di impresa.

Continua la Corte Costituzionale, osservando che l'assoggettamento all'imposta in esame del valore aggiunto, prodotto da ogni tipo di attività autonomamente organizzata, sia essa di carattere imprenditoriale o professionale, è d'altro canto pienamente conforme ai principi di eguaglianza e di capacità contributiva, identica essendo, in entrambi i casi, l'idoneità alla contribuzione ricollegabile alla nuova ricchezza prodotta, né appare in alcun modo lesivo della garanzia costituzionale del lavoro.

E' tuttavia vero, ed in ciò la Corte Costituzionale è convincente, che, mentre l'elemento organizzativo è connaturato alla nozione stessa di impresa, altrettanto non può dirsi per quanto riguarda l'attività di lavoro autonomo, ancorché svolta con carattere di abitualità, nel senso che è possibile ipotizzare un'attività professionale svolta in assenza di organizzazione di capitali o lavoro altrui.

E' evidente per la Corte Costituzionale che, nel caso di una attività professionale che fosse svolta senza elementi di organizzazione, il cui accertamento in mancanza di specifiche disposizioni normative costituisce questione di mero fatto, risulterebbe mancante il presupposto stesso dell'imposta sulle attività produttive, rappresentato, secondo l'art. 2 del decreto legislativo n. 446/1997, dall'esercizio abituale autonomamente organizzata diretta alla produzione o allo scambio di beni ovvero alla prestazione di servizi, con la conseguente inapplicabilità dell'imposta stessa.

L'art. 3, comma 1, lettera c), in combinato disposto, secondo la prospettazione di taluna giurisprudenza, con il cit. art. 2, è illegittimo, in riferimento all'art. 3 Cost. per l'ingiustificata disparità di trattamento che ne deriverebbe in danno dei lavoratori autonomi rispetto ai lavoratori subordinati, non assoggettati all'imposta.

L'infondatezza della questione,[10] ad avviso della Corte costituzionale, risulta evidente sulla base delle medesime considerazioni riguardo alla natura e all'oggetto dell'imposta.

Osserva la Corte Costituzionale che, una volta chiarito che l'IRAP non colpisce il reddito personale del contribuente, bensì il valore aggiunto prodotto dalle attività autonomamente organizzate, nessuna ingiustificata disparità di trattamento può ravvisarsi nell'inclusione tra i soggetti passivi dei lavoratori autonomi, in quanto esercenti attività autonomamente organizzate, e non anche dei lavoratori dipendenti, la cui attività è per definizione priva del connotato rappresentato dall'autonoma organizzazione.

Sotto altro aspetto, si è rilevato in giurisprudenza, che è in contrasto con il prin-

legislativo sollevate dalla Commissione tributaria provinciale di Parma in riferimento all'art. 3 Cost. e dalla Commissione tributaria provinciale di Piacenza, in riferimento all'art. 53 Cost., la questione di legittimità costituzionale degli artt 3, comma 1, lettera c), 4 e 8 del medesimo decreto legislativo sollevata dalla Commissione tributaria provinciale di Como, con l'ordinanza emessa il 23 marzo 2000, in riferimento agli artt. 3 e 53 Cost.; la questione di legittimità costituzionale degli artt. 2, 3, comma 1, lettera c), e 8 del medesimo decreto sollevata dalla Commissione tributaria provinciale di Trapani, in riferimento agli artt. 3, 35 e 53 Cost.; la questione di legittimità costituzionale degli artt. 3, comma 1, lettera c), 8 e il medesimo decreto legislativo sollevata dalla Commissione tributaria provinciale di Reggio Emilia in riferimento agli artt. 3, 35 e 53 Cost.

10. Sollevata con le citate ordinanze dalla Commissione tributaria provinciale di Torino, con entrambe le ordinanze, dalla Commissione tributaria provinciale di Milano, dalla Commissione tributaria provinciale di Parma, dalla Commissione tributaria provinciale di Piacenza e dalla Commissione tributaria di primo grado di Bolzano, con l'ordinanza emessa il 10 maggio 2000.

cipio di eguaglianza l'inclusione tra i soggetti passivi dell'imposta degli esercenti arti e professioni di cui all'art. 49, comma 1, del T.U.I.R. e non anche degli altri lavoratori autonomi indicati ai commi 2 e 3 della stessa norma.[11] Questo concetto è privo di fondamento, secondo la Corte Costituzionale, in quanto l'assoggettamento ad IRAP dei soli soggetti che svolgono un'attività di lavoro autonomo per professione abituale, ancorchè non esclusiva, trova fondamento in una ragionevole presunzione circa la mancanza del requisito dell'autonoma organizzazione nelle diverse ipotesi, previste dai commi 2 e 3 del menzionato art. 49, di lavoro autonomo occasionale o comunque non abituale. Ad avviso della Corte Costituzionale la capacità contributiva è "impersonale", in quanto la struttura del tributo non tiene conto di essa riferita al soggetto passivo. L'imposta è dovuta per la semplice esistenza di un valore aggiunto della produzione. Potrebbe non esistere un effettivo incremento patrimoniale del soggetto che ottiene la disponibilità della somma necessaria per versare l'imposta. La capacità contributiva è dei soggetti, mondo della produzione, che si giovano dell'attività di incentivazione e promozione della Regione.

La Corte Costituzionale ha dichiarato irrilevante la mancata previsione del diritto di rivalsa da parte del soggetto passivo dell'imposta nei confronti di coloro ai quali il valore aggiunto prodotto è *pro quota* riferibile (i lavoratori e i finanziatori) in quanto l'onere economico dell'imposta, come tutti i costi gravanti sulla produzione, può essere trasferito sul prezzo dei beni o servizi recuperato, attraverso strategie organizzative. La Corte Costituzionale intende la capacità contributiva come disponibilità di somme per adempiere all'obbligazione tributaria.

11. Così le ordinanze citate emessa dalla Commissione tributaria provinciale di Como, dalla Commissione tributaria provinciale di Milano, dalla Commissione tributaria di primo grado di Bolzano e dalla Commissione tributaria provinciale di Reggio Emilia.

Diverrebbe irrilevante la capacità contributiva del soggetto passivo, in quanto egli potrebbe sempre rivalersi su altri soggetti, secondo la legge del mercato. La Corte Costituzionale da un lato ritiene il reddito come manifestazione di capacità contributiva e perciò si richiama alla rivalsa in senso economico diretto a colpire i percettori del reddito e dall'altro sostiene che l'imposta colpisce non il reddito, bensì il valore aggiunto prodotto dalle attività autonomamente organizzate.

E' evidente che la Corte Costituzionale ha ampliato il concetto costituzionale di capacità contributiva. Ritenere che il sacrificio è recuperato nei confronti di altri, significa affermare che il sacrificio non c'è, pertanto è irrilevante la capacità contributiva che non subisce il sacrificio.

La sentenza della Corte Costituzionale sollecita alcune riflessioni. Una prima considerazione è relativa al presupposto di imposta ed alla sua rispondenza o meno al principio di capacità contributiva. E' pur vero che il legislatore dispone della discrezionalità ai fini delle scelte delle manifestazioni di capacità contributiva da qualificare presupposti di imposta e non è vincolato esclusivamente al reddito. Però è anche vero che deve comunque trattarsi di reali manifestazioni di capacità contributiva che sono immediate (reddito e patrimonio) per le imposte dirette e mediate per le indirette (monopoli, trasferimenti e consumi).

La Corte Costituzionale riconosce che la manifestazione di capacità contributiva ai fini dell'IRAP è la nuova ricchezza, prima che si trasformi in reddito, ma non precisa che tale nuova ricchezza può anche non trasformarsi in reddito.

La normativa che istituisce tale imposta, infatti, assumendo quale presupposto di imposta il mero esercizio abituale di un'attività economica organizzata diretta alla produzione e allo scambio di beni ovvero alla prestazione di servizi, indipendentemente dal risultato economico di tale attività, ed indicando quale base imponibile il valore della produzione netta, costituita dalla differenza tra ricavi e costi, esclusi tuttavia gli interessi passivi ed i costi relativi al personale, assoggetta il contribuente ad un prelievo fiscale basato su una mera potenzialità di capacità contributiva, suscettibile di tradursi in reddito nel caso in cui l'ammontare di interessi passivi e retribuzioni sia inferiore al valore della suddetta produzione netta.

Però la Corte cerca di ovviare, rilevando che l'IRAP non è un'imposta sul reddito, bensì reale. E' noto che l'imposta diretta è personale se colpisce la situazione complessiva dell'individuo, tenendo conto della sua posizione e delle sue caratteristiche personali, mentre è reale se grava su un singolo cespite; le imposte reali costituiscono pertanto un insieme di imposte autonome, tra loro coordinate. L'imposta personale consente di realizzare pienamente la progressività, mentre l'imposta reale non può attuarla. Comunque anche l'imposta reale deve gravare su una manifestazione di capacità contributiva. L'IRAP non grava inevitabilmente sul reddito prodotto da un singolo cespite.

Il mancato riconoscimento di un diritto di rivalsa non è irrilevante, in quanto tale carenza non garantisce la concreta possibilità da parte del soggetto passivo di trasferire l'imposta sul prezzo dei beni e dei servizi attraverso strategie imprenditoriali e le leggi del mercato. Se fosse possibile comunque trasferire l'imposta, sarebbe inutile ogni legge tributaria che riconosce il diritto di rivalsa.

Pertanto il lavoro autonomo è gravato da tale imposta sulla base della mancanza di certezza dell'esistenza della manifestazione di capacità contributiva.

La Corte Costituzionale inoltre considera legittima la sottoposizione ad IRAP non del lavoro dipendente, bensì di quella area del lavoro autonomo che è svolto, come nelle imprese, attraverso l'organizzazione di capitale e del lavoro altrui.

Non si giustifica sul piano della legittimità costituzionale una discriminazione qualitativa nell'ambito del reddito di lavoro autonomo in rapporto all'esistenza o meno dell'elemento organizzativo. Se, come si è osservato, non si dimostra agevolmente la legittimità costituzionale di una discriminazione qualitativa tra reddito di lavoro dipendente e reddito di lavoro autonomo, non risulta affatto legittima una discriminazione qualitativa tra reddito di lavoro autonomo senza organizzazione e reddito di lavoro autonomo con organizzazione che in tal modo è equiparato illegittimamente al reddito di impresa. Difatti, come si è osservato, nel rapporto capitale-lavoro il secondo acquista autonomia tecnica e funzionale nel reddito di impresa e non nel reddito di lavoro autonomo.

Difatti, il reddito di lavoro subordinato potrebbe anche indicare, a parità di quantità, una capacità contributiva minore del reddito di lavoro autonomo. Al contrario il reddito di lavoro autonomo con organizzazione non indica certamente una capacità contributiva superiore rispetto al reddito di lavoro autonomo senza organizzazione, tale da giustificare un'imposta aggiuntiva che incita solo sul primo. Difatti un soggetto passivo, il quale eserciti arti e professioni con investimento di capitale e con lavoro altrui, è gravato da interessi passivi e costi di personale che potrebbero annullare un reddito anche significativo, specie in considerazione della non deducibilità di tali spese ai fini dell'IRAP.[12]

L'analisi della legittimità costituzionale dell'imposta sul reddito di lavoro è particolarmente delicata e rilevante, in quanto diretta a verificare se la legge tributaria contenga, in contrasto con la Costituzione, un *sfavor* per il lavoratore.

Bibliografia

AMATUCCI F., "La natura innovativa del regime impositivo dei proventi illeciti", in *Dir. e prat. trib.*, 1999, II, 659.

12. La discriminazione qualitativa legittima resta pertanto solo tra reddito di lavoro e reddito di capitale. In Italia, prima della riforma del 1974, l'imposta sul reddito di ricchezza mobile tassava il reddito di lavoro con aliquote minori e dopo il 1974 i redditi di lavoro erano esenti dall'imposta locale sui redditi, abolita dal 1998.

ARTINA V., "Il nuovo trattamento fiscale per le erogazioni liberali ai dipendenti", in *Prat. profes.*, 1997, n. 10.

ARTINI F. — CARNEVALE MINO G., *Redditi di lavoro dipendente, rimborso di spese non documentate, trattamento fiscale*, in *Casi e quest.., I Quattro Codici della Riforma Tributaria Big*, 1999, IPSOA.

BATISTONI FERRARA F., "Il lavoro subordinato e l'imposizione fiscale", in *Dir. Prat. trib.*, 1996, I, p. 679.

BIANCHI N., *Collaborazioni coordinate e continuative, Le leggi illustrate*, Problemi fiscali, 2000.

——————, *Il trattamento fiscale delle collaborazioni, Le leggi illustrate*, 2001.

CAPUTI G., "Attività intramuraria dei dipendenti del Servizio Sanitario Nazionale", in *Cor. Trib.*, 1999, n. 12.

——————, "I chiarimenti del Ministero sui proventi delle prestazioni rese dai sanitari del Servizio Sanitario Nazionale", in *Cor. Trib.*, 1999, n. 18.

CINELLI, *Disciplina delle forme pensionistiche complementari, Le nuove leggi civili commentate*, 1995.

CROVATO F., "Riflessioni sul trattamento tributario dei compensi in natura", in *Rass. Trib.*, 1990, n. 1.

——————, "Riflessioni sul trattamento tributario dei compensi in natura nella disciplina dell'art. 48 del nuovo T.U.I.R", in *Rass. Trib.*, 1990, n. 9.

——————, "I redditi di lavoro dipendente in AAVV, Imposta sul reddito delle persone fisiche", in *Giurispr. Sistem. di dir. trib.*, diretta da F. Tesauro, 1994, I, Torino.

——————, "La riforma dei redditi di lavoro dipendente", in *Corr. Trib.*, 1997, n. 46, inserto 12.

——————, "Le spese per i pasti: una razionalizzazione a metà", in *Corr. Trib.*, 1997, n. 46, inserto 12.

——————, "Redditi di lavoro dipendente: quale rapporto tra liberalità e compensi imponibili?", in *Dir. e prat. trib.*, 1997, n. 1.

——————, "Inflazione e credito di lavoro dipendente", in *Riv. dir. trib.*, 1992, n. 1.

D'AMATI N., *Manuale della tassazione dei redditi di lavoro*, IPSOA, Milano, 1996.

——————, *Diritto tributario*, Cacucci, Bari, 2000.

D'ANDREA S., "Rivoluzionati gli adempimenti dei datori di lavoro", in *Guida normativa, Il Sole 24 Ore*, 1998, n. 37.

DEZZANI F., "Fringe benefits, autovetture e prestiti ai dipendenti", in *Il Fis.*, 1997, n. 11.

DUI P., "Indennità di trasferta e trasferimento: trattamento fiscale e contributivo", in *Corr. Trib.*, 1993, n. 40.

FARINA VALAORI E., "Redditi di lavoro dipendente: transazioni e trasferte", in *Azien. & Fis.*, 1995, n. 10.

——————, "Disciplina delle indennità di trasferimento", in *Corr. Trib.*, 1996, n. 15.

——————, "Il regime fiscale delle erogazioni per trasferte e trasferimenti", in *Corr. Trib.*, 1996, n. 3.

FERRANTI G., "Esclusione dal reddito del valore delle azioni di nuova emissione", in *Corr. Trib.*, 1999, n. 12.

GALEAZZI L. — CIRELLI F., "Prime osservazioni delle nuove disposizioni fiscali in materia del lavoro dipendente contenute nel decreto legislativo 314/97", in *Il Fis.*, 1997, n. 38.

GARBARINO C., *La tassazione del reddito transazionale*, Cedam, Padova, 1990.

GAVELLI G. — MAINETTI P. L., "I rimborsi spese e i fringe benefits per l'uso dell'autovettura in azienda dopo la legge finanziaria 1997", in *Il Fis.*, 1997, n. 13.

GHINI P., "Il trattamento fiscale dei prestiti al personale dipendente", in *Azien. & Fis.*, 1997, n. 4.

GUARINI — TASSINARI, *Statistica economica*, Il Mulino, Bologna, 1990.

LA ROSA S., *Le agevolazioni tributarie, Tratado de Derecho tributario*, diretto da A. AMATUCCI, Bogotà, Temis, 2001.

LANTERNI N., "Reddito di lavoro dipendente prestato all'estero ed ipotesi di possibile abuso della norma convenzionale", in *Dir. Prat. Trib.*, 1991, I.

LATTANZI S., "Redditi di lavoro dipendente, liberalità e benefits", in *Corr. Trib.*, 1997, n. 31.

LEO — MONACCHI SCHIAVO, *Le imposte sul reddito del Testo Unico*, Giuffrè, Milano, 1996.

LOVECCHIO L., "Redditi di lavoro dipendente: la cassazione pone un freno all'imposizione indiscriminata", in *Bollet. Trib.*, 1996, n. 1.

LUPI R. — CROVATO F., "L'imminente defiscalizzazione della indennità di mensa; una bomba ad orologeria nella tassazione dei redditi", in *Il Fis.*, 1997, n. 38.

——————, *Diritto tributario*, Parte speciale, Giuffrè, Milano, 2000.

MARCHETTI F., *La previdenza privata nel sistema dell'imposizione diretta*, Cedam, Padova, 1989.

—————, *Il reddito di lavoro dipendente*, AAVV, *Commentario al T.U.I.R. e altri scritti*, ETI, Roma, 1990.

MARONGIU G., "Sulla tassabilità dei redditi di lavoro dipendente prodotto all'estero", in *Riv. dir. trib.*, 1991, II.

MAZUOCCOLO L., "Le nuove regole per i redditi di lavoro dipendente prestato all'estero", in *Corr. Trib.*, 1997, n. 39.

—————, "Ancora sulla tassazione dei redditi di lavoro dipendente prestato all'estero", in *GT Riv. Giurispr. Trib.*, 1999, n. 6.

MELIS G., "La nozione di residenza fiscale delle persone fisiche nell'ordinamento italiano", in *Rass. Trib.*, 1995, n. 6.

MOCCI G., "Concessione di prestiti, determinazione del reddito in natura", in *Corr. Trib.*, 1997, n. 12.

MONARCA P., "Auto aziendali concesse in uso ai dipendenti", in *Azien. & fis.*, 1997, n. 10.

PANSIERI S., "Il reddito di lavoro dipendente tra danno emergente intassabile e spese inerenti indeducibili", in *Il Fis.*, 1999, n. 39.

PESSINA C. — BOLLO C., "Nuovo regime delle indennità di trasferta per i dipendenti", in *Il Fis.*, 1997, n. 33.

POLLARI N. — PERLINI L., "Armonizzazione limitata della disciplina dei redditi di lavoro dipendente ai fini fiscali e contributivi", in *Rass. Trib.*, 1998, n. 1.

PORCARO G., "Profili del 'nuovo' reddito di lavoro dipendente", in *Corr. Trib.*, 1998, n. 2, inserto 1.

PROCOPIO M. A., "Identificazione di prestazioni pensionistiche complementari", in *Corr. Trib.*, 1998, n. 43.

PUOTI G., *Il lavoro dipendente nel diritto tributario*, Franco Angeli Editore, Firenze, 1975.

—————, voce "Lavoro subordinato (diritto tributario)", in *Enciclopedia giuridica Treccani*, Roma, 1990, v. XXIX.

—————, voce "Lavoro (diritto tributario)", in *Encicl. Dir.*, 1973, v. XXIII, Giuffrè, Milano.

PURI P., *Armonizzazione, razionalizzazione e semplificazione delle disposizioni fiscali e previdenziali concernenti i redditi di lavoro dipendente, Commento agli interventi di riforma tributaria*, a cura di MICCINESI M., Cedam, Padova, 1999.

RANDAZZO F., "Trasferte urbane e extraurbane nel rapporto di lavoro dipendente", in *Corr. Trib.*, 1993, n. 34.

SACCHETTO C., *I redditi di lavoro autonomo*, Milano, 1984.

—————, "Relazione tra normativa civilistica e fiscale. Il rapporto di lavoro ed il reddito di lavoro", in *Rass. trib.*, 1989, I, 337.

—————, "I rimborsi spese al personale dipendente", circolare n. 1, supplemento al *Corr. Trib.*, 1991, n. 6.

—————, "I fringe benefits nel Testo Unico", in *Corr. Trib.*, 1998, n. 48.

—————, "Il rapporto di lavoro ed il reddito di lavoro", in *Rass. trib.*, 1989, n. 1.

SANDULLI, "Il decreto legislativo 124/1993 nel sistema pensionistico riformato", in *Dir. e prat. trib.*, 1993, n. 35, inserto 10.

SANTACROCE B., "Più razionale la disciplina dei redditi assimilati", in *Guida normativa, Il Sole 24 Ore*, 1998, n. 37.

SCHIAVOLIN, *I soggetti passivi*, AAVV, *Imposta sul reddito delle persone fisiche*, diretta da TESAURO E., Utet, Torino,1994.

SCIARRA T., "L'evoluzione normativa del reddito di lavoro dipendente", in *Rass. trib.*, 2000, n. 4.

TARIGO P., *I redditi di lavoro autonomo*, in AAVV, *Imposta sul reddito delle persone fisiche*, diretta da TESAURO E., Utet, Torino,1994.

TESAURO F., *Istituzioni di diritto tributario*, v. II, V ediz., Utet, Torino, 1999.

TINELLI G., *I redditi di impresa nel diritto tributario*, Milano, 1991.

—————, *Lavoro nel diritto tributario*, Digesto IV, 1992, Torino, VIII.

—————, "La nuova disciplina fiscale del reddito di lavoro dipendente prodotto all'estero", in *Riv. dir. trib.*, 2000, n. 3.

VALACCA R., "L'uso promiscuo dell'auto aziendale nella manovra correttiva di fine anno", in *Corr. Trib.*, 1998, n. 3.

VEDANI D., "Indennità di trasferta: chiarimenti ministeriali", in *Dir. prat. del lav.*, n. 28.

ZACCARIA L. — DODERO A. — FERRANTI G., *I redditi di lavoro dipendente e assimilati*, Giuffrè, Milano, 1999.

CADERNOS DE DIREITO TRIBUTÁRIO

EL DERECHO CONSTITUCIONAL A UN AMBIENTE SANO, DERECHOS HUMANOS Y SU VINCULACIÓN CON EL DERECHO TRIBUTARIO

ALEJANDRO C. ALTAMIRANO

1. Enfoque metodológico

El objetivo del trabajo radica en enlazar los conceptos de derechos humanos con el derecho a un ambiente sano y el derecho tributario. Con tal fin trazo dos grandes capítulos. En el primero de ellos reflexiono, desde una inacabada perspectiva iusfilosófica, sobre los derechos humanos como expresión del Derecho natural. También analizo la constitucionalización del derecho-deber a la protección del medio ambiente y sus alcances. La segunda parte concentra el panorama de los tributos ambientales en sus diversas modalidades observando, como común denominador, la influencia de los denominados impuestos pigouvianos.

2. Enfoque general de los Derechos Humanos, su relación con el Derecho Tributario y específicamente con los tributos ambientales

2.1 Fundamentación de los derechos humanos y el derecho a un medio ambiente sano

Finnis expresa que "derechos humanos" es un modismo contemporáneo de "derechos naturales". El Derecho natural está conformado por aquellos valores y principios que no necesitan expresarse en la formulación normativa de las leyes diseñadas por el hombre, por lo que puede apelarse a ellos siempre, se encuentren o no expresados en términos de derecho positivo. "Los derechos humanos o naturales son los derechos morales fundamentales y generales; se pueden llamar humanos o naturales los derechos morales particulares o concretos pero es más corriente llamarlos derechos morales, derivados, por supuesto, de las formas generales de derechos morales, *i.e.* de los derechos humanos: la distinción así trazada por el uso no es, sin embargo, muy firme o clara".[1] Por esto no considero al concepto de derechos humanos como polisémico: derechos humanos son derechos naturales.

1. Finnis, John, *Ley natural y derechos naturales*, traducción de Cristóbal Orrego Sánchez, Abeledo-Perrot, Buenos Aires, 2000, p. 228. "Cuando analizamos la lista de los derechos nos damos cuenta de qué es lo importante en la moderna concepción de los manifiestos de derechos humanos. Se trata simplemente de un modo de bosquejar los contornos del bien común, los varios aspectos del bien individual en comunidad" (Finnis, John, *op. cit.*, p. 198). Ver también su última obra *Aquinas*, Oxford University Press, 1998, capítulo V *Towards Human Rights*.

Los derechos fundamentales participan de los caracteres de ser inalienables, imprescriptibles e irrenunciables. Explica Lobo Torres[2] que los derechos fundamentos o derechos humanos, derechos civiles, derecho a la libertad, derechos individuales, libertades públicas, son formas diferentes de expresar una misma realidad integrante del concepto de ciudadanía, afirmados desde los inicios del liberalismo. Ganaron su status constitucional al ser declarados por los grandes textos básicos de las naciones cultas. El respeto al contenido esencial implica un límite a la actividad del legislador limitadora de los derechos fundamentales pues este puede restringirlos en tanto respete su contenido esencial, en palabras de Martínez Pujalte.[3]

La noción en estudio recala en la dignidad personal de todo ser humano, conforme señala Massini Correas. Se trata de "ciertos derechos cuyo fundamento o justificación objetiva, tanto mediata como inmediata, se vincula al carácter personal del viviente humano y a la dignidad que corresponde a toda persona.[4] Es evidente que los derechos humanos no dependen de su reconocimiento por los ordenamientos jurídicos positivos toda vez que son exigibles se encuentren legislados o no; más aún, como bien señala Hervada, son exigibles aún cuando un derecho positivo concreto los deniegue".[5] En igual sentido son los aportes de Gandra da Silva Martins,[6] Hoyos Castañeda,[7] Beau-

2. Lobo Torres, Ricardo, *Teoria dos direitos fundamentais*, Renovar, p. 234. Es indudable que, desde el punto de vista metodológico, el aporte de Aristóteles a la tradición iusnaturalista es liminar, pero no ocurre lo mismo en el plano de los contenidos en donde el discurso del Estagirita se muestra como obsoleto. Esto por dos razones; en primer lugar, el carácter práctico del iusnaturalismo, como realidad abierta a las circunstancias espacio-temporales, en otros términos, a la historia y en segundo lugar por la disolución del falso problema creado por el racionalismo en relación con la existencia de dos órdenes normativos contrapuestos, esto es, el natural y el positivo. "La sociedad no culmina en el momento del Estado, sino que se destaca la común pertenencia del hombre a dos ciudades, reinos o repúblicas, el del Estado y el de los sabios, el de la razón y el de Dios. La importancia de este planteamiento iusnaturalista radica en que sólo él justifica suficientemente la realidad de los derechos humanos como derechos reconocidos y no simplemente concedidos por el Estado en relación con la persona" (Ballesteros, Jesús, *Sobre el sentido del Derecho*, Tecnos, Madrid, 2ª edición, 1990, p. 111). En este sentido ver Corts Grau, José, en *Las modernas declaraciones de derechos y el derecho natural*, Derechos humanos, Valencia, Academia de Legislación, 1969, pp. 25 y ss.; Pérez Luño, A. E., *Los derechos humanos, significación, estatuto jurídico y sistema*, Sevilla, 1979; Peces-Barba, Gregorio, en *Derechos fundamentales*, Madrid, Latina, 1980.

3. Martínez-Pujalte, Antonio Luis, *La garantía del contenido esencial de los derechos fundamentales*, Centro de Estudios Constitucionales, Madrid, 1997, p. 20. Interpretando el art. 53.1 de la Constitución española que expresa que "los derechos y libertades (...) vinculan a todos los poderes públicos. Sólo por ley, que en todo caso deberá respetar su contenido esencial, podrá regularse el ejercicio de tales derechos y libertades (...)", dice Martínez-Pujalte que la cláusula de respeto al contenido esencial "se presenta tan sólo como un límite a la actividad normativa del legislador: el legislador, cuando regule el ejercicio de los derechos fundamentales, deberá respetar el contenido esencial de tales derechos".

4. Massini Correas, Carlos I, *El Derecho natural y sus dimensiones actuales*, Ábaco, Buenos Aires, 1999, p. 202. Hacer el bien y evitar el mal como que todo hombre debe salvaguardar el carácter de persona de todo hombre, son principios autoevidentes, pues se conoce de modo directo apenas se comprende el significado de la locución "persona" y la locución "salvaguardar". "El fundamento inmediato o título de todo derecho humano radica, precisamente, en la condición de persona que reviste todo ente que pertenece a la especie humana; esto se hace evidente no bien se consideran las principales declaraciones de derechos y, en general, todos aquellos textos en los que se habla o discute acerca de los derechos humanos: en efecto, allí se reconocen esos derechos a las personas humanas sin exigirse más determinación que la de ser personas y cuando aparece requerida alguna calificación especial 'mujer embarazada', 'persona en edad núbil', 'padres', etc. Es porque esa calidad se vincula directamente con alguna de las dimensiones centrales del desarrollo o perfeccionamiento de la personalidad" (cfr. p. 203).

5. Hervada, Javier, *Problemas que una nota esencial de los derechos humanos plantea a la filosofía del derecho, en Escritos de Derecho natural*, EUNSA, Pamplona, 1986, p. 427.

6. Gandra da Silva Martins, Ives, *A ética no Direito e na Economia*, Pioneira, San Pablo, Brasil, 1999, p. 9.

7. Hoyos Castañeda, Ilva M., "Entre la naturaleza y la dignidad. Reflexiones sobre el fundamento de los derechos humanos", en *Las razones del dere-*

chot,[8] Vigo[9] entre tantos. Asimismo Carrió[10] entiende que los titulares de los derechos humanos son todos los hombres, basta con serlo para poder invocarlos, con independencia de circunstancias de sexo, raza, credo religioso o político, status social, económico o cultural, etc. Todos los hombres tienen igual título sobre tales derechos. "Son derechos de naturaleza moral y no criaturas del derecho positivo, en el sentido de que su fundamento último no emana de las normas de éste a punto tal de que mientras no han sido consagrados por él y en la medida en que no lo han sido sirven para criticarlo y justificar su reforma. La fundamentación de los derechos humanos está intrínsecamente conectada con ciertas características definitorias del discurso o razonamiento moral en el que deben ser fundamentados". Encuentra el fundamento en tres principios fundamentales: la inviolabilidad, la autonomía y la dignidad de la persona.

Los derechos humanos contenidos en los principios del Derecho orientan y legitiman intrínsecamente la creación jurídica; más concretamente, ellos reclaman un efectivo reconocimiento y respeto cuando se dirimen los conflictos que convocan a los interpretes. Si la tarea del jurista consiste, básicamente, y en sus diferentes niveles en una labor de "determinación", el balance acerca del nivel de corrección alcanzado por ese Derecho histórico se hará teniendo en mira en que medida la decisión jurídica final e individual consagra o no contradice a los derechos humanos.[11]

Otra visión radica en proyectarlos desde una construcción que fragua en la constitución de una nación, visualizarlos como la punta hodierna de crecimiento de una línea que arrancó originalmente con los derechos civiles y políticos del constitucionalismo, luego transitó por los derechos *lato sensu* sociales para finalmente arribar a los derechos humanos.[12] En otros términos, considerarlos como un derecho creado por la Constitución exigiendo al ordenamiento jurídico una determinación hermenéutica y una construcción dogmática porque los tribunales deberían identificar qué cosa es un "derecho fundamental" y cual no,[13] con mayor énfasis la relativista posición de Ferrajoli[14] quien entiende que "son derechos

cho natural, obra colectiva coordinada por Renato Rabí-Baldi Cabanillas, Ábaco, 2000, p. 181.

8. Beauchot, Mauricio, "Sobre la fundamentación filosófica de los derechos humanos", en *Las razones del derecho natural*, obra colectiva coordinada por Renato Rabí-Baldi Cabanillas, Ábaco, 2000, p. 213. También del mismo autor *Filosofía y derechos humanos (Los derechos humanos y su fundamentación filosófica)*, Siglo Veintiuno Editores, México, 1993.

9. Vigo, Rodolfo L., *Los principios jurídicos*, Depalma, Buenos Aires, 2000, p. 27. "Los derechos humanos naturales o fundamentales no son "creados" por ninguna autoridad estatal o social, sino que simplemente corresponde que los reconozcan por medio del derecho positivo, pues su existencia deriva de la naturaleza humana. El hombre se presenta ante sus semejantes como titular de ciertos derechos o suyos cuyo título es ser simplemente miembro de la especie humana, y exige el respeto de ellos dado que su violación compromete su propia humanidad. Precisamente los 'principios jurídicos en sentido estricto' tienen por objeto aquellos bienes básicos o derechos que infieren en la naturaleza humana y, consecuentemente, implican las conductas que se debe o no realizar para garantizar el respeto de ellos. La razón humana está en condiciones de reconocer y formular de manera fácil e inmediata aquellos principios del derecho o derechos humanos en la medida en que penetre en la naturaleza humana y la lea jurídicamente, o sea, esclareciendo aquellos 'suyos' o 'atribuciones' que tienen en igualdad todos los hombres".

10. Carrió, Genaro R., *Los derechos humanos y su protección*, Abeledo-Perrot, Buenos Aires, 1990, pp. 14 y 15.

11. Delgado Barrio, Javier y Vigo, Rodolfo L., *Sobre los principios jurídicos*, Abeledo-Perrot, 1998, p. 144.

12. Lugones, Narciso L., "El Derecho ambiental como Derecho humano", *Jurisprudencia Argentina* n. 6.236, número especial, segunda parte, p. 20.

13. Jimenez Campo, Javier, *Derechos fundamentales. Concepto y garantías*, Trotta, Madrid, 1999.

14. Ferrajoli, Luigi, *Los fundamentos de los derechos fundamentales*, Trotta, Madrid, 2001. Ante la pregunta ¿qué derechos son fundamentales? responde que "se suele dar dos respuestas distintas, ambas sustanciales, según se la interprete en el sentido de 'cuales son' o en el sentido de 'cuáles deben ser' esos derechos. Una primer respuesta, que podemos llamar 'iuspositivista', es aquella según la cual 'son'

fundamentales aquellos derechos subjetivos que las normas de un determinado ordenamiento jurídico atribuyen universalmente a todos en tanto personas, ciudadanos y/o personas capaces de obrar".

Una mínima plataforma de lanzamiento conceptual para la cuestión en análisis es necesaria pues quiero expresamente alejarme, al tratar los impuestos ambientales, de las teorizaciones sobre el ecologismo como ideología naturalista. No soslayo la preocupación por el problema ecológico, muy por el contrario, existen deberes morales de raigambre claramente ecológica, colocando al hombre en la creación como dueño y custodio inteligente de la misma. Pero en forma expresa quiero independizarme de cualquier reflexión encaminada a una especie de sobre exaltación panteísta de la naturaleza que excede la mera protección del medio ambiente. La naturaleza está al servicio del hombre por lo que no creo adecuado invertir estos roles, lo que no implica ejercer la mayor prudencia en su utilización para su resguardo a favor de las futuras generaciones. La utilización de la naturaleza es inherente a la persona como también lo es evitar su abuso todo lo cual implica respetar sus ritmos, equilibrio y complejidad.

Ahora bien, el borde delimitador entre la ecología, entendida como el noble y positivo afán del amor por la naturaleza y la preocupación por el futuro del hombre, con una suerte de ideología difusa fundada en apotegmas doctrinales naturalistas y materialistas — quizá podrían comprenderse bajo el signo de ecologismo — es complejo de precisar.[15] Tales premisas marcadamente materialistas, colocan a la naturaleza en un plano casi superior al hombre lo cual, opino, desde una perspectiva axiológica es inaceptable. El común denominador de estas tendencias ecologistas es la visión apocalíptica o catastrófica del futuro. Ya en el Génesis dos preceptos mandan "Creced y multiplicaos y dominad la tierra" (Gen. 1,28), sobre lo cual S.S. Juan XXIII

derechos fundamentales, por ejemplo en el ordenamiento italiano, la libertad personal, la libertad de expresión, de reunión y de asociación, los derechos a la salud, a la educación y a la seguridad social establecidos por los artículos 13, 21, 17, 18, 32 y 34 de la constitución. La segunda respuesta, de tipo 'axiológico' o, si se prefiere, 'iusnaturalista', es que se deben considerar fundamentales, por ejemplo, el derecho a la vida, la libertad de conciencia, las otras libertades civiles, los derechos a la subsistencia y otros similares, gracias a los cuales se aseguran la dignidad de la persona, o la igualdad, la paz u otros valores ético-políticos que se decida, precisamente, asumir como 'fundamentales'. Ninguna de estas dos respuestas pertenece a la teoría del derecho. La primera respuesta es una tesis jurídica de dogmática positiva. La segunda es una tesis moral o política, de filosofía de la justicia. La primera es una respuesta empírica de tipo asertivo, verificable o refutable con referencia al ordenamiento objeto de indagación. La segunda es una respuesta axiológica, de tipo normativo y, por consiguiente, ni verdadera ni falsa (...)" (pp. 289-290).

15. Ibáñez Langlois, José Miguel, *Doctrina Social de la Iglesia*, Ediciones Universidad Católica de Chile, 1988, p. 205, expresa que "La ecología reúne disciplinas muy diversas, ciencias de la naturaleza y ciencias humanas, en torno a una preocupación fundamental por la labor destructiva del hombre sobre la naturaleza y, al contrario, por la necesidad de preservarla como medio ambiente y como fuente de recursos. Cabría desglosar así sus inquietudes esenciales: la tierra cultivable y la futura producción de alimentos, la contaminación de las grandes ciudades, de los ríos y aún mares, y de la propia atmósfera terrestre; los recursos de la naturaleza, sobre todo los de carácter no renovable, el posible agotamiento de las fuentes de energía, los problemas del crecimiento demográfico y la posibilidad del uso destructivo de la energía atómica". También en la *Octogésima Adveniens*, S.S. Pablo VI (n. 21) expresa "Se hace sentir otra transformación, consecuencia tan dramática como inesperada de la actividad humana. Bruscamente, el hombre adquiere conciencia de ella, debido a una explotación inconsiderada de la naturaleza, corre el riesgo de destruirla y de ser a su vez víctima de esta degradación. No sólo el ambiente físico constituye una amenaza permanente: contaminaciones y desechos, nuevas enfermedades, poder destructor absoluto, es el propio consorcio humano el que el hombre no domina ya, creando de esta manera para el mañana un ambiente que podría resultarle intolerable". Sobre el naturalismo en la *Rerum Novarum* (n. 4) S.S. León XIII escribe que "La naturaleza animal, sin embargo, por elevada que sea la medida en que se la posea, dista tanto de contener y abarcar en sí la naturaleza humana, que es muy inferior a ella y nacida para servirle y obedecer". En otros términos, la naturaleza es para el hombre y no el hombre para la naturaleza.

enseña que "el segundo de estos preceptos no se dio para destruir los bienes naturales, sino para satisfacer con ellos las necesidades de la vida humana".[16] Observan estas tendencias la escasez de alimentos, el desgaste de la tierra, la contaminación avasallante, el agotamiento de los recursos no renovables, el holocausto nuclear. Insólitamente muchas veces estas tendencias aceptan la tecnología anticonceptiva y abortiva, lo cual denota una contradicción notable.

En este sentido (primero el hombre, en el marco de la naturaleza que a él le sirve, siendo su deber respetar el uso racional e inteligente de la misma) se ha pronunciado una sentencia judicial reciente, relativa a la protección forestal frente al trazado de autopistas.[17] En el caso, el tribunal llamado a intervenir — sin dejar de considerar el trascendente valor de la preservación de especies arbóreas — privilegió la necesidad de comunicación vial de la comunidad. Ante dos valores (necesidad del hombre y protección de los árboles, acentuó el primero, lo cual es de toda lógica).

Traspasando ahora el concepto de derecho humano formulo el interrogante para seguir avanzando en la fundamentación. ¿En dónde ancla, desde la perspectiva de los derechos humanos, la obligación de tutela del medio ambiente? Encuentro una serie de notas distintivas liminares e insoslayables del derecho ambiental — siguiendo las consecuencias en el ámbito jurídico que apunta Rabí-Baldi Cabanillas[18] — que sirven para orientar la respuesta de este interrogante: a) el derecho a la protección del medio ambiente es un derecho humano; b) es un deber de los agentes económicos que deben tomar nota de aquel derecho y obrar en consecuencia; c) ese derecho humano reposa en el respeto al derecho de propiedad; d) reposa asimismo en una especie de deber de solidaridad internacional; e) también es un derecho humano que coopera a la realización del bien común; f) la morigeración del concepto de soberanía en beneficio del de cooperación internacional y g) en la ética de la solidaridad.

a) El derecho a gozar de un ambiente sano configura la existencia de un *derecho humano* digno de tutela y no de un derecho del ambiente; derecho alude al sistema racional de relaciones, en términos de Hervada,[19] es decir, supone un conjunto de vín-

16. *Mater et Magistra* n. 197.

17. "Louzán, Carlos A. C/ Ministerio de Economía s/ acción de amparo", Cámara Federal de San Martín, Sala I, del 26.7.93, ED 156-53. Expresa la Excma. Cámara, al revocar el fallo de primera instancia que había hecho lugar a una acción de amparo contra el llamado a licitación del Acceso vial Norte a la Capital Federal por la amenaza de erradicación de 4.000 especies arbóreas existentes en la zona a la cual se pretendía someter al régimen concesión de la obra. Sentenció la Excma. Cámara: "La vida vegetal es regularmente positiva para la existencia humana, pero no es, obviamente, un bien cuya positividad quepa afirmar a todo evento, sin considerar su acomodamiento con otros bienes igualmente valiosos. Las múltiples necesidades de la vida humana exigen por lo común para su satisfacción evaluar entre diversos valores, muchas veces contrapuestos, y optar por la medida en que cada uno es tenido en cuenta. Así en el caso, no se pueden ignorar la existencias de comunicación existentes en la sociedad, y muchas otras cuya satisfacción puede requerir la preterición de la protección de bienes intrínsecamente valiosos. Por esto el control de los jueces sobre una actividad que es propia de otros poderes del Estado, debe siempre tener presente esta variedad y contraposición de valores a fin de no conceder extremo amparo a unos en detrimento de otros, máxime cuando, como en este caso, el acto atacado — si se cumplen las recomendaciones técnicas — evitará que se agrave la situación que aquí se intenta preservar".

18. Rabbí-Baldi Cabanillas, Renato, "Notas para una fundamentación del Derecho ambiental", revista *O Direito*, año 128, 1996 I-II, Lisboa, pp. 67-68.

19. Hervada, Javier, *Introducción crítica al derecho natural*, EUNSA, Pamplona, 6ª edición, 1990, p. 66. Ballesteros, Jesús, *Sobre el sentido...*, pp. 106-107, señala que "el derecho natural no pretende en modo alguno ser un orden jurídico distinto y separado respecto al derecho positivo, sino que no es otra cosa que la raíz del único orden jurídico". El ordenamiento es como un árbol. El árbol es un todo, tronco, copa, ramificación de raíces que no se ven pues están bajo tierra y son estas las que sostienen al todo porque precisamente las raíces son las que ponen en comunicación la vida del árbol con la vida secreta de la tierra. En palabras de Ronald Dworkin (*Los derechos en serio*, Planeta Agostini, 1993) el sistema jurídico es percibido por los jueces no solo como

culos estructurados por sujetos libre y responsables por lo que resulta infundado referirse a "derecho del ambiente". Dicho derecho humano constituye un *derecho al ambiente sano* pues sin éste el hombre no podría alcanzar su perfeccionamiento. Expresa Rabí-Baldi que desde hace ya un tiempo se ha desarrollado la idea de un derecho natural fundamental a gozar de un ambiente sano, esto es, de un entorno que disponga de condiciones de habitabilidad capaces de permitir la vida y el desarrollo armónico de la persona. En otros términos, no se trata solo de vivir sino que hemos de procurar alcanzar lo que ya Aristóteles (*Política*, 1252 a 1-3 b 27-1253 a 1) conocía como la "vida buena".[20] En términos de Finnis[21] observo aquí uno de los bienes auto-evidentes o formas básicas de bien para el hombre, el primero, la vida, valor básico correspondiente al impulso de la propia preservación del hombre.

b) El derecho ambiental importa un *deber*, es precisamente el carácter sagrado y trascendente de la persona lo que impone el deber de los demás a respetar el medio ambiente; el carácter especialísimo del derecho ambiental implica que este deber no sólo es actual sino futuro, es decir, las relaciones jurídicas que tengan por objeto el ecosistema tienen vocación de perennidad.

c) Es evidente el carácter agotable de los recursos naturales, su cuidado resulta relevante y coherente. El correlato de esta visión, en el mundo del derecho, pasa por el concepto jurídico de *propiedad*. Así, las primeras declaraciones de derechos se inscriben, en efecto, en la protección al derecho de propiedad. En tal sentido obsérvese que la de Virginia (1776) expresa en su artículo 1 "que todos los hombres son por naturaleza igualmente libres e independientes y tienen ciertos derechos innatos, de los cuales, cuando entran en un estado de sociedad, no pueden privar o desposeer a su posteridad por ningún pacto, a saber: el goce de la vida y la libertad, con los medios de adquirir y poseer la propiedad y de buscar y obtener la felicidad"; la Declaración de los Derechos del Hombre y del Ciudadano, en su artículo 2 establece que "la finalidad de toda asociación política es la conservación de los derechos naturales e imprescriptibles del hombre. Estos derechos son la libertad, la propiedad, la seguridad y la resistencia a la opresión".[22]

d) No puede soslayarse la referencia al *principio de solidaridad*, como un fundamento de protección del medio ambiente, por ser el ecosistema un todo unitario, circunstancia que implica una cooperación no solo interpersonal, vecinal, sino también regional, continental, en suma mundial. Parece claro que la cuestión ecológica escapa por completo al prisma de la modernidad, por lo que no puede sorprender que, desde el ámbito jurídico, se haya considerado al derecho fundamental a un ambiente sano y equilibrado (terminología de nuestro actual

el derecho explícito, reconocido como tal por el positivista e identificado por referencia a las fuentes sociales del derecho tales como la legislación, la costumbre y la jurisprudencia, sino también por un conjunto de principios jerárquicamente ordenados que están implícitos o son presupuestos por el derecho explícito. La especificación de este conjunto de principios implícitos constituye una teoría general del sistema jurídico como un todo. "No hay por tanto dos órdenes jurídicos, el natural y el positivo, sino exclusivamente un único orden. De ahí que las notas señaladas como rasgos de lo jurídico — relevancia social, indiferencia del motivo, tipicidad, coactividad, reciprocidad o simetría del comportamiento — sean rasgos que afecten a la totalidad de dicho orden. Sin embargo, dentro de ese único orden jurídico cabe distinguir la raíz y el tronco, lo implícito y lo explícito, lo originario y permanente y lo derivado y contingente, lo natural y lo positivo, lo dado y lo puesto".

20. Rabbí-Baldi Cabanillas, Renato, *Notas para una fundamentación...*, p. 48. En el pensamiento jurídico, tanto de tradición romanista como el anglosajón, hasta la finalización de la segunda guerra mundial, prevalecieron los modelos dogmático y cientificista. Esta visión fue paulatinamente superada por una reinstalación de la búsqueda de la justicia, en consecuencia, por una revalorización de la persona como centro del sistema jurídico y, necesariamente, todo ello implica reflexionar sobre los derechos humanos.

21. Finnis, John, *op. cit.*, p. 118.

22. Rabbí-Baldi Cabanillas, Renato, *Notas para una fundamentación...*, p. 52.

texto constitucional) como un derecho que, desde un punto de vista cronológico, pertenece a los de la denominada tercera generación y, desde una consideración sustancial, a los llamados derechos de solidaridad. Expresa Jiménez Hernández[23] que es evidente un vínculo recíproco de cooperación por parte del ser humano para con sus semejantes en relación a las actividades y los resultados que de esta derivan en relación con el daño que pudiere causarse al medio ambiente.

La alusión a las generaciones resulta apropiada porque denota la fecundidad de la teoría de los derechos humanos, en la medida en que ésta ha sabido permanecer abierta a una permanente intelección del ser del hombre, de suerte de captar sus necesidades y sus potencialidades. Pero sería incorrecto equiparar este tránsito a una mera sucesión temporal ya que, en el paso de los derecho de primera a los de segunda generación, hay un evidente giro en la fundamentación de aquellos, que los derechos de tercera generación no han hecho sino profundizar.[24]

e) La defensa del ecosistema implica la defensa de un *bien común internacional*, dado que su protección sólo puede alcanzarse y garantizarse en el seno de la comunidad internacional.[25] "En definitiva, el papel 'redentor' de la ciencia para el logro del desarrollo económico se encomienda, en el ámbito jurídico, al derecho de propiedad. En ambos casos, se trata de meros instrumentos orientados a la búsqueda de un objetivo común: la felicidad humana. El hombre ilustrado es, pues, consciente de su actitud y consecuente con ella. Y en ambos casos, la naturaleza asume un sentido semejante: es un mero punto de partida; no el ámbito en el que éste se desarrolla, *en* el que coexiste y *con* la que coexiste".[26] Los daños ecológicos trascienden las fronteras de un país, se ha previsto en el derecho internacional en materia de fronteras desde algún tiempo que los estados no gozan de liberta ilimitada en su territorio. El principio de soberanía es limitado en razón de que un estado no podría tomar medidas en su territorio o apoyar actividades privadas que impliquen graves daños al medio ambiente.[27]

23. Jiménez Hernández, Jorge, *El tributo como instrumento de protección ambiental*, Comares, Granada, 1998, p. 42.

24. Rabbí-Baldi Cabanillas, Renato, *Notas para una fundamentación...*, p. 63-64.

25. Rabbí-Baldi Cabanillas, Renato, *Notas para una fundamentación...*, p. 62; Boggiano, Antonio, *Por qué una teoría del derecho. Introducción a un derecho constitucional*, Abeledo-Perrot, Buenos Aires, 1992, pp. 29 y 30. En igual sentido señala Delgado, José Augusto, en *Direitos Fundamentais do Contribuinte*, coordinador general Ives Gandra da Silva Martins, Pesquisas Tributárias, Nova Série — 6, Ed. RT/Centro de Extensão Universitaria, San Pablo, Brasil, 2000, p. 87, que el trato de los Derechos Fundamentales, de cualquier naturaleza que fueren (humanos, tributarios, sociales, educacionales, morales, económicos, etc.) pertenecen siempre a una categoría internacional, por formar parte de una de las mayores preocupaciones de la humanidad en el sentido de su preservación. De igual modo es una actitud de los que se preocupan con los nuevos rumbos de la Democracia a desarrollarse en el Siglo XXI. Expresamente, la Conferencia de Estocolmo estableció que "el hombre tiene el *derecho fundamental* a la libertad, a la igualdad y al disfrute de condiciones de vida adecuadas en un medio de calidad tal que le permita llevar una vida digna y gozar de bienestar" (cfr. Naciones Unidas, *Report of the United Nations Conference on the Human Environment*, Documento A/ Conf. 48/14, Capítulo 1, New York, 1979).

26. Rabbí-Baldi Cabanillas, Renato, *Notas para una fundamentación...*, p. 52.

27. Herdegen, Matthias, *Derecho Económico Internacional*, Biblioteca Jurídica Dike, Konrad Adenauer Stiftung, 2ª edición española, 1998, Medellín, Colombia, pp. 129 y ss. Recuerda el autor alemán, profesor de Derecho Internacional de la Universidad de Constanza que "Se trata de un mandato de consideración de la relación de vecindad entre los estados, el cual requiere respectivamente de una materialización mediante el análisis de cada caso. Con el objeto de proteger el medio ambiente se ha celebrado un gran número de tratados internacionales. Las obligaciones contenidas en éstos se han formulado en reglas generales. Se deben citar en este contexto, por ejemplo, los acuerdos para evitar la contaminación marítima y la contaminación por aire, así como el Convenio de Viena para la Protección de la Capa de Ozono de 1985 y el correspondiente Protocolo de Montreal de 1987 sobre materiales que conducen a la reducción de la capa de Ozono (...) El Convenio de Basilea para el Control de la Exportación y Dis-

La formulación de estos derechos fundamentales en las convenciones internacionales adoptan, básicamente, dos maneras: (a) "toda persona tiene derecho a (...)" y (b) "nadie será (...)". Estas expresiones, señala Finnis nos advierten de la existencia de derechos que son "absolutos" (nadie puede ser torturado) y otros "inalienables" (que están sujetos a limitaciones en su ejercicio), considerando que las razones de la limitación son: "(i) asegurar el debido reconocimiento y el respeto de los derechos y libertades de los demás; (ii) satisfacer las justas exigencias de la moral en una sociedad democrática; (iii) satisfacer las justas exigencias del orden público en una sociedad democrática y (iv) satisfacer las justas exigencias del bienestar general en una sociedad democrática".[28]

f) Este concepto de bien común internacional proyecta, desde otra perspectiva, nuevamente el de *solidaridad*. Desde el derecho, sobre la base de un sustrato individualista, se percibe que los derechos humanos fueron los derechos del ciudadano aislado y sus reivindicaciones alcanzaron un tono necesariamente absoluto: la propiedad es el ejemplo por antonomasia. Con todo, y en lo que concierne a la cuestión de la naturaleza, se ha recordado también que este planteamiento exige una mutación radical: la defensa del ecosistema, en efecto, obliga hoy a una cooperación global pues, de lo contrario, cualquier esfuerzo en tal sentido sería vano. Precisamente, es en este horizonte en el que debe explicarse la divulgación del concepto de "patrimonio común de la humanidad", el cual, señala dentro del ámbito del derecho internacional, el pasaje de la idea de soberanía a la de cooperación.

Se trata de un *derecho individual de dimensión colectiva*, este derecho humano básico afecta todas las personas sin distingos. Por esta razón la protección del medio ambiente trasciende a la obligación exclusiva de naciones ricas, pues compete a todas, sin diferencias.

g) "La exigencia de un derecho ambiental supone, en el horizonte de la *ética de la solidaridad*, en primer lugar, esa revalorización de la idea de responsabilidad o de deber en el ejercicio de los actos sociales que directa e indirectamente afectan el ambiente en el que aquellos se realizan (...). En definitiva, si los derechos humanos se reputan — como de hecho ocurre — inalienables, también habrá de serlo el ambiente en el que actúan. A ello, precisamente, hace referencia la noción de 'derecho de las futuras generaciones', en cuanto nos plantea que el mismo ecosistema no espatrimonio — propiedad — de una generación sino por el contrario 'patrimonio común' de todas".[29] "De las diversas concepciones de la ética, nos parece únicamente rechazable la posición positivista, ya que tiende a hacer de la sociedad el fundamento y el sujeto principal de la ética, lo que, se quiera o no, conduce a una sustancialización de lo colectivo, que conduce a la pérdida de respeto a la superior primacía de la persona".[30]

2.2 Constitucionalización de la aspiración de protección del medio ambiente

Pueden observarse dos reacciones, desde la visión constitucional, a la protec-

posición de Residuos Peligrosos de 1989 (...) El Acuerdo de Paris sobre la Responsabilidad Frente a Terceros en el Ámbito del Derecho Nuclear de 1960 y el Acuerdo Internacional sobre la Responsabilidad Civil por la Contaminación por Petróleo de 1969 (...) El Acta de la Unión Europea de 1986, Tratado de la CE, art. 130 y ss. (...) La Conferencia de la Naciones Unidas para el Medio Ambiente y el Desarrollo (UNCED) que se reunió en junio de 1992 en Rio de Janeiro (...) El Convenio Marco de las Naciones Unidas para los Cambios Climáticos y el Acuerdo sobre Diversidad Biológica, entre otros".

28. Finnis, John, *op. cit.*, p. 241.

29. Rabbí-Baldi Cabanillas, Renato, *Notas para una fundamentación...*, pp. 64-66. Esta solidaridad no es sólo actual sino futura, ya que de nuestro obrar presente depende, en buena medida, la suerte de los que vendrán.

30. Ballesteros, Jesús, *Sobre el sentido...*, p. 94.

ción del medio ambiente. Algunas lo positivizan, incorporando normas explícitas tuitivas del ecosistema, ambiente o medio ambiente como el caso de la Constitución española[31] y portuguesa,[32] por citar algunas. Otras no lo hacen, aunque no por ello dejan de interesarse por la tutela del hábitat, por el contrario, lo amparan a través de figuras un tanto más oblicuas, menos directas, ancladas en garantías innominadas de cuya interpretación resulta que arribo al mismo objetivo.

En el derecho constitucional argentino adscribe a la primera corriente enunciada, desde la reforma constitucional ocurrida en 1994. En efecto nuestro ordenamiento máximo cuenta — desde aquella reforma — con una explícita positivización de la protección del medio ambiente o, en fiel reflejo de los términos empleados por nuestro mandato constitucional "ambiente".

Concretamente, nuestra Constitución nacional en su artículo 41 textualmente dispone que: "Todos los habitantes gozan del derecho a un ambiente sano, equilibrado, apto para el desarrollo humano y para que las actividades productivas satisfagan las necesidades presentes sin comprometer las de las generaciones futuras; y tienen el deber de preservarlo. El daño ambiental generará prioritariamente la obligación de recomponer, según lo establezca la ley. Las autoridades proveerán a la protección de este derecho, a la utilización racional de los recursos naturales, a la preservación del patrimonio natural y cultural y de la diversidad biológica, y a la información y educación ambientales. Corresponde a la Nación dictar las normas que contengan los presupuestos mínimos de protección, y a las provincias, las necesarias para complementarlas, sin que aquellas alteren las jurisdicciones locales. Se prohíbe el ingreso al territorio nacional de residuos actual o potencialmente peligrosos, y de los radiactivos".

Los ordenamientos constitucionales de la Ciudad Autónoma de Buenos Aires[33] y

31. En la Constitución española, art. 45.1 se establece el "deber" de conservar el medio ambiente. Textualmente dispone: "1) Todos tienen el derecho a disfrutar de un ambiente adecuado para el desarrollo de la persona, así como el deber de conservarlo. 2) Los poderes públicos velarán por la utilización racional de todos los recursos naturales con el fin de proteger y mejorar la calidad de vida y defender y restaurar el medio ambiente apoyándose en la indispensable solidaridad colectiva. 3) Para quienes violen lo dispuesto en el apartado anterior, en los términos que la ley fije, se establecerán sanciones penales o, en su caso, administrativas, así como la obligación de reparar el daño causado". Dice al respecto Canosa Usera, Raúl (*Constitución y Medio Ambiente*, edición conjunta Ciudad Argentina y Dykinson SL, Madrid, 2000, p. 203), que "el deber constitucional de conservar el medio no coincide (...) con el reflejo deber de respetar y no obstaculizar el ejercicio del derecho a disfrutar del medio. No coinciden en el mismo objeto, porque el correlativo deber jurídico para los particulares, derivado del derecho a disfrutar del medio ambiente adecuado, consiste en no obstaculizar ese disfrute entorpeciendo su ejercicio. Mientras que el objeto del deber constitucional lo forman, directamente, los bienes ambientales que todos, por imperativo constitucional, están llamados a conservar. Es verdad, sin embargo, que una mantera de impedir el ejercicio del derecho constitucional es privar al sujeto del objeto del derecho o privar al medio ambiente de su calidad o adecuación. Nuestra Constitución (refiere el autor a la española) separa, sin embargo ambas obligaciones jurídicas reforzando la última, la de conservar el medio ambiente adecuado, con la regulación específica del deber constitucional".

32. El art. 66 de la Constitución de Portugal dispone: "Todos tienen derecho a un ambiente de vida humano y ecológicamente equilibrado y el deber de defenderlo".

33. Constitución de la Ciudad Autónoma de Buenos Aires, artículo 26: "El ambiente es patrimonio común. Toda persona tiene derecho a gozar de un ambiente sano, así como el deber de preservarlo y defenderlo en provecho de las generaciones presentes y futuras. Toda actividad que suponga en forma actual o inminente un daño al ambiente debe cesar. El daño ambiental conlleva prioritariamente la obligación de recomponer. La Ciudad es territorio no nuclear. Se prohíbe la producción de energía nucleoeléctrica y el ingreso, la elaboración, el transporte y la tenencia de sustancias y residuos radiactivos. Se regula por reglamentación especial y con control de autoridad competente, la gestión de las que sean requeridas para usos biomedicinales, industriales o de investigación civil. Toda persona tiene derecho, a su solo pedido, a recibir libremente información sobre el impacto que causan o pueden causar sobre el ambiente actividades públicas o privadas".

El artículo 27 establece que: "Ciudad desarrolla en forma indelegable una política de planeamiento y de algunas provincias su énfasis en la protección es aún mayor.[34]

Esta tendencia sobre lo explícito de la protección, como señalaba más arriba, no es uniforme dado que algunos países, por ejemplo Alemania, su Constitución no la prevé expresamente sino implícitamente. Nos ilustra Rabbí-Baldi Cabanillas, que la razón de tal omisión estriba en que la población tendría un elevado nivel de expectativa al que, en realidad, podría brindarse, circunstancia que no deja de ser paradójica en uno de los países que se exhibe como notoriamente protector del medio ambiente.[35] Y puede fácilmente concluirse que es

gestión del ambiente urbano integrada a las políticas de desarrollo económico, social y cultural, que contemple su inserción en el área metropolitana. Instrumenta un proceso de ordenamiento territorial y ambiental participativo y permanente que promueve: 1. La preservación y restauración de los procesos ecológicos esenciales y de los recursos naturales que son de su dominio. 2. La preservación y restauración del patrimonio natural, urbanístico, arquitectónico y de la calidad visual y sonora. 3. La protección e incremento de los espacios públicos de acceso libre y gratuito, en particular la recuperación de las áreas costeras, y garantiza su uso común. 4. La preservación e incremento de los espacios verdes, las áreas forestadas y parquizadas, parques naturales y zonas de reserva ecológica, y la preservación de su diversidad biológica. 5. La protección de la fauna urbana y el respeto por su vida: controla su salubridad, evita la crueldad y controla su reproducción con métodos éticos. 6. La protección, saneamiento, control de la contaminación y mantenimiento de las áreas costeras del Río de la Plata y de la cuenca Matanza-Riachuelo, de las subcuencas hídricas y de los acuíferos. 7. La regulación de los usos del suelo, la localización de las actividades y las condiciones de habitabilidad y seguridad de todo espacio urbano, público y privado. 8. La provisión de los equipamientos comunitarios y de las infraestructuras de servicios según criterios de equidad social. 9. La seguridad vial y peatonal, la calidad atmosférica y la eficiencia energética en el tránsito y el transporte. 10. La regulación de la producción y el manejo de tecnologías, métodos, sustancias, residuos y desechos, que comporten riesgos. 11. El uso racional de materiales y energía en el desarrollo del hábitat. 12. Minimizar volúmenes y peligrosidad en la generación, transporte, tratamiento, recuperación y disposición de residuos. 13. Un desarrollo productivo compatible con la calidad ambiental, el uso de tecnologías no contaminantes y la disminución en la generación de residuos industriales. 14. La educación ambiental en todas las modalidades y niveles".

El artículo 28 dispone que: "Para asegurar la calidad ambiental y proveer al proceso de ordenamiento territorial, se establece: 1. La prohibición de ingreso a la Ciudad de los residuos y desechos peligrosos. Propicia mecanismos de acuerdo con la provincia de Buenos Aires y otras jurisdicciones, con el objeto de utilizar o crear plantas de tratamiento y disposición final de los residuos industriales, peligrosos, patológicos y radiactivos que se generen en su territorio. 2. La prohibición del ingreso y la utilización de métodos, productos, servicios o tecnologías no autorizados o prohibidos en su país de producción, de patentamiento o de desarrollo original. La ley establecerá el plazo de reconversión de los que estén actualmente autorizados".

El artículo 29 señala que: "La Ciudad define un Plan Urbano y Ambiental elaborado con participación transdisciplinaria de las entidades académicas, profesionales y comunitarias aprobado con la mayoría prevista en el artículo 81, que constituye la ley marco a la que se ajusta el resto de la normativa urbanística y las obras públicas". Finalmente, el artículo 30 establece la: "obligatoriedad de la evaluación previa del impacto ambiental de todo emprendimiento público o privado susceptible de relevante efecto y su discusión en audiencia pública".

34. Constitución de la Provincia de Buenos Aires, artículo 28: "Los habitantes de la provincia tienen el derecho a gozar de un ambiente sano y el deber de conservarlo y protegerlo en su provecho y en el de las generaciones futuras. La provincia ejerce el dominio eminente sobre el ambiente y los recursos naturales de su territorio incluyendo el subsuelo y el espacio aéreo correspondiente, el mar territorial y su lecho, la plataforma continental y los recursos naturales de la zona económica exclusiva, con el fin de asegurar una gestión ambientalmente adecuada. En materia ecológica deberá preservar, recuperar y conservar los recursos naturales, renovables y no renovables del territorio de la provincia; planificar el aprovechamiento racional de los mismos; controlar el impacto ambiental de todas las actividades que perjudiquen al ecosistema; promover acciones que eviten la contaminación del aire, agua y suelo; prohibir el ingreso en el territorio de residuos tóxicos o radiactivos; y garantizar el derecho a solicitar y recibir la adecuada información y a participar en la defensa del ambiente, de los recursos naturales y culturales. Asimismo, asegurará políticas de conservación y recuperación de la calidad del agua, aire y suelo compatible con la exigencia de mantener su integridad física y su capacidad productiva, y el resguardo de áreas de importancia ecológica, de la flora y la fauna. Toda persona física o jurídica cuya acción u omisión pueda degradar el ambiente está obligada a tomar todas las precauciones para evitarlo".

35. Rabbí-Baldi Cabanillas, Renato, *Génesis y sentido del art. 41 de la Constitución nacional*. En este punto es de consulta muy recomendada el

Alemania uno de los países que imprimen particular celo en esta tutela.

En función de las notas diferenciales de las consecuencias en el ámbito jurídico de la protección del medio ambiente indicadas en el capítulo anterior, puede observarse que varios de los lineamientos enunciados son seguidos por nuestra Constitución en la norma citada. En efecto, se reconoce el "*Derecho de los habitantes de la Nación a un ambiente sano, equilibrado, apto para el desarrollo humano*". Este derecho es actual y no futuro pues implica el "*Derecho de los habitantes para que las actividades productivas satisfagan las necesidades presentes sin comprometer a las generaciones futuras*". Asimismo la norma constitucional puntualiza el "*deber de preservar el medio ambiente*". Es también un deber de las autoridades "*proveer a la protección del derecho al medio ambiente y a la utilización racional de los recursos naturales, a la preservación del patrimonio natural y cultural, la diversidad biológica y a la información y educación ambientales*". La vulneración de este derecho por el daño ambiental, genera la *obligación de recomponerlo*. La Nación debe, así, propender al bien común, pues está obligada a "*dictar las normas que contengan los presupuestos mínimos de protección a las provincias. Las provincias deben dictar las normas complementarias, sin que aquellas alteren las jurisdicciones locales*". La proyección internacional de la cuestión también es contemplada en el mandato constitucional, al "*prohibir el ingreso al territorio nacional de residuos actual o potencialmente peligrosos y de los radiactivos*".

2.3 La frontera de la tolerancia: necesidad de convivencia armónica entre el desarrollo económico y el medio ambiente

En la literatura jurídica relacionada con los problemas ambientales predominan los enfoques desde la perspectiva del castigo o sanción contra la industria que, en su producción, provoca secuelas contaminantes del medio ambiente. Pareciera que existe un desmedido interés en responsabilizar por el ejercicio lícito de una actividad industrial, más que en hallar soluciones razonables y eficaces para favorecer la armonía entre el medio ambiente y desarrollo económico.

Esta es una visión limitada del problema. Como afirma Macón esta interpretación, es de carácter eminentemente axiológico y su propósito radica en identificar a los responsables de la contaminación y penalizarlos mediante la aplicación de prohibiciones y multas.[36] Dichos planteamientos jurídicos basados únicamente en las consecuencias del problema, no aportan ninguna solución, por el contrario crean muchas veces una mayor incertidumbre y acrecientan los inconvenientes para zanjar el conflicto. El enfoque punitivo tampoco comprende globalmente la cuestión, pues no se preocupa mayormente por la continuidad de los procesos industriales y mucho menos por los efectos económicos negativos que aquellas posiciones sancionatorias podrían generar.

En consecuencia, avanzando ya desde la plataforma que implica considerar el derecho a un medio ambiente sano como derecho natural de todo ser humano, me propongo analizar el fenómeno de la contaminación a través del prisma de los instrumentos económicos que pueden utilizarse como herramientas aptas para contribuir a la solución del problema. A tal efecto trazo un panorama descriptivo de tales instrumentos relacionados con la tributación, que desde hace ya tiempo se conoce como *eco tributación* y tiene un nutrido desarrollo doctrinario.[37] Abogo por la convivencia harmó-

trabajo de Tawil, Guido S., *La cláusula ambiental en la Constitución nacional*, LIX n. 93, del 15.5.95.

36. Macón, Jorge, "La política fiscal en el contexto de la contaminación ambiental", *Revista Impuestos-1979*, p. 142.

37. Congreso de la International Fiscal Association (IFA) de 1993, Seminario C, Edición Kluwer, La Haya, Holanda, 1995. Otros, ver: Fauchald, Ole

nica entre la producción industrial, desarrollo económico y el medio ambiente sin que puede considerarse legítimamente la exclusión reciproca entre ambos, aún mínimamente.

Concentro el análisis de la contaminación como un mal derivado de la producción de bienes en el proceso económico el que, a pesar de generarla, igualmente debe funcionar.

Los procesos industriales, en determinados casos y en grados diversos tienen como consecuencia comprobable la alteración de la naturaleza. La contaminación representa, para el proceso industrial, un *costo adicional* que se internaliza. Este problema es de compleja y difícil solución, toda vez que podría ser tan perjudicial mantener invariablemente el fenómeno contaminante como erradicarlo totalmente. Además no todo proceso industrial que genera contaminación lo hace en niveles intolerables, pues algunos de estos efectos son subsanados por la propia naturaleza. Consecuentemente se debería reducir este fenómeno a la mínima expresión posible llevándolo a la *frontera de tolerancia*, en donde la naturaleza pueda neutralizar el deterioro por sí misma.

Será entonces necesario que el Estado participe activamente con el fin de fijar una política ambiental razonable, tendiente a la protección de los recursos naturales pero de forma tal que el cumplimiento de dicho objetivo no trabe irrazonablemente el desarrollo industrial ya que éste, en gran medida, tiene por fin el mejoramiento de la calidad de vida.

En esta delicada misión, la actuación del Estado debe conducirse con prudencia. En oportunidad de elaborar los planes de control del fenómeno y específicamente en la eventual aplicación de instrumentos económicos para su atenuación deberá evaluar los postulados fundamentales de *optimalidad, eficiencia y neutralidad*, con el propósito de que los efectos económicos originados por su intervención no perturben la correcta asignación de los recursos, el ejercicio de la actividad industrial y el empleo que ella genera. Las externalidades negativas tornan justificable la intervención del Estado que debe contribuir a encauzarlas.

Aparece así un problema de política económica cuya solución deberá enlazarse con un criterio de contaminación llevado a niveles aceptables y cuidando de no hacer inoperable el sistema económico. Entonces el objetivo consistirá en encontrar un sistema que pueda lograr un punto de equilibrio en el cual los recursos se confronten con los usos conflictivos, proporcionando los incentivos apropiados para producir resul-

Kristian, *Environmental Taxes and Trade Discrimination*, Kluwer, La Haya, Holanda, 1998; Herrera Molina, Pedro, *Derecho Tributario Ambiental*, Marcial Pons, Madrid, 2000; Jiménez Hernández, Jorge, *El tributo como instrumento de protección ambiental*, Comares, Granada, 1998; O'Riordan, Timothy, *Ecotaxation*, St. Marti's Press, Nueva York, 1997; Rosembuj, Tulio, *Los tributos y la protección del Medio Ambiente*, Marcial Pons, Madrid, 1995. También compulsar 50th Congress of the International Institute of Public Finance, Environment and Natural Resources, Harvard University, agosto de 1994, en particular los siguientes trabajos presentados: Bohm, Peter, *Government Revenue Implications of Carbon Taxes and Tradeable Carbon Permits: Efficiency Effects*; Cnossen, Sijbren, *Public Economics and the Environment in an Imperfect World*; Goulder, Lawrence H., *Environmental Taxation and the Double Dividend: A Reader's Guide*; Herber, Bernard P., *International Environmental Taxation in the Absence of Sovereignity*; Nellor, David C. L. y Sunley, Emil M., *Taxation of Natural Resources in Developing Countries*; Pearson, Mark, *Implementing Environmental Taxes*; Poterba, James M. y Rotemberg, Julio L., *Pigouvian Taxation of Intermediate Goods When Final Goods Can Be Imported*; Proost, Steg y Regermorter Van D., *Tax Reform Policies in the Presence of a Supra-National Environment Tax — The Role of the macroeconomic Regime and of International Coordination*; Purohit, Mahesh C. y Rao, D. N., *Fiscal Intervention for Environmental Protection: A Cross-Sectional Analysis for Fiscal Prescriptions*; Schob, Ronnie, *Evaluating Tax Reforms in the Presence of Externalities*; Smith, Stephen, *Federal Issues in Environmental Taxation*; Sandmo, Agnar, *Public Finance and the Environment*; Sorensen, Peter Birch, Pedersen, Lars Haagen y Nielsen, Soren Bo, *Taxation, Pollution, Unemployment and Growth: Could There Be a "Triple Dividend" From a Green Tax Reform?*; Tahvonen, Olli, *Emission Taxation and Dynamics of Fossil Fuel Markets*, entre otros.

tados flexibles y asimismo que permitan trabajar a un gran número de empresas.[38]

Este propósito fue considerado por la II Conferencia de la ONU sobre Medio Ambiente y Desarrollo Sostenible, que estableció: "Los Estados deberán promulgar leyes eficaces sobre el medio ambiente. Las normas ambientales, y los objetivos y prioridades en materia de ordenación del medio ambiente, deberían reflejar el contexto ambiental y de desarrollo al que se aplican. Las normas aplicadas por algunos países pueden resultar inadecuadas y representar un costo social y económico injustificado para otros países, en particular los países en desarrollo". También estableció el principio según el cual "Los Estados deberían cooperar para promover un sistema económico internacional favorable y abierto que llevara al crecimiento económico y al desarrollo sostenible de todos los países, a fin de abordar en mejor forma los problemas de la degradación ambiental (...)".[39]

En nuestro ordenamiento constitucional encuentro una barrera infranqueable, violatoria de la frontera de la tolerancia a la que hago referencia anteriormente, la que no puede trasbasarse por prohibición de nuestra norma fundamental. En efecto, queda prohibido el ingreso al país de residuos peligrosos como también de material radioactivo. El art. 41 *in fine* expresamente dispone: "(...) *Se prohíbe el ingreso al territorio nacional de residuos actual o potencialmente peligrosos, y de los radiactivos*".

3. *Enfoque particular de los tributos en materia ambiental*

3.1 La Hacienda Pública y su vinculación con la protección del medio ambiente

El Estado no puede soslayar su participación en el diseño de la solución óptima de estos problemas. En Argentina, además y por mandato constitucional, tiene el deber de propender a la protección del derecho a gozar de un ambiente sano. Para cumplir con este mandato constitucional, el Estado es llamado a intervenir dentro del conflicto básico entre ecología y economía cual es el de la prevalencia del principio ecológico de estabilidad, como condición de conservación de la naturaleza y el principio económico de crecimiento. El grado de desarrollo de las naciones tiene efecto sobre el establecimiento de políticas ambientales. Sin embargo los instrumentos económicos a utilizar serán básicamente los mismos, eligiéndose unos u otros según las particularidades de cada país.

La política ambiental es definida como la suma de objetivos y medidas destinadas a regular la interacción de la sociedad con el medio ambiente como sistema natural y comprende aspectos de rehabilitación, conservación y ajuste estructural[40] y, como bien afirma D'Auria[41] demanda la existencia de arreglos institucionales que induzcan a los individuos — en el marco del acuerdo transaccional — a preservar el medio ambiente para el futuro.

La hacienda pública en la medida que fuere, puede ocuparse del tema en función de diversos factores: a) los estímulos tributarios a la industria; b) la responsabilidad es bidireccional, afecta al Estado pero también a los particulares; c) necesariamente deberán compararse los costos de control de la contaminación y d) el carácter transnacional de la contaminación. Todo ello se

38. Breyer, Stephen, *Regulation and Its reform*, Harvard University Press, ed. 1982, p. 271.

39. Cumbre de Río (II Conferencia de las Naciones Unidas sobre Medio Ambiente y Desarrollo Sostenible, Río de Janeiro, junio de 1992), *Principios* ns. 11 y 12.

40. Simonis, Udo E., "Reestructuración industrial para un desarrollo sostenido. Tres puntos de partida", en *Revista del Instituto de Estudios Económicos*, publicación n. 2, de 1990, "Medio Ambiente y Crecimiento Económico", Madrid, p. 196.

41. D'Auria, Giuliano, "The importance of property rights, the market order and the rule of Law in protecting the environment", edición de The Institute of Economic Affairs, IEA, *Studies on the Environment* 13, Londres, 1999, p. 15.

enmarca en la tarea de prevención, de restauración y del mejoramiento del medio ambiente al cual el Estado debe propender, en consecución de bien común.

a) Los ***estímulos tributarios*** a la industria pueden favorecer el impulso económico continuo y de los recursos humanos e incluso el desarrollo más acelerado de aquellos, en forma concordante con la mejor de las condiciones ambientales. La protección y el desarrollo tienen efectos enlazados y dependientes unos de otros debido a que sin la protección del medio ambiente el desarrollo se verá menoscabado y, por el contrario, sin desarrollo la protección ambiental fracasará.

Si se adoptan las políticas apropiadas las ganancias derivadas de la protección ambiental serán elevadas y los costos, en términos de los ingresos que se dejen de obtener, serán moderados.[42] Siempre que sea posible resultará conveniente emplear incentivos en materia de precios e impuestos para alentar la preservación del medio ambiente. Con frecuencia es preferible aplicar políticas sencillas e indirectas sin recurrir a la mera aplicación de tributos los que, en este contexto, puedan representar verdaderas sanciones.

b) ***La tarea política es bidireccional***, porque el estado debe cuidar el medio ambiente pero el particular no queda relevado de dicha tarea tampoco, es un deber para ambos, conforme surge del mandato constitucional del art. 41 de la Constitución nacional. Siempre será útil la ayuda de instituciones eficaces y sensibles a las necesidades que cuenten con los mejores sistemas de información y análisis para determinar las prioridades y elaborar políticas y que coadyuven a la tarea del Estado en esta materia.[43] También es de trascendental importancia el apoyo de proyectos de inversión, asistencia técnica e investigaciones vinculadas con los costos adicionales de actividades que reporten beneficios ambientales.[44] Dichos subsidios asumen importancia superlativa en razón de que usualmente los países en vías de desarrollo han sido renuentes a la aplicación tributos que no tuvieran otro destino que el de la recaudación.

La necesidad de grandes cambios para mitigar estos problemas ambientales ha llevado a los gobiernos a la búsqueda de una diversidad de instrumentos en política ambiental y a investigar la forma de minimizar el costo económico de estos ajustes. Cada vez con mayor frecuencia los gobiernos utilizan importantes incentivos en la incorporación de ecotributos en sus legislaciones.

La participación de los gobiernos ejerciendo su rol de supervisor del medio ambiente crece paulatinamente. Su intervención será necesaria con motivo de la aparición de "externalidades" involucradas en este fenómeno, es decir, el costo que el agente contaminador genera entre otros miembros de la comunidad. Ante tal circunstancia (respecto de lo cual me refiero más adelante) si los gobiernos no estimulan

42. Informe Anual del Banco Mundial, año 1992, p. 62.

43. El Informe Anual del Banco Mundial, año 1992, p. 67, en este sentido describe que la directriz operacional sobre la evaluación ambiental, aprobada en octubre de 1989, es fundamental para la integración de las preocupaciones sobre el medio ambiente en las actividades del Banco. En ella se exige realizar una evaluación ambiental de todos los proyectos que pueden tener importantes repercusiones adversas sobre el medio ambiente. En el año 1992, esta directriz fue revisada con el objeto de requerir que las personas que puedan verse afectadas por los proyectos respaldados por el Banco tengan acceso a la información contenida en la evaluación. La directriz revisada simplifica también el proceso mediante el cual se evalúan todos los proyectos en tramitación para determinar sus posibles repercusiones ambientales y se los clasifica según la probabilidad de que tengan efectos negativos sobre el medio ambiente.

44. Bajo la tutela del Banco Mundial se encuentra el Fondo para el Medio Ambiente Mundial (FNAM) que es un proyecto experimental de tres años de duración que tiene por fin donar fondos para proyectos de investigación en materia de cambios climáticos, agotamiento de la capa de ozono, contaminación de las aguas internacionales y estudio de la diversidad biológica (cfr. Informe del Banco Mundial, año 1992, p. 68).

la solución de los problemas ambientales los agentes contaminadores no tendrán razones para incorporar esos costos que motivan las externalidades.[45]

c) El desarrollo de una política óptima en el control de la contaminación no puede soslayar la ***necesidad de comparar entre los costos de la polución y los costos de su control.*** Desde el punto de vista económico, la contaminación será reducida hasta el punto en que los beneficios de la sociedad por la reducción del fenómeno contaminante sean mayores que el costo del control de la misma, en otras palabras, cuando el perjuicio marginal de la polución iguale al beneficio marginal de la actividad contaminadora.

Los patrones de reducción del fenómeno consistirán en regulaciones diversas, y con tal propósito deberá analizarse cuales de los instrumentos a utilizar pueden resultar más económicos que otros y de que forma puede favorecerse al desarrollo industrial sin entorpecerlo.

Comparándolo con las regulaciones convencionales tendientes al control de la polución resulta que los mecanismos de mercado como las cargas tributarias, los impuestos y los permisos tienen básicamente tres atractivos: (a) permiten a las compañías y a los individuos elegir entre reducir la polución cuando los costos de abatimiento son mas convenientes; (b) los instrumentos de mercado contemplan un continuo incentivo para la reducción de los productos y procesos contaminantes, considerando que las regulaciones son solo mínimamente obedecidas y (c) pueden elevar la recaudación facilitando otros cambios en la política ambiental y promoviendo sus reformas.[46]

Muchas veces se hace uso de la imposición sobre las emisiones que específicamente se aplican sobre unidades de polución emitidas, por ejemplo en el mayor número de emisiones de dióxido de carbono (vehículos, energía industrial por combustión, etc.). Pero esta alternativa implica una medición difícil. Es por ello que las limitaciones técnicas a la medición de la polución requiere la creación de nuevos procedimientos administrativos que, obviamente, se vinculan con los costos administrativos.

En cambio la tributación sobre las unidades de polución emitidas, utilizando los sistemas tributarios que persiguen objetivos de control gozarán de menor receptividad dado que, en general, tienen una finalidad eminentemente sancionatoria.[47]

La imposición directa tiene el inconveniente de definir la base de imposición sobre la cual recaerá el tributo. Cuando esta es insuficiente, la política basada en la aplicación de impuestos no es apta para reducir el fenómeno en la forma eficiente. He aquí que los problemas particulares de los aspectos ambientales pueden elegirse independientemente de la elección de procedimiento. También se torna inadecuada la imposición cuando se trata de estructuras ecoimpositivas destinadas a regiones amplias y cuando la contaminación es discontinua en el tiempo.

45. IFA, Congres 1993, Seminar C, "Environmental Taxes and Charges", I.b)1., edición Kluwer, La Haya, Holanda, 1995.

46. IFA, Congres 1993, Seminar C, "Environmental Taxes and Charges", I.b)1., edición Kluwer, La Haya, Holanda, 1995.

47. 50th Congress of the International Institute of Public Finance Public Finance, Environment and Natural Resources, Harvard University, agosto de 1994, en particular los siguientes trabajos presentados: Bohm, Peter, *Government Revenue Implications of Carbon Taxes and Tradeable Carbon Permits: Efficiency Effects*; Hoel, Michael, *The role of a carbon tax in environment and fiscal policy*; Mc Guire, Thereses y Smith, Theresa M., *The impact of environmental issues on financing and objectives of surface transportation provision in the US*; Smith, Roger S., *Taxes on motor vehicles and their use in the European Community Environmently sensitive trends?.* Cfr., también, el art. 45 de la Constitución española en cuyo inciso 3) expresamente establece "Para quienes violen lo dispuesto en el apartado anterior, en los términos que la ley fije, se establecerán sanciones penales o, en su caso, administrativas, así como la obligación de reparar el daño causado". Westin, Richard A., *Environmental tax inicitatives and multilateral trade agreements: dangerous collisions*, Kluwer Law International, La Haya, 1997.

En otros casos se recurre a los incentivos por el control de la contaminación. Estos serán de mayor eficacia a la sanción mediante la imposición, pues el agente evaluará la conveniencia de optar por aquellos dado que, en general, viabiliza la realización de sus objetivos comerciales. Así, la depreciación acelerada puede controlar la polución o eficientizar la inversión tendiente a minimizar la polución. Es mejor incentivar que penalizar, estimular la inversión en controles de la contaminación que sancionar con gravámenes cuyo cumplimiento tienen por efecto asfixiar a la actividad industrial, cuando no crean un clima de incertidumbre sobre los alcances de su cumplimiento.

d) Otro problema que debe contemplarse es el fenómeno de la contaminación internacional, pues ya no se limita a las fronteras de los países sino que el problema las traspasa. En ciertos casos las políticas tributarias en materia de medio ambiente deben considerar que los efectos la generación de polución actualmente supera a las fronteras de las naciones. En efecto, en muchos países industrializados los artífices de las políticas sobre contaminación ambiental están considerando la contaminación originada en ciertos efluentes industriales cuyas consecuencias se transforman en un problema de alcance mundial, por ejemplo, el efecto invernadero y la lluvia ácida,[48] entre otros.[49]

e) En resumen, una política tributaria vinculada con los compromisos ambientales tiene que: (i) considerar el deber del Estado como un partícipe necesario en la resolución de los problemas en virtud de que los particulares no siempre pueden — individualmente — consensuar las alternativas de solución; (ii) evaluar la gama de instrumentos económicos a los cuales puede recurrir cuidando de no tornar inoperable a la actividad para lo cual deberá efectuar un profundo análisis de las consecuencias que podrían producirse en su implementación; (iii) incentivar más que penalizar; (iv) evaluar adecuadamente las implicancias políticas de su utilización; (v) meritur los aspectos distributivos y (vi) proyectar su eficacia y eficiencia.

3.2 Principios económicos: las externalidades

3.2.1 Conceptos previos

La búsqueda de la optimización en la asignación de recursos es un principio rector de la economía. Conforme la enunciación formulada por Pareto, ello se logra cuando la eficiencia es el común denominador en la asignación de los recursos. Esto implica que ningún cambio ulterior en la aplicación de los recursos ni los métodos de producción aumentarían el bienestar de una persona sin afectar el de otra.

Se acepta como óptimo todo equilibrio en el que una ganancia posterior de cualquier sujeto se obtendría sólo haciendo estar a otro peor. Cada objeto se produce sobre la base de rendimientos constantes a escala. Ello significa que, de duplicarse los insumos y el trabajo utilizados en la producción de los bienes también se duplicará la producción de cada uno de esos bienes. Debido a que la oferta de los insumos y el trabajo son fijas, es imposible incrementar en forma simultánea la producción de ambos tipos de bienes. Consecuentemente, para acrecentar la producción de uno hay que reducir la del otro.

La empresa siempre tiende a maximizar sus ganancias. Ello se logra cuando el costo marginal es igual al ingreso marginal. Si el ingreso marginal es superior al

48. International Fiscal Association (IFA) Congres 1993, Seminar C, "Environmental Taxes and Charges", I.b), edición Kluwer, La Haya, Holanda, 1995.

49. 50th Congress of the International Institute of Public Finance Public Finance, Environment and Natural Resources, Harvard University, agosto de 1994: Herber, Bernard P., *International environmental taxation in the absence of sovereignity*; Carraro, Carlo y Siniscalo, Domenico, *International coordination of environmental policies and implementation of international environmental agreements*; OCDE, *Climate change, economic instruments and income distribution*, Paris, 1995.

costo marginal, la empresa puede incrementar su ganancia acrecentando la producción. También si el ingreso marginal es inferior al costo marginal, la empresa puede aumentar su ganancia reduciendo su producción. En síntesis, si el costo marginal es igual al ingreso marginal, todo cambio de producción reducirá los beneficios.

El hecho que hace que las empresas produzcan la cantidad óptima es el costo en que incurren para efectuar la producción: cuando más alto sea el costo menor será la producción.

El problema esencial aparece cuando en que el precio de los productos elaborados y que han generado contaminación, no se refleja el daño que causan. El productor tiene pocas razones para instalar costosos equipos para prevenir el fenómeno. Si instala tales equipos y sus competidores no lo hacen, quedará en inferioridad de condiciones, tendrá menos ventas y menos ganancias debido a que sólo él internalizó el costo de la polución.[50]

La formulación inicial de este análisis en la obra de Pigou, quien desarrollara la diferencia entre costos sociales y privados (externalidades) sobre la base de un precedente jurisprudencial británico. El objeto del caso consistía en la demanda promovida por los agricultores de los campos por los que atravesaban las locomotoras del ferrocarril cuya combustión provocaba chispas y, con frecuencia, el incendio de tales campos. Como consecuencia de ello los agricultores debían pagar mayores primas de seguro argumentando éstos que tal diferencial de prima obedecía a la actividad del ferrocarril y no a ellos.

"En la interpretación de Pigou, una cosa son los costos privados — los que las empresas contabilizan — y otros distintos los sociales, los que realmente aporta la comunidad. La diferencia son las externalidades. La distinción entre costos sociales y privados implicaba cuestionar el modelo de equilibrio general, denominado teorema fundamental de la economía del bienestar, cuya conclusión esencial es que el sistema de mercado, actuando en competencia perfecta, hace la mejor asignación posible de recursos de la producción y de bienes de consumo. La tesis es que este hecho — que las empresas experimentan privadamente un costo más bajo que el social — implica que producirán a un nivel por encima del óptimo, absorbiendo recursos productivos que rendirían más en otras empresas, que por consiguiente determinarán que el óptimo global no se logre."[51]

Las externalidades existen cuando la función de utilidad de un sujeto o la función de producción de una empresa incluye una variable que se encuentra bajo el control de un segundo individuo.

Estas son clasificadas como externalidades de consumo o de producción, positivas o negativas. Se entiende por externalidad en el consumo al hecho por el cual la utilidad de un individuo depende del consumo de otro. La externalidad en la producción aparece cuando el producto de una empresa entra como insumo en la función de producción de la otra.[52]

En el análisis económico de la contaminación ambiental puede aplicarse el concepto de externalidad. Concretamente, la polución ambiental es un típico ejemplo de externalidad negativa o deseconomía. El fundamento del "principio contaminador pagador" reposa en el objetivo de la internalización de los costos externos de la contaminación. Entonces, en razón de que esta situación lleva al productor de bienes a evaluar las formas de una correcta asignación de los recursos, el problema de las externalidades es básicamente un *problema de eficiencia.*

50. Breyer, Stephen, *op. cit.*, p. 261.

51. Macón, Jorge, "Equidad y eficiencia en política tributaria", *en Homenaje al 50 aniversario de "El hecho imponible", de Dino Jarach*, publicación de la asociación Argentina de Estudios Fiscales, Buenos Aires, 1994, p. 86.

52. Due, John F. y Friedlaender, Ann F., *Análisis económico de los impuestos y del sector público*, El Ateneo, Bs. As. 1981, pp. 67-8.

Un ejemplo de externalidad negativa de consumo corresponde al caso en el cual los individuos no pueden disfrutar del aire puro por la contaminación provocada por el humo que emana de una planta industrial, o bien no pueden disfrutar de un río por la polución ocasionada por el vertimiento de residuos en él. Otro ejemplo, pero de externalidad negativa de producción está representado por la imposibilidad de una lavandería, cuya exclusiva actividad es el lavado y secado al aire libre de las prendas, debido a que una industria cercana vierte al exterior humo ensuciando a dichas prendas, privándole así a la lavandería de su único medio de sustento.

La esencia de este concepto es que involucra una interdependencia entre dos o más agentes económicos y el hecho de que no se fija ningún precio a tal interdependencia. Podría existir la interdependencia entre los consumidores, entre los productores o entre productores y consumidores. Ello significa que no puede alcanzarse el óptimo pareteano, a menos que el mecanismo de los precios contenga algunos procedimientos de ajuste para la corrección de las externalidades. No debe eliminarse por completo la externalidad negativa sino buscarse la cantidad de externalidad óptima.[53]

Dentro del costo de producción debe considerarse el costo generado por la contaminación. Este costo de la contaminación es externo al del producto. Además es soportado por todos los individuos no sólo el consumidor del producto sino inclusive aquellos que no lo consumen (por ejemplo, los habitantes lejanos de una planta industrial cuya contaminación llega a sus hogares a través del aire o el curso de los ríos contaminados).

Si el precio del producto no incluye el costo del control de la contaminación, el precio final de mercado será artificialmente bajo. Siendo así, la demanda será mayor de la que resultaría de internalizar el costo del control de la contaminación. Este mayor consumo implica que los recursos económicos no se encuentran correctamente asignados pues se ha exigido mas de lo que puede ofrecer.[54]

Puede afirmarse que los bienes y males ambientales tienen mercado, pueden tornarse escasos. También tienen un precio, aunque el mismo no surja del mercado. Así, "el problema de los bienes ambientales es que su precio efectivo parece ser cero simplemente porque no hay mercado, cuando en realidad su precio verdadero es positivo".[55]

Los abundantes e inagotables bienes de la naturaleza, esencialmente libres y gratuitos, por efectos de factores contaminantes, han dejado de revestir tales características. El aire libre, la protección de la cubierta de ozono, los ríos limpios pasaron a tener un precio.

Pero si bien el fenómeno de la contaminación debe solucionarse mediante un mecanismo apto para la internalización de los costos derivados de aquella, no existen evidencias suficientes de que estos denominados "impuestos pigouvianos" produzcan realmente la internalización de costos en el sentido de la optimización, conforme lo sugiere la teoría.[56]

3.2.2 Los costos de transacción

Coase[57] claramente expuso el problema en el trascendente trabajo titulado *The*

53. Pearce, David W., *Economía ambiental*, Fondo de Cultura Económica, México, 1985, pp. 39 y 42.

54. Tarak, Pedro, Ponencia en el Simposio sobre Aspectos Tributarios, Financieros (incluso estímulos) de la Protección Ambiental, organizado por la Asociación Argentina de Estudios Fiscales y la SADARN, Buenos Aires, 1978, p. 4.

55. Pearce, David W., *op. cit.*, p. 43.

56. Macón, Jorge, *op. cit.*, p. 89.

57. Coase, Ronald H., "The problem of social cost", publicado en *The Journal of Law and Economics* 3, octubre de 1960:1-44, por The University of Chicago Press. Puede compulsarse la traducción al castellano en R. H Coase, *La empresa, el mercado y la ley*, Alianza Economía, Madrid, 1994, pp. 121 y ss. Algunas interpretaciones del Teorema de Coase

Problem of Social Cost, ampliamente difundido como el *Teorema de Coase*. La externalidad requiere el concurso de dos o más partes. El ejemplo de Coase describe la siguiente situación: un médico instala su consultorio al lado de una pastelería. El ruido de las máquinas de la fábrica le impide examinar correctamente a sus pacientes. Por ello el médico requiere a la pastelería el cese del ruido. Las máquinas generadoras del ruido son las que producen los productos de la pastelería, razón por la cual el cese del ruido implicaría la desaparición de dicho establecimiento.

La solución eficiente depende de que sufre el mayor daño. Quien sufre la mayor pérdida de ingresos podría pagar al otro lo suficiente para que se mude. La situación se resuelve por medio de una indemnización.

La complicación surge cuando los efectos de la externalidad son difundidos, es decir, son tan amplios que afectan a un número elevado de sujetos. Por ejemplo, los costos de la contaminación ocasionada por el humo de una industria depende del número de personas residentes en los alrededores de la planta.

En estos casos, el principio general a aplicar es claro. Las repercusiones deben reducirse hasta que los costos marginales de su ulterior reducción sean iguales a los beneficios marginales que tal reducción causa a la sociedad. Sin embargo los beneficios y costos causados por combatir la contaminación y llevarla a niveles aceptables pueden ser lo suficientemente elevados como para que la industria contaminadora deje de funcionar o sea trasladada a otro lugar, incrementando así los costos de sus productos.

Consecuentemente, cuando se realiza el análisis de la contaminación en el contexto de la tributación, deben preverse en lo posible los costos y beneficios totales de su control y los costos y beneficios marginales. La moraleja del teorema de Coase radica en que, desde el punto de vista de los resultados, respecto de la empresa que genera contaminación es lo mismo subsidiarla (para que deje de causarlo) o gravarla con un impuesto (para que sea costoso seguir contaminando): ello vincula la solución al ajuste de los costos de transacción.

Aclarando lo expuesto, en dicho teorema no significa que las cosas sean estrictamente iguales, aplicando un impuesto o un subsidio. La afirmación significa que el resultado, en términos de obtener un nivel óptimo de producción, es lo mismo, pero la distribución del ingreso y del bienestar serán naturalmente diferente.[58]

Se maximiza el beneficio social cuando se establece un impuesto igual a los costos marginales de la contaminación al nivel de producción óptimo. La empresa se hará cargo de los costos externos en forma de un impuesto al cual tratará como un costo

pueden consultarse en Baumol, W. y Oates, W., *La teoría de la política económica del medio ambiente*, Bosch, Barcelona, 1982; Due, John F. y Friedlaender, Ann F., *op. cit.*, p. 72; D'Auria, Giuliano, "The importance of property rights, the market order and the rule of Law in protecting the environment", edición de The Institute of Economic Affairs IEA, *Studies on the Environment* 13, Londres, 1999, p. 15; Gillespie, Catherine, "Protecting the environment with property rights, the market and the rule of law", edición de The Institute of Economic Affairs IEA, *Studies on the Environment* 13, Londres, 1999, p. 36; Sala, Luis Franco, *Política Económica del Medio Ambiente*, Cedecs, Barcelona, 1995; Jiménez Hernández, Jorge, *El tributo como instrumento de protección ambiental*, Comares, Granada, 1998, pp. 73 y ss.; Naveira de Casanova, Gustavo, *La política fiscal del medio ambiente y para la protección de los consumidores: su incidencia en el derecho comunitario europeo*, LL 157-799; en 50th Congress of the International Institute of Public Finance Public Finance, Environment and Natural Resources, Harvard University, agosto de 1994, cfr.: Poterba James M. y Rotemberg Julio L., *Pigouvian Taxation of Intermediate Goods When Final Goods Can Be Imported*; Weck-Hannemann, Hannelore y Frey, Bruno S., *Are incentive Instruments as Good as Economists Believe? Some New Considerations*; Wiesner, Eduardo, *The Political Economy of the Environment in Developing Countries: Market Failure and Institutional Response*.

58. Macón, Jorge, "La política fiscal en el contexto de la contaminación ambiental", *Revista Impuestos-1979*, p. 146.

privado. Así, el costo externo se internaliza.[59]

3.2.3 El Estado como mediador en la solución del problema

La contaminación le impone costos externos a la población. Privadamente las partes involucradas pueden negociar efectuándose concesiones recíprocas: el afectado ofrecería un precio al afectante hasta el punto en que el beneficio marginal del afectado iguale al costo marginal de efectuar el pago indemnizatorio. Por su parte el contaminador reducirá su nivel de contaminación al punto que su pérdida marginal — generada por la modificación de su actividad — iguale al beneficio marginal que obtiene por el cobro. Esto significa que los sujetos sin requerir la intervención estatal podrían resolver sus diferencias mediante una indemnización de daños y perjuicios. Esta es una forma eficiente de solucionar las externalidades.

Sin embargo, por la magnitud y complejidad del problema en la mayor parte de los casos es imposible para cada sujeto afectado negociar con el agente contaminante pues los costos de transacción (costes de negociación) serían demasiado elevados, consecuentemente impedirían toda solución.

Ello significa que en la mayor parte de las situaciones la intervención del Estado se torna necesaria porque los costos son tan difusos que no es posible fijarlos sin la intervención gubernamental. Esto es debido a que los costos externos impiden al mercado arribar a una óptima asignación de los recursos y de alguna forma debe asegurarse que la parte favorecida recompense a quien le brinda los beneficios o que la parte mas perjudicada reciba una indemnización de quien produce perjuicio y consecuente costo.

En este contexto los empresarios no pueden realizar todas las ganancias o no tienen que soportar todos los costos causados a otras empresas como producto de su actividad. De esta forma surgen economías y deseconomías externas. Si el sujeto contaminador debe hacerse cargo de los costos sociales derivados de su actividad, que obviamente serán sumamente elevados, su empresa se reducirá y en muchos casos desaparecerá. "El nivel óptimo de contaminación se alcanza cuando los costos de las reducciones ulteriores son iguales a los beneficios que acarrea a la sociedad esas reducciones".[60]

Por último señalo las dos posiciones antagónicas frente al problema que acreditan la dificultad de arribar a soluciones negociadas en los términos precedentemente expuestos.

Para algunos,[61] si la contaminación es un costo externo, nada debería impedir que quienes lo padecen negocien directamente con quienes lo causan a efectos de obtener su reducción o eliminación. Así podrá acordarse de la misma forma en que se venden los bienes en el mercado. También resulta evidente que el sujeto que provoca la contaminación está interesado en la maximización de sus beneficios privados por lo que válidamente puede pensarse que voluntariamente no ofrecerá compensación alguna a quien padezca los efectos nocivos del factor contaminante.

Otros consideran que es irritante que quien padece la contaminación deba subsidiar al contaminador para que se abstenga de hacerlo. Sin embargo, este es un efecto derivado de una actividad legítima cual es la producción de los bienes que recibirá, de una u otra forma, el afectado. Por ello, no es intrínsecamente malo subsidiar al contaminador. Sería un intercambio de derechos.

3.3 Los ecotributos como instrumentos económicos tendientes a la protección del medio ambiente

La OCDE produjo varios trabajos de rigurosidad y profundidad notables. De

59. Pearce, David W., *op. cit.*, p. 99.

60. Due, John F. y Friedlaender, Ann F., *op. cit.*, p. 81.

61. Pearce, David W., *op. cit.*, p. 112.

ellos adopto la definición de instrumentos económicos destinados a la protección del medio ambiente que, en un sentido amplio, los considera como "los instrumentos que implican una transmisión financiera entre los contaminadores y la colectividad (diversos tipos de tasas y cánones, ayudas financieras, créditos de emisiones) como los que apuntan hacia una acción directa en los precios relativos (como es el caso de la fijación de tarifas de los servicios y la fiscalidad de los productos)".[62]

Comparándolos con la utilización de reglamentaciones que definen modelos de conductas a los cuales los agentes deben adaptarse por la presión y coacción que implican para aquellos, por el contrario los instrumentos económicos aportan una señal económica a los mercados y en tal contexto los contaminadores pueden reaccionar libremente.

Básicamente cuatro elementos caracterizan a los instrumentos económicos: (i) la existencia de un estímulo financiero; (ii) la facultad del agente contaminador de reaccionar en forma libre ante ellos; (iii) la intervención estatal y (iv) la finalidad protectora del medio ambiente.

La búsqueda de una mayor eficacia en las políticas medioambientales ha contribuido a su utilización. Cuentan con ciertas ventajas consistentes en una mayor eficiencia, pues en muchos casos minimizan el costo global de la lucha anticontaminante. Asimismo son un estímulo permanente para reducir el fenómeno contaminante o bien para atenuarlo toda vez que permiten mayor flexibilidad al poder público pudiendo cambiar o matizar el tipo de tributo.[63]

El enfoque economicista del problema fue definido por Macón señalando que "la contaminación debe concebirse fundamentalmente como el uso de un recurso por el cual debería pagarse".[64] Existe una amplia gama de instrumentos de tipo económico que sirven para cuantificar, establecer y concretar el "pago" por el uso del mencionado recurso.

Actualmente y cada vez con mayor frecuencia se recurre a estos instrumentos. Sin embargo no se eximen de diversos aspectos negativos, prevaleciendo el hecho de que elevan el costo de la actividad por lo cual afectan a la competitividad de los agentes económicos sujetos a los mismos en relación con quienes no lo están y lesionan de esta forma el criterio de optimalidad. Por otra parte en ciertos casos crean en favor del sujeto contaminante un verdadero derecho a contaminar.

En el marco de la problemática ambiental se relativiza la afirmación según la cual la economía se ocupa de los recursos escasos denominándolos bienes económicos y los que son totalmente gratuitos y disponibles indefinidamente, no interesan al análisis económico.

Algunos recursos que ofrece la naturaleza que fueron esencialmente libres, se han convertido en bienes económicos debido a que la actividad industrial traspasó la frontera de la tolerancia. El sistema económico utiliza sin costo estos recursos generando una inadecuada distribución de los recursos, habida cuenta de que efectuará un uso excesivo del bien libre. Ejemplo de ello es el uso del aire, el agua, el sonido, el filtro solar de la atmósfera, los recursos ictícolas, entre tantos. Concretamente puede visualizarse en el ejemplo señalado precedentemente sobre la lavandería que seca las prendas al aire libre: dicho aire libre es un bien que no tenía precio establecido hasta que es "expropiado" por la industria cercana que libera humo, impidiéndole a aquella continuar con su negocio.

62. OCDE, *Economic Instruments for Environmental Protection*, Paris 1989. Existe una versión en español en la *Revista del Instituto de Estudios Económicos*, publicación n. 2, de 1990, "Medio Ambiente y Crecimiento Económico", Madrid, p. 216.

63. OCDE, *Economic Instruments for Environmental Protection*, Paris 1989. Véase versión en español en la *Revista del Instituto de Estudios Económicos*, publicación n. 2, de 1990, "Medio Ambiente y Crecimiento Económico", Madrid, p. 219.

64. Macón, Jorge, *La política fiscal...*, p. 146.

La OCDE[65] clasificó los instrumentos económicos que mas adelante describiremos. En primer lugar, se encuentran los tributos en general, particularmente los impuestos, tasas y contribuciones especiales. Se incluye en este segmento a los impuestos sobre la contaminación, las tasas por descargas de efluentes o su tratamiento industrial y las contraprestaciones por servicios administrativos vinculados con el uso de productos o residuos peligrosos, etc. En segundo lugar aparecen los subsidios que son modalidades para lograr conductas anticontaminantes, expresados en préstamos o créditos blandos. En tercer lugar, mecanismos de depósitos en garantía, reembolsables. Consiste en el reintegro de las garantías ofrecidas en oportunidad del inicio de una actividad contaminante exigida obligatoriamente por el Estado como condición de inicio de la empresa. En cuarto lugar, el sistema de licencias otorgadas por el Estado a las industrias contaminantes por debajo de un determinado nivel no nocivo o tolerable. El aspecto negativo radica en que podría llegar a configurar un pago por derecho a contaminar. En quinto lugar, los instrumentos financieros consistentes en premios y castigos. Básicamente se emplean en relación con la defensa de la calidad del aire, del agua, del nivel de sonidos, protección del suelo y tareas de limpieza.

Dichos instrumentos económicos usualmente se utilizan en conjunto con los instrumentos reglamentarios.

3.3.1 Objetivo de los ecotributos

Utilizo la expresión ecotributos en razón de su carácter amplio, dado que involucra a los tres componentes de la clasificación tripartita tradicional de tributos: impuestos, tasas y contribuciones especiales. Otros prefieren denominarlos "impuestos verdes" o expresiones similares. Se suman a ellos otros instrumentos económicos directamente vinculados con la tributación como los subsidios e incentivos, los sistemas de licencias, amortizaciones y deducciones especiales, los sistemas de créditos, entre otros.

Los principales objetivos de los ecotributos radican en que: (a) con carácter general los ecotributos son considerados como los instrumentos económicos específicos que apuntan a encarar una conducta compatible con el medio ambiente, sin que simplemente sean una analogía con los impuestos como instrumentos generadores de recaudación. Es decir, son vías aptas para modelar conductas sociales. En el caso particular de los ecotributos su objetivo no es incrementar la recaudación sino minimizar el daño internalizando sus costos de abatimiento sin impedir el desarrollo industrial. Lo contrario es impropio y podría generar efectos perniciosos en el desarrollo desnaturalizándolos; (b) los ecotributos tienen por objeto influir en la conducta de los sujetos pasivos en orden a la reducción de sus actitudes contaminantes; (c) también se los considera como vehículos de indemnización para la sociedad;[66] (d) tienden a crear un incentivo para reducir la cantidad de productos contaminantes.[67] Este éxito depende de un alto nivel de información a la población y la existencia de un ente colector apto; (e) los impuestos sobre productos son

65. OCDE, *Economic Instruments for Environmental Protection*, Paris 1989. Véase versión en español en la *Revista del Instituto de Estudios Económicos*, publicación n. 2, de 1990, "Medio Ambiente y Crecimiento Económico", Madrid, pp. 222 y ss. Puede consultarse también el artículo de Cárdenas, Emilio, "Instrumentos fiscales para la protección del medio ambiente. El caso de los municipios", *Revista Impuestos* XLVIII-B, p. 1.609.

66. IFA, Congress 1993, Seminar C, "Environmental Taxes and Charges", I.C), edición Kluwer, La Haya, Holanda, 1995. Se cita en este trabajo, como ejemplo, el proyecto suizo que destinaría los recursos originados en estos gravámenes al sistema nacional de salud, produciendo una disminución en los costos de esta para los usuarios.

67. IFA, Congres 1993, Seminar C, "Environmental Taxes and Charges", I.b)1., edición Kluwer, La Haya, Holanda, 1995. En algunos países los efectos de dichos impuestos han sido evaluados positivamente como el caso de Suiza donde se ha demostrado que los impuestos sobre las bolsas plásticas han reducido notoriamente su uso.

usados como fuente de financiamiento del costo ambiental, por ejemplo, utilizando tales ingresos para desarrollar dispositivos de seguridad de la contaminación de aquellos productos o reducir el costo del reciclado, consecuentemente facilitándolo.

3.3.2 Parafiscalidad y capacidad contributiva

Teniendo los tributos ambientales metas que trascienden la mera recaudación pues atienden a otra función, parafiscal, modeladora de conductas, tendiente a disuadir comportamientos industriales contaminantes, el principio de capacidad contributiva se desdibuja, si se lo compara con la generalidad de los impuestos.

La capacidad contributiva es fundamento inspirador de todo impuesto. Es la "potencia económica genérica" aplicable sobre "hechos imponibles que manifiesten riqueza".[68] Sólo es capacidad contributiva aquella riqueza que pueda ser detraída sin perjudicar la supervivencia de la organización económica gravada. La potencia económica debe considerarse como condición necesaria pero no suficiente de la capacidad contributiva y debe estar, por tanto, calificada a la luz de los principios constitucionales fundamentales. El principio de capacidad contributiva relativa será el que presida la elección de los métodos impositivos, es decir, de las medidas técnicas que, partiendo de una manifestación de riqueza imponible de un sujeto, conducen a la determinación de la cuantía de la deuda tributaria que por esa riqueza ha de satisfacer. Esos métodos impositivos, que determinan los elementos de cuantificación de la deuda tributaria, resultan de la combinación de los siguientes criterios esenciales: la naturaleza, real o personal, de los hechos imponibles del tributo, la estructura proporcional y progresiva de los tipos de gravamen, y el carácter objetivo o subjetivo del tributo.[69] El legislador podrá escoger libremente las manifestaciones de riqueza que repute relevantes para efectos tributarios, pero siempre deberá proceder a esa elección entre las situaciones de la vida reveladoras de capacidad contributiva y siempre se ha de referir a esta la definición de los criterios de medida del tributo.[70]

Pero en los ecotributos esta garantía en la imposición no rige conforme lo expresado, precisamente por la función metajurídica de estas formas de imposición. Los tributos ambientales (sean impuestos, tasas o contribuciones especiales) no se fundamentan en el principio de capacidad económica. El contribuyente de estos gravámenes no está obligado a contribuir en función de su capacidad contributiva sino porque ha contaminado y debe reparar el daño o velar por el principio de solidaridad (sea cual fuere el fundamento que se atribuya al principio contaminador pagador).[71] Herrera Molina[72] aboga por un mayor control del

68. Moschetti, Francesco, *El principio de capacidad contributiva*, Instituto de Estudios Fiscales de Madrid, España, 1980, p. 73.

69. Sainz de Bujanda, Fernando, *Lecciones de Derecho Financiero*, Ed. Facultad de Derecho Universidad Complutense, 9ª edición, 1991, Madrid, p. 110.

70. Xavier, Alberto, *Manual de Direito Fiscal*, Editorial Facultad de Derecho de Lisboa, 1974, v. I, p. 108.

71. Jiménez Hernández, Jorge, *El tributo como instrumento...*, p. 133, quien señala, refiriéndose a la función publica de preservación del medio ambiente como justificadora de la imposición ambiental, que "dicha concepción en la que se basa la configuración del hecho imponible de los tributos ecológicos es a todas luces discrepante de la concepción tradicional que sitúa al principio de capacidad económica como fundamento de la imposición, más no por ello se aparta de los criterios emanados de la Constitución, según ha interpretado el Tribunal Constitucional [español]". Dicho Tribunal ha sentenciado: "(...) el sistema tributario en su conjunto como cada figura tributaria concreta forman parte de los instrumentos de que dispone el Estado para la consecución de los fines económicos y sociales constitucionalmente ordenados (...) A ello no se opone tampoco el principio de capacidad económica (...) pues el respeto a dicho principio no impide que el legislador pueda configurar el presupuesto de hecho del tributo teniendo en cuenta consideraciones extrafiscales" (STC 37/1987, f.j. 13).

72. Herrera Molina, Pedro, *Derecho Tributario Ambiental*, Marcial Pons, Madrid, 2000, p. 60. En

principio de proporcionalidad, en razón de que los impuestos extrafiscales — como se puede apreciar — no responde al principio de capacidad económica. Bien dice Alonso González[73] que "un tributo extrafiscal en su estado más puro se caracteriza por predominar hasta tal punto el elemento extrafiscal sobre el fiscal, siempre dentro de los márgenes que impone la Constitución (...). El legislador no establece ese tributo para obtener fondos, sino casi puede decirse que para dejar de obtenerlos, pues el fracaso recaudatoria es síntoma de que el fin al que se aspiraba se ha alcanzado".

3.3.3 Estructura de los ecotributos

Por virtud de su esencia tributaria, los ecotributos participan de los caracteres propios de los gravámenes en general. Son obligaciones jurídicas típicamente comparables a los impuestos sobre los consumos específicos pero en el caso su destino no es la recaudación sino disuadir el comportamiento del sujeto pasivo del gravamen, modelar en uno u otro sentido su conducta. Por esta razón, la política de creación de los ecotributos deberá considerar los principios esenciales de la tributación[74] tales como los principios de legalidad, igualdad, equidad, proporcionalidad, certeza y previsibilidad.

La Constitución nacional contiene las reglas sobre la distribución del poder impositivo. El problema principal en relación con los impuestos ecológicos es decidir cual de los niveles estatales ejercerá las facultades para crearlos. Este es un problema de crucial importancia, pues la situación constitucionalmente difiere si se adopta una u otra posición. Asimismo deberá respetarse las limitaciones previstas en la ley de coparticipación conforme a la cual no pueden crearse tributos locales con idéntica base de los coparticipados, como resignación de potestad impositiva.

Los ecotributos deben cumplir con el principio de legalidad en materia tributaria. Es decir, el ecoimpuesto debe derivar de una ley en sentido formal y material emanada del Congreso de la Nación. Asimismo debe previa y claramente definirse la base imponible, el sujeto pasivo y demás aspectos esenciales de la obligación tributaria.

Otro aspecto a contemplar es el principio de igualdad y equidad de tratamiento pues el ecoimpuesto tiende a restringir, a través de un camino indirecto, los comportamientos contaminantes.

Asimismo, la tipificación de los ecotributos debe cumplir con el postulado de certeza y previsibilidad en su configuración. Neumark[75] precisó con meridiana claridad los principios tendientes al logro de una óptima eficiencia de la política fiscal. Estos principios pueden resumirse en suficiencia (que la recaudación tributaria cubra los gastos públicos originados en la necesidad del abatimiento del fenómeno contaminante); capacidad de adaptación (movilidad del sistema fiscal para adaptarse a los requerimientos de las nuevas circunstancias); flexibilidad de la estructura impositiva (adecuando la mayor o menor presión fiscal

relación con el criterio de prescindir del principio de capacidad contributiva en la base de imposición, por el fin extrafiscal de los tributos en análisis, opina el autor que "este planteamiento es inexacto, pues la mera presencia de 'riqueza potencial' en el hecho imponible no supone ninguna garantía de justicia para el contribuyente. En el caso de los impuestos extrafiscales deberá llevarse a cabo, más bien, un control de proporcionalidad. Para ello deberá examinarse, en primer término, si el impuesto es idóneo para conseguir el fin extrafiscal y si ello se realiza con la mínima lesión posible del principio de capacidad económica (*v.gr.*, sin desvirtuar innecesariamente la progresividad del gravamen). Además, deberá ponderarse el bien ambiental conseguido y la lesión del principio de capacidad económica" (pp. 60-61).

73. Alonso González, Luis Manuel, *Los impuestos autonómicos de carácter extrafiscal*, Marcial Pons, Madrid, 1995.

74. IFA, Congres 1993, Seminar C, "Environmental Taxes and Charges", I.b)1., edición Kluwer, La Haya, Holanda, 1995.

75. Neumark, Fritz, *Principios de la imposición*, Instituto de Estudios Fiscales, Ministerio de Hacienda, Madrid, 1974 con la introducción de Fuentes Quintana, Enrique.

según el desarrollo económico); congruencia (las disposiciones tributarias deben observar coherencia engarzándose dentro del sistema legal sin contradicciones con otras normas impositivas); transparencia (importa certeza y comprensibilidad de las normas impositivas, o sea, claridad y precisión); continuidad (permanencia en el tiempo de las normas fiscales, sin alteraciones permanentes); factibilidad (que las formulaciones no sean teóricas sino que puedan concretarse en la práctica, es decir, que no excedan las reales posibilidades de administración); comodidad (mínimos costos para los contribuyentes, en el cumplimiento de sus deberes tributarios) y economicidad (mínimos costos para la administración tributaria).

3.3.4 La ecotributación en el contexto de la integración económica

Bajo ciertas circunstancias la aplicación de ecotributos puede distorsionar las relaciones entre los países miembros del proceso de integración económica, en el caso de nuestro país el Mercosur, debido al tratamiento discriminatorio que se produciría sobre la libre transferencia de bienes, entre productos nacionales e importados. De esta forma puede desvirtuarse el criterio de harmonización que es uno de los pilares de todo proceso de integración.

Dicha harmonización conlleva la idea de ajuste de los sistemas fiscales internos de los integrantes del proceso de integración en la búsqueda de objetivos económicos y sociales supranacionales comunes.

En el ámbito del Mercosur cabe reseñar que el Mercado Común implica "la libre circulación de bienes, servicios y factores productivos entre los países (...) la coordinación de políticas macroeconómicas y sectoriales entre los Estados Partes: de comercio exterior, agrícola, industrial, fiscal, monetaria, cambiaria y de capitales, de servicios, aduanera, de transportes y comunicaciones y otras, que se acuerden, a fin de asegurar condiciones adecuadas de competencia entre los Estados Partes (...)".[76]

Por ejemplo, en materia de incentivos tributarios y dado que estos beneficios generalmente provocan una modificación sustancial de la estructura tributaria de los impuestos a la renta y patrimonio, corresponde que sean armonizados para evitar distorsiones en la localización de las inversiones evitando competencias entre los países.[77]

En resumen, según sea la modalidad que adopten la aplicación de estos gravámenes tienen entidad suficiente para afectar la coincidencia de las políticas tributarias dispuestas por los países integrantes del proyecto de integración. Ello puede producirse, tanto por la aplicación de ecotributos como también por el otorgamiento de incentivos tributarios.

3.3.5 Efectos de los ecotributos sobre la competencia internacional

También desde una perspectiva supranacional, cuando se crea un ecotributo para resolver un problema local se genera una disminución en la producción del bien. Esta circunstancia puede afectar directamente a la competencia internacional, regional o global, consecuentemente se altera la relación costo-beneficio.

Es por ello que estos problemas intentan atacarse a través de la harmonización de políticas de trascendencia internacional. Este principio fue recogido en el Principio 16 de la Declaración de Río sobre Desarrollo y Medio Ambiente, estableciendo que las autoridades nacionales deben promover el uso de instrumentos económicos en relación con sus intereses públicos sin distorsionar el comercio y las inversiones internacionales.

76. Tratado de Asunción, art. 1º.

77. González Cano, Hugo, *Análisis de los sistemas tributarios en el Mercosur*, trabajo presentado en el Seminario ILADT en Italia, Associazioni Italiana per il Diritto Tributario Latinoamericano, Genova, julio de 1992.

Los impuestos sobre productos que contienen sustancias perjudiciales para el medio ambiente son, en general, los impuestos internos que se aplican tanto a manufacturas locales como importadas. Si bien en término medio no ocasionan inconvenientes, los problemas se suscitan con la aplicación de impuestos sobre sustancias específicas utilizadas en determinados productos que se destinan a la exportación.

Es por ello que se propone la utilización de impuestos compensatorios aplicados sobre la importación definitiva de productos similares, con el fin de favorecer la competencia de los productos locales gravados.[78] Sin embargo se torna dificultoso encontrar el punto de equilibrio entre la gravabilidad de los productos locales con los impuestos compensatorios aplicados a la importación de tales productos con la tributación de los productos locales. Por otra parte, las normas del GATT limita la aplicación de derechos compensatorios y el art. 95 de la CEE los prohíbe.[79]

Los productos incluidos en las listas de concesiones del GATT deben estar libres de todo impuesto diferente al indicado en esas listas que conlleven discriminación entre productos de origen nacional y extranjeros.

Comparativamente, la competencia internacional es mas favorecida con la aplicación de ecotributos que con las tasas sobre emisiones. Ello en razón de que los impuestos sobre productos asumen en general la modalidad de impuestos internos, pudiéndose aplicar el principio del país de destino. Consecuentemente, se eximen a las exportaciones en tanto que se gravan a las importaciones.

Los impuestos sobre los productos, en particular, deberán respetar los principios del GATT[80] destinados a prevenir el tratamiento tributario discriminatorio en materia de transferencia de bienes, habida cuenta de que los ecotributos normalmente se aplican como impuestos indirectos.

3.4 Impuestos

3.4.1 Justificación de los impuestos ambientales

Los impuestos ambientales no tienen, como ya señalé, una función primordialmente recaudatoria sino sancionatoria (quien contamina repara el daño generado) o bien modeladora de conductas (estímulo para dejar de contaminar). El Estado, al recurrir a estas formas de imposición debe necesariamente evaluar que el poder de imponer involucra el poder de destruir[81] pues en este

78. IFA, Congres 1993, Seminar C, "Environmental Taxes and Charges", I.b)1., edición Kluwer, La Haya, Holanda, 1995.

79. GATT, artículo VI, punto 3, dispone: "No se percibirá sobre ningún producto del territorio de una parte contratante, importado en el de otra parte contratante, derecho compensatorio alguno que exceda del monto estimado de la prima o de la subvención que se sepa ha sido concedida, directa o indirectamente, a la fabricación, la producción o la exportación del citado producto en el país de origen o de exportación, con inclusión de cualquier subvención especial concedida para el transporte de un producto determinado. Se entiende por 'derecho compensatorio' un derecho especial percibido para contrarrestar cualquier prima o subvención concedida, directa o indirectamente, a la fabricación, la producción o la exportación de un producto".

80. GATT, artículo III: "Trato nacional en materia de tributación y de reglamentación interiores. 1) Las partes contratantes reconoce que los impuestos y otras cargas interiores, así como las leyes, reglamentos y prescripciones que afecten a la venta, la oferta para la venta, la compra, el transporte, la distribución o el uso de productos en el mercado interior y las reglamentaciones cuantitativas interiores que prescriban la mezcla, la transformación o el uso de ciertos productos en cantidades o en proporciones determinadas, no deberían aplicarse a los productos importados o nacionales de manera que se proteja la producción nacional. 2) Los productos del territorio de toda parte contratante importados en el de cualquier otra parte contratante no estarán sujetos, directa ni indirectamente, a impuestos u otras cargas interiores, de cualquier clase que sean, superiores a los aplicados, directa o indirectamente, a los productos nacionales similares. Además, ninguna parte contratante aplicará, de cualquier otro modo, impuestos u otras cargas interiores a los productos importados o nacionales, en forma contraria a los principios enunciados en el párrafo 1".

81. "Mc Culloch *vs.* Maryland", célebre expresión del juez Marshall.

campo podría producirse dicho efecto. De allí la necesaria prudencia sobre la base de un adecuado estudio en la aplicación de estos tributos parafiscales.

La justificación de su aplicación como instrumentos económicos modeladores de conductas[82] puede sintetizarse en dos razones: (a) El impuesto como objetivo en sí mismo, internalizando los costos internos de la contaminación y elevando el sistema en dirección a la optimización, motiva que los sujetos involucrados cambien su conducta a fin de evitar aplicación del gravamen sobre la actividad contaminante que se desarrollan. Consecuentemente, "de no existir un impuesto a la contaminación, el contaminador no se ve impulsado a disminuirla ni a encarar la construcción de una planta para el tratamiento de los residuos. Así el contaminador, carece de interés para hallar nuevas tecnologías tendientes a reducir los residuos o a reprocesarlos".[83] (b) El impuesto como fuente de financiamiento del gasto originado en la implementación de medidas de control directo de la actividad contaminante. Esta posición aparece contradictoria con la definición de impuesto como prestación pecuniaria, cuyo producido ingresa a las cuenta generales destinado a los gastos indivisibles del Estado, para acercarse más a la definición de tasa que, como veremos más adelante, genera los recursos para hacer frente a un servicio, es decir, a gastos divisibles.

Como bien señalara Breyer, la verdadera virtud de un impuesto radica en su capacidad de proporcionar incentivos para dirigir el comportamiento hacia una dirección socialmente deseada, sin paralizar la tecnología actual y preservando un grado de elección individual.[84] En otras palabras, tienden a desanimar las conductas contaminadoras y a redistribuir entre un elevado número de agentes, los costos de las instalaciones necesarias para evitar que se produzcan daños ambientales.[85]

3.4.2 El principio contaminador-pagador

Ha sido ampliamente difundido el principio según el cual, "quien contamina paga", elaborado como uno de los principios directores de los aspectos económicos de las políticas ambientales en el ámbito internacional, que elaborara el Subcomité de Expertos Económicos del Comité de Medio Ambiente de la OCDE (1971). Asimismo la II Conferencia de la ONU sobre Medio Ambiente y Desarrollo Sostenible recogió expresamente el principio en análisis estableciendo que "Las autoridades nacionales deberían procurar fomentar la internacionalización de los costos ambientales y el uso de instrumentos económicos, teniendo en cuenta el criterio de que el que contamina debería, en principio, cargar con los costos de la contaminación, teniendo debidamente en cuenta el interés público y sin distorsionar el comercio ni las inversiones internacionales".[86]

Este principio es una aplicación del criterio de eficiencia y su base teórica se encuentra en la noción de externalidad. La finalidad del principio "contaminador-pagador" radica en que quien causa un daño a otros sujetos o a la comunidad deba abonar las sumas necesarias para su resarcimiento.[87] En otros términos, puede sostenerse que el principio "contaminador-pagador", reconoce como causa eficiente el criterio de responsabilidad; en este sentido implicaría que los costos derivados de las medidas que sean indispensables para eliminar la contaminación o reducirla a limites aceptables, deben estar a cargo de los sujetos que las producen.

82. Macón, Jorge, *La política fiscal...*, p. 150.

83. Myrickfriman III, A. y Haveman, Robert H., *Los incentivos económicos y la calidad del medio ambiente. Nuevos Impuestos*, Instituto de Estudios Fiscales de España, pp. 489-550.

84. Breyer, Sthepen, *op. cit.*, p. 271.

85. Martín Mateo, Ramón, *Tratado de Derecho Ambiental*, v. I, España, Trivium, 1992, p. 240.

86. Cumbre de Río (II Conferencia de las Naciones Unidas sobre Medio Ambiente y Desarrollo Sostenible, Río de Janeiro, junio de 1992), Principio 16.

87. Martín Mateo, Ramón, *op. cit.*, v. I, p. 239.

En opinión de Herrera Molina[88] y Jiménez Hernández,[89] desde la óptica constitucional se engarza en el principio de solidaridad, a punto tal que dicha solidaridad se encuentra prevista expresamente en la constitución española (art. 45). Por el contrario, Cano — y coincido con esta fundamentación — expresa que el principio se apoya en dos teorías: (a) En primer lugar en la teoría de la compensación es decir paga quien hace necesaria una acción del gobierno depuradora de la actividad contaminante y tributa en función del costo irrogado a la administración. (b) En segundo lugar en la teoría del valor es decir paga quien se beneficia por el hecho contaminante y tributa en función de las utilidades que obtiene por tal actividad.

Cabe considerar que, en nuestra Constitución, la protección del medio ambiente no recoge textualmente referencia alguna a la solidaridad — si bien implícitamente debería considerarse que influye al momento de dilucidar la *ratio legis* de la norma en cuestión. Para mí, el principio contaminador-pagador se ajuste al carácter sancionatorio que expresamente emana de nuestro texto constitucional al establecer el art. 41 que "(...) *El daño ambiental generará prioritariamente la obligación de recomponer, según lo establezca la ley* (...)". Es una forma de respetar el principio básico de la responsabilidad cual es el de la subjetividad en el accionar como merecedor de una sanción.

Si bien resulta obvio que el sujeto contaminante traslade dichos costos a los compradores de los productos que produce la flexibilidad de la oferta y demanda condicionará dicha traslación. "En definitiva y en términos económicos, envuelve la internalización de las externalidades. Estas últimas son los costos sociales, que antes no se computaban en los cálculos del costo-beneficio y que al adoptar el principio son incorporados a estos traducidos en las contribuciones fiscales y otras erogaciones financieras que el contaminador debe asumir".[90]

Las obligaciones individuales derivadas de tales conductas no eran desconocidas por los ordenamientos tradicionales que preveían la imposición de resarcimientos tanto en el contexto de derecho privado en la forma de relaciones de vecindad, culpa extracontractual, como también en el del público (daños a los bienes del dominio público).

El impuesto utilizado como instrumento moderador de este fenómeno, debe recaer sobre contaminaciones moderadamente degradantes del medio ambiente y sólo en la medida en sea un medio eficaz para su eliminación o atenuación. La solución debería ser sustancialmente diferente si, por el contrario, la actividad industrial genera efectos letales para la vida del hombre, situación que accionaría el poder de policía administrativa aplicando lisa y llanamente medidas administrativas de prohibición o bien llevando el impuesto a límites tales que motiven dicha prohibición.

Finalmente, señalo que existen opiniones opuestas a este principio. Se ha sostenido que no resulta suficiente el principio contaminador-pagador para lograr una mínima defensa del medio ambiente. Además de ello hace falta la adopción de medios jurídicos y económicos concretos, tanto en el momento preventivo como con posterioridad para reducir al máximo los efectos dañinos de la contaminación industrial.

Pero existen grados de admisibilidad de los impuestos ambientales, supuestos en que aún el principio contaminador pagador no atiende a la real importancia del problema. "En la contaminación hay un orden de importancia según la naturaleza del emponzoñamiento e incidencia porcentual en relación al medio afectado. Indiscutiblemente

88. Herrera Molina, Pedro, *Derecho Tributario Ambiental...*, pp. 40 y ss. y 158.

89. Jiménez Hernández, Jorge, *El tributo como instrumento...*, p. 79.

90. Cano, Guillermo J., *Derecho, política y administración ambientales*, Depalma, Buenos Aires, p. 136.

cuando el envenenamiento ha llegado a ser muy nocivo, se impone la decisión urgente de prohibir la fabricación del producto contaminador, cualquiera sean los problemas económicos y sociales suscitados. En tal caso no tiene cabida el impuesto".[91] En otros términos, en grados severos de afectación al medio ambiente, el impuesto — aún bajo la garantía de la reparación por el principio en análisis — no podría proceder.

En este orden de ideas, el Procurador General de la Corte Suprema de Justicia de la Nación señaló en un precedente vinculado con el tema que "El Poder Ejecutivo, al sancionar el Decreto 2.125/78, color de ampararse en una supuesta habilitación legal contenida en el estatuto de OSN, ha incurrido en excepciones reglamentarias que alteran la letra y el espíritu de la Ley 2.797 y de su similar 4.198, que sólo permite a la autoridad administrativa multar a los establecimientos transgresores, clausurarlos y efectuar por cuenta de ellos las operaciones de saneamiento, pero nunca autorizarlos a contaminar, previo pago de una tasa (...). Por tanto, resulta ilegítimo que se pretenda cohonestar la percepción de cuotas de resarcimiento — basada en la habilitación legal proporcionada por el recurso financiero previsto en la Ley 13.577 (t.o. por la Ley 20.324), permitiendo como sostén de tal imposición el vertido de efluentes industriales contaminantes a las aguas públicas, en abierta violación a los principios constitucionales implícitos que protegen el medio ambiente (...). El objeto perseguido por el régimen de cuotas de resarcimiento era estimular a las industrias a construir sus plantas de tratamientos de efluentes líquidos (...). Ni de la letra ni del espíritu de la legislación (Decreto 2.125/78, Leyes 2.797, 4.198 y 13.577) se desprende la finalidad de habilitar a la Administración para que permita la subsistencia de la actividad contaminante, compensando aparentemente el daño público con un resarcimiento monetario".[92]

Cabe también reseñar el que fuera el primer fallo ecológico de nuestra Corte Suprema de Justicia de la Nación, que data del 14.5.1887. Ante los reclamos de los Saladeristas de Barracas que, ante la suspensión de faenas ordenada por ley provincial, demandaron por daños y perjuicios que no prosperó estableciendo el Alto Tribunal que "la autorización de un establecimiento industrial, está siempre fundada en la presunción de su inocuidad, y no obliga al Gobierno que la concedió, cuando esta presunción ha sido destruida por los hechos, pues en tal caso, el deber que sobre él pesa de proteger la salud pública contra la cual no hay derechos adquiridos, recobra toda su fuerza y no solamente puede imponer al establecimiento nuevas condiciones sino retirar la autorización concedida, si estas no se cumplieran o fuesen ineficaces para hacerlos completamente inocuos".[93]

Las dificultades propias del estudio del impacto ambiental en general, provoca distorsiones en la aplicación equitativa de este principio, consecuentemente es frecuente que se desnaturalice, como ejemplo el caso de la tasa ambiental prevista en la Ley 24.051 debido a la particular cuantificación de la base imponible en función de la utilidad presunta de la actividad del agente.

3.4.3 Análisis del costo-beneficio económico

La relación costo-beneficio económico resulta de aplicación incierta sobre las medidas de protección ambiental. Es de compleja comprobación. Ello obedece a que están comprometidos valores fundamentales que no pueden integrarse en el cálculo económico. Es sumamente difícil la respuesta frente al interrogante cuál es el

91. Scotti, Nicolás J., *Impuesto contra la contaminación*, t. I, Estudios Tributarios, p. 185.

92. "Incidente promovido por la querella s/ inconstitucionalidad del Decreto 2.125/78 del PEN", CSJN 19.11.87, Dictamen del Procurador General.

93. Fallos 31:273.

valor de la conservación de la naturaleza para uso y gozo del hombre, de una especie animal o vegetal.[94]

En un enfoque estrictamente axiológico, toda la teorización que eventualmente pueda efectuarse sobre la aplicación de impuestos a la actividad industrial que afecta el medio ambiente, reconoce como interés central al hombre. La actividad industrial genera bienes que representarán, en términos generales, en una mejora calidad de vida aunque en determinados casos en virtud de los materiales empleados y los desechos producidos se produzcan consecuencias que atentan contra el hábitat natural. "En los momentos actuales estamos asistiendo a un auge insospechado en el tratamiento de los problemas del medio ambiente. Esta preocupación con visos de urgencia sobre este tema deriva de la conciencia colectiva sobre la ecología mundial y sobre los riesgos que un futuro habrá de afrontarse de seguir la actual expansión demográfica, tecnológica e industrial. En definitiva, el desarrollo económico de los países habrá de medirse no a través de un índice material, por ejemplo el máximo producto nacional bruto, sino por un índice de bienestar: el máximo u óptimo bienestar social. El simple crecimiento material suele estar reñido con el óptimo de bienestar social, porque la contaminación implícita en dicho crecimiento produce una desutilidad social que será necesario eliminar para alcanzar aquel óptimo".[95]

En reemplazo de la relación costo-beneficio económico aparece la relación costo-beneficio social, que tiene por objeto establecer ya no si se procederá a actuar frente al problema sino que explica el "como" desde la perspectiva financiera. El costo-beneficio social es objeto de una decisión política.

3.4.4 Cuantificación del impuesto

Un aspecto de difícil solución es el referido a la cuantificación del tributo a aplicar sobre la actividad contaminante. Concretamente cuáles son los elementos que permiten conformar la base imponible del gravamen y respetar el postulado contaminador pagador.

La base imponible resulta difusa frente a los procesos de contaminación en los cuales no existe proporción entre el efecto (contaminación) y las variables tradicionalmente consideradas (ventas, producción, salarios, ganancias, valuación de inmuebles, etc.). Es obvio que el estado (nacional, provincial y municipal) debe utilizar los medios necesarios para efectuar una adecuada asignación de los recursos privilegiando el bienestar social en general.

En algunas clases de externalidades (congestión de rutas y la contaminación del agua y aire) es posible aproximarse adecuadamente a las cargas por contaminación pues es posible la aplicación del criterio de la fijación de precios del abatimiento del fenómeno. En otras clases (costos de derrames de petróleo que contamina las playas, destrucción de los recursos ictícolas, etc.) resulta de mayor complejidad.

Predomina en el impuesto sobre la contaminación la finalidad extra fiscal que lo motiva. "Indiscutiblemente, la dificultad básica consiste en una tasa que refleje el costo social de la degradación ambiental. Si el impuesto es menor que el coste social de la degradación contaminante, disminuirá el efecto extra fiscal perseguido, y si lo excede, y la demanda es sensible al inevitable aumento del precio, las empresas contaminadoras podrán verse compelidas a transformaciones apresuradas de difícil concreción".[96]

Para esbozar una alternativa de respuesta, se han elaborado diversos criterios: (a) Que el tributo exigido a los agentes contaminantes sea equivalente a una parte sus-

94. Margariños de Mello, Mateo, Ponencia presentada en el Simposio sobre Aspectos Tributarios y Financieros (incluso estímulos) de la Protección Ambiental, p. 3.

95. Castellano Real, Francisco, *Nuevos Impuestos*, Instituto de Estudios Fiscales de España, p. 59

96. Scotti, Nicolás J., *op. cit.*, p. 187.

tancial del costo que hubiera debido incurrir para aplicar elementos o procedimientos sustitutivos que no generasen contaminación o que llevasen ésta a límites sensiblemente menores. Esto es pues el coste equivalente al coste marginal de producción. (b) Que el impuesto sea equivalente al costo de los productos que necesariamente deben emplearse para neutralizar la contaminación ya efectuada. Esto es igual al coste social marginal de contaminación. (c) Finalmente, si la alícuota del gravamen se colocase a niveles notoriamente altos, el efectos que se lograría sería la prohibición de la actividad contaminante como consecuencia del gravamen. Se utiliza el impuesto como instrumento para inhibir por completo la actividad cuestionada.

Considero que en los dos primeros criterios expuestos se produce un efecto colateral que merece atención. En general la contaminación se extiende a lugares distintos de donde ella se provoca. Por ejemplo la contaminación que producen los motores de automóviles y la que producen un proceso industrial desarrollado en una gran planta que genera la contaminación a través de chimeneas si el impuesto se aplica sobre el dueño de la refinería y sobre el dueño de la planta industrial ellos trasladarán el impuesto al consumidor a través del precio. Con ello qué efecto colateral se provoca: la población perjudicada no tendrá menos contaminación, y por añadidura la parte de ella que es consumidora pagará los mayores precios por la misma mercadería.[97]

Con el objeto de que los industriales desarrollen nuevas tecnologías anticontaminantes o moderadoras de este fenómeno "el impuesto debe concordar con el costo social en juego y fundamentalmente que los contaminadores monopolistas u oligopolistas no tengan frente a ellos una demanda muy rígida. Además es menester advertir que si el costo social de la degradación ambiental carece de adecuada estimación de la colectividad, se producirá un desajuste contrario a la eficacia del impuesto. La naturaleza y ubicación del proceso gravado, las posibilidades de control, etc., son variables decisivas para determinar el grado de eficacia de este impuesto. No es lo mismo un impuesto controlable sobre los procesos realizados en una refinería de petróleo, referido al agregado de una sustancia contaminante a la gasolina, que la contaminación que puede cometerse dispersamente en procesos industriales simples. Vuelvo a insistir, el impuesto es uno de los arbitrios útiles para mantener una lucha frontal contra la contaminación. Pero también son muy hábiles los otros arbitrios señalados. De acuerdo a nuestro juicio el más trascendente y permanente es la educación desarrollada con prisa y sin pausa".[98]

Para asegurar un impacto significativo del impuesto para el logro de sus objetivos, debe tomar en consideración que: (a) La base imponible deberá relacionarse lo más cercanamente posible con las consecuencias de los productos sujetos a impuesto. (b) Evaluar la eventual existencia de que los productos sustitutos de los que ocasionan la contaminación. Esta es una muy importante consideración en razón de que si estos no existen, el nivel de la tasa debería situarse elevado, pues de otro modo el ecoimpuesto no tendría un impacto significante.[99] (c) Los productos sobre los cuales recae el impuesto que consecuentemente sean objeto de una modificación en su proceso o utilización, debería reintegrarse dicho sacrificio al agente o, por lo menos, crearse una ventaja impositiva que aliente dicho cambio.

Una de las ventajas comparativas de los ecoimpuestos sobre los productos en relación con las tasas sobre la emisión es que los primeros no requieren el permanente control de su aplicación, es decir, el monitoreo de la contaminación ocasionada por los productos. Al menos en teoría, la tasa del gravamen debería recaer sobre el pro-

97. Scotti, Nicolás J., *op. cit.*, p. 188.

98. Scotti, Nicolás J., *op. cit.*, p. 189.

99. OCDE, *Economic Instruments for Environmental Protection*, Paris 1989.

ducto en función de su potencial generación de contaminación si bien, en la práctica, esto no es siempre factible.

En suma, la alícuota debería ubicarse en función de la evaluación del nivel de impuestos en concordancia con el promedio de los costos causados por el control de la conducta contaminante. Pero si los costos de neutralización del fenómeno son mayores que el promedio, los sujetos pasivos del impuesto tendrán una ventaja derivada del pago del impuesto. Por el contrario, si los costos de neutralización del fenómeno contaminante son menores que el promedio, los sujetos pasivos tenderán a adoptar un comportamiento menos contaminante.[100]

3.4.5 El hecho imponible en los ecoimpuestos: modalidades

A) *Impuestos sobre los productos* — Algunos productos en los proceso industriales son generadores de daños ambientales, razón por la cual conllevan un importante costo social. En orden a la creación de incentivos para reducir el nivel de la contaminación causada por tales productos y de esa forma internalizar el costo social que deriva de su utilización, una primera aproximación podría ser la aplicación de impuestos sobre los niveles de polución emitidos denominados "cargas sobre la emisión". La dificultad en la práctica radica en la complejidad del monitoreo de tales niveles de polución como también la implementación del impuesto. Por estos motivos se ha encarado el problema simplificando la cuestión en la aplicación del impuesto sobre los productos.

Esencialmente los impuestos sobre los productos pueden dividirse en dos categorías: (a) Impuestos que tienen por objeto recaer sobre materiales de producción de productos finales que generan contaminación (por ejemplo, fertilizantes); (b) Impuestos que recaen directamente sobre el producto terminado, por ejemplo, baterías, bolsas de plástico, refrigeradores, pesticidas y solventes. La modalidad que adquieren estos impuestos puede asemejarse a los conocidos impuestos sobre los consumos específicos. A su vez, los impuestos sobre los productos finales pueden presentarse como:[101] (i) La aplicación de un derecho. (ii) La aplicación de un depósito de fondos al cual queda obligado el vendedor del producto con un derecho a devolución de tales fondos cuando el producto es reciclado. Estos sistemas de restitución de depósitos son aplicados en relación con aquellos productos cuyo reciclado favorece a la protección ambiental tales como líquidos reciclables, cubiertas de automóviles, carrocerías de automóviles, baterías con contenidos de ácidos, aceites industriales, siendo en su mayoría productos que generan altos costos en caso de una disposición impropia.

Sobre la valoración crítica de este instrumento la OCDE señala que: (a) No tienen un claro efecto incentivador, sin embargo son muy utilizados por las legislaciones comparadas.[102] (b) Mayoritariamente se aplican para cubrir los gastos ecológicos relativos a productos potencialmente nocivos. (c) Su efectividad medioambiental depende de la medida en que se cubren esos gastos necesarios. (d) No guarda compatibilidad con el principio contaminador pagador.

B) *Impuestos sobre los insumos* — Estos gravan ciertos insumos básicos para

100. IFA, Congres 1993, Seminar C, "Environmental Taxes and Charges", I.c), edición Kluwer, La Haya, Holanda, 1995.

101. Stavins, Robert N. y Withehed, Bradley W., "The greening of America's taxes: pollution, charges and environmental protection", *Policy Report* 13, Progressive Policy Institute, Washington DC, febrero de 1992.

102. Se aplican ampliamente sobre lubrificantes (Alemania, Francia, Finlandia, Italia, Noruega y Países Bajos); azufre en los combustibles (Noruega y Países Bajos); fertilizantes (Noruega y Suecia); pilas de mercurio y de cadmio (Suecia y Noruega); envases no retornables (Finlandia, Noruega y Suecia); productos químicos de base (EEUU); pesticidas (Noruega y Suecia) bolsas de plástico (Italia). Información obtenida de *Economic Instruments for Environmental Protection*, OCDE, Paris, 1989, pp. 33 y ss.

la actividad que genera la contaminación, debido a que ellos son los responsables primarios de tal contaminación.

Se busca con ello modificar el comportamiento de un agente haciéndolo optar por un insumo alternativo menos contaminante. Pero en la eventual aplicación de gravámenes sobre los insumos esenciales debe procurarse la no afectación del principio de eficiencia (concepto de carga excedente o peso muerto elaborado por Mirrles), como tampoco debe afectarse el principio de neutralidad tributaria.

Si bien es una posibilidad que favorece el contralor del manejo de los objetos contaminantes, no es menos cierto que un insumo puede ocasionar contaminación en un proceso industrial pero no en otros. De esta forma se estaría afectado el criterio de optimización de una empresa sin justificativo razonable.

En la actualidad se ofrecen en el mercado naftas con y sin contenido de plomo. Por este medio se podría gravar el consumo de las primeras con mayor intensidad que las segundas sin afectarse — a nuestro criterio — ni los principios de eficiencia, neutralidad ni optimización.

C) *Impuesto sobre el hecho contaminador* — Teniendo por objeto la penalización de la actividad contaminante vía impuestos, no cabe duda que un medio efectivo es aplicarlos sobre los efluentes. Con ello se logra: (a) La internalización de los costos para lograr la optimización en la asignación de recursos. (b) Se procuran fondos o recursos para destinarlos a actividades de saneamiento. (c) Desde la perspectiva axiológica se penaliza al sujeto contaminante.

La dificultad radica en la cuantificación del gravamen, habida cuenta que las emanaciones contaminantes no tienen proporción ninguna con las variables que normalmente constituyen la base imponible.

Sólo pueden juzgarse bajo el criterio de la efectividad medioambiental las cargas cuyo objetivo sea incidir sobre el comportamiento contaminador. Aquellas que tengan una función meramente recaudatoria sólo pueden contribuir indirectamente a la mejora de la calidad del medio ambiente.

Las autoridades señalan otros dilemas. Piensan que los recargos bajos no serían efectivos en tanto que los altos proporcionan actitudes evasivas y discriminaciones ilegales de precios en distintos mercados En principio, existe compatibilidad con el principio contaminador-pagador. Las obligaciones contributivas se imponen de conformidad con la cantidad y calidad de materiales contaminantes descargados en el medio ambiente.

D) *Impuestos diferenciales* — Los impuestos diferenciales tienen propósitos incentivadores y paulatinamente son utilizados por las diversas legislaciones básicamente en lo concerniente a automóviles con catalizadores,[103] con menor cilindrada,[104] uso de naftas sin plomo.[105] Se ha utilizado al impuesto al valor agregado como medio para implementar la diferenciación impositiva.

Valorando críticamente este instrumento podemos afirmar que: (a) Debido a que los sistemas de diferenciación impositiva forman parte de los sistemas tributarios existentes, son relativamente fáciles de aplicar. (b) Como consecuencia de ello, tienen una alta eficiencia administrativa. (c) Es evidente que actúan conforme al principio contaminador pagador.[106]

103. Utilizados en Alemania, Suecia, Noruega donde se privilegia impositivamente a los automóviles de motores "limpios". Información obtenida de *Economic Instruments for Environmental Protection*, OCDE, Paris, 1989, pp. 33 y ss.

104. Utilizado en Alemania y Suecia sobre la base las características del vehículo.

105. En Alemania, Finlandia, Noruega, Países Bajos, Reino Unido, Suecia y Suiza se aplican impuestos diferenciales sobre naftas con plomo favoreciendo de esta forma el consumo de nafta sin plomo. Ello ha provocado la virtual desaparición de la Nafta con plomo de Holanda y Suiza (*Economic Instruments for Environmental Protection* OCDE, Paris, 1989, p. 71).

106. OCDE, *Economic Instruments for Environmental Protection*, Paris, 1989, p. 116.

3.5 Tasas

3.5.1 Enfoque preliminar

Dentro de la clasificación tripartita de tributos, las tasas son las prestaciones pecuniarias exigidas coactivamente por la autoridad pública en carácter de contraprestación por servicio público divisible que dicha autoridad le presta al sujeto o está en condiciones de prestarle.

Este tributo aplicado al campo ambiental ha sido analizado desde dos perspectivas: por un lado significando el medio para responsabilizar al contaminador financieramente; por otro fijando un precio por su actividad imponiendo de este modo un peso económico al responsable por el costo ecológico.

Sin embargo, se ha juzgado que la relevancia de las tasas como instrumentos económicos para la protección ambiental, es limitada.[107] Ello toda vez que algunas de éstas deben tener una justificación específica (como veremos, las tasas administrativas y de uso), en tanto que otras observan enormes dificultades de implementación (las tasas sobre efluentes) que más adelante describiremos.

Su monto debe guardar una razonable proporción con el costo del servicio efectivamente prestado por el Estado al contribuyente obligado aunque no debe implicar una equivalente matemática, pues de allí deriva — a diferencia del impuesto — el derecho del Estado a reclamarla.[108]

La prestación del servicio es el elemento típico del tributo y su ausencia torna improcedente su cobro. El cobro de las tasas presupone la existencia de un requisito fundamental como es que al cobro de dicho tributo debe corresponder siempre la concreta, efectiva e individualizada prestación de un servicio relativo a algo no menos individualizado del contribuyente. Esta tesis fue elaborada por la Corte Suprema de Justicia de la Nación.[109]

Pero no se ha considerado cuestionable que la fijación de la cuantía de la tasa retributiva de servicios públicos se tome en cuenta, no sólo el costo efectivo de ellos en relación a cada contribuyente, sino también la capacidad contributiva de los mismos.[110] Las tasas deben tener relación con el costo del servicio aunque no implica una equivalencia estricta.

A modo de ejemplo, entre otras enuncio las tasas por descarga de efluentes, tasas por tratamiento de efluentes industriales; las tasas originadas en la contraprestación de servicios administrativos o registros, vinculados con la comercialización o uso de productos o residuos peligrosos; tasas por limpieza de calles y paseos públicos; tasas por mantenimiento del aire limpio; tasas por control de ruidos y vibraciones molestos; tasas por mantenimiento del paisaje, arquitectónico o natural deteriorados por carteles publicitarios, etc.

3.5.2 Modalidades de las tasas

Existen diversos modalidades de tasas con funciones ecológicas,[111] las que considero a continuación.

A) *Tasas administrativas* — La administración pública impone derechos para afrontar los costos del servicio de control y autorización. Pueden adoptar la modalidad de *derechos de registración*, como en el caso de la registración de ciertas sustancias químicas o *permisos* para la concesión de realización de operaciones.

La justificación de estas tasas radica en que representan la contraprestación por un servicio público y en principio pueden

107. IFA, Congres 1993, Seminar C, "Environmental Taxes and Charges", I.b)1., edición Kluwer, La Haya, Holanda, 1995.

108. Cfr. CSJN, Fallos 192:20; 234:663; 251:222; 267:176; 270:427; 302:1.425.

109. "Cia. Química S.A. c/ Municipalidad de Tucumán", CSJN, del 3.9.89, *Revista Impuestos* I-XLVII-B, 2.272.

110. Cfr. CSJN, Fallos 234:681, *in fine*.

111. OCDE, *Taxation and the Environment*, Paris 1993, pp. 22 y ss.

ser mensuradas de conformidad con los costos oficiales derivados de la actividad o en función de la ventaja que el contribuyente recibe.[112]

Cuando se fija el importe de la tasa, en principio se está internalizando el costo ecológico derivado de la actividad privada.

La OCDE considera a estas cargas administrativas en línea con el principio "contaminador-pagador". En la Comunidad Económica Europea se ha decidido otorgar estas licencias previo pago para cubrir las cargas derivadas de la fiscalización y control.[113] Por ejemplo, existen derechos de registración de pesticidas (Dinamarca, Finlandia, Francia, Holanda y Suecia, también en EEUU) y de productos químicos (Finlandia y Suecia),[114] encontrándose en ésta línea la registración de automóviles.

La función ecológica de estas cargas administrativas es decididamente limitada pues por definición se encuentran específicamente relacionadas con regulaciones directas que son sumamente complejas para reemplazar.

Sobre la valoración crítica de este instrumento puede afirmarse que: (a) Buscan la financiación de medidas reguladoras directas, como la concesión de licencias y las actividades de control de la autoridad. (b) Tienen efecto redistributivo. (c) Respetan el principio contaminador pagador, toda vez que parte de las tasas se aplican a los contaminadores y no al público en general. (d) Si las autoridades desempeñan mejor las tareas a su cargo, estas tasas pueden ser efectivas, si bien muy pocas veces tales entradas de dinero se destinan al presupuesto de los organismos que trabajan en la ecología pues generalmente tales importes ingresan al presupuesto general.[115]

B) *Tasas de uso* — Sugiere la idea de una tasa pagada por el destinatario de un servicio del Estado por el servicio especialmente conferido dicho sujeto pasivo. De la misma forma que las tasas administrativas, las tasas de uso representan el costo por un concreto y mensurable servicio del Estado y pueden internalizar el costo ecológico futuro y moderar el comportamiento de los agentes contaminadores.

En principio esta clase de tasas tienen una función redistributiva ventajosa ya que el costo del servicio o la ventaja que confiere al usuario puede servir de base para calcular la tasa.

Varios países han impuesto tasas de uso en relación con el vertido de efluentes líquidos y sólidos. Desde la perspectiva ecológica estas tasas pueden — en ciertos casos — mensurar eficientemente el costo del tratamiento de los efluentes. En nuestro país, se puede citar a la tasa prevista en la Ley 24.051, cuya tipificación de la base imponible dudosamente respeta, en nuestro criterio, las garantías constitucionales en virtud de que su cuantificación en base a la utilidad presunta importa una tratamiento desigualitario respecto de los contribuyentes, además de alterar el principio de capacidad contributiva.

Otros ejemplos de tasas de uso se registra en las tasas sobre caminos que son usadas genéricamente en muchos países, por ejemplo Alemania, y recientemente adoptadas por la Comunidad Económica Europea.[116]

C) *Tasas sobre productos* — Son tasas que recaen sobre el precio de los productos utilizados en las diversas fases de la producción que genera contaminación. El costo de la contaminación es indirectamente internalizado, contrariamente con los que ocurre con las restantes clases de tasas.

D) *Tasas sobre efluentes* — Se basan en la cantidad o calidad de la descarga contaminante. Se aplica sobre emisiones aére-

112. IFA, Congres 1993, Seminar C, "Environmental Taxes and Charges", II.d).

113. OCDE, *Taxation and the Environment*, Paris 1993, p. 69.

114. OCDE, *Taxation and the Environment*, Paris 1993, pp. 67 y ss.

115. OCDE, *Taxation and the Environment*, Paris 1993, p. 116.

116. COM (92)405 final (30.9.92).

as, efluentes líquidos y desechos sólidos que se vuelcan a la naturaleza. Se relacionan cercanamente con las regulaciones directas. En la Argentina puede señalarse en esta línea el Decreto 2.125/78, relativo a las cuotas de resarcimiento por el vertido de efluentes industriales contaminantes a las aguas públicas.

Se caracterizan básicamente por: (a) En primer lugar, por aplicarse a una amplia diversidad de producción de efluentes. Las más conocidas tasas sobre efluentes recaen sobre emisiones aéreas;[117] ruidos nocivos y ruidos industriales y derivados de la aviación superiores a ciertos niveles tolerables;[118] efluentes líquidos[119] aplicables sobre la descarga de ciertas sustancias tóxicas en cuerpos líquidos. (b) En segundo lugar porque proyectan una clara evaluación de las política ambiental. "Contrariamente a las tasas de uso, las tasas sobre efluentes no representan el precio por la facilitación del uso de un bien del estado, el énfasis radica en su función como incentivo ecológico. En consonancia con el principio contaminador pagador, las tasas sobre efluentes se aplican sobre el futuro costo ecológico de conformidad con la emisión individual de sustancias peligrosas. Para el productor de la polución, la tasa debería motivar un incremento del costo de acuerdo con el nivel de producción. Debajo de las condiciones normales de oferta y demanda, la tasa pagada por el contaminador debería relacionarse con sistema de precios del mercado. Como resultado, el precio final del producto debería internalizar el costo de la contaminación. Este acercamiento a la ventaja adicional de permitir a los productores completar flexiblemente la elección del más efecto método del costo para reducir la descarga".[120] (c) En tercer lugar porque no se encuentran exentas de desventajas. Los principales cuestionamientos[121] sobre la aplicación de tasas sobre efluentes radican en que: (i) Conforman un nuevo concepto en imposición que no encuadrará fácilmente en el sistema impositivo. (ii) En el plano internacional, distorsiona los objetivos de harmonización tributaria y afecta la competencia internacional. (iii) Son decididamente criticadas por las personas obligadas al pago siendo su aceptación escasa. (iv) Resulta dudosa la trascendencia de su recaudación. (v) Requieren una estructura relativamente compleja y los costos de su administración pueden ser elevados. (vi) Para que puedan aplicarse con un relativo grado de éxito, la alícuota de la tasa debe ser reducida, además, un eventual incremento provocará la oposición a la misma.

Como consecuencia económica debe buscarse la internalización de los costos externos de la contaminación.

3.6 Subsidios e incentivos

Opino que una política tributaria que utiliza instrumentos económicos para mejorar el impacto ambiental, debe privilegiar los estímulos tributarios e incentivos económicos frente al propósito modificar el

117. En Francia se aplica desde el año 1985 (cfr. OCDE, *Taxation and the Environment*, Paris 1993, pp. 35 y ss.). También otros países aplican esta clase de tasas como Dinamarca y Japón, sobre SO2; Finlandia, Italia, Portugal y Suecia sobre SO2 y NO2 (cfr. IFA, Congres 1993, Seminar C, "Environmental Taxes and Charges", II.d), "Environmental Charges").

118. Existe en Holanda, Bélgica, Francia, Alemania, Japón, Suiza, Reino Unido y EEUU, (cfr. IFA, Congres 1993, Seminar C, "Environmental Taxes and Charges", II.d), "Environmental Charges", edición Kluwer, La Haya, Holanda, 1995).

119. Existe en Francia, Alemania, Italia, Holanda, Bélgica, Austria, Australia, Finlandia e Irlanda (cfr. IFA, Congres 1993, Seminar C, "Environmental Taxes and Charges", II.d), "Environmental Charges", edición Kluwer, La Haya, Holanda, 1995; OCDE, *Taxation and the Environment*, Paris 1993, pp. 36 y ss.; OCDE, *Eco Taxes in OCDE Countries: A Survey*, Paris, 1993, n. VIII).

120. Cfr. IFA, Congres 1993, Seminar C, "Environmental Taxes and Charges", II.d), "Environmental Charges", edición Kluwer, La Haya, Holanda, 1995.

121. OCDE, *Economic Instruments for Environmental Protection*, Paris, 1989, pp. 36 a 45. IFA, Congres 1993, Seminar C, "Environmental Taxes and Charges", II.d), edición Kluwer, La Haya, Holanda, 1995.

comportamiento de los agentes mediante la aplicación de tasas o impuestos. No sólo se alentará a optimizar el impacto sino que estas medidas son, por lo general, anteriores o a lo sumo concomitantes con la degradación ambiental razón por la cual resultarán menos costosas que los intentos de corregir dicha degradación posteriormente.

Ahora cabe definir el concepto de incentivo y para ello recurro a la opinión de Lalanne[122] quien opina que los beneficios tributarios son normas que, motivadas en razones ajenas a los principios jurídicos, aún producido el hecho imponible del impuesto se el ordenamiento concede una dispensa total o parcial de la obligación tributaria. Ello así en tanto el otorgamiento de beneficios tributarios tienen por horizonte el logro de finalidades extrafiscales dirigidas a estimular comportamientos o conductas, de allí lo importante del concepto.

Si los gobiernos pueden ofrecer estructuras de incentivos y desincentivos apropiados y que reflejen en forma adecuada los costos ambientales externos, la mayor parte de las inversiones y las actividades de mantenimiento relacionadas con el medio ambiente correrá a cargo de las empresas, y los costos adicionales se reflejarán en los precios que paguen los consumidores. Las opciones resultantes harán que las prácticas acertadas desde el punto de vista ambiental sean más rentables y atractivas.[123]

Los subsidios son apoyos de diversa naturaleza prestados por el Estado a los individuos y empresas pudiendo instrumentarse mediante diversas modalidades. Como fin persiguen la realización de una determinada actividad o comportamiento a través de un medio económico.[124]

En estos casos hay que considerar el costo de equidad. Debe favorecerse la disminución de la carga impositiva de aquellos contribuyentes que realicen fuertes inversiones en materiales y equipos anticontaminantes. Sin embargo los demás contribuyentes podrían considerar esta prebenda como irritante llegando a considerar que ellos deberán absorber, al menos en parte, la incidencia impositiva de que se libera a los beneficiados.

3.6.1 Objetivos

La doctrina[125] los ha clasificado de diversas formas que no sólo tienen una utilidad académica sino que sirven para interpretar su evolución. En primer lugar reseño el preciso distingo efectuado por Macón[126] quien ha visualizado la existencia de dos clases de incentivos: los automáticos y los que requieren trámite previo, operando los primeros por la realización de un acto determinado, por ejemplo, una inversión, condicionando la existencia de los

122. Lalanne, Guillermo A., *Incentivos, subsidios y competencia fiscal dañosa*, Ponencia presentada ante el I Coloquio Internacional de Derecho Tributario, organizado por la Especializaciones en Derecho Tributario de la Universidad Austral (Buenos Aires) y el Centro de Extensión Universitaria (San Pablo, Brasil), en San Pablo, noviembre de 1999.

123. Informe Anual del Banco Mundial, año 1992, p. 63. Cfr. también Runge, C. Ford y Jones, Tom, *Subsidies,tax disincentives and the environment: an overview and síntesis*; Barg, Stephan, *Eliminati ng perverse subsidies: what's the problem?*; Toman, Michael, *Analysing the environmental impacts of subsidies: issues and research directions*; Wolfson, Dirk, *Tax differentiation, subsidies and the environment*, todos publicados en OCDE Documents, titulado *Subsidies and Environment. Exploring the linkages*, Paris, 1996.

124. Giampietro Borrás, Gabriel, *Incentivos tributarios para el desarrollo*, Depalma, Buenos Aires, 1976, p. 62. El tributarista uruguayo define a los incentivos o estímulos económicos como "todo beneficio económico que se confiere directa o indirectamente a alguien, por el Estado, con la finalidad de acentuar una actividad predominantemente económica, tendiente al desarrollo económico y social del país, actividad que de algún modo concierne a quien se le difiere".

125. Sobre el particular, véase "Tax incentives as an instrument for achievement of governmental goals", Reporte General, Surrey, Stanley S. y Sunley Jr. Emil M. en *Cahiers de Droit Fiscal International*, v. LXIa, con motivo del XXX IFA Congres, Jerusalén, 1976.

126. Macón, Jorge, *Las finanzas públicas argentinas, Período 1950-80*, Macchi, 1985, pp. 159 y ss.

segundos a un acto administrativo de la autoridad pública que lo acuerde. La diferenciación no es académica,[127] por el contrario es necesaria para formular el juicio de valor de estos instrumentos que, en la historia de la tributación Argentina, han sido utilizados — en algunos casos — disvaliosamente. En segundo lugar nos referimos a la categorización de Giampietro Borras[128] en incentivos tributarios (hacendistas), crediticios (financieros) y cambiarios (tipos de cambio, revaluaciones).

Sobre la valoración de los incentivos como estimulante de la inversión, no existen formas claras y eficientes para su evaluación.[129]

3.6.2 Justificación

El otorgamiento de incentivos a la inversión reposa en dos premisas fundamentales: la decisión política que refleja el deseo de estimular un determinado comportamiento y por otro lado en la valoración del tributo como posible obstáculo que impide o inhibe la realización de dicha conducta.[130]

Para justificar el sistema de subsidios del Estado dirigido a eliminar o mitigar los efectos de la polución generada por la industria, se han esbozado diversas teorías. Siguiendo en el punto a Tarak en su trabajo citado considero dos de estas:

(a) ***Fundamento en función de un supuesto beneficio. Teoría del beneficio:*** el sujeto contaminante podría considerar que está brindado un beneficio gratuito para la comunidad si se encarga de la limpieza del medio ambiente. Consecuentemente reclama por ello una compensación traducida en un subsidio.

Los opositores de esta teoría sostienen que la contaminación es generada en provecho exclusivo del contaminante, razón por la cual si contamina debe corregir esa nueva situación sin que ello implique ningún beneficio para la comunidad sino un deber de su parte.

Ambas posiciones reconocen circunstancias diferentes. Existe una especie de frontera de contaminación que no puede ser traspasada. Es decir, la naturaleza tiene capacidad de absorción de las sustancias contaminantes pero hasta un cierto limite. Sostiene Tarak que si el accionar del sujeto contaminante no llega a esa frontera, está prestando un servicio gratuito a la comunidad cuando dispone el tratamiento del material contaminante para evitar dicho efecto. Por el contrario, si el sujeto contaminante traspasa esa frontera, los gastos en que incurra para evitar los efectos de la contaminación, sólo estará corrigiendo su propio exceso.

En función de esta idea del servicio prestado por el sujeto contaminador, se sostiene que la comunidad, a través del estado, debe subsidiar a la empresa para financiar la construcción de la infraestructura necesaria para los fines de preservación ambiental, como para los gastos operacionales y de manutención.

(b) ***Fundamento en función de la teoría del derecho de propiedad:*** si el sujeto contaminador ha estado descargando sustancia contaminantes durante mucho tiempo, podría considerarse que adquirió un derecho de propiedad. Siendo un derecho adquirido pretenderá una indemnización

127. Reseñando la evolución de estos instrumentos de política tributaria, Macón (*Las finanzas públicas argentinas...*, p. 163) ubica a los primeros regímenes de promoción automática de las inversiones, en el orden nacional, en la década del'40. Consistían, básicamente en la deducción proporcional de la inversión efectuada en forma adicional a la depreciación normal. Comenzaron a decaer a partir de 1974, quedando en pié los incentivos de trámite.

128. Giampietro Borrás, Gabriel, *op. cit.*, p. 65.

129. Las formas de averiguarlo serían (a) relacionar la inversión bruta interna anual con la ponderación numérica de los incentivos vigentes en dicho año o bien (b) recurrir a un sistema de encuestas, que es de por sí un camino complejo de instrumentar. Cfr. Macón, Jorge, *Las finanzas públicas argentinas...*, p. 166.

130. Soler Roch, María Teresa, *Incentivos a la inversión y justicia tributaria*, Cuadernos Civitas, Madrid, 1983, p. 49.

por vía de subsidios, a efectos de cesar en su actividad.

Es requisito imprescindible para el otorgamiento de un subsidio, que efectivamente se reduzca la contaminación, pues el efecto del otorgamiento de un subsidio a una empresa es distinto en relación con la aplicación de un gravamen sobre la actividad cuestionada. El impuesto implicará una reducción en la producción de bienes; el subsidio será un ingreso adicional sin efecto directo sobre la contaminación, incluso tal vez, la aumente.[131]

Coincidimos con el criterio según el cual se presenta como más ajustado al principio de equidad que se concedan desgravaciones o exenciones que estimulen la inversión en bienes destinados a evitar o disminuir el factor contaminante,[132] convirtiéndose en medios eficaces para la obtención de los fines perseguidos.

3.6.3 Modalidades de los incentivos

Entre otros pueden consistir en:

(a) Asistencia financiera sin contraprestación, como inducción para lograr determinadas conductas positivas o bien para que hacer cesar o lograr una abstención por parte del sujeto.[133]

(b) Préstamos blandos a condiciones de tasas de interés y plazos sumamente acomodados para la empresa, comparados con los prevalecientes en el mercado, con el objeto del financiamiento de la construcción de plantas de tratamiento de las sustancias generadoras de contaminación. Sostiene Cano que "numerosos países usan el sistema de otorgar préstamos a largo plazo y bajo interés, tanto a particulares como organismo públicos locales, para construir obras de aprovechamiento de los recursos naturales o de preservación ambiental".[134]

(c) La amortización de obras de infraestructura a muy corto plazo.

(d) Desgravaciones impositivas hasta sistemas de tratamientos impositivos especiales, según las circunstancias.

(e) Incentivos para la eliminación de desperdicios. Se ha utilizado con suma frecuencia en los Estados Norteamericanos en los cuales se sancionaron leyes que favorecen la destrucción de desperdicios, por ejemplo en relación con la reducción de automóviles viejos destinados a chatarra, bajo pena de multa si no se concreta la destrucción. El Estado paga un premio si se lo destruye en un término adecuado.[135]

3.6.4 Valoración crítica de la utilización de subsidios

Básicamente las principales críticas que se formulan a la utilización de incentivos radica en que: (a) se afecta a la justicia distributiva en virtud de que puede generar un tratamiento inequitativo en relación con la tasa del impuesto; (b) se afecta al principio de neutralidad; (c) contradice el principio contaminador-pagador; (d) son problemáticos en el contexto de la harmonización tributaria; (e) es difícil valorar la contribución de las subvenciones a la eficiencia económica

3.7 Sistema de licencias

Otros instrumentos financieros consiste en la negociación de derechos de emisión. Por debajo de un determinado nivel de contaminación, el Estado concede a las empresas licencias o derechos de contaminación instrumentado en documentos.

Dichos documentos se emiten en relación con un especifico nivel de contami-

131. Macón, Jorge, *Las finanzas públicas argentinas...*, p. 149.

132. Dichiara, Sara, "La política fiscal y la protección ambiental", *Revista Jurídica de Buenos Aires*, Universidad de Buenos Aires, año 1985, p. 183.

133. Cárdenas, Emilio, *op. cit.*, p. 1.609.

134. Cano, G. J., *op. cit.*, p. 144.

135. Pigretti, Eduardo A., "Una nueva posibilidad: el derecho ambiental", *Revista Jurídica El Derecho*, t. 83-829.

nación generalmente igual al que es capaz de absorber la propia naturaleza. Estos *derechos* de contaminación pueden subastarse públicamente, obteniéndose por ese medio los recursos para asignarlos al saneamiento del medio ambiente. También puede ser asignados a las empresas conforme a pautas determinadas.

Estos documentos son al portador y negociables libremente creándose de esta forma un mercado para su circulación.

De esta forma, la potencialidad contaminante se convierte en un recurso económico respondiendo a sus características actuales de bien limitado. Como consecuencia de ello puede ocurrir que una empresa mas eficiente compre esos derechos a otra que lo sea menos, dándole un uso económicamente más eficiente a la capacidad contaminante.[136]

Observo que esto deviene en la posibilidad de considerar la contaminación como un bien económico.

El intercambio de certificados de contaminación persigue dos objetivos fundamentales: (a) La minimización del costo de la lucha contra la contaminación mediante la reducción de emisiones más importantes en los lugares en que son menos costosas, tolerando al mismo tiempo las emisiones de mayor envergadura en los casos en que los costos de purificación son más altos. (b) La conciliación del desarrollo económico con la protección del medio ambiente. Se trata de que puedan realizarse emprendimientos industriales nuevos en zonas determinadas, sin que ello necesariamente importe el aumento de la contaminación en dicho lugar. Con tal propósito, la industria que quiere radicarse en un lugar determinado adquiere los certificados o derechos de contaminación a las instalaciones ya existentes las que, necesariamente, deberán reducir su generación de polución.

La política americana de negociación de emisiones se caracteriza, principalmente, por una transferencia parcial en la toma de decisiones sobre la concepción y ubicación de los equipos de lucha contra la contaminación, facultad que antes recaía sobre los poderes públicos y que ahora se atribuye, con mayor frecuencia, a los gerentes de las industrias. Es generalizada la opinión en el sentido de reconocer ventajas al tráfico de emisiones, desde el punto de vista de la eficiencia económica.[137]

Para su implementación se requeriría un nivel de transparencia y objetividad riguroso. La negociación de emisiones obedece a razones de eficiencia económica. Las medidas de regulación directa obligan a las empresas a buscar soluciones eficientes en cuanto los costos, y son el factor determinante que lleva a presentar una solicitud de negociación de emisiones, que es un acto de carácter eminentemente voluntario.

3.8 Sistema de gastos con propósitos ambientales

Debido a que ciertos gastos no son deducibles de la base imponible del impuesto a las ganancias, se intenta incentivar el comportamiento no contaminante a través de ventajas relacionadas con la deducción de gastos del balance impositivo.[138] Es decir, se crean incentivos para lograr un comportamiento determinado a través de la recompensa consistente en la deducción de gastos o preferencias impositivas.[139] Sin embargo este instrumento ha recibido severos juicios de valor y se encuentran en proceso de declinación.

136. Macón, Jorge, *Las finanzas públicas argentinas...*, p. 148.

137. El sustento del sistema de tráfico de emisiones radica en *The Clean Air Act of 1969*, con enmiendas posteriores. Puede profundizarse el tema en OCDE, *Economic Instruments for Environmental Protection*, Paris, 1989, pp. 88 y ss.

138. Musgrave, Richard A., Musgrave, Peggy B. *Hacienda Pública. Teórica y aplicada*, Mc Graw Hill, 5ª edición, Madrid, 1992.

139. Surrey, Stanley, *Tax incentives as an instruments for achievement of government goal*, General Report, XXX IFA Congres, 1976, Jerusalén. Ver también ponencias de Australia.

Los gastos con propósitos ecológicos conceden un favorable tratamiento al contribuyente que genera contaminación.[140]

Diversas modalidades pueden adoptar los gastos con fines de preservación de la ecología:

3.8.1 Depreciación acelerada

Es probablemente el más amplio método de concesión al gasto ecológico, permitiendo al comprador de bienes que sufren depreciación el beneficio impositivo representado por la posibilidad de tomar grandes deducciones en el inicio de la utilización del bien.[141]

El impuesto a las ganancias en la República Argentina contuvo, hasta fines del año 1978, una disposición que receptaba en la legislación el instrumento del subsidio. En efecto, la ley permitía la amortización acelerada en favor de las empresas industriales que realizaren inversiones en bienes muebles, mejoras, instalaciones u otras obras destinadas al saneamiento industrial, tratamiento de efluentes líquidos y gases, en tanto respondan a proyectos aprobados por la autoridad de aplicación.

Este sistema recogía la experiencia de otros países que ya lo habían implementando (Francia, Japón y Estados Unidos).

No obstante constituir un aporte económico, el sistema de subsidios podría ser menos eficaz de lo previsto. Ello en razón de que las empresas, al momento de la evaluación de la inversión entre el sistema anticontaminante y el que contamina, deberán recibir una ostensible mejora para efectuar dicha inversión anticontaminante, pues de lo contrario será lo mismo contaminar que no hacerlo. Y resulta de dudoso éxito apelar a la responsabilidad del industrial, si la contrapartida de la ventaja tributaria.

Como dato de nuestra legislación puede enunciarse la reciente Ley 24.196 sobre inversiones mineras, reformada por la Ley 25.429, incorporó normas de esta naturaleza. Faculta a la amortización en un tercio por año para los sujetos acogidos al régimen por inversiones variadas.[142] La misma nor-

140. IFA, Congres 1993, Seminar C, "Environmental Taxes and Charges", II. e), edición Kluwer, La Haya, Holanda, 1995. También Whitehouse, Edward, *Tax expeditures and environmental policy*; Sterner, Thomas, *Tax expeditures and environment*, ambos publicados en OCDE Documents, titulado *Subsidies and Environment. Exploring the linkages*, Paris, 1996.

141. IFA, Congres 1993, Seminar C, "Environmental Taxes and Charges", II.d), edición Kluwer, La Haya, Holanda, 1995.

142. Ley 25.429 modificatoria de la Ley 24.196, art. 13 dispone: "Las inversiones de capital que se realicen para la ejecución de nuevos proyectos mineros y para la ampliación de la capacidad productiva de las operaciones mineras existentes, así como aquellas que se requieran durante su funcionamiento, gozarán del régimen optativo de amortización en el impuesto a las ganancias previsto en el presente artículo.

1. Los sujetos alcanzados por el presente artículo podrán optar:

1.1 La aplicación de las respectivas normas que de conformidad con las disposiciones del citado gravamen, resulten aplicables según el tipo de bien del que se trate.

1.2 La aplicación del régimen especial de amortizaciones que se menciona a continuación:

1.2.1 Inversiones que se realicen en equipamiento, obras civiles y construcciones para proporcionar la infraestructura necesaria para la operación, tales como accesos, obras viales, obras de captación y transporte de aguas, tendido de líneas de electricidad, instalaciones para la generación de energía eléctrica, campamentos, viviendas para el personal, obras destinadas a los servicios de salud, educación, comunicaciones y otros servicios públicos como policía, correo y aduana: el sesenta por ciento (60%) del monto total de la unidad de infraestructura, en el ejercicio fiscal en el que se produzca la habilitación respectiva, y el cuarenta por ciento (40%) restante en parte iguales en los dos (2) años siguientes.

1.2.2 Inversiones que se realicen en la adquisición de maquinarias, equipos, vehículos e instalaciones, no comprendidas en el apartado anterior: un tercio por año a partir de la puesta en funcionamiento.

2. Una vez optado por uno de los procedimientos de amortización señalados precedentemente, el mismo deberá ser comunicado a la autoridad de aplicación y a la Administración Federal de Ingresos Públicos, en la forma, plazo y condiciones que las mismas establezcan y deberá aplicarse -sin excepción- a todas las inversiones de capital que se realicen para la ejecución de los nuevos proyectos mineros o para la ampliación de la capacidad pro-

ma dispone, a fin de preservar el medio ambiente en el contexto de las explotaciones mineras, la conformación de un fondo a cargo de las empresas con afectación a este fin específico, siendo deducible en el Impuesto a las Ganancias hasta el límite del 5% de los costos operativos de extracción y beneficio, debiendo restituirse al balance impositivo del gravamen los montos no utilizados al finalizar el ciclo productivo.[143]

También la Ley 25.080 de Inversiones Forestales prevé un régimen de amortización acelerada en el Impuesto a las Ganancias, lo que desde el punto de vista financiero es muy importante. Es decir que las inversiones en obras civiles, construcciones y el equipamiento correspondiente a las mismas para proporcionar la infraestructura necesaria para la operación se podrán amortizar en un sesenta por ciento (60%) del monto total de la unidad de infraestructura en el ejercicio fiscal en el que se produzca la habilitación respectiva y el cuarenta por ciento (40%) restante en partes iguales en los dos años siguientes. A su vez las inversiones en maquinarias, equipos, unidades de transporte e instalaciones que no te describí en el párrafo anterior, se podrán amortizar un tercio (1/3) por año a partir de la puesta en marcha.

En EEUU, el Internal Revenue Code (IRC)[144] desde el año 1980 admite la depreciación acelerada. Anteriormente dicha legislación permitía la recuperación del costo basado en la vida útil del bien. El sistema de depreciación acelerada permite a las empresas elegir recuperar el capital en un período más corto del término de vida útil del bien. La elección de este sistema es electivo para la compañía, no obligatorio.[145]

3.8.2 Deducción total o parcial de gastos

Muchos países permiten la deducción parcial de los gastos incurridos en los bienes destinados al control de la contaminación. Una parte del costo del bien es inmediatamente deducible como gasto en tanto el remanente del costo se deduce conforme su depreciación económica.

3.8.3 Sistema de créditos fiscales

Implica una reducción impositiva por la inversión en bienes destinados a neutralizar la contaminación. Es una figura cercana al subsidio. Asimismo puede incluirse

ductiva de las operaciones mineras existentes, incluidas aquellas que se requieran durante su funcionamiento.

3. En el supuesto de optarse por el procedimiento de amortización indicado en el inciso 1.2 del presente artículo, resultarán asimismo de aplicación las siguientes disposiciones:

a) La amortización impositiva anual a computar por los bienes antes mencionados no podrá superar, en cada ejercicio fiscal, el importe de la utilidad imponible, generada por el desarrollo de actividades mineras, con anterioridad a la detracción de la pertinente amortización y, de corresponder, una vez computados los quebrantos impositivos de ejercicios anteriores;

b) El excedente que no resultare computable en un determinado ejercicio fiscal podrá imputarse a los ejercicios siguientes, considerando para cada uno de ellos el límite máximo considerado precedentemente;

c) El plazo durante el cual se compute la amortización impositiva de los bienes no podrá exceder el término de sus respectivas vidas útiles. El valor residual existente a la finalización del año en el cual se produzca la expiración de la vida útil de los bienes, podrá imputarse totalmente al balance impositivo del citado ejercicio fiscal, no resultando aplicables en estos casos la limitación señalada en el punto a) del presente inciso.

143. Ley 24.196, art. 23: "A los efectos de prevenir y subsanar las alteraciones que en el medio ambiente pueda ocasionar la actividad minera, las empresas deberán constituir una previsión especial para tal fin. La fijación del importe anual de dicha previsión quedará a criterio de la empresa, pero se considerará como cargo deducible en la determinación del impuesto a las ganancias, hasta una suma equivalente al cinco por ciento (5%) de los costos operativos de extracción y beneficio. Los montos no utilizados por la previsión establecida en el párrafo anterior deberán ser restituidos al balance impositivo del impuesto a las ganancias al finalizar el ciclo productivo".

144. Section 168.

145. Amico, Joseph C., *Introduction to the US Income Tax Sistem*, Kluwer Law and Taxation Publisher, Deventer, Holanda, 1993, pp. 33 y 113.

la deducción en el balance impositivo del pago de otros gravámenes. Por ejemplo, en EEUU el IRC admite la deducción de los tributos vinculados con la conservación del medio ambiente, tanto en favor de las sociedades como de las personas físicas.[146]

3.8.4 Exenciones impositivas

Mediante estas franquicias se favorece a la realización de inversiones con fines conservacionistas.

Las modalidades que pueden adoptar las legislaciones para la concesión de estos incentivos es variada. A modo de ejemplo pueden enunciarse las siguientes: (i) El tratamiento impositivo favorable para las inversiones que cumplen una función porcentual de reducción de la contaminación en una determinada inversión, por ejemplo, las inversiones que tienen el 70% de función anticontaminante (Alemania) o la creación de listas de equipos que tienen específicas preferencias impositivas. (ii) Incentivos a las nuevas industrias en relación con las antiguas o desactualizadas, dado que estas en general conservan tecnologías obsoletas (Canadá). (iii) Otras preferencias impositivas se acuerdan a las industrias que adoptan tecnologías no contaminantes como por ejemplo, las que utilizan la energía solar (Portugal y Suiza).

En nuestro ordenamiento jurídico tributario puede referirse a la Ley 25.063, modificatoria del Impuesto a las Ganancias, incorporó una norma exentiva respecto de las ganancias derivadas de la disposición de residuos, obtenidas por las entidades y organismos comprendidos en el artículo 1º de la Ley 22.016 (esto es, sociedades de economía mixta; empresas del Estado; sociedades anónimas con participación estatal mayoritaria; sociedades anónimas con simple participación estatal; sociedades del Estado; empresas formadas por capitales de particulares e inversiones de los Fiscos Nacional, Provinciales y Municipales; bancos y demás entidades financieras nacionales). Se establece como condición para la procedencia de la exención la reinversión de la utilidad en dichas finalidades. Esta norma no se encuentra en vigor por virtud del veto ejercido por el Poder Ejecutivo Nacional a través Decreto 1.517/98 aunque fue mantenida la exención por la ley de insistencia posterior a dicho decreto.

3.9 Servicios prestados por empresas

Corresponden al precio exigido por una empresa cuya ocupación es el traslado de residuos a plantas de tratamiento. Por ejemplo se cuentan las tasas de uso aplicable a los efluentes líquidos respecto de los cuales se trata de liberar el agua de los residuos contaminantes que contiene a través de sistemas depuradores, como las que percibe el Ceamse para la recepción de residuos domiciliarios.

También implica la internalización de los costos externos derivados de la contaminación en razón de que el precio cobrado representará el costo de tratamiento de los residuos con más el margen de utilidad para la empresa.

3.10 Conclusiones

Este trabajo, metodológicamente, tiene dos partes claramente diferenciadas. En la primera elaboro mi opinión respecto de la relación existente entre los conceptos de derechos humanos, medio ambiente y derecho tributario. Parto del análisis de derecho humano como una expresión moderna del derecho natural. Los derechos humanos no son otra forma de expresión de derechos naturales, inherentes a la naturaleza del hombre. Por tanto no considero que la ley positiva pueda crearlos, los derechos humanos existen aún cuando las leyes positivas no lo contemplen, o más grave aún, lo desconozcan.

Asimismo me aparto, expresamente, de toda consideración sobre la ecología como ideología, pues considero que prime-

146. Amico, Joseph C., *op. cit.*, p. 116.

ro está el hombre y luego la naturaleza, en ese orden. El hombre tiene el derecho a servirse de la naturaleza pues fue creada para él, aunque es obvio que tiene la obligación de ejercer un uso racional, inteligente y protector para las generaciones futuras.

Traspasando el fundamento iusfilosófico sobre el cual reposa este trabajo, concluyo en que el derecho a un ambiente sano es un derecho inherente al hombre, un derecho natural y, en el ordenamiento argentino, este derecho natural se encuentra constitucionalizado en el art. 41 de nuestra Constitución nacional. El mandato constitucional se dirige tanto a los administrados como al mismo Estado. A los administrados porque les concede el derecho de utilizar racionalmente los recursos naturales, por lo que es un deber su protección por parte de estos pero también es un derecho de servirse de aquellos para el desarrollo de actividades productivas. Al Estado porque debe velar por la protección del mismo y protección del derecho de servirse de aquellos, sancionando leyes que contemplen las formas de reparación del daño ambiental.

La segunda parte del artículo se refiere a los tributos ambientales y también de determinados instrumentos económicos que tienden a resolver la cuestión. Aún cuando el proceso industrial de bienes, en diversos grados, genere contaminación ambiental implicando ello un mal, el proceso económico debe seguir en funcionamiento. De esta forma la contaminación se transforma en un costo adicional para el proceso industrial el cual debe internalizado. El desarrollo económico persigue la optimización en la asignación de los recursos obrando con eficiencia. Las empresas tienden a maximizar su ganancia, hecho que logran cuando el costo marginal es igual al ingreso marginal.

Estos propósitos se enfrentan con las externalidades negativas o *deseconomías* que impiden la correcta asignación de los recursos y sus efectos lo padecen tanto los consumidores de los productos que ocasionan la contaminación como los que no los consumen. Esto es un problema de eficiencia. Dichas *deseconomías*, cuando no pueden resolverlas privadamente los sujetos, por ejemplo a través de una indemnización, demandan la participación del Estado para tal objetivo. Con tal fin, y por intermedio de la aplicación de adecuados instrumentos económicos, puede favorecerse el nivel óptimo de producción. El nivel óptimo de contaminación se alcanzará cuando los costos de las reducciones ulteriores son iguales a los beneficios que acarrea a la sociedad dichas reducciones. Sin embargo en la generalidad de los casos, resulta complejo cuantificar la base imponible para la aplicación de un impuesto sobre la contaminación.

Los bienes que tradicionalmente fueron libres o gratuitos, por efecto de la contaminación han dejado de serlo. Entonces, la contaminación debe ser considerada como un recurso por el cual debería pagarse.

La implementación de la política ambiental que recurra a los instrumentos económicos inexorablemente debe estar respaldada por un activo y profundo estudio sobre los alcances de los efectos que dichos instrumentos pueden generar, alejándose de generalizaciones abstractas. Tales instrumentos coexistirán con las regulaciones directas.

CADERNOS DE DIREITO TRIBUTÁRIO

O SIGILO BANCÁRIO E O DIREITO À INTIMIDADE E PRIVACIDADE DAS PESSOAS

AURÉLIO PITANGA SEIXAS FILHO

Professor Titular de Direito Financeiro e Tributário da Universidade Federal Fluminense e da Universidade Cândido Mendes e de Direito Administrativo da Economia da Universidade Gama Filho

A questão a ser examinada é a existência ou não de conflito entre o § 1º do art. 145 e o inciso X do art. 5º da Constituição Federal de 1988.

O texto do § 1º do art. 145 especifica o seguinte:

"Sempre que possível, os impostos terão caráter pessoal e serão graduados segundo a capacidade econômica do contribuinte, facultado à administração tributária, especialmente para conferir efetividade a esses objetivos, identificar, respeitados os direitos individuais e nos temos da lei, o patrimônio, os rendimentos e as atividades econômicas do contribuinte".

Equiparando o Estado Democrático de Direito a um condomínio, as despesas do Estado, assim como as despesas condominiais, devem ser rateadas entre os condôminos na proporção das respectivas unidades. Se as unidades forem iguais, as cotas serão iguais para todos. Se desiguais, a cota será dimensionada conforme a característica da desigualdade que será levada em consideração.

Obedecendo ao princípio fundamental da isonomia todas as pessoas jurisdicionadas a um Estado Democrático de Direito devem contribuir de alguma forma para o funcionamento e manutenção desse Estado, seja através de um dever de pagar ou de fazer.

O imposto, desta forma, é um dever que todos têm de contribuir para o financiamento das despesas estatais, rateadas por cabeça, se não houver distinção a ser considerada.

Como, ordinariamente, o imposto consiste em um dever de contribuir para o Estado com uma quantia em dinheiro, o dever tributário deverá ser cumprido na proporção da capacidade de pagar de cada qual.

A desigualdade de capacidade contributiva torna injusto o imposto rateado por cabeça, impedindo, assim, uma uniformidade na tributação, que deve ser seletiva na conformidade da capacidade econômica de cada um, dentro do possível personalizada, sem chegar ao extremo de uma tributação absolutamente individual.

Entre os diversos índices de capacidade econômica das pessoas autorizados expressamente no texto constitucional, está a sua renda, o seu patrimônio imobiliário e mobiliário, razão pela qual o art. 145, § 1º, autoriza, como não poderia deixar de fazê-lo, que a autoridade administrativa encarregada da cobrança dos impostos, identifique a real capacidade econômica das pessoas, bem como fiscalize a sua dinâmica financeira e mutações patrimoniais.

Compatível e complementando este dispositivo constitucional o art. 195 do Código Tributário Nacional especifica:

"Para os efeitos da legislação tributária, não têm aplicação quaisquer disposições legais excludentes ou limitativas do direito de examinar mercadorias, livros, arquivos, documentos, papéis e efeitos comerciais ou fiscais dos comerciantes, industriais ou produtores, ou da obrigação destes de exibi-los".

Ao comentar este artigo do Código Tributário Nacional tive a oportunidade de afirmar:

"A função básica e fundamental da autoridade fiscal é a de aplicar a lei tributária para exigir o seu correto cumprimento pelo contribuinte, fiscalizando o comportamento deste para enquadrá-lo na exata medida da norma tributária.

"Em suma, o § 1º do art. 145 da Constituição de 1988 concede o poder discricionário à autoridade fiscal de identificar o patrimônio, os rendimentos e as atividades econômicas do contribuinte, respeitados os direitos individuais e nos termos da lei.

"Se a autoridade fiscal tem o poder delegado (dever-poder; potestade) de identificar o patrimônio, os rendimentos e as atividades econômicas do contribuinte (no singular), não parece lógico que ele tenha o direito de se recusar a prestar informações à autoridade fiscal sobre seu patrimônio, rendimentos e atividades econômicas, sendo compatível, portanto, com a Constituição de 1988, o art. 195 do Código Tributário Nacional" (*Comentários ao Código Tributário Nacional*, obra coletiva, Rio, Forense, 1997, pp. 489-490).

O dever que tem o contribuinte de revelar às autoridades fiscais os fatos econômicos relevantes para a tributação é tão importante e fundamental, que o seu descumprimento está criminalizado na Lei 8.137, de 1990, no seu parágrafo único do art. 1º.

Sendo o movimento das contas bancárias do contribuinte representativo das entradas e saídas dos seus recursos financeiros, que por sua vez, são elementos essenciais para confirmar ou não a existência de deveres tributários, não pode o contribuinte esconder a sua movimentação bancária da autoridade tributária, nem pode a instituição bancária negar-se a fornecer os extratos das contas bancárias de seus clientes para a mencionada autoridade.

A circulação de mercadorias, a prestação de serviços, a industrialização de produtos, os rendimentos auferidos produzem receitas que, ordinariamente, são depositadas em entidades bancárias, não sendo assim, extravagante, que as autoridades tributárias tenham necessidade de conferir os documentos registrados na contabilidade do contribuinte com os seus extratos bancários.

É verdade que o § 1º do art. 145 da Constituição Federal de 1988 manda respeitar os direitos individuais dos contribuintes.

Assim, não pode ser violado o sigilo da correspondência e das comunicações telegráficas, de dados e das comunicações telefônicas, não significando, contudo, esse direito individual, previsto no inciso XII do art. 5º da Constituição, que o cidadão-contribuinte tenha direito de manter sigilo sobre a existência de operações tributáveis transmitidas através desses meios de comunicação, que legalmente devem ser representadas em documentos e devidamente registradas em livros contábeis e fiscais.

O que é garantido por esse dispositivo constitucional é a inviolabilidade da transmissão desses dados, e não o conteúdo desses dados quando se referirem à matéria econômica ou comercial relevante para a tributação.

Da mesma forma, a intimidade e privacidade das pessoas deve ser inviolável, nos termos do inciso X do mesmo art. 5º, desde que não extrapole para a vida em sociedade, como é a atividade econômica em que a pessoa tem que, necessariamente, prestar contas de seus atos.

O cidadão, empresário ou comerciante, de uma forma ou de outra, tem que prestar contas a seus sócios, ao Fisco, a seus credores, aos consumidores, aos seus vizinhos (silêncio, ecologia), enfim a todos aqueles com quem se relacionar.

Não há a menor dúvida ou questionamento que o interesse coletivo tem predominância sobre o interesse individual, que no caso da intimidade ou vida privada, como os próprios termos estão a indicar a sua interpretação, restringe-se ao insulamento da vida da pessoa.

Desde a criação do imposto de renda, até mesmo as pessoas que não exercem qualquer atividade empresarial, mas que auferem rendimentos, estão sujeitas a prestar contas ao Fisco, não só de suas rendas como de seu patrimônio, havendo ficado bastante reduzido o âmbito de sua vida íntima, de sua privacidade.

Cabe esclarecer, devidamente, que a atividade (procedimento) administrativa de fiscalização dos atos dos cidadãos, em especial, da vida econômica dos contribuintes, não constitui, por natureza, uma rotina extraordinária ou extravagante, que possa causar vexame ou constrangimento às pessoas investigadas.

Na divisão de funções entre os poderes Legislativo, Judiciário e Executivo, cabe a este o dever imposto por leis, de todos os níveis, de conferir a exata aplicação das normas jurídicas, sendo, conseqüentemente, delegado às autoridades administrativas uma potestade (exercício de poder de polícia), de investigar e fiscalizar se as pessoas estão cumprindo corretamente seus deveres jurídicos.

Se, no exercício dessa potestade administrativa é descoberto algum comportamento ou conduta desconforme com os ditames legais, cabe à autoridade administrativa o dever legal de cumprir a sua função, no sentido de obrigar ou compelir o infrator a agir na conformidade de um ato jurídico-administrativo de acertamento do dever legal descumprido, com as respectivas sanções previstas em lei para a infração cometida.

Ninguém tem o direito subjetivo de não ser fiscalizado por uma autoridade tributária, mesmo sem qualquer indício de erro ou falha no pagamento de seus tributos, sendo perfeitamente legítimo e legal que a fiscalização se faça por amostragem.

O Código Tributário Nacional, no seu Título IV regulou a atividade da Administração Tributária, já tendo sido comentado o art. 195. O art. 197 determinou que os bancos, casas bancárias, caixas econômicas e demais instituições financeiras, mediante intimação escrita, são obrigados a prestar à autoridade administrativa todas as informações de que disponham com relação aos bens, negócios ou atividades de terceiros.

Comentei este artigo nos seguintes termos:

"Conforme já foi exposto nos comentários ao art. 195 do Código Tributário Nacional, o sigilo de dados não se aplica para a autoridade fiscal que tem o dever legal de identificar a capacidade econômica dos contribuintes, especialmente quanto ao seu patrimônio, rendimentos e atividades econômicas.

"Neste sentido, como as operações bancárias e financeiras espelham necessariamente atividades econômicas das pessoas, bem como a movimentação do seu patrimônio e dos seus rendimentos, além do que, a legislação bancária brasileira não permite a existência de contas que não sejam identificadas, isto é, são proibidas contas secretas, numeradas ou que de qualquer forma mantenham oculto o seu titular, não há argumentos que possam justificar que as autoridades bancárias possam se recusar a prestar informações às autoridades fiscais.

"Tendo em vista a competência delegada por lei às autoridades fiscais não vejo razão para que seja necessária uma autorização judicial no sentido de fornecimento de informações bancárias às mesmas. O exercício da atividade administrativa não pode ficar dependendo, a cada passo, de uma autorização judicial, na medida em que é mero desempenho de uma função pública expressamente autorizada em lei" (ob. cit., p. 494).

Além de ser uma extravagância uma autoridade judicial receber o poder de tutelar o exercício ordinário de uma função administrativa tributária, não vejo como possa o juiz formular um argumento para negar um pedido formulado por uma autoridade administrativa, adentrando no *mérito* da decisão administrativa, de caráter *discricionário*, como é a escolha de quem deve ser fiscalizado ou investigado.

Já estando assoberbado o Judiciário de ações que lhe compete ordinariamente julgar, não tem cabimento impingir-lhe uma função tutelar da ação investigatória, que de ordinário é uma função administrativa, salvo, naturalmente, examinar, extraordinariamente, algum abuso ou desvio de poder, concretamente materializado.

Conforme demonstrado, os artigos do Código Tributário Nacional reguladores da função das autoridades tributárias são perfeitamente compatíveis com os direitos individuais exaustivamente descritos no texto constitucional de 1988, como também mantém compatibilidade com esses direitos individuais a recente Lei Complementar 105, de 10 de janeiro de 2001, que nada mais faz do que explicitar as formas de obtenção das informações cadastrais das instituições financeiras.

Na parte tributária, o art. 6º praticamente nada acrescentou ao art. 197 do Código Tributário Nacional, já tendo sido expedido o Decreto 3.724, de 10 de janeiro de 2001, que regulamenta como a Secretaria da Receita Federal funcionará na obtenção de informações bancárias e financeiras, restringindo o acesso indiscriminado às mesmas.

Naturalmente, nem toda investigação fiscal, seja de que natureza for, conclui, necessariamente, com a descoberta de alguma infração à legislação tributária, não cabendo ao contribuinte fiscalizado reclamar contra a atividade fiscalizatória que tenha sido desenvolvida em estrita obediência ao respeito que todo cidadão e contribuinte deve receber das autoridades constituídas, sejam elas do Executivo, do Legislativo ou do Judiciário.

Abuso ou desvio de poder, ou quebra do sigilo fiscal, que possam vir a extrapolar o exercício ordinário da função administrativa e, que por isso mesmo, são ilícitos ou infrações que não devem ser formulados preventivamente e por presunção, e contra os quais existem recursos legais ao alcance dos prejudicados.

A ação fiscalizatória das autoridades administrativas, dentro de sua competência legal, não pode produzir o efeito de prejudicar a segurança jurídica das pessoas investigadas, porque ninguém tem direito subjetivo a não ser fiscalizado, como já foi mencionado.

A segurança jurídica necessária para evitar a fuga de investimentos do país é aquela mesma almejada por todos os cidadãos e contribuintes: um ordenamento jurídico estável e claro, contendo somente as regras fundamentais, com exclusão de regulamentos (desregulamentação) que só tenham a função de entravar desnecessariamente a vida das pessoas. Como já tive uma vez a oportunidade de afirmar, é através da educação que se deve melhorar o comportamento das pessoas, e não com leis, regulamentos ou portarias.

CADERNOS DE DIREITO TRIBUTÁRIO

OSSERVAZIONI A MARGINE DELLA PROPOSTA DI MODIFICA DELLA SESTA DIRETTIVA CEE SUL REGIME DI IMPOSTA SUL VALORE AGGIUNTO APPLICABILE A DETERMINATI SERVIZI PRESTATI MEDIANTE MEZZI ELETTRONICI

GIUSEPPE MELIS

Dottore di ricerca in Diritto Tributario nella Seconda Università degli Studi di Napoli Università LUISS – "Guido Carli"

1. Introduzione. 2. La nozione di "prestazione tramite mezzi elettronici" e il relativo oggetto. 3. Cessioni di beni o prestazioni di servizi? 4. La territorialità. 5. Le modifiche in punto di soggettività passiva. 6. Conclusioni.

1. Introduzione

Come è noto, in data 7 giugno 2000 la Commissione Europea ha presentato una proposta di modifica (COM 349/2000) della Direttiva 77/388/CEE per quanto riguarda "il regime di imposta sul valore aggiunto applicabile a determinati servizi prestati mediante mezzi elettronici".

La *ratio* della disciplina contenuta in tale proposta — con la quale la Commissione è intervenuta su rilevanti profili dell'IVA, quali la territorialità e la soggettività passiva del tributo — è essenzialmente quella di evitare che il fattore fiscale possa determinare possibili distorsioni della concorrenza in tale settore e che il prezzo finale di un determinato prodotto sia funzione variabile rispetto a fattori esogeni quali la residenza del fornitore. Nel caso specifico, i fornitori extra-UE possono invero trovarsi in una posizione di vantaggio, in termini concorrenziali, rispetto ai fornitori UE, sia in quanto l'attuale normativa non assicura l'applicazione dell'IVA sulle transazioni elettroniche effettuate da fornitori extra-UE a consumatori privati, sia in quanto il criterio di residenza del fornitore rende imponibili le prestazioni rese a soggetti domiciliati al di fuori dell'UE.

Siamo dunque in presenza delle stesse finalità che nel settore delle telecomunicazioni hanno determinato il Consiglio prima a concedere agli Stati membri la possibilità di introdurre nelle rispettive legislazioni nazionali una deroga al principio generale di territorialità contenuto all'art. 9, par. 1 della Sesta Direttiva, e poi ad emanare la Direttiva 1999/59/CE del 17 giugno 1999, sì da assicurare l'imposizione, all'interno della Comunità, di tali servizi resi a (o utilizzati da) clienti in essa stabiliti. Ed invero, tratto comune ai due settori è indubbiamente la possibilità di operare agevolmente in qualsiasi Stato membro senza la necessità di stabilirvi un centro di attività stabile (es. trasmissione satellitare), così evitando l'integrazione dei presupposti per l'applicazione del principio di territorialità contenuto nell'art. 9, par. 1 della Sesta Direttiva.

Stante l'inadeguatezza delle disposizioni contenute nella Sesta Direttiva CEE a regolamentare il fenomeno in termini di "neutralità"[1] e l'impossibilità, anche a motivo delle differenziate modalità di recepimento delle stesse norme comunitarie negli ordinamenti interni dei singoli Stati membri, di raggiungere una soluzione del problema in via interpretativa, ed accantonata altresì ogni ipotesi di introduzione di nuove imposte specifiche per il commercio elettronico,[2] si è dunque proceduto ad una rivisitazione della disciplina IVA a livello comunitario, onde garantire anche quel principio di "certezza del diritto" — inteso come "contesto caratterizzato da norme chiare e coerenti che riducano i rischi di contrasti e oneri fiscali imprevisti" — che la Commissione ritiene dover accompagnare la disciplina giuridica del commercio elettronico.

Ciò sinteticamente premesso, vediamo in dettaglio i principali profili che caratterizzano il contenuto della Proposta in esame.

2. *La nozione di "prestazione tramite mezzi elettronici" e il relativo oggetto*

L'art. 1, par. 1, ultimo comma della Proposta stabilisce che, ai fini dell'applicazione della nuova normativa, l'espressione "prestazione tramite mezzi elettronici" sta ad indicare "una trasmissione inviata inizialmente e ricevuta a destinazione per mezzo di attrezzature per l'elaborazione, ivi compresa la compressione e memorizzazione digitale di dati, nonché la trasmissione intera, il trasporto e la ricezione via cavo, per radio, tramite mezzi ottici o altri mezzi elettronici, ivi comprese la diffusione televisiva ai sensi della Direttiva CEE/89/552 e la radiodiffusione". Rientrano altresì nella nozione di "prestazione tramite mezzi elettronici", le trasmissioni che avvengono mediante mezzi radiotelevisivi, ad esempio su abbonamento o a pagamento (c.d. "pay-per-view").

Emerge dunque immediatamente la riferibilità della Proposta di direttiva in oggetto al solo commercio elettronico "diretto", caratterizzato appunto dalla circostanza che la prestazione di servizi o la fornitura dei dati relativi all'oggetto del contratto avvengono *on-line*. Si pensi, ad esempio, alla ricezione di informazioni, di servizi di intrattenimento culturale, di traduzioni di testi; oppure allo svolgimento di transazioni *on-line* riguardanti strumenti finanziari; oppure ancora al *downloading* di *software*, brani musicali, film, giochi (c.d. "beni digitali"). Non occorre, naturalmente, che tutto il processo relativo alla transazione avvenga *on-line*: l'ordine e/o il pagamento ben potrebbero ad esempio avvenire mediante

1. Naturalmente, "neutralità" non va intesa soltanto in senso "soggettivo", quale indifferenza del consumatore tra acquistare da un fornitore comunitario o da un fornitore extracomunitario, ma anche in senso "oggettivo", quale indifferenza cioè nell'acquisto di un prodotto digitale mediante mezzi elettronici oppure mediante mezzi tradizionali.

2. Ed in particolare della c.d. *bit tax*, prelevata sulla quantlità di *bits* trasmessi via Internet. La Commissione ha infatti ritenuto che l'introduzione di una tale imposta avrebbe determinato una maggiore imposizione delle attività del commercio elettronico rispetto a quelle del commercio tradizionale. Non sono neanche state considerate quelle proposte, di fonte tedesca, miranti ad introdurre una "ritenuta" IVA su ogni transazione effettuata via Internet per il tramite di carte di credito. Del resto, un simile sistema avrebbe comportato la necessità dell'intermediario di conoscere l'esatta natura dell'oggetto della transazione per determinarne il trattamento IVA e di poter distinguere i pagamenti effettuati per transazioni via Internet da quelli effettuati per altri fini; inoltre, esso avrebbe determinato una "migrazione" dei consumatori verso forme di pagamento alternative. Sul punto, vedi O. Boutellis, *Fiscalité du Commerce Électronique*, in *Droit Fiscal*, 1998, p. 1.048.

canali ordinari. Ciò che rileva è che il servizio sia reso o i dati rilevanti siano "consegnati" o comunque messi a disposizione mediante il mezzo elettronico.

Si tratta naturalmente di una scelta consapevole. La Commissione riconosce infatti che l'acquisto per via elettronica di beni poi consegnati nelle forme tradizionali (c.d. commercio elettronico "indiretto"), non pone problemi diversi da quelli propri delle c.d. "vendite a distanza" (da cataloghi, per telefono, per posta, ecc.). Nel caso di specie, troverà dunque applicazione la disciplina comunitaria prevista per tale tipologia di vendite, trasfusa nel nostro ordinamento negli artt. 38, comma 5, lett. c) e art. 40, commi 3 e 4, d.l. n. 331/1993, con le note conseguenze in tema di documentazione dei corrispettivi.[3]

La definizione di "prestazione tramite mezzi elettronici" richiamata attiene peraltro alle *modalità* di trasmissione, e non anche all'*oggetto* di tale trasmissione.

Questo, infatti, viene individuato, dall'art. 1, n. 1 della Proposta (che aggiunge la lettera f) all'art. 9, par. 2 della Sesta direttiva, stabilendo le nuove norme in tema di territorialità che vedremo) con riferimento alle prestazioni di servizi contenute nell'art. 9, par. 2, lett. c), primo trattino della Sesta direttiva, ovverosia le "attività culturali, artistiche, sportive, scientifiche, d'insegnamento, ricreative o affini, ivi comprese quelle degli organizzatori di dette attività nonché le prestazioni di servizi accessorie a tali attività". A ciò la richiamata disposizione espressamente aggiunge il *software*, l'elaborazione dati e i servizi informatici (*web hosting*, *web design*, ecc.), e la fornitura di informazioni. Pur formando già oggi oggetto di trasmissione in forma elettronica alcune tra le transazioni indicate nella lettere a) dell'art. 9 par. 2, così come quelle indicate alla lettera c) secondo, terzo e quarto trattino del medesimo articolo, la Commissione ha dunque ritenuto di lasciare inalterato rispettivamente il principio del *locus rei sitae* e quello in cui le prestazioni sono materialmente eseguite. Nessuna diversa regolamentazione si ha anche per le prestazioni di cui alla lettera e) della Direttiva (prestazioni pubblicitarie, consulenza e assistenza legale, ecc.), per le quali rimane in vigore il criterio del domicilio del destinatario della prestazione o del luogo di utilizzazione del servizio. Restano ovviamente escluse dalla disciplina in oggetto le stesse prestazioni di cui all'art. 9, par. 2, primo trattino se non fornite mediante mezzi elettronici.

La complessità tecnica della materia non consente diffuse indagini sulla idoneità dell'espressione utilizzata dalla Proposta ad individuare in modo preciso ed esaustivo mezzi ed oggetto propri del commercio elettronico. Va rilevato soltanto come, pur escludendo espressamente la stessa Commissione la volontà di proporre modifiche in ordine al regime fiscale applicabile ai servizi di telecomunicazioni previsto della Direttiva 1999/59/CE del Consiglio, non manchino a tale riguardo elementi di dubbio. La richiamata Direttiva definisce infatti le "prestazioni di servizi di telecomunicazioni" come "le prestazioni di servizi che rendono possibile la trasmissione, l'emissione o la ricezione di segnali, scritti, immagini e suoni o informazioni di qualsiasi natura via filo, per radio, tramite mezzi ottici o altri mezzi elettromagnetici, ivi compresa la cessione e la concessione, ad esse connesse, di un diritto di utilizzazione a infrastrutture per la trasmissione, l'emissione o la ricezione", compresa la "messa a disposizione dell'accesso a reti globali di informazioni", sicché non possono sottacersi le difficoltà di tracciare in modo sempre netto i confini rispetto alla fattispecie oggetto della Direttiva in esame laddove si sia in presenza di

3. Ciò non toglie che la regolamentazione attualmente prevista per tale settore sia fortemente penalizzante, poiché impone la nomina di un rappresentante in tutti quegli Stati membri nei confronti dei quali venga superato il limite di fatturazione. La Commissione si ripromette tuttavia di affrontare tale argomento in un momento successivo, anche se nel breve periodo. Va anche ricordata la disposizione contenuta nell'art. 40, co. 8, d.l. n. 331/93, che disciplina la territorialità delle prestazioni di intermediazione relative ad operazioni su beni mobili.

trasmissione di dati. I servizi di telefonia, telefax, teleconferenza, accesso ad *Internet*, posta elettronica, radiodiffusione, *pay-tv* via cavo e satellitare, e via dicendo tenderanno nel tempo, per via dello sviluppo tecnologico, sempre più ad integrarsi, sì da rendere probabilmente necessario predisporre per il futuro una disciplina sostanzialmente unitaria del "fenomeno tecnologico", tenuto anche conto che la Direttiva 1999/59/CE, diversamente dalla Proposta in esame, da un lato non risolve il problema dell'applicazione dell'imposta per i servizi resi da operatori *extra*-UE a privati consumatori e, dall'altro, opera riferimento al criterio dell'*utilizzazione* dei servizi che invece non ricorre nella disciplina della territorialità delle operazioni del commercio elettronico.[4]

3. Cessioni di beni o prestazioni di servizi?

La Proposta di Direttiva non contiene disposizioni esplicite sulla qualificazione delle forniture elettroniche come "prestazioni di servizi" piuttosto che come "cessione di beni".

Nella Relazione si opera infatti soltanto un fugace riferimento al principio secondo il quale le forniture elettroniche non devono essere considerate alla stregua di beni, bensì assimilate a prestazioni di servizi, specificando sbrigativamente come ciò sia "già chiarito dall'art. 6 della direttiva vigente". Una maggiore consapevolezza "giuridica" neanche emerge dal documento della Commissione COM(98)374, ove si legge che "la politica dell'UE è di considerare alla stregua di servizi i prodotti ordinati e consegnati mediante una rete elettronica. (...) Questa politica è in sintonia con la posizione adottata dall'UE e dai suoi Stati membri in sede di OMC. Nel settore fiscale essa consente inoltre l'applicazione di una normativa chiara".

Il dilemma, che riguarda in realtà esclusivamente i beni c.d. "digitali" — essendo pacifica ed evidente la natura di prestazioni di servizi di numerose operazioni che avvengono su Internet — si pone in termini assai rilevanti, dal momento che, in concreto, la qualificazione in termini di "prestazioni di servizi" piuttosto che di "cessione di beni" — la quale rappresenta ad oggi uno tra i principali punti di scontro tra la Comunità Europea e gli Stati Uniti, invece propensi a considerare i c.d. "beni digitali" come beni veri e propri — comporta notoriamente nell'ipotesi di fornitore *extra*-UE.

Così, per quanto attiene al regime della territorialità, nell'ipotesi di qualificazione come "cessione di beni" dei beni c.d. "digitali" si tratterebbe di una "importazione" ai fini IVA, come tale imponibile nell'ambito della Comunità Europea. In tale ultimo caso, si tratterebbe peraltro di determinarne la base imponibile sia ai fini IVA, sia ai fini dei dazi doganali, tenuto conto che non vi è in tale ipotesi supporto alcuno sul quale tali beni sono "registrati". A tale riguardo, è noto che il legislatore italiano, per il rinvio operato in punto di base imponibile dall'art. 69 d.p.r. n. 633/72 alla legge doganale — che determina la base imponibile IVA con riferimento a quella rilevante ai fini delle imposte doganali la quale, nella specie, fa riferimento al valore del solo supporto magnetico[5] — ha dovuto introdurre con il d.l. 23 febbraio 1995, n. 41 una modifica all'art. 69 medesimo per rendere imponibile ai fini IVA l'*intero* valore del *software* standardizzato (supporto informatico e dati ed istruzioni in esso contenuti), verificandosi altrimenti fenomeni dis-

4. Sul punto, vedi N. Eriksen — K. Hulsebos, *Electronic Commerce and VAT — An Odyssey towards 2001*, in *International VAT Monitor*, 2000, p. 142 e I. Lejeune — J. M. Cambien, *Telecommunication Services — The New Regime as from 1st January 2000*, in *International VAT Monitor*, 1999, p. 151.

5. Ciò in quanto l'art. 167 del regolamento CEE n. 2454/1993 prevede che "per determinare il valore in dogana di supporti informatici importati destinati ad essere impiegati in attrezzature per l'elaborazione dei dati e contenenti dati o istruzioni si tiene conto solo del costo o del valore del supporto stesso".

torsivi della concorrenza. Per gli stessi motivi, ove si qualificasse il *downloading* di "beni digitalizzati" come "cessione di beni", occorrerebbe prevedere la medesima disciplina prevista per la cessione di tali beni su supporti magnetici.[6] La qualificazione in termini di prestazione di servizi determinerebbe invece ovviamente l'applicazione del principio generale di cui all'art. 9, par. 1 della Sesta Direttiva, che conferisce rilievo al luogo di domicilio, di residenza o in cui è situata la stabile organizzazione del soggetto fornitore.

Differenze sussisterebbero anche nel meccanismo di applicazione dell'imposta. Così, ad esempio, per quanto attiene al momento di effettuazione dell'operazione, che per la cessione di beni coinciderebbe con la consegna o spedizione del bene, mentre per la prestazione di servizi con il pagamento del corrispettivo. Inoltre, diversi sarebbero gli adempimenti, poiché non solo per le importazioni non è prevista l'autofattura — riservata dalla normativa italiana alle cessioni di beni e alle prestazioni di servizi *effettuate nel territorio dello Stato* e alle prestazioni di servizi di cui al n. 2 dell'art. 3 poste in essere da soggetti residenti all'estero a soggetti residenti nel territorio dello Stato — la quale in assenza di stabile organizzazione consentirebbe di non versare l'IVA sulle operazioni compiute addossando tutti gli adempimenti fiscali al committente (art. 17, co. 3, d.p.r. 633/72), ma per la "cessione di beni" potrebbero trovare applicazione alcune ipotesi normative, come ad esempio in tema di non obbligatorietà dell'emissione della fattura o la fatturazione c.d. "differita", non eventualmente previste per le prestazioni di servizi.[7]

Da quanto sopra emerge dunque come il problema non riguardi tanto i "prodotti digitali" — atteso che la relativa qualificazione come "cessione di beni" avrebbe perseguito comunque l'obiettivo di "neutralità" — quanto invece le prestazioni di servizi vere e proprie, la cui regola generale di territorialità, nel rendere applicabile l'imposta soltanto ove il prestatore del servizio sia residente in ambito comunitario, non avrebbe consentito il raggiungimento di tale obiettivo,[8] sicché dobbiamo chiederci per

6. Sottolinea le difficoltà di applicare l'art. 69 d.p.r. n. 633/72, così come modificato dal d.l. n. 41/1995, alla trasmissione di prodotti digitali, non esistendo un "supporto informatico", né potendo operare il rinvio generico alla normativa doganale, non trattandosi di una importazione ai fini di detta normativa, M. Giorgi, *Gli Acquisti Attraverso Reti Informatiche: la Disciplina IVA*, in *Rass. Trib.*, 1999, pp. 771 ss.

7. Nessuna conseguenza di rilievo scaturirebbe invece dalla divergente qualificazione delle forniture rese tramite mezzi elettronici in ordine alle operazioni effettuate a titolo gratuito, fenomeno particolarmente rilevante in ambito *Internet* in funzione della importante dimensione quantitativa del fenomeno del *downloading* gratuito di *software*. L'art. 2 della Sesta Direttiva prevede il requisito dell'onerosità sia per le cessioni di beni che per le prestazioni di servizi, e gli artt. 5 par. 6 e 6 par. 2 lett. a) assimilano alle operazioni a carattere oneroso rispettivamente le cessioni di beni e le prestazioni di servizi effettuate a titolo gratuito per fini estranei all'esercizio dell'impresa.

8. A ciò va aggiunta, pur nel caso di soluzione positiva del problema della territorialità mediante l'eventuale estensione di qualche norma speciale, la non possibilità di addossare ad un consumatore finale gli obblighi di autofatturazione in assenza di stabile organizzazione, che rende le prestazioni effettuate difficilmente tassabili. Osserva infatti R. Lupi, *Diritto Tributario. Parte Speciale*, 3ª ed., Milano, 1995, p. 361, che la nomina del rappresentante non è obbligatoria, sicché in sua mancanza l'operazione — ancorché oggettivamente effettuata in Italia — è in pratica legittimamente (anche se implicitamente) esclusa da IVA. Rileva tuttavia L. Carpentieri, *Prestazioni di Servizi Rese in Italia da Soggetti non Residenti: È Sempre Facoltativa la Nomina del Rappresentante Fiscale?*, in *Riv. Dir. Trib.*, 1998, II, pp. 204 ss., che poiché nell'ipotesi di nomina del rappresentante il rappresentato è "solidalmente" obbligato con il primo, ciò significa che il "rappresentato" è già di per sé soggetto di imposta, e come tale deve assolvere l'obbligo di imposta. Il Ministero, dal canto suo, ha previsto tale obbligo per le operazioni intracomunitarie laddove il committente sia un privato consumatore, mentre per le operazioni rese da soggetti extra-UE aveva inizialmente escluso tale obbligo (Circ. 23 aprile 1997, n. 88/E, in *Il Fisco*, 1997, p. 5.216), affermando la non applicabilità dell'imposta in mancanza del rappresentante e in presenza di un'operazione destinata ad un consumatore finale. Con una recente circolare (31 ottobre 2000, n. 162), esso sembra tuttavia avere riconsiderato la questione, sottolineando l'obbligatorietà della nomina del rappresentante fiscale nell'ipotesi in cui il mec-

quale motivo la Commissione abbia preferito considerare i c.d. "beni digitali" come prestazioni di servizi, modificando il regime della territorialità, piuttosto che come "cessione di beni", le cui regole in tema di territorialità sarebbero state sufficienti ad attrarre a tassazione i beni digitali, sia pure accompagnate dalle opportune precisazioni in tema di base imponibile.

Ora, a tale scelta non sono senz'altro estranee considerazioni di unitarietà di disciplina e di ordine pratico. Da un lato, è infatti vero che la quasi totalità delle ipotesi considerate dalla Direttiva quale possibile oggetto di trasmissione elettronica costituiscono evidentemente prestazioni di servizi (attività culturali, artistiche, sportive, scientifiche, d'insegnamento, ricreative o affini, elaborazione dati, servizi informatici, ecc.), sicché una qualificazione complessiva delle transazioni elettroniche come "prestazioni di servizi" — con le necessitate modifiche al regime della territorialità e della soggettività passiva che esamineremo nei paragrafi che seguono — consente certamente di pervenire ad una disciplina unitaria. Dall'altro, va rilevato che ove la cessione di beni digitali fosse stata qualificata in termini di "cessione di beni" avrebbe trovato applicazione la disciplina prevista per le importazioni, con la conseguenza che le imprese avrebbero dovuto versare l'IVA in dogana, non essendo previsto in tal caso dalla attuale normativa comunitaria (art. 21, par. 1, lett. b) Sesta Direttiva) il meccanismo dell'autofatturazione.[9]

Si tratta tuttavia di considerazioni non sufficienti a giustificare una scelta, quella sui "beni digitali", che tocca invece problemi giuridici di notevole complessità — cui in questa sede è soltanto possibile accennare — e coinvolge peraltro sistemi normativi situati a diversi livelli, con i problemi di coordinamento che ne conseguono.[10]

A tal fine, il punto di partenza deve ricercarsi nella definizione del presupposto oggettivo contenuta negli artt. 5 e 6 nella Sesta Direttiva. Tale Direttiva fornisce infatti una nozione "residuale" di "prestazioni di servizi", ricavata cioè per differenza rispetto alla nozione di "cessione di beni". Poiché quest'ultima fa riferimento a soli beni materiali ("il trasferimento del potere di disporre di un *bene materiale* come proprietario"), e considera "beni materiali" anche "l'energia elettrica, il gas, il calore, il freddo e simili", e poiché nelle prestazioni di servizi si include anche "la cessione di beni immateriali", la conclusione contenuta nella Proposta in esame sull'automatica riconducibilità alle prestazioni di servizi delle transazioni elettroniche risulterebbe confortata dal dato normativo una volta rilevata l'assenza di un supporto magnetico e la sua non sostituibilità con i semplici *bytes* o *files* di cui si compone il *software*, e la natura "immateriale" dei beni trasferiti.

Sennonché, tale natura "immateriale" è tutt'altro che pacifica, ora sottolineandosi in dottrina l'intrinseca materialità del *software* per la sua capacità di modificare il bene nel quale esso è incorporato, sia esso un *floppy disk* oppure l'*hard disk* del computer sul quale vengono direttamente immagazzinati i dati scaricati dal sito Internet;[11] ora evidenziandosi, al contrario, l'in-

canismo del *reverse charge* non si renda applicabile. Questa soluzione è peraltro quella accolta dalla Direttiva 2000/65/CE del 17 ottobre 2000, che i Paesi UE dovranno recepire entro il 31.10.2001, dove la regola diventa quella del *reverse charge*, potendo gli Stati prevedere la facoltà dell'operatore non residente di nominare un rappresentante fiscale in ipotesi tassative. Tale nomina diventa invece obbligatoria laddove il destinatario non sia un soggetto passivo IVA.

9. Dobbiamo peraltro ricordare quanto precisato nella precedente nota, e cioè che la Direttiva 2000/65/CE prevede invece il meccanismo del *reverse charge* come quello principale. Ciò non fa tuttavia venire meno l'inconveniente (pagamento dell'IVA in dogana) sopra rilevato, in quanto le modifiche alla Sesta Direttiva riguardano le operazioni interne ed intracomunitarie e non anche le importazioni.

10. Ed infatti a livello comunitario non sussiste omogeneità di qualificazione. Rileva ad esempio C. Seregni, *La Cessione di "Software" È Prestazione di Servizi*, in *Il Sole — 24 Ore*, 26 giugno 2000, che la Spagna ha qualificato come "cessione di beni" lo scambio di *software on-line*.

11. Sottolinea come una materialità sia immanente nel concetto di *software*, P. Bidlinsky, *Der*

consumabilità del *software* e la sua conseguente non soggezione ad usura, nonché la sua possibilità di poter essere utilizzato contemporaneamente da un numero indefinito di persone senza menomazione dell'utilità ritraibile da ciascuno, caratteristiche queste tipiche dei beni "immateriali".[12]

Del resto, neanche la qualificazione in termini di prestazione di servizi *tout court* appare preclusa, sol che si pensi alla posizione dell'Amministrazione finanziaria tedesca, che ha argomentato a favore alla qualificazione come prestazioni di servizi del *downloading* di *software* muovendo dalla considerazione che al fruitore verrebbe offerto un servizio nel dare ad esso la possibilità di scaricare il *software* dalla rete e di farlo così funzionare sul proprio computer.[13]

Ciò precisato, occorre evidenziare come l'Amministrazione finanziaria italiana abbia immediatamente recepito a livello interpretativo la posizione comunitaria, qualificando con una circolare piuttosto recente[14] le forniture di *software* standardizzato via Internet come "prestazioni di servizi" ai fini IVA. Nel caso di *software* acquistato da Internet, viene dunque meno quella distinzione tra *software* "standard", cioè prodotto in serie e di impiego generalizzato, e *software* "specifico", cioè personalizzato in relazione alle specifiche esigenze del committente, che il Ministero pur aveva tracciato in due precedenti circolari in relazione al *software* contenuto in supporti magnetici,[15] riservando al primo la

Sachbegriff im elektronischen Zeitalter: zeitlos oder anpassungsbedürftig?, in *Archiv für die civilistische Praxis*, 1998, p. 306 ("Dem Begriff Software ist irgendeine Materialisierung immanent. Zum Vergleich: Was ein Autor als reine Idee im Gehirn entwickelt, ist noch lange kein Buch (...) Die Daten sind — als elektromagnetische Veränderung des Trägermaterials — eben Teil der gesamten Sache"). Secondo Bidlinsky, è irrilevante che tali dati siano scaricati da Internet, poiché comunque immagazzinati presso l'utilizzatore ("Schliesslich steht ohnehin fest, dass der Erwerber an seinem — nun elektromagnetisch bzw. Optisch verändertenden — Datenträger Eigentum hat. Dabei hat jedenfalls eine körperliche Einwirkung auf dem Datenträger stattgefunden"). Vedi anche E. Marello, *Le Categorie Tradizionali del Diritto Tributario ed il Commercio Elettronico*, in *Riv. Dir. Trib.*, 1999, pp. 602 ss., per il quale ciò che viene commercializzato *on-line* è pur sempre sensibile empiricamente, costituendo il *software*, il testo o il disco digitale modificazioni del reale tese a fornire un'utilità immediata al loro fruitore. Un conto sarebbe dunque il diritto di autore — tipico bene immateriale non "in rerum natura" — ed altro il bene digitale, dove mancherebbe soltanto la tangibilità, ma non anche una "fisicità" del bene.

12. R. Borruso, *La Tutela Giuridica del "Software"*, Milano, 1999, p. 4. Sottolinea anche il carattere decisivo della "Verbrauchbarkeit" nell'operazione di qualificazione, M. Weinhofer, *Neue Entwicklungen bei der umsatzsteuerrechtlichen Behandlung des elektronischen Geschäftsverkehr auf nationaler und internationaler Ebene*, in *Deutsches Steuerrecht*, 1998, p. 1.540. Vedi anche il *Bundesfinanzhof* tedesco, con sent. 3 luglio 1987, III R 7/86 (in *Bundessteuerblatt*, 1987, II, pp. 728 ss.), che ha qualificato l'"Anwender-Standardsoftware" come "immaterielles Witschaftsgut", osservando come "Dem Programminhalt kommt die überragende witschaftliche Bedeutung zu. Der Datenträger tritt demgegenüber zurück. Er dient nur dazu, das Programm unverlierbar zu machen und es als Gut im wirtschaftlichen Verkehr umsetzen zu können, sowie als Eingabemedium für den Computer. Sein Materialwert steht in Regenfall auch im keinem Verhältnis zum Programm und muss daher ausser Betracht bleiben" (p. 731) e che "Denn auch soweit Software-Verträge zivilrechtlich als Kaufverträge zu qualifizieren sind, ist Gegenstand des Kaufvertrags keine Sache, sondern — mindestens weitaus primär — ein immaterielles Gut, nämlich das Programm als Werk mit geistigem Inhalt" (p. 732).

13. *Oberfinanzdirektion* Koblenz, circolare del 22 giugno 1998, S 7100 A-St 51 2 (in *Deutsches Steuerrecht*, 1998, pp. 1.135 ss.): "Bei der Überlassung mittels Internet oder anderer Netze bzw. per Modem wird dem Leistungsempfänger lediglich die Möglichkeit eröffnet, die Software auf seine Überlage zu überspielen. Durch die körperliche Übergabe der Software im Rahmen einer Lieferung gemäss § 3 Abs. 1 UstG dagegen wird dem Leistungsempfänger die Verfügungsmacht über die bewegliche Sache Datenträger verschafft".

14. Vedi Circ. 20 agosto 1998, n. 1977/V/SD, in *Boll. Trib.*, 1999, pp. 329 ss.

15. Sulla qualificazione come acquisto intracomunitario dell'introduzione nel territorio dello Stato di "dischi, nastri, cassette e altri supporti relativi a *software* standardizzato o altri prodotti parimenti standardizzati", vedi Circ. 13-VII-15-464 del 23-2-1994, la quale esclude invece tale natura per bobine, pizze, nastri, ecc. contenenti opere immateriali (es. films), costituendo tali supporti materiali "mezzo al fine" per lo sfruttamento del relativo diritto. Vedi anche Circolare 15 maggio 1995, n. 142/D/1916. Si ricorda che la fattispecie in esame è rilevante anche

qualificazione di "cessione di beni" e al secondo quella di "prestazioni di servizi".

Anche in questo caso, la qualificazione così operata non è tuttavia stata accompagnata da un adeguato supporto interpretativo, questa volta sulla base del diritto interno. Il Ministero si è infatti limitato a richiamare genericamente il giudizio "dei competenti servizi della Commissione UE", senza verificare se la normativa interna offrisse un quadro chiaro in materia.

Ora, a tale riguardo, l'unica disposizione specifica che potrebbe interessare il fenomeno è quella contenuta nell'art. 3, co. 2, n. 2 d.p.r. 633/72, che include tra le prestazioni di servizi "le cessioni, concessioni, licenze e simili relative a diritti di autore". Va qui ricordato che ai sensi dell'art. 2, comma 1, n. 8 L. n. 633/1941, risultano protetti dal diritto di autore "i programmi per elaboratore, in qualsiasi forma espressi purché originali quale risultato di creazione intellettuale dell'autore". In particolare, La tutela del diritto di autore è stata estesa al *software* per effetto del d. lgs. 29 dicembre 1992, n. 518, in attuazione della Direttiva 91/250/CEE.

E' vero, tuttavia, che il riferimento contenuto nella richiamata norma non comprende soltanto la cessione (trasferimento della proprietà del diritto) e la concessione (trasferimento del solo godimento del diritto), ma anche la licenza, ed è anche vero che il contratto che si realizza nell'ipotesi di *software* standardizzato è proprio quello della c.d. "licenza d'uso": tuttavia, non può affermarsi che tale "licenza" abbia ad oggetto un bene immateriale, in quanto non vengono trasferite le facoltà riconosciute dall'ordinamento giuridico al suo titolare, risolvendosi il tutto nella possibilità di mero impiego del programma, senza possibilità né di riproduzione autonoma, né di commercializzazione.[16]

ai fini doganali, dove nel caso di *software* standardizzato viene tassato (purché il relativo valore sia scindibile) il solo supporto magnetico, mentre nel caso di *software* personalizzato non si ha imposizione alcuna, trattandosi di prestazione di servizi. Vedi L. Belluzzo, *Commercio Elettronico. La Tassazione delle Cessioni Virtuali di Beni*, in *Il Fisco*, 1999, p. 14.900. Analoga distinzione si ritrova nell'ordinamento tedesco, dove la fornitura di *software standard* viene considerata una "Lieferung", mentre la realizzazione di un *software* personalizzato come una "sonstige Leistung" (Abschnitt 25, Abs. 2, n. 7, Umsatzsteuer-Richtlinien 2000). Sul punto, O. G. Lippross, *Umsatzsteuer*, Achim, 1996, pp. 127 e 435; A. Vogel — B. Schwarz, *Kommentar zum Umsatzsteuergesetz*, 2000, § 12, n. 2.2.1.6. Anche l'Amministrazione finanziaria austriaca opera la distinzione in oggetto: vedi H. G. Ruppe, *Umsatzsteuergesetz 1994 — Kommentar*, Wien, 1999, p. 350. Sul fondamento civilistico di tale distinzione, vedi D. Messinetti, *Beni Immateriali*, in *Enc. Giur.*, Roma, 1988, V, p. 10.

16. Vedi M. Maschio, *La Disciplina Tributaria del "Software"*, in *Riv. Dir. Trib.*, 1993, pp. 469 e 480. Sulla qualificazione di cessione di beni (materiali) del *software* standardizzato, vedi R. Valacca, *Aliquote IVA Applicabili alla Vendita di "Software" Pacchettizzato*, in *Corr. Trib.*, 1991, p. 3.329; M. Iavagnilio — P. Tognolo, *I Contratti di Distribuzione di "Software" Standardizzato*, in *Il Fisco*, 2000, p. 466; G. Dan, *Problematiche IVA Relative all'Acquisto di un "Software" via Internet o via "Modem"*, cit., p. 1.761. Sulla separazione tra *corpus mysticum* e *corpus mechanicum*, e sulla qualificabilità come "cessione di beni" delle operazioni riguardanti soltanto il *corpus mechanicum*, vedi C. Valentini, *Profili Fiscali dei Beni Immateriali*, in *Dir. Prat. Trib.*, 1992, p. 1.426 e G. Tabet, *Il Diritto di Autore nella Normativa Tributaria*, in *Rass. Trib.*, 1988, pp. 56 e 69, il quale evidenzia però come in alcuni casi (es. bobine di films) la disponibilità della cosa materiale costituisce lo strumento indispensabile per attuare l'utilizzazione dell'opera dell'ingegno, di modo che la trasmissione del diritto di utilizzare implica anche la consegna del veicolo di estrinsecazione dell'opera stessa. Favorevoli all'applicabilità dell'art. 3, n. 2 d.p.r. n. 633/72 sono invece L. De Angelis, *Le Opere dell'Ingegno ed il Diritto di Autore alla Luce delle Ultime Disposizioni Civilistiche e Fiscali*, in *Il Fisco*, 1997, pp. 9.623 ss. e F. Santoro, *Commercio Elettronico. Primi Problemi Pratici*, in *Il Fisco*, 1999, p. 13.662.

L'interpretazione proposta è peraltro anche quella seguita dall'Amministrazione finanziaria tedesca con riferimento alla nozione di "Einräumung, Übertragung und Wahrnehmung von Rechten, die sich aus dem Urheberrechts ergeben" contenuta nel § 12, Abs. 2, n. 7 c dell'*Umsatzsteuergesetz*, che prevede per le prestazioni ad essa riconducibili l'aliquota agevolata del 7%. Sul punto, vedi A. Vogel — B. Schwarz, *Kommentar zum Umsatzsteuergesetz*, cit., § 12, Abs. 2, n. 7c, n. 26 ss., i quali evidenziano con riferimento alla fornitura di *software* mediante Internet come "Der ermässigte Steuersatz findet keine

Se guardiamo alle più generali definizioni contenute nella normativa interna di "cessione di beni" o di "prestazioni di servizi", rispettivamente come "atti a titolo oneroso che importano trasferimento della proprietà ovvero costituzione o trasferimento di diritti reali di godimento su beni di ogni genere" e come "prestazioni verso corrispettivo dipendenti da contratti d'opera (...) e in genere da obbligazioni di fare, non fare e di permettere quale ne sia la fonte", emergono indicazioni ulteriormente contrastanti.

Infatti, l'art. 2 d.p.r. n. 633/72 si riferisce "ai beni di ogni genere". Per la definizione di "bene" si dovrebbe fare riferimento all'art. 810 cod. civ., il quale notoriamente include al proprio interno i beni immateriali. Si tratterebbe di una ipotesi interpretativa certamente confortata dalla non riproduzione del paragrafo 2 dell'art. 5 della Direttiva, concernente l'assimilazione ai "beni materiali" dell'energia elettrica, del gas, del calore, del freddo e via dicendo, la quale si giustificherebbe proprio dalla riconducibilità alla nozione civilistica di "bene" anche di tali ipotesi.[17] L'art. 3, dal canto suo, non offre una vera e propria definizione "residuale", né appare praticabile la previsione per i diritti di autore, una volta chiarito che nel *software* standardizzato "scaricato" in rete non avviene alcun trasferimento delle facoltà riconosciute al titolare.

In tale ottica, si potrebbe dunque osservare che gli strumenti finanziari, il *software*, i brani musicali, i giochi elettronici configurino "beni" ai sensi dell'art. 2, potendo formare "oggetto di diritti" e non essendo indispensabile il requisito della loro corporalità.

Da quanto sin qui esposto emerge una certa contraddizione di fondo, sia a livello interno, sia a livello comunitario, poiché da un lato si qualifica come "cessione di beni" la transazione avente ad oggetto i prodotti standardizzati, e dall'altro si sostiene che lo stesso prodotto, scaricato da Internet, costituirebbe una "prestazione di servizi", ponendosi così il dubbio se non debba piuttosto rilevare l'intrinseca natura del *software* e non già la sua modalità di acquisizione, atteso che in ambedue i casi non si fa altro che acquistare una copia di un prodotto "chiuso" e pronto per l'uso.

Va da ultimo rilevato che la possibilità che venga sollevata in sede giudiziale la divergenza tra diritto interno e diritto comunitario, ed in particolare la non riproduzione nel primo della locuzione "materiale" contenuta nell'art. 5 della Sesta Direttiva, appare comunque piuttosto remota. Ove un soggetto dovesse avere interesse a qualificare l'operazione come "cessione di beni" piuttosto che come "prestazione di servizi", chiederebbe infatti la mera applicazione della norma interna in quanto tale e non avrebbe interesse, proprio a motivo della coincidenza tra la posizione della Comunità Europea e della Amministrazione finanziaria italiana, a sollevare la questione di incompatibilità tra diritto interno e diritto comunitario.[18]

Anwendung, weil der Hauptinhalt der Leistung — wie bei der Übergabe von Standardsoftware zur weiteren Verwendung durch den Käufer — nicht in der Überlassung von urheberrechtlich geschützten Rechten besteht". Questa è inoltre l'interpretazione seguita dal *Bundesfinanzhof* (Urteil 13 marzo 1997, VR 13/96, in *Bundessteuerblatt*, 1997, II, pp. 372 ss.), per il quale sia che si concepisca la fornitura di *software standard* come cessione di beni materiali, sia che la si inquadri nella cessione di beni immateriali, "handelte es sich dabei im Kern um die Befügnis das auf dem Datenträger gespeicherte Computerprogramm anzuwenden, was im Urheberrechtsgesetz allenfalls am Rande geregelt ist".

17. Sulla maggiore ampiezza della nozione interna di cessione di beni rispetto alla nozione comunitaria, vedi P. Filippi, *La Cessione di Beni nell'Imposta sul Valore Aggiunto*, Padova, 1984, pp. 73 ss.

18. L'interpretazione del diritto interno conforme al diritto comunitario è stata tuttavia esclusa per due ordini di motivi (M. Giorgi, *Internet: Obblighi IVA per l'Acquirente in Relazione alla Natura della Prestazione*, in *Forum fiscale*, dicembre 2000, p. 45). Innanzitutto, perché il legislatore italiano non avrebbe limitato la nozione di cessione di beni ai soli beni materiali, ma vi avrebbe incluso i beni di ogni genere, anche privi di corporalità; in secondo luogo, in quanto lo stesso dubbio sulla eventuale qualificabilità come "cessione di beni" è confermato

4. *La territorialità*

Ciò precisato, dobbiamo adesso esaminare le modifiche alla territorialità contenute nella proposta di Direttiva.

A tale scopo, l'art. 1, par. 1 prevede che per i servizi sopra richiamati prestati tramite mezzi elettronici "il luogo della prestazione (...) è il luogo dove il *cliente* ha stabilito la sede della sua attività economica o ha costituito un centro di attività stabile per il quale si è avuta una prestazione di servizi o, in mancanza di tale sede o di tale centro di attività stabile, il luogo del suo domicilio o della sua residenza abituale". Ciò, a condizione che i servizi in oggetto vengano forniti alternativamente:

a) da un soggetto passivo stabilito *nella Comunità* a clienti stabiliti *fuori della Comunità*;

b) da un soggetto passivo stabilito *nella Comunità* a soggetti passivi stabiliti *nella Comunità ma in un paese diverso* da quello del fornitore;

c) da un soggetto passivo stabilito *al di fuori della Comunità* a persone stabilite *nella Comunità*.

In deroga all'art. 9, par. 1 della Sesta Direttiva, il quale enuncia la regola della rilevanza della sede del prestatore di servizi ai fini della definizione del luogo in cui gli stessi si considerano effettuati, i servizi in oggetto diventano dunque imponibili nel luogo di residenza del cliente. Ciò accade, come detto, per evitare quei fenomeni distorsivi a danno degli operatori residenti nell'UE laddove il criterio impositivo rilevante si fosse tradotto nel luogo di residenza del fornitore, e fa sì da un lato che i servizi resi da operatori *extra*-UE a soggetti, passivi e non, residenti nella UE siano imponibili nell'UE e, dall'altro, che i servizi resi da operatori UE a soggetti *extra*-UE non siano imponibili.

Non viene invece modificata la tassazione ove il servizio sia fornito da un soggetto passivo stabilito nella Comunità a consumatori finali stabiliti anch'essi nella Comunità e nel caso in cui il servizio sia reso a soggetti passivi dello stesso Stato in cui ha sede il fornitore. In tali casi resta pertanto invariato il criterio della sede del *fornitore*.[19] Tale ultimo criterio vale, peraltro, anche laddove il volume di affari relativo alle prestazioni effettuate dal soggetto passivo *extra*-UE nei confronti di soggetti non passivi stabiliti nella Comunità superi l'ammontare di 100.000 Euro. In tal caso, come vedremo, è stato previsto un obbligo di registrazione ai fini IVA "nello Stato membro destinatario delle prestazioni di servizi" (art. 1, n. 5, lett. b), con l'assegnazione di un numero di identificazione "speciale" (cioè ai soli fini dell'applicazione della presente disciplina). Ciò fa sì che il fornitore extra-UE, sempre ai soli fini dell'applicazione della nuova disciplina, venga considerato disporre di un "centro di attività stabile" nello Stato membro dove gli è stato appunto assegnato un numero di identificazione per i servizi contemplati da

dalla Proposta di direttiva sul punto. Non sembra tuttavia che le condizioni richiamate siano decisive. Mentre la seconda osservazione appare non del tutto convincente, in quanto la Proposta in esame, come già visto, non prevede una espressa disposizione di "qualificazione", ma si limita soltanto a riconoscere nella relazione di accompagnamento che le transazioni in oggetto sono riconducibili all'art. 6 della Direttiva, di rilievo decisivo appare la prima. L'assoluta diversità di "approccio" del legislatore italiano e la sua impostazione prettamente "civilistica" della distinzione in esame, fanno sì da escludere in radice la possibilità di qualsiasi interpretazione "adeguatrice", un conto essendo la difformità tra diritto interno e diritto comunitario, ed altro la possibilità di colmare tale difformità mediante una semplice operazione ermeneutica.in quanto la Proposta in esame, come già visto, non prevede una espressa disposizione di "qualificazione", ma si limita soltanto a riconoscere nella relazione di accompagnamento che le transazioni in oggetto sono riconducibili all'art. 6 della Direttiva.

19. Art. 1, n. 1, comma 2, primo periodo: "Ove tali servizi siano resi da un soggetto passivo titolare di un numero di identificazione in conformità alle disposizioni vigenti a persone che non sono soggetti passivi stabilite nella Comunità, per luogo della prestazione s'intende il luogo dove il fornitore ha stabilito la sede della sua attività economica o ha costituito un centro di attività stabile dal quale viene prestato il servizio".

tale nuova disciplina (art. 1, n. 1, comma 2, seconda parte), con la conseguenza che, ai sensi dell'art. 1, n. 1, comma 2, primo periodo, della Proposta, trova applicazione ai fini impositivi il criterio del luogo di "registrazione".[20]

L'Amministrazione finanziaria italiana ha in realtà già accolto una tesi analoga per effetti, sostenendo nella già richiamata Circ. 1977/1998 "l'obbligo per il soggetto d'imposta nazionale di emettere autofattura ai sensi dell'articolo 17 del d.p.r. 26 ottobre 1972, n. 633 per l'assolvimento dell'IVA afferente alla prestazione di servizio che ha ricevuto dal fornitore estero". Non è dato sapere su quale disposizione l'Amministrazione abbia fondato la propria affermazione, così come non era dato sapere su quale fondamento avesse qualificato come "prestazioni di servizi" i prodotti digitali scaricati da Internet. Possiamo immaginare che essa abbia ipotizzato la riconducibilità delle forniture di programmi *software* ad una delle ipotesi contemplate dall'art. 7, comma 4, lett. d) d.p.r. n. 633/72 che, come è noto, considera effettuate nel territorio dello Stato, quando rese a soggetti domiciliati in Italia o ivi residenti oppure a stabili organizzazioni in Italia di soggetti domiciliati o residenti all'estero e non utilizzate al di fuori della Comunità Europea, "le prestazioni di servizi indicate al n. 2) del secondo comma dell'art. 3, le prestazioni pubblicitarie, di consulenza e assistenza tecnica o legale, comprese quelle di formazione e di addestramento del personale, le prestazioni di servizi di telecomunicazione, di elaborazione e fornitura di dati e simili, le operazioni bancarie, finanziarie e assicurative e le prestazioni relative a prestiti di personale, nonché le prestazioni di intermediazione inerenti alle suddette prestazioni o operazioni e quelle inerenti all'obbligo di non esercitarle".[21]

Tra le varie ipotesi contenute in tale disposizione, la riconducibilità del *software* a quella della "elaborazione e fornitura di dati" è stata criticata, dal momento che questa implicherebbe una prestazione di trattamento e cessione di dati inerti che non avrebbe nulla a che dividere con la cessione di un programma informatico.[22] Del resto, la modifica alla territorialità è espressamente contenuta nella stessa Direttiva (art. 9, par. 2, lett. e), sicché tale circostanza appare in questo caso sicuramente rilevante in chiave ermeneutica. Ampiamente discutibile, come detto, è anche la possibilità di riferirsi alle prestazioni di servizi indicate al n. 2 del secondo comma dell'art. 3, in tutti quei casi in cui alla cessione del *software* non si accompagni la cessione del diritto di sfruttamento, così come non corretta appare la riconducibilità ai beni c.d. "similari", trattandosi semmai di un bene oggetto di diritto di autore e non già "similare".

E' chiaro tuttavia che la disposizione in oggetto è comunque idonea a comprendere altre ipotesi che già oggi formano oggetto del commercio elettronico diretto, se effettuate a soggetti comunitari ed utilizzate in ambito comunitario. Si pensi, ad esempio, al *software* personalizzato, eventualmente riconducibile nell'ambito della con-

20. Emerge dunque dal quadro complessivo tracciato in tema di territorialità delle operazioni rese mediante mezzi elettronici, la mancanza di qualsiasi riferimento al criterio del "luogo di utilizzazione" della prestazione, pur richiamato in materia di telecomunicazioni e per tutte le prestazioni di cui all'art. 9, par. 2, lett. e) della Sesta Direttiva. Si tratta di una scelta difficilmente giustificabile, soprattutto nei confronti di quei soggetti ai quali è preclusa la detrazione dell'IVA e che utilizzano le "prestazioni" ricevute al di fuori della Comunità Europea.

21. Include invece le forniture elettroniche dirette di brani musicali, testi, suoni, immagini, ecc. nell'ambito della suddetta disposizione F. Santoro, *Commercio Elettronico. Primi Problemi Pratici*, in *Il Fisco*, 1999, p. 13.661.

22. M. Giorgi, *Internet: Obblighi IVA per l'Acquirente in Relazione alla Natura della Prestazione*, cit., p. 45. L'Amministrazione finanziaria tedesca riconduce invece alla "Überlassung von Informationen einschliesslich gewerblicher Verfahren und Erfahrungen" (§ 3, Abs. 4, n. 5 UstG) la "Übertragung von Standardsoftware oder Individualsoftware auf elektronischem Weg z.B. über Internet". Vedi A. Vogel — B. Schwarz, *Kommentar zum Umsatzsteuergesetz*, cit., § 3a, n. 156 e la già citata circolare della OFD Koblenz del 22 giugno 1998.

sulenza tecnica;[23] oppure, alla fornitura di una banca dati, eventualmente accompagnata dal programma necessario per la sua consultazione; oppure ancora, alla gestione di spazi pubblicitari su siti *web* (i c.d. *banner*), siano essi di mera esposizione oppure tali da consentire all'utente di collegarsi al sito *web* del soggetto che promuove i propri prodotti tramite un semplice *click-through* sul *banner* medesimo; infine, allo svolgimento di servizi di consulenza e assistenza e tecnica legale, al *trading on-line* di prodotti finanziari e alle prestazioni degli interpreti e traduttori.[24]

5. *Modifiche in punto di soggettività passiva*

Tra le novità di maggior valenza sistematica introdotte dalla Proposta rientrano certamente le modifiche alla soggettività passiva, le quali affiancano ed integrano quelle apportate alla territorialità. Mentre con queste ultime, nell'ottica del perseguimento della neutralità dell'imposta, la Commissione ha capovolto le regole esistenti nei rapporti con soggetti *extra*-UE, attraendo nel campo IVA ciò che non vi era (e avrebbe dovuto esserci) e sottraendovi ciò che vi era (e non avrebbe dovuto esserci), con le modifiche alla soggettività passiva essa interviene su chi debba applicare e versare l'imposta, su chi sia insomma l'obbligato nei confronti dell'Erario,[25] tenendo conto a tal fine della natura del *destinatario* della prestazione del servizio.

Ciò avviene mediante una duplice modifica, ed in particolare mediante l'aggiunta di un comma all'art. 21, par. 1, lett. a) della Sesta Direttiva, per il quale ove il fornitore di servizi "agendo con tutta la diligenza propria delle pratiche commerciali in un dato settore, abbia verificato, sulla base di una serie di dati coerenti da una fonte indipendente, in particolare mediante il numero individuale di cui all'articolo 22, paragrafo 1, lettera c), che il suo cliente è un soggetto passivo stabilito nella Comunità, gli Stati membri provvedono ad esonerare tale fornitore dall'obbligazione tributaria, che passa in capo al destinatario del servizio", e la sostituzione della successiva lett. b), che fa sì che l'imposta sul valore aggiunto in regime interno, in alternativa al soggetto passivo che esegue l'operazione, sia dovuta dai "soggetti passivi destinatari di servizi di cui all'articolo 9, paragrafo 2 lettere e) *ed f) primo comma, secondo e terzo trattino*, ovvero persone titolari di un numero di identificazione IVA all'interno del territorio del paese destinatario dei servizi di cui all'articolo 28b, punti C, D, E e F, ove tali servizi siano prestati da un soggetto passivo stabilito all'estero; tuttavia, fermo restando il terzo comma della lettera a), gli Stati membri possono richiedere che il fornitore dei servizi sia tenuto in solido al pagamento dell'imposta" (corsivo mio).

La Proposta amplia pertanto l'obbligo *ex* art. 21, par. 1, lett. b) per gli Stati membri di individuare quale soggetto passivo il *destinatario* di una prestazione resa da un soggetto passivo residente all'estero, estendendolo all'ipotesi di prestazioni di servizi rese mediante mezzi elettronici, ed individua alcune condizioni che devono essere soddisfatte affinché l'obbligazione passi in capo al destinatario dei servizi.

Non è in verità ben chiaro se tale meccanismo, certamente applicabile nei rapporti tra cedente *extra*-UE e cessionario soggetto passivo UE e tra cedente soggetto passivo UE e cessionario soggetto passivo di un altro Stato membro, sia riferibile anche ai rapporti tra cedente *extra*-UE registrato in uno Stato membro e cessionario soggetto passivo dello stesso Stato membro, anche se non va al riguardo dimenticato che l'art. 17, comma 4, d.p.r. n. 633/72 esclude ad

23. G. Mocci, *Commercio Elettronico Diretto. Ecco perché l'IVA è Fattore Distorsivo della Concorrenza*, in *Il Fisco*, 2000, p. 14.364.

24. Vedi Circ. Dip. Entrate, 10 giugno 1998, n. 147/E, in *Il Fisco*, 1998, p. 8.475, che le riconduce appunto alle "operazioni similari" di cui all'art. 3, co. 2, n. 2 d.p.r. 633/72.

25. Su tale nozione di "soggetto passivo", vedi R. Lupi, *Diritto Tributario. Parte Speciale*, cit., p. 339.

esempio l'applicabilità del *reverse charge* ove le operazioni siano effettuate da stabili organizzazioni in Italia di soggetti non residenti.[26] Ciò che rileva è tuttavia la portata sistematica della modifica in punto di soggettività passiva, essendo attualmente previsto il sistema del *reverse charge* soltanto per i servizi di cui all'art. 9, par. 2, lett. e) (cessioni e concessioni diritti di autore, prestazioni pubblicitarie, telecomunicazioni, ecc.) e dovendosi pertanto negli altri casi procedere alla nomina di un rappresentante fiscale nello Stato in cui la prestazione si considera effettuata.[27] In ogni caso, affinché tale disciplina sia applicabile, occorrerà istituire un sistema che consenta una conferma dei numeri di identificazione IVA attraverso l'amministrazione fiscale nazionale del singolo fornitore che, riguardando operazioni *on-line*, dovrà necessariamente essere anch'essa disponibile *on-line*.

Diversamente accade nel caso in cui il destinatario sia un consumatore finale dove, non essendo ovviamente agevole accollare obblighi di autoimposizione in capo al consumatore,[28] è stato come visto previsto un obbligo di registrazione ai fini IVA "nello Stato membro destinatario delle prestazioni di servizi",[29] cui si accompagna la presunzione per la quale il fornitore extra-UE, ai soli fini dell'applicazione della nuova disciplina, viene considerato disporre di un "centro di attività stabile" nello Stato membro dove gli è stato assegnato il numero di identificazione.[30] Poiché tuttavia una applicazione indiscriminata del principio della "registrazione" avrebbe comportato una sostanziale paralisi del commercio elettronico verso i Paesi comunitari — tenuto conto della circostanza che i principali beneficiari saranno in futuro proprio i consumatori finali — è stata stabilita una franchigia fiscale, consistente in un volume di affari per le prestazioni oggetto di regolamentazione non superiore a 100.000 Euro, al cui superamento scatta l'obbligo di registrazione.[31]

Non possono essere sottaciuti i problemi pratici cui una siffatta disciplina da-

26. Solleva anche tale dubbio P. Maspes, *Criteri di Territorialità delle Transazioni "on-line"*, in *Forum Fiscale*, dicembre 2000, p. 49.

27. Oppure, laddove il luogo di effettuazione dell'operazione coincida con quello in cui il prestatore ha il proprio domicilio o residenza, applicare la ottava e la tredicesima Direttiva ed azionare le procedure di rimborso.

28. Soltanto il Canada e la Svizzera hanno introdotto meccanismi di autoimposizione anche in caso di acquisti da parte di consumatori finali: vedi P. Jenkins, *VAT and Electronic Commerce: The Challenges and Opportunities*, in *International VAT Monitor*, 1999, p. 4.

29. Naturalmente, l'IVA applicabile in questo caso sarà quella dello Stato di registrazione, diversamente dal caso precedente (prestazione a soggetto passivo) in cui si applicherà l'IVA dello Stato del committente.

30. Si potrebbe invero discutere se tale modifica attenga alla territorialità oppure alla soggettività passiva. E' noto infatti che l'Amministrazione finanziaria, con riferimento al problema dell'imponibilità dei servizi resi nei rapporti tra casa madre e stabile organizzazione o tra stabili organizzazioni situate in Stati diversi, ha più volte affermato l'autonomia soggettiva della stabile organizzazione (Ris. min. fin., 20 marzo 1981, n. 330.470, in *Boll. Trib.*, 1981, p. 603 e 29 marzo 1983, n. 331.300, in *Boll. Trib.*, 1983, n. 852), sostenuta anche da parte della dottrina (A. Pizzini, *Sul Trattamento ai Fini IVA dei Rapporti tra una Società Estera di Viaggi e Turismo e la Propria Sede Secondaria*, in *Rass. Trib.*, 1981, II, pp. 476 ss. e A. Fiorelli — A. Santi, *Prestazioni di Servizi Rese dalla Casa Madre Estera alla Stabile Organizzazione*, in *Corr. Trib.*, 1997, p. 1.764). Evidenzia tuttavia come l'interpretazione ministeriale da un lato condurrebbe a risultati incompatibili con il principio della neutralità dell'imposta, impedendo di fatto la possibilità di ottenere il rimborso dell'imposta, e dall'altro contrasterebbe con numerose disposizioni della normativa comunitaria ed italiana, P. Ludovici, *Il Regime Impositivo della Stabile Organizzazione agli Effetti dell'Imposta sul Valore Aggiunto*, in *Riv. Dir. Trib.*, 1998, I, pp. 67 ss., il quale ricorda anche come la questione dell'autonomia soggettiva della stabile organizzazione ai fini IVA fosse stata risolta negativamente anche nello schema di testo unico delle disposizioni concernenti l'imposta sul valore aggiunto presentato nel 1990, e come l'autonomia soggettiva sia negata in tutti gli Stati membri.

31. Entro questo limite la Commissione ritiene dunque tollerabile il verificarsi di fenomeni distorsivi — non potendo materialmente trovare applicazione l'IVA nei confronti di committenti privati — considerati tuttavia marginali a motivo delle rilevanti dimensioni che caratterizzano di regola i soggetti che operano nel commercio elettronico.

rebbe vita. In primo luogo, non è semplice determinare, una volta appurata la non soggettività passiva del cessionario (privo di numero di identificazione), quale sia la residenza del soggetto che richiede la transazione *on-line*. Infatti, poiché tutto avviene sulla "rete", senza la spedizione fisica di un "bene", non vi sono garanzie che il destinatario sia un soggetto residente nella UE oppure no. Qualche riscontro potrebbe emergere da elementi risultanti dalla carta di credito, ma non si tratta evidentemente di elementi inequivocabili. In secondo luogo, la Proposta non indica in quale Stato debba avvenire la registrazione, nell'ipotesi in cui avvengano transazioni con più Stati comunitari. A tale proposito, la relazione alla Proposta precisa che "in pratica sarà di norma lo Stato membro verso il quale viene effettuata una prima fornitura imponibile". E' evidente tuttavia che una simile impostazione comporterà la registrazione in quello Stato membro che abbia il regime IVA sostanziale e procedimentale più vantaggioso, a motivo dell'applicazione del regime IVA del Paese di registrazione. Infine, risulta difficilmente verificabile il superamento della soglia di 100.000 Euro su base comunitaria, per la difficoltà di unificare le informazioni riferite alle cessioni effettuate a privati consumatori.[32] Ciò potrebbe peraltro condurre a forme di elusione mediante *splitting* delle cessioni tra più società estere appartenenti al medesimo gruppo.[33]

Completano infine la Proposta di Direttiva alcune disposizioni di ordine procedimentale che consentono di espletare elettronicamente tutte le procedure relative alla registrazione e alla presentazione delle dichiarazioni fiscali, periodiche ed annuali.[34]

6. Conclusioni

Sono sin qui state rilevate le numerose difficoltà che l'attuazione della Proposta in esame pone.

Occorre aggiungere che la Proposta in oggetto, pur evitando che alcune operazioni poste in essere da soggetti *extra*-UE siano svolte senza l'applicazione dell'IVA, non elimina del tutto le distorsioni alla concorrenza, le quali permangono sia laddove il volume di affari relativo alle transazioni effettuate nei confronti di privati consumatori sia inferiore a 100.000 Euro, sia laddove tale ammontare sia superato, poiché trova in ogni caso applicazione il regime IVA previsto nello Stato di registrazione, il quale ben può differire da uno Stato all'altro, con la conseguenza che, sussistendo ad oggi un differenziale di dieci punti percentuali tra le aliquote ordinarie previste in ambito comunitario,[35] sarà forte la tentazio-

32. Vedi P. Maspes, *Criteri di Territorialità delle Transazioni "on-line"*, in *Forum Fiscale*, dicembre 2000, p. 48.

33. Ciò non significa peraltro che un soggetto *extra*-UE non abbia interesse a registrarsi già prima del raggiungimento della franchigia, ad esempio per poter ottenere il rimborso dell'IVA ad esso addebitata per costi sostenuti nella Comunità Europea. Occorrerebbe dunque rendere facoltativa la registrazione ove l'ammontare delle operazioni compiute non ecceda la franchigia.

34. A tale riguardo, va rilevato come l'art. 101, comma 2 L. 342/2000, integrando l'art. 3, comma 136 L. n. 662/96 sulla semplificazione delle procedure di attuazione delle norme tributarie da disciplinare mediante regolamento *ex* art. 17, comma 2, L. 400/88, include tra queste quelle relative alla "effettuazione di transazioni di commercio elettronico aventi ad oggetto beni o servizi regolati con l'intervento di intermediari finanziari abilitati", e prevede in particolare "la non obbligatorietà dell'emissione della fattura in presenza di idonea documentazione". Da ricordare anche la Circ. Min. fin., 17 maggio 2000, n. 98/E, punto 3.1.2, in *Il Fisco*, 2000, p. 7.189, che ha ammesso la trasmissione della fattura tramite sistemi informatici e la nota DRE Lombardia del 5 giugno 2000, n. 46.585, in *Il Fisco*, 2000, pp. 13.055 ss., che ha ritenuto applicabile l'art. 22, comma 1, n. 4 d.p.r. n. 633/72, il quale prevede la non obbligatorietà dell'emissione della fattura — e dunque la riconducibilità dell'operazione al regime dei corrispettivi — ove la prestazione di servizi sia resa nell'esercizio di imprese nell'abitazione dei clienti. La stessa nota esclude tuttavia l'esonero da scontrini e ricevute fiscali. Sul punto, vedi M. Mariano, *Commercio Elettronico ed Oobblighi di Fatturazione*, in *Il Fisco*, 2001, pp. 586 ss., che evidenzia la sostanziale inutilità (e finanche dannosità) della norma sopra richiamata.

35. La più bassa è in Lussemburgo (15%), la più alta è in Dinamarca (25%).

ne di localizzarsi in quegli Stati membri dove l'aliquota applicabile è più bassa.

Resta dunque più corretto, dal punto di vista della neutralità dell'imposta, il regime IVA previsto per le vendite a distanza dove, superato un certo ammontare, l'imposta applicabile diventa sempre quella dello Stato del consumatore. E' evidente tuttavia che un tale criterio — già fortemente penalizzante per le stesse imprese comunitarie — avrebbe comportato la morte del commercio elettronico nei confronti della Comunità Europea, per l'impossibilità di gestire adempimenti IVA in tanti Stati diversi.[36]

Ancora, facendo sì che un medesimo "prodotto" possa essere qualificato come "cessione di beni" o come "prestazione di servizi" a seconda che sia incorporato o meno in un supporto magnetico, vi è il rischio di determinare anche l'applicazione di aliquote diverse.[37]

Infine, non sono state risolte le questioni di neutralità rispetto ai dazi delle forme in cui il *software* può essere fornito dall'operatore *extra*-UE. Nel caso di fornitura su supporto magnetico, si tratta infatti di importazione la cui base imponibile è data dal valore del supporto, mentre tale dazio non trova applicazione in caso di fornitura mediante mezzi elettronici.

Molte sono dunque le questioni aperte e le soluzioni da ricercare. Tra queste ultime, la fissazione di una aliquota *ad hoc* per i beni "digitalizzabili" — comunque ottenuti — si rivelerebbe già estremamente importante. E' tuttavia ragionevole ammettere che qualche prezzo per lo sviluppo del commercio elettronico debba pur essere pagato: sarebbe del resto veramente assurdo che vincoli fiscali dovessero imbrigliare quella che tra le fonti di futura occupazione si presenta sicuramente tra le più promettenti.

36. Diversi Stati hanno accusato la Commissione di voler danneggiare gli Stati con aliquote IVA più elevate, proponendo pertanto di introdurre l'obbligo di registrazione in ciascuno Stato membro nel quale l'operatore *extra*-UE effettua le proprie operazioni. Per evitare gli eccessi di tale ultima proposta, è allora stata avanzata dal Belgio una soluzione "di compromesso" che, soprattutto al fine di salvaguardare la tassazione nel Paese di origine che è alla base del meccanismo di "registrazione" contenuto nella Proposta di direttiva, lascerebbe ferma la registrazione in un unico Stato membro, prevedendo tuttavia l'applicazione dell'aliquota dello Stato membro di consumo e un successivo meccanismo di "compensazione" finalizzato all'attribuzione del gettito allo Stato in cui risiede il consumatore finale (sul punto, vedi la nota del Segretariato generale del Consiglio n. 13934 del 29 novembre 2000). Al momento in cui si licenzia il presente lavoro, è su questa ultima proposta — che fa sì che lo Stato di identificazione ripartisca l'imposta sugli Stati membri dove realmente è avvenuto in consumo — che si è orientata la quasi totalità degli Stati membri, con l'unica eccezione del Regno Unito, che ha invece chiesto un periodo di moratoria fiscale. Vedi in proposito gli articoli apparsi su *Il Sole — 24 Ore* del 3 giugno 2001 (pp. 1 e 11).

37. Ad esempio, in Olanda la cessione di un libro è soggetta ad aliquota del 6%, mentre le prestazioni di servizi scontano un'aliquota del 17,5%.

A CONTRIBUIÇÃO PARA O SENAC E AS PRESTADORAS DE SERVIÇOS

ARNOLDO WALD
Professor Catedrático da Faculdade de Direito da Universidade do Estado do Rio de Janeiro – Advogado no Rio de Janeiro e em São Paulo

I – Ementa. II – Da consulta. III – O SENAC e a recepção da contribuição instituída pelo Decreto-lei 8.621, de 1946. IV – A natureza jurídica da contribuição para o SENAC: A) A jurisprudência do STF – B) A doutrina. V – O financiamento da seguridade social é obrigação de toda a sociedade. VI – O conceito de estabelecimento comercial para os efeitos do disposto nos arts. 4º e 5º do Decreto-lei 8.621, de 1946. VII – A recepção do art. 577 da CLT pela Constituição de 1988. VIII – Conclusões. IX – Resposta ao quesito.

PARECER

I – Ementa

A contribuição instituída pelo Decreto-lei 8.621, de 1946, foi recepcionada pela Constituição de 1988, que se referiu expressamente ao SENAC (CF, art. 240, e ADCT, art. 62).

Não se trata de contribuição social do interesse de uma categoria econômica, mas de contribuição social geral (acórdão do RE 138.284, *RTJ* 143/319).

Toda a sociedade deve contribuir para a manutenção da seguridade social (art. 195 da CF de 1988 e RE 144.971 e 230.337).

A legislação específica, embora se refira aos estabelecimentos comerciais, aplica-se a todas as empresas, em virtude do espírito do legislador (*mens legis*) e da interpretação sistemática da legislação brasileira.

As prestadoras de serviços são empresas, sobre elas incidindo, pois, a contribuição para o custeio do SENAC.

A Constituição de 1988 não só recepcionou mas até deu nível constitucional às normas da Consolidação das Leis do Trabalho referentes à organização sindical, ao SENAC e às contribuições que lhe são devidas.

II – Da consulta

1. Consulta-nos o *Serviço Nacional de Aprendizagem Comercial – SENAC*, por intermédio do seu ilustre advogado, Dr. Roberto Moreira da S. Lima, sobre a possibilidade de exigência, das prestadoras de serviços, da contribuição instituída pelo Decreto-lei 8.621, de 1946, nos seguintes termos:

> Em 10.1.1946, o Decreto-lei 8.621 atribuiu à Confederação Nacional do Comércio o encargo de "organizar e administrar, no território nacio-

nal, escolas de aprendizagem comercial, as quais manterão, também, cursos de continuação ou práticos e de especialização, para os empregados adultos do comércio, não sujeitos à aprendizagem" (art. 1º e parágrafo único).

Além destas finalidades, outras metas a serem desenvolvidas pelo SENAC foram fixadas no art. 3º do citado diploma legal, ao estabelecer que o SENAC "deverá também colaborar na obra de difusão e aperfeiçoamento do ensino comercial de formação e do ensino imediato que com ele se relacionar diretamente, para o quê promoverá os acordos necessários, especialmente com estabelecimentos de ensino comercial reconhecidos pelo Governo Federal, exigindo sempre, em troca do auxílio financeiro que der, melhoria do aparelhamento escolar e determinado número de matrículas gratuitas para comerciários, seus filhos ou estudantes a que provavelmente faltarem os recursos necessários".

O Regulamento do SENAC foi aprovado pelo Decreto 61.843, de 5.12.1967, que, por sua vez, especificou, nos arts. 1º e 2º:

"Art. 1º. O Serviço Nacional de Aprendizagem Comercial (SENAC) (...) tem por objetivo:

"a) realizar, em escolas ou centros instalados e mantidos pela Instituição ou sob forma de cooperação, a aprendizagem comercial a que estão obrigadas as empresas de categorias econômicas sob a sua jurisdição, nos termos do dispositivo constitucional e da legislação ordinária;

"b) orientar, na execução da aprendizagem metódica, as empresas às quais a lei concede essa prerrogativa;

"c) organizar e manter cursos práticos ou de qualificação para o comerciário adulto;

"d) promover a divulgação de novos métodos e técnicas de comercialização, assistindo, por esse meio, aos empregados na elaboração e execução de programas de treinamento de pessoal dos diversos níveis de qualificação;

"e) assistir, na medida de suas disponibilidades técnicas e financeiras, às empresas comerciais, no recrutamento, seleção e enquadramento de seu pessoal;

"f) colaborar na obra de difusão e aperfeiçoamento do ensino comercial de formação e do ensino imediato que com ele se relacionar diretamente."

E:

"Art. 2º. A ação do SENAC abrange:

"a) em geral, o trabalhador no comércio e atividades assemelhadas e, em especial, o menor aprendiz;

"b) a empresa comercial e todo o conjunto de serviços auxiliares do comércio;

"c) a preparação para o comércio."

Desta forma, no desenvolvimento de suas atividades, de natureza assistencial e complementar à atividade pública, o SENAC oferece à população os mais variados cursos, nas mais variadas áreas, como, por exemplo, de "Técnico em Administração em Serviços de Saúde", "Gestão da Qualidade em Saúde", "Programas Intensivos de Administração Hospitalar", "Administração do Serviço de Nutrição e Dietética", "Administração do Serviço de Lavanderia", "Técnico em Enfermagem", "Auxiliar em Enfermagem", "Auxiliar de Esterilização de Materiais", "Enfermagem em Serviço de Emergência", "Enfermagem em Serviços de Apoio de Diagnóstico", "Cálculo para Administração de Medicamentos", "Gerenciamento do Serviço de Enfermagem", "Gerenciamento de Assistência de Enfermagem", "Implantação e Gerenciamento da Coleta de Resíduos em Saúde", "Técnico em Hemoterapia", "Auxiliar de Equipamentos e Sistemas de Gasoterapia", "Técnico em Radiologia Médica/Radiodiagnóstico", "Auxiliar Administrativo", "Recepcionista", "Datilografia", "Segurança Patrimonial", "Administração de Frotas de Veículos', "Segurança Bancária", "Supervisão em Segurança Empresarial", "Atendimento ao Cliente", "Atendimento Telefônico", "Técnicas Básicas de Recepção", "Atualização para Secretárias", "Contas a Pagar/Fluxo de Caixa", "Habilidades de Negociação", "Materiais e Suprimentos", "Ornamentação Floral I e II", "Jardinagem", "Paisagista", "Como Gerenciar Equipes", "Estratégias de Treinamento de Equipes", "Técnicas de Treinamento para Profissionais de Qualidade", "Básico em Computação *MS-Office* 95", "Introdução à Informática", "*Word* 7.0", "Proteção ao Meio Ambiente", "Métodos de Proteção Antiinfecciosa", "Administração do Serviço de Limpeza", "A Arte de Encantar o Cliente", dentre tantos outros na área de Saúde, como se verifica pela anexa cópia do encarte oferecido pelo SENAC, com a relação de alguns dos serviços oferecidos.

É importante ressaltar também que, além dos cursos ministrados pelo SENAC, foi desenvolvido o CCT – Centro de Educação Comunitária para o Trabalho, cujo Programa de Educação para o Trabalho/SENAC-SP tem por *objetivo preparar os jovens de baixa renda para o ingresso e a per-*

manência em segmentos ascendentes do mercado de trabalho nas áreas de Comércio e Serviços, conforme se verifica pelos inclusos encartes de apresentação do Programa.

Desta forma, o SENAC coloca no mercado mão-de-obra especializada, possibilitando às empresas um benefício maior, a partir do momento que elas contratam trabalhadores com experiência.

Ressalta-se que o Programa de Educação para o Trabalho/SENAC-SP *é um serviço gratuito* oferecido à população de baixa renda, que é mantido por empresas e, principalmente, pelas contribuições ora discutidas.

Pois bem. Para custeio das atividades do SENAC, clara e expressamente de natureza *assistencial e complementar à atividade pública*, foi instituída a contribuição de 1% incidente sobre a folha de pagamento das empresas.

Referida contribuição foi instituída pelo Decreto-lei 8.621, de 1946, que, em seus arts. 4º e 5º, determina que são seus contribuintes os estabelecimentos comerciais cujas atividades, de acordo com o quadro a que se refere o art. 577 da CLT, estiverem enquadradas nas Federações e Sindicatos coordenados pela Confederação Nacional do Comércio, bem como *as empresas de atividades mistas e que explorem, acessória ou concorrentemente, qualquer ramo peculiar aos estabelecimentos comerciais*.

Por sua vez, a contribuição destinada ao custeio do SENAC, originária da presente consulta, foi recepcionada pela Constituição Federal como contribuição social, nos termos de seus arts. 149 e 240, que assim dispõem:

"Art. 149. *Compete exclusivamente à União instituir contribuições sociais, de intervenção no domínio econômico e de interesse das categorias profissionais e econômicas, como instrumento de sua atuação nas respectivas áreas*, observado o disposto nos arts. 146, III, e 150, I e II, e sem prejuízo do previsto no art. 195, § 6º, relativamente às contribuições a que alude o dispositivo" (grifos nossos).

"Art. 240. *Ficam ressalvadas do disposto no art. 195 as atuais contribuições compulsórias dos* ***empregadores*** *sobre a folha de salários, destinadas às entidades privadas de serviço social e de formação profissional vinculada ao sistema sindical*" (grifos nossos).

Todavia, as empresas prestadoras de serviços têm buscado o não-recolhimento da contribuição destinada ao SENAC, alegando, em breve síntese, que (i) são empresas exclusivamente prestadoras de serviços e, desta forma, não poderiam ser submetidas ao recolhimento das contribuições destinadas ao custeio do SENAC; (ii) que o art. 577 da CLT teria sido revogado pela Constituição Federal de 1988; e (iii) que as contribuições destinadas ao SENAC, nos termos do art. 149 da CF, constituem-se contribuições sociais de interesse de categoria profissional ou econômica, de natureza parafiscal, devendo haver, portanto, uma correlação lógica entre os beneficiários dos recursos e os contribuintes, o que não existiria, pois as empresas prestadoras de serviços não seriam beneficiárias direta ou indiretamente dos recursos aplicados pelo SENAC, que aplica os recursos arrecadados na área do Comércio, promovendo cursos de aprendizagem e outras atividades em favor dos comerciários.

Sendo assim, nossa defesa é no sentido diametralmente oposto, conforme ilustrado em nossas contestações em anexo.

(...).

Diante de todo o exposto, indagamos a V. Sa. se, nos termos da legislação em vigência, as empresas prestadoras de serviço estão, ou não, obrigadas ao recolhimento da contribuição destinada ao custeio do SENAC, instituída pelo Decreto-lei 8.621, de 1946, arts. 4º e 5º.

2. Para facilitar a adequada compreensão da matéria, analisaremos, antes de responder ao quesito formulado, os seguintes aspectos:

a) o SENAC e a recepção da contribuição instituída pelo Decreto-lei 8.621, de 1946;

b) a natureza jurídica da contribuição para o SENAC;

c) a obrigação de toda a sociedade de financiar a seguridade social;

d) o conceito de estabelecimento comercial para os efeitos do disposto no art. 4º do Decreto-lei 8.621, de 1946;

e) a recepção do art. 577 da CLT.

III – O SENAC e a recepção da contribuição instituída pelo Decreto-lei 8.621, de 1946

3. O Decreto-lei 8.621, de 10.1.1946, atribuiu à Confederação Nacional do Comércio (CNC) o encargo de criar o SENAC, para o fim de organizar e administrar, no território nacional, escolas de aprendizagem comercial, as quais devem manter, também, cursos de continuação ou práticos e de especialização para os empregados adultos do comércio, não sujeitos à aprendizagem.

4. Nos termos do art. 3º do Decreto-lei 8.621, de 1946, o SENAC deve também colaborar na obra de difusão e aperfeiçoamento do ensino comercial de formação e do ensino imediato que com ele se relacionar diretamente e providenciar, nas localidades onde não existir estabelecimento de ensino comercial reconhecido ou onde a capacidade dos cursos de formação em funcionamento não atender às necessidades do meio, a satisfação das exigências regulamentares para que na sua escola de aprendizagem funcionem cursos de formação e aperfeiçoamento necessários, ou promover os meios indispensáveis a incentivar a iniciativa particular a criá-los.

5. Os objetivos do SENAC foram detalhados pelo "Regulamento do Serviço Nacional de Aprendizagem Comercial – SENAC", aprovado pelo Decreto 61.843, de 5.12.1967, que dispôs, em seus arts. 1º e 2º, que:

"Art. 1º. O Serviço Nacional de Aprendizagem Comercial – SENAC, organizado e administrado pela Confederação Nacional de Comércio, nos termos do Decreto-lei n. 8.621, de 10 de janeiro de 1946, tem por objetivo:

"a) realizar, em escolas ou centros instalados e mantidos pela Instituição, ou sob forma de cooperação, a aprendizagem comercial a que estão obrigadas as empresas de categorias econômicas sob a sua jurisdição, nos termos do dispositivo constitucional e da legislação ordinária;

"b) orientar, na execução da aprendizagem metódica, as empresas às quais a lei concede essa prerrogativa;

"c) organizar e manter cursos práticos ou de qualificação para o comerciário adulto;

"d) promover a divulgação de novos métodos e técnicas de comercialização, assistindo, por esse meio, aos empregados na elaboração e execução de programas de treinamento de pessoal dos diversos níveis de qualificação;

"e) assistir, na medida de suas disponibilidades técnicas e financeiras, às empresas comerciais, no recrutamento, seleção e enquadramento de seu pessoal;

"f) colaborar na obra de difusão e aperfeiçoamento do ensino comercial de formação e do ensino superior imediato que com ele se relacionar diretamente.

"Art. 2º. A ação do SENAC abrange:

"a) em geral, o trabalhador no comércio e atividades assemelhadas, e, em especial, o menor aprendiz;

"b) a empresa comercial e todo o conjunto de serviços auxiliares do comércio;

"c) a preparação para o comércio."

6. Neste sentido, conforme esclarece a consulta, o SENAC oferece à população, por exemplo, vários cursos, nas mais variadas áreas, além de ter desenvolvido o CCT – Centro de Educação Comunitária para o Trabalho, cujo Programa de Educação para o Trabalho/SENAC-SP tem como objetivos:

"• Desenvolver *competências básicas* necessárias para o ingresso e a permanência em um mercado de trabalho cada vez mais seletivo, oferecendo ao jovem participante condições de exercitar percepção, iniciativa, discernimento, espírito de equipe e criatividade.

"• Possibilitar ao jovem participante a identificação de metas, a delimitação de expectativas e, conseqüentemente, a definição de um *plano de desenvolvimento* pessoal e profissional.

"• Proporcionar-lhe a *convivência com a nova estética do trabalho*, sensibilizando-o para as relações humanas e para a tecnologia inerentes ao processo atual de comercialização de produtos e serviços.

"• Reforçar *referências éticas* que contribuam para melhor compreensão da cultura do trabalho."

7. Justamente para custear as atividades do SENAC, que beneficiam, em geral, toda a sociedade e, em particular, as pessoas ligadas ao comércio e a atividades assemelhadas, o Decreto-lei 8.621, de 1946, em seus arts. 4º e 5º, instituiu a "contribuição para o SENAC", nos seguintes termos:

"Art. 4º. Para o custeio dos encargos do SENAC os *estabelecimentos comerciais cujas atividades, de acordo com o quadro a que se refere o art. 577 da Consolidação das Leis do Trabalho, estiverem enquadradas nas Federações e Sindicatos coordenados pela Confederação Nacional do Comércio* ficam obrigados ao pagamento mensal de uma contribuição equivalente a 1% (um por cento) sobre o montante da remuneração paga à totalidade dos seus empregados.

"(...).

"Art. 5º. *Serão, também, contribuintes do SENAC as empresas de atividades mistas e que explorem, acessória ou concorrentemente, qualquer ramo econômico peculiar aos estabelecimentos comerciais*, e a sua contribuição será calculada apenas sobre o montante da remuneração para os empregados que servirem no setor relativo a esse ramo" (grifamos).

8. Como se vê, devem pagar a contribuição para o SENAC tanto os estabelecimentos comerciais cujas atividades, de acordo com o quadro a que se refere o art. 577 da CLT, estiverem enquadradas nas Federações e Sindicatos coordenados pela CNC como as empresas de atividades mistas e que explorem, acessória ou concorrentemente, qualquer ramo econômico peculiar aos estabelecimentos comerciais.

9. A contribuição para o SENAC foi recepcionada expressamente pela Constituição Federal de 1988, que estabeleceu, em seu art. 240, o seguinte: "Art. 240. Ficam ressalvadas do disposto no art. 195 as atuais contribuições compulsórias dos empregadores sobre a folha de salários, destinadas às entidades privadas de serviço social e de formação profissional vinculadas ao sistema sindical".[1]

10. Aliás, o legislador constituinte recepcionou, de maneira expressa, não só a contribuição, mas a própria legislação relativa ao SENAC, conforme se depreende do disposto no art. 62 do ADCT, *in verbis*: "Art. 62. A lei criará o Serviço Nacional de Aprendizagem Rural (SENAR) *nos moldes da legislação relativa* ao Serviço Nacional de Aprendizagem Industrial (SE-

1. Procedem os comentários feitos pelo professor Ives Gandra da Silva Martins ao art. 240 da CF, nos seguintes termos:

"Trata-se das contribuições para o SENAI, o SESI e entidades semelhantes. O sentido do artigo é preservá-las, nada obstante o movimento que se está fazendo em todo o país para aboli-las.

"Nada me parece mais irracional que tal movimento, visto que as únicas contribuições sociais que ofertam retorno à sociedade são aquelas destinadas a tais entidades, que não são desviadas no curso do caminho.

"Todas as demais contribuições sociais são desviadas, na medida em que é a Receita Federal quem as administra, muitas vezes se apropriando de parcela substancial para cobrir os crônicos déficits federais de caixa.

"(...).

"Não sem razão, o Ministro Adib Jatene, que lutou por assegurar o COFINS, criado pela Lei Complementar n. 70/91, afirmando que tal receita equacionaria os problemas da saúde no país, quando retornou ao Ministério da Saúde, percebeu que parcela substancial da receita daquele tributo não era utilizada pelo Ministério e encetou um outra campanha, também vitoriosa, para obter a criação de uma contribuição provisória sobre a movimentação financeira, que certamente não solucionará os problemas da saúde, em face da 'vocação desviatória' do Governo Federal.

"Por essa razão o art. 240 preserva as únicas contribuições sociais que não são desviadas e que são bem aplicadas, demonstrando que, em alguns momentos de lucidez, o constituinte conseguiu produzir texto adequado, reafirmativo daquele que já estava contido no art. 149.

"A campanha, todavia, para destruir o trabalho sustentado pelas únicas contribuições sociais que não são desviadas é intensa. É que, no Brasil, o que dá certo não pode ser mantido e deve ser aniquilado pelos representantes de si mesmos, nos dois Poderes políticos que de há muito não representam mais o povo, apesar de por ele eleitos" (*Comentários à Constituição do Brasil*, v. 9, São Paulo, Saraiva, 1998, pp. 124-128).

NAI) e ao *Serviço Nacional de Aprendizagem do Comércio (SENAC)*, sem prejuízo das atribuições dos órgãos públicos que atuam na área" (grifamos)

11. Este fato, por si só, já seria suficiente para afastar qualquer assertiva no sentido de que as prestadoras de serviços cujas atividades estão enquadradas nas Federações e Sindicatos coordenados pela CNC não deveriam pagar a contribuição para o SENAC.

12. Não obstante, alegam as prestadoras de serviços que não estariam sujeitas ao pagamento da contribuição para o SENAC porque:

a) não seriam elas estabelecimentos comerciais para os efeitos do art. 4º do Decreto-lei 8.621, de 1946;

b) o art. 577 da CLT não teria sido recepcionado pela atual Constituição; e

c) o tributo em questão teria a natureza jurídica de contribuição social de interesse de categoria profissional ou econômica, de modo que, nos termos do art. 149 da Carta Magna,[2] deveria haver uma correlação lógica entre os beneficiários dos recursos e os contribuintes, que alegam ser inexistente na hipótese da consulta.

13. Ocorre, todavia, que, conforme será demonstrado a seguir, nenhum desses argumentos tem sustentação jurídica, motivo pelo qual as prestadoras de serviços também são contribuintes, sobre as quais recai a obrigação prevista no art. 4º do Decreto-lei 8.621, de 1946.

2. O art. 149 da CF tem a seguinte redação:

"Art. 149. Compete exclusivamente à União instituir contribuições sociais, de intervenção no domínio econômico e de interesse das categorias profissionais ou econômicas, como instrumento de sua atuação nas respectivas áreas, observado o disposto nos arts. 146, III, e 150, I e III, e sem prejuízo do previsto no art. 195, § 6º, relativamente às contribuições a que alude o dispositivo.

"Parágrafo único. Os Estados, o Distrito Federal e os Municípios poderão instituir contribuição, cobrada de seus servidores, para o custeio, em benefício destes, de sistemas de previdência e assistência social."

IV – A natureza jurídica da contribuição para o SENAC

14. Cumpre-nos demonstrar, inicialmente, que tanto a jurisprudência emanada do STF como a doutrina dominante têm entendido que *a contribuição para o SENAC não é uma contribuição social de interesse de categoria profissional ou econômica.*

A) A jurisprudência do STF

15. De fato, no julgamento do RE 138.284, o Min. Relator, Dr. Carlos Velloso, atual Presidente do Pretório Excelso, descreveu, clara e didaticamente, o regime jurídico das contribuições sociais, enquadrando a contribuição para o SENAC no rol das contribuições sociais gerais – no que foi acompanhado pela unanimidade de seus pares –, nos seguintes termos:

"A norma-matriz das contribuições parafiscais está contida no art. 149 e seu parágrafo único da Constituição: '(...)'.

"O citado artigo 149 institui três tipos de contribuições: (a) contribuições sociais; (b) de intervenção; (c) corporativas. As primeiras, as contribuições sociais, desdobram-se, por sua vez, em (a.1) contribuições de seguridade social, (a.2) outras de seguridade social e (a.3) contribuições sociais gerais.

"IV – Examinemos mais detidamente essas contribuições.

"As contribuições sociais, falamos, desdobram-se em (a.1) contribuições de seguridade social: estão disciplinadas no art. 195, I, II e III, da Constituição. São as contribuições previdenciárias, as contribuições do FINSOCIAL, as da Lei n. 7.689, o PIS e o PASEP (CF, art. 239). Não estão sujeitas à anterioridade (art. 149; art. 195, § 6º); (a.2) outras de seguridade social (art. 195, § 4º): não estão sujeitas à anterioridade (art. 149; art. 195, § 6º). A sua instituição, todavia, está condicionada à observância da técnica da competência residual da União, a começar, para a sua instituição, pela exigência de lei complementar (art. 195, § 4º; art. 154, I); (a.3) *contribuições sociais gerais (art. 149): o FGTS, o salário-educação (art. 212, § 5º), as contribuições* do SENAI, do SESI, *do SENAC (art. 240)*. Sujeitam-se ao princípio da anterioridade.

"V – As contribuições de intervenção no domínio econômico (art. 149), como as contribuições do IAA, do IBC, estão sujeitas ao princípio da anterioridade. As corporativas (art. 149), cobradas, por exemplo, pela OAB, pelos Conselhos de Fiscalização de profissões liberais e pelos sindicatos (contribuição sindical), estão sujeitas, também, ao princípio da anterioridade.

"(...)"[3] (grifamos).

B) A doutrina

16. No mesmo sentido, a doutrina tem caracterizado a contribuição para o SENAC como uma contribuição social geral, conforme se extrai do seguinte trecho da obra do tributarista José Eduardo Soares de Melo:

"Curiosamente, trata-se de receita exigida de pessoas privadas (empregadores) relativamente a fatos distintos de atividade estatal, destinada a entidades privadas (SENAI, SESI, SESC, SENAC etc., por força do Decreto-lei 1.146/70).

"Os elementos básicos normativos compreendem figura genérica de imposto (art. 16 do CTN) ou mesmo de contribuição social (art. 195, I, da CF). Entretanto, se for considerado o destino de sua arrecadação, como elemento caracterizador da exação, não se estaria nem frente a imposto ou a contribuição social porque não destinada aos orçamentos previstos nos incisos I e III do § 5º do art. 165 da CF.

"*Seria o caso*, possivelmente, *de enquadrar-se no art. 149 da CF, no pertinente ao conceito genérico de 'contribuição social', não destinada à seguridade social*, na linha jurídica exposta por Misabel Derzi"[4] (grifamos).

17. Em sentido idêntico o magistério do professor Ives Gandra da Silva Martins, o qual, escrevendo sobre a matéria, esclareceu que:

"Como se percebe, entendo que tais contribuições especiais não se enquadram naquelas de interesse das categorias, mas sim na das contribuições sociais, na medida em que todo o sistema 'S' é dedicado a dar condições de integração na sociedade dos que freqüentam tais escolas de aprendizado.

"É interessante notar que no art. 203 da Lei Suprema – versado na dicção seguinte: 'A assistência social será prestada a quem dela necessitar, independentemente de contribuição à seguridade social, e tem por objetivos: I – a proteção à família, à maternidade, à infância, à adolescência e à velhice; II – o amparo às crianças e adolescentes carentes; III – *a promoção da integração ao mercado de trabalho*; IV – a habilitação e reabilitação das pessoas portadoras de deficiência e a promoção de sua integração à vida comunitária; V – a garantia de um salário mínimo de benefício mensal à pessoa portadora de deficiência e ao idoso que comprovem não possuir meios de prover à própria manutenção ou de tê-la provida por sua família, conforme dispuser a lei' (grifos meus) – a presunção da integração ao mercado de trabalho é postada, em especial relevo, na ação do Estado e da sociedade.

"Ora, o sistema 'S' tem como escopo maior exatamente a integração da juventude no mercado de trabalho, razão pela qual entendo que a natureza jurídica da contribuição para o sistema 'S' não está entre aquelas voltadas para o interesse das categorias, mas sim entre as de natureza social, lembrando-se que a assistência social, a

3. STF, TP, RE 138.284-CE, rel. Min. Carlos Velloso, *RTJ* 143/319-320.

4. *Contribuições Sociais no Sistema Tributário*, São Paulo, Malheiros Editores, 1993, p. 186.

saúde e a previdência conformam a seguridade no Direito Brasileiro."[5]

18. Aliás, justamente pelo fato de a integração ao mercado de trabalho ser o principal objetivo das denominadas "contribuições para o Sistema 'S'" e sem esquecer que a assistência social, juntamente com a saúde e a previdência social, integra a seguridade social, entendemos que essas contribuições são, em sua essência, contribuições de seguridade social, apesar da ressalva feita pelo legislador constituinte no art. 240 da Carta Magna.

19. Concluímos que os recursos provenientes dessas contribuições são destinados às entidades privadas de serviço social e de formação profissional, que utilizam esses recursos na área de assistência social, o que significa dizer que o produto da arrecadação da contribuição para o SENAC também financia a seguridade social.

V – O financiamento da seguridade social é obrigação de toda a sociedade

20. É princípio geral que também deve ser aplicado à contribuição para o SENAC o que consta da parte inicial do art. 195 da CF, de acordo com o qual: "A seguridade social será financiada por toda a sociedade, de forma direta e indireta (...)".

21. Aliás, o STF já decidiu que as empresas de mineração, as concessionárias de energia elétrica, a indústria e o comércio de combustíveis e lubrificantes líquidos e gasosos não poderiam ser dispensados da manutenção da seguridade social e das contribuições do art. 149 da CF sem que fossem violados os princípios da capacidade contributiva e da igualdade e o *caput* do art. 195 da Carta Magna. É o que se extrai do seguinte trecho do voto do Min. Carlos Velloso, proferido no julgamento do RE 144.971-DF:

"Examino, agora, a segunda questão: a não-incidência do PIS, sob o pálio da CF/88, tendo em vista o disposto no § 3º do art. 155 da CF/88.

"A sentença, que é da lavra do então Juiz federal Sacha Calmon Navarro Coêlho, dos melhores tributaristas brasileiros, assim afastou a pretensão da impetrante: '(...). Dizer que o art. 155, § 3º, da CF barra as *contribuições parafiscais*, mormente as sociais, seria o mesmo que dizer dispensados da mantença da seguridade social e das contribuições do art. 149 da Carta *as empresas de mineração, as concessionárias de energia elétrica, a indústria e o comércio de combustíveis e lubrificantes líquidos e gasosos*, o que seria um *absurdo lógico*, altamente atentatório aos princípios da capacidade contributiva (art. 145, § 1º) e da igualdade tributária (art. 150, II), sem falar no art. 195, *caput*, da CF, que defere a *todos* o dever de contribuir para a seguridade social' (fls. 27-28).

"Nada seria preciso acrescentar à lúcida fundamentação acima transcrita. Registro, entretanto, que os fundamentos postos na primeira parte deste voto, para o fim de reconhecer a legitimidade constitucional do PIS, sob a Constituição de 1967, no ponto em que examina fatos geradores do PIS e do imposto único, são aplicáveis aqui."[6]

22. O mesmo entendimento foi acolhido pelo Tribunal Pleno do Pretório Excelso no julgamento do RE 230.337-RN, realizado em 1.7.1999, no qual prevaleceu o voto do Min. Carlos Velloso, o qual, após transcrever a fundamentação do voto proferido no RE 144.971-DF, acrescentou o seguinte:

"O que precisa ser salientado é que o § 3º do art. 155 da CF há de ser interpretado em consonância com princípios constitucionais outros, principalmente com o que

5. "Contribuições sociais para o Sistema 'S' – Constitucionalização da imposição por força do art. 240 da Lei Suprema – Recepção pela nova ordem do art. 577 da CLT", *Revista Dialética de Direito Tributário* 57/127.

6. STF, 2ª T., RE 144.971-DF, rel., Min. Carlos Velloso, *RTJ* 162/1.079.

está disposto no art. 195, *caput*, da mesma Carta, que estabelece que 'a seguridade social será financiada por toda a sociedade, de forma direta e indireta, nos termos da lei'. Ora, no raciocínio das recorridas, as empresas de mineração, as distribuidoras de derivados de petróleo (postos de gasolina), distribuidoras de eletricidade e que executam serviços de telecomunicações estariam isentas da obrigação de contribuir para a seguridade social, assim com aplicação de tratos mortais no princípio isonômico – geral e tributário – que a Constituição consagra: CF, art. 5º; art. 150, II.

"III – Cumpre registrar, ademais, que a Constituição, quando desejou conceder imunidade no tocante às contribuições sociais, foi expressa, § 7º do art. 195: 'São isentas de contribuição para a seguridade social as entidades beneficentes de assistência social que atendam às exigências estabelecidas em lei'.

"Bem por isso, leciona Lucia Valle Figueiredo, dissertando sobre o tema:

"'Como se verifica no capítulo referente à seguridade social, *financiada por toda sociedade*, há expressa referência à 'imunidade', chamada de 'isenção', das entidades beneficentes de assistência social, entidades essas já liberadas de impostos *ex vi* do art. 150, letra 'b', da Constituição da República.

"'2. Depois, porque 'a seguridade social será financiada por toda a sociedade'. A exceção, enfatize-se, está no próprio Capítulo II do Título VIII, da Seguridade Social, no § 7º do art. 195, já analisado.

"'Todas as imunidades, se verificadas uma a uma, guardam pertinência lógica com as situações ou pessoas nelas abrangidas, quer sejam subjetivas ou objetivas.

"'Os princípios da igualdade, da capacidade contributiva, repelem interpretação que conduza ao desrespeito desses vetores básicos. Impende perquirir: por que as produtoras de álcool ficariam imunes às contribuições financiadas por toda a sociedade? Ficariam imunes ao imposto de renda, à contribuição sobre a folha de salários? Parece-nos claro que não.

"'Assinale-se que as contribuições para a seguridade social integram orçamento separado, embora integrem a lei orçamentária (art. 165, § 5º, da Constituição da República)' (Lucia Valle Figueiredo, 'Produtores de alcool – Imunidade da COFINS – Ausência', em *Revista da AMB* 2, agosto-outubro de 1997).

"*Ora, a interpretação puramente literal e isolada do § 3º do art. 155 da Constituição levaria ao absurdo, conforme linhas atrás registramos, de ficarem excepcionadas do princípio inscrito no art. 195,* ***caput****, da mesma Carta – 'a seguridade social será financiada por toda a sociedade, de forma direta e indireta, nos termos da lei*, (...)' – empresas de grande porte, as empresas de mineração, as distribuidoras de derivados de petróleo, as distribuidoras de eletricidade e as que executam serviços de telecomunicações, o que não se coaduna com o sistema da Constituição, e ofensivo, tal modo de interpretar isoladamente o § 3º do art. 155, a princípios constitucionais outros, como o da igualdade (CF, art. 5º e art. 150, II) e da capacidade contributiva. Não custa reiterar a afirmativa de que a Constituição, quando quis excepcionar o princípio inscrito no art. 195, fê-lo de forma expressa, no § 7º do mesmo art. 195 (...)."[7]

23. Verifica-se, portanto, que o art. 195 da CF deve ser aplicado à contribuição para o SENAC, na medida em que o produto de sua arrecadação também é utilizado para financiar a seguridade social, apesar de o constituinte tê-la qualificado como contribuição social geral, nos termos do art. 149 da Carta Magna.

24. Assim, parafraseando o Min. Carlos Velloso, que adotou a fundamentação de sentença proferida pelo então Juiz federal Sacha Calmon Navarro Coêlho, podemos concluir que a dispensa das prestadoras

7. STF, TP, RE 230.337-RN, rel. Min. Carlos Velloso, *Informativo STF* 155/4.

de serviços "da mantença da seguridade social e das contribuições do art. 149 da Carta (...) seria um *absurdo lógico*, altamente atentatório aos princípios da capacidade contributiva (art. 145, § 1º) e da igualdade tributária (art. 150, II), sem falar no art. 195, *caput*, da CF, que defere a *todos* o dever de contribuir para a seguridade social",[8] e no próprio art. 240, de acordo com o qual todos os empregadores estão obrigados ao pagamento das contribuições compulsórias sobre a folha de salários, destinadas às entidades privadas de serviço social e de formação profissional vinculadas ao sistema sindical.

25. Conseqüentemente, as empresas prestadoras de serviços também devem financiar a assistência social prestada pelas entidades privadas de serviço social e de formação profissional vinculadas ao sistema sindical, mediante o pagamento de contribuições sociais para os seguintes órgãos: INCRA, SENAI/SESI, SENAC/SESC, DPC (Diretoria de Portos e Costas do Ministério da Marinha), Fundo Aeroviário, SENAR *ou* SEST/SENAT. No caso dos contribuintes das contribuições para o SENAI/SESI e SENAC/SESC, estes estão sujeitos, ainda, ao recolhimento da contribuição para o SEBRAE, a título de adicional.

26. No presente caso, todas as prestadoras de serviços cujas atividades, de acordo com o quadro a que se refere o art. 577 da CLT, estiverem enquadradas nas Federações e Sindicatos coordenados pela CNC bem como as sociedades de atividades mistas e que explorem, acessória ou concorrentemente, qualquer ramo econômico peculiar aos estabelecimentos comerciais devem pagar a contribuição para o SENAC.

27. Qualquer outra interpretação – como a tese defendida pelas prestadoras de serviços – conduziria ao absurdo lógico referido no voto do Min. Carlos Velloso e na jurisprudência mansa e pacífica do Excelso Pretório, com flagrante violação dos arts. 145, § 1º, 150, II, e 195, *caput*, da CF, além do fato de ter o próprio legislador constituinte recepcionado, de forma expressa, a contribuição e a legislação relativa ao SENAC.

28. De qualquer forma, demonstraremos, nos capítulos seguintes, que:

a) as prestadoras de serviços são estabelecimentos comerciais para os efeitos do art. 4º do Decreto-lei 8.621, de 1946;

b) o art. 577 da CLT foi recepcionado pela Constituição de 1988;

c) essas empresas exploram ramo econômico peculiar aos estabelecimentos comerciais.

VI – O conceito de estabelecimento comercial para os efeitos do disposto nos arts. 4º e 5º do Decreto-lei 8.621, de 1946

29. Cumpre-nos esclarecer, em primeiro lugar, que o legislador, ao instituir a contribuição para o SENAC, nos arts. 4º e 5º do Decreto-lei 8.621, de 1946, utilizou a expressão "estabelecimentos comerciais" como sinônimo de empresa, e não em seu sentido técnico.

30. Na realidade, no seu sentido estrito, o estabelecimento comercial ou fundo de comércio é um complexo de bens, corpóreos ou incorpóreos, utilizado pelo empresário no exercício de sua atividade. Trata-se de uma universalidade de fato[9] que não se confunde com a empresa nem com o empresário.

31. Muito se discutiu – e ainda se discute – no Direito Brasileiro sobre o con-

8. STF, 2ª T., RE 144.971-DF, rel. Min. Carlos Velloso, *RTJ* 162/1.079.

9. João Eunápio Borges, *Curso de Direito Comercial Terrestre*, 5ª ed., Rio de Janeiro, Forense, 1991, p. 208; José Xavier Carvalho de Mendonça, *Tratado de Direito Comercial Brasileiro*, v. V, Rio de Janeiro, Jornal do Comércio, 1919, p. 19; Oscar Barreto Filho, *Teoria do Estabelecimento Comercial*, São Paulo, Max Limonad, 1969, p. 108; Waldemar Ferreira, *Tratado de Direito Comercial*, São Paulo, Saraiva, 1962, p. 51; Waldírio Bulgarelli, *Sociedades Comerciais*, 3ª ed., São Paulo, Atlas, 1987, p. 52.

ceito de empresa,[10] desde o Regulamento 737, de 1850, que incluiu as empresas dentre os atos de comércio, até mais recentemente, com a promulgação da Lei 8.934, de 18.11.1994, que dispôs sobre o Registro Público de Empresas Mercantis e Atividades Afins, e com a tramitação do Projeto de Código Civil, que, após ter recebido 332 emendas no Senado Federal, retornou à Câmara dos Deputados.

32. Inicialmente baseada na teoria dos atos de comércio, que restringia a comercialidade à indústria e ao comércio, a noção de empresa sofreu, com o passar dos anos, uma grande evolução, passando a englobar as atividades profissionais relativas à prestação de serviços.

33. Bem demonstra essa evolução o seguinte trecho do acórdão proferido pelo Tribunal de Justiça do (antigo) Distrito Federal nos autos da Ap. cível 13.186, relatada pelo Des. Hugo Auler:

"Em conseqüência, a noção jurídica do ato de comércio sofreu uma distorção. Não é o ato de comércio que dá a quem o pratica a qualidade de comerciante, e que reveste de natureza comercial a respectiva atividade profissional. Pelo contrário, *o fim lucrativo, o método e a organização de uma atividade profissional é que lhe dão o cunho comercial*, tornam quem assim procede um comerciante, fazem do conjunto de todos os seus bens, corpóreos e incorpóreos, um fundo de comércio e caracterizam como atos de comércio todos os que são praticados em função da mesma empresa comercial. E pouco importa a forma pela qual se apresentam tais atividades organizadas, metódica e profissionalmente, para fins lucrativos, para que sejam reconhecidas como empresas comerciais, e se revistam de comercialidade todos os atos praticados em sua função. Como bem o diz H. Metzler, existem vários tipos de empresa: empresa unipessoal cujo capital e meios de produção pertencem àquele que dirige o negócio; empresa sob forma de atividade coletiva constituída por sociedade de capitais ou de ações (*Travaux de l'Association 'Henri Capitant' pour la Culture Juridique Française*, Paris, Dalloz, 1948, t. III, p. 65). *Basta a unidade econômica e jurídica na qual são agrupados e coordenados os fatores humanos e materiais para o desenvolvimento de uma atividade lucrativa e profissional, e logo se tem em vista uma empresa comercial* cujos atos passam a ter a natureza de atos de comércio. É, aliás, a mesma opinião de Fredericq, para quem *todos os atos civis se tornam atos de comércio desde que dependam de um conjunto de operações constitutivas da empresa* (ob. cit., p. 123). *Assim, a moderna concepção de empresa destinada a qualificar toda e qualquer atividade profissional destinada economicamente à prestação de serviços e à circulação de bens*, o que levou Giuseppe Fanelli a defini-la como *esercizio professionale di attività economica organizzata svolta per il mercato di beni e dei servizi* (*Introduzione alla Teoria Giuridica dell'Impresa*, Milano, ed. A. Giuffrè, 1950, n. 22, p. 79), *veio dilatar o conceito de atos de comércio, que passou a abranger a prestação de serviços para fins lucrativos* paralela à circulação econômica de bens.

"Nessa conformidade, em face da extensão assumida pela noção jurídica do ato de comércio, por força da concepção lata de empresa comercial, *não mais se pode negar a quem exerce uma atividade metódica e profissionalmente organizada para fins lucrativos, seja ela qual for, a natureza técnica de figura de direito comercial.* Em conseqüência, é odiosa qualquer restrição que se faça a determinadas atividades profissionais mesmo que elas tenham, por vezes, a índole de artesanato, a fim de se lhe negar a renovação do contrato de locação, regida pelo Decreto n. 24.150, de 20.4.1934, visto como a simples circunstância da empresa compreender em sua estrutura um fundo de comércio está a de-

10. Sobre as novas perspectivas da empresa, cf. artigo de nossa autoria publicado no *Digesto Econômico* 370/22.

monstrar como a ampara a invocada legislação"[11] (grifamos).

34. No mesmo sentido, o professor Waldirio Bulgarelli demonstrou, depois de definir empresa como "atividade econômica organizada de produção e circulação de bens e *serviços* para o mercado, exercida pelo empresário, em caráter profissional, através de uma complexo de bens" (grifo nosso),[12] que, após a superação da teoria dos atos de comércio, a prestação de serviços foi introduzida no sistema comercial.

35. Afirma o ilustre professor da Faculdade de Direito da USP que:

"Forçoso é verificar que *a noção de serviço, como atividade econômica organizada, introduziu-se no sistema comercial por via da empresarialidade.*

"(...) verifica-se que continua a ser repudiada a teoria dos atos de comércio como qualificadora, só por si, do comerciante, preferindo-se a adoção da idéia de mercancia ligada à de atividade organizada. (...).

"Nesse exercício concreto de interpretação e qualificação, pouco teria que ser mudado se já tivesse sido promulgado o novo Código Civil; por certo, tecnicamente, ter-se-ia que expungir certas expressões que não teriam mais sentido perante o novo sistema legal, como por exemplo a mercancia. Mas, seguramente, ter-se-ia a mesma decisão com base no conceito de 'exercício profissional da atividade econômica organizada para a produção ou circulação de bens ou de *serviços*' do art. 1.003 do Projeto de Código Civil.

"O elastério, portanto, do conceito, em função do interesse protegido, levou a uma transformação essencial, que é a de albergar, na comercialidade, atividades que, pela noção estreita de atos de comércio referida ao contrato de compra e venda, nela não teriam lugar"[13] (grifamos).

36. Em sentido idêntico, o professor Fran Martins conceituou empresa comercial como sendo um "organismo formado por uma ou várias pessoas com a finalidade de exercitar atos de manufatura ou circulação de bens ou *prestação de serviços*"[14] (grifos nossos).

37. Igualmente, o professor Fábio Ulhoa Coelho define empresa "como sendo *atividade*, cuja marca essencial é a obtenção de lucros com o oferecimento ao mercado de bens ou *serviços* gerados mediante a organização dos fatores de produção, os quais, no capitalismo, compreendem a força de trabalho, a matéria-prima, o capital e, segundo alguns enfoques, também a tecnologia"[15] (grifamos).

38. Aliás, José Xavier Carvalho de Mendonça já havia formulado, há mais de 70 anos, o seguinte conceito de empresa: "Empresa é a organização técnico-econômica que se propõe a produzir, mediante a combinação dos diversos elementos, natureza, trabalho e capital, bens ou *serviços* destinados à troca (venda), com esperança de realizar lucros, correndo os riscos por conta do *empresário*, isto é, daquele que reúne, coordena e dirige esses elementos sob a sua responsabilidade"[16] (grifo nosso).

39. Como se vê, além da indústria e do comércio, o conceito de empresa passou a englobar o setor de serviços, não só devido à superação da teoria dos atos de comércio, mas também e principalmente em decorrência do grande desenvolvimento alcançado por este importante setor da economia brasileira durante este século.

40. Justamente por esse motivo, o Projeto de Código Civil, recentemente enca-

11. TJDF, Ap. cível 13.186, rel. Des. Hugo Auler, *RDM* 2/282-283, ano II, abril-junho de 1952.

12. *Tratado de Direito Empresarial*, 2ª ed., São Paulo, Atlas, 1995, p. 100.

13. Waldirio Bulgarelli, *Tratado* ..., cit., pp. 142-143. Segundo o autor, na mesma obra, "a noção de empresa (...) corresponde à da empresarialidade, e pode ser conceituada como atividade econômica organizada, exercida profissionalmente" (p. 133).

14. *Curso de Direito Comercial*, 22ª ed., Rio de Janeiro, Forense, 1998, p. 13.

15. *O Empresário e os Direitos do Consumidor*, São Paulo, Saraiva, 1994, p. 12.

16. *Tratado de Direito Comercial Brasileiro*, 2ª ed., v. I, Rio de Janeiro, Jornal do Comércio, 1930, p. 538.

minhado pelo Senado Federal à Câmara dos Deputados em virtude da aprovação de emendas, acolheu a moderna noção de empresa e definiu empresário da seguinte forma: "Art. 965. Considera-se empresário quem exerce profissionalmente atividade econômica organizada para a produção ou a circulação de bens ou de *serviços*"[17] (grifamos).

41. Não se deve esquecer, ainda, que a teoria da empresa também foi adotada pela Lei 8.934, de 1994, de modo que a grande maioria das prestadoras de serviços também deve arquivar seus atos no Registro Público de Empresas Mercantis e Atividades Afins.

42. Nesse sentido, vale a pena transcrever os seguintes comentários do professor Theóphilo de Azeredo Santos, que retrata, com exatidão, o sentido e o alcance das alterações introduzidas pela Lei 8.934, de 1994:

"2. O conceito de empresa também está se ampliando, abalando os alicerces da doutrina tradicional (...).

"(...).

"(...). Coube ao DNRC (...) elaborar anteprojeto que se converteu em projeto de lei apresentado pelo Ministro Jarbas Passarinho, em Exposição de Motivos MJ/n. C-362-A, de 31 de julho de 1991, onde explica:

"'(...)'.

"Em 26 de setembro de 1992, o relator desse projeto de lei na Comissão de Economia, Indústria e Comércio, deputado José Carlos Aleluia, pondera: 'A principal inovação do projeto diz respeito à modificação de denominação do Registro do Comércio para Registro de Empresas Mercantis, fazendo prevalecer, portanto, a chamada 'teoria da empresa', (...), repetindo, com outras palavras, o voto do deputado Roberto Magalhães, bem sintonizado com a ampliação do conceito de empresa: 'Entendemos positiva a manutenção dessa inovação no projeto, pela qual a atividade negocial não se caracterizará mais pela prática de atos de comércio, mas pelo exercício profissional de uma atividade econômica organizada, para a produção ou a circulação de bens ou serviços. Substitui-se, assim, o tradicional conceito de comerciante pelo conceito de empresário'.

"7. Aprovado, o projeto de lei converteu-se na Lei n. 8934, de 18.11.1994, que no art. 2º determina a *comercialidade das sociedades de objeto civil*, pois elas terão, agora, os seus atos arquivados no Registro Público de Empresas Mercantis e Atividades Afins, 'independentemente de seu objeto, salvo as exceções previstas em lei'.

"Assim, não mais serão as sociedades de objeto civil, com fins lucrativos, registradas no Cartório do Registro Civil das Pessoas Jurídicas, mas nas Juntas Comerciais.

"Prevalece, então, a atividade econômica da empresa para caracterizá-la como comercial, elidindo a velha discussão que dividiu os juristas entre os que ficavam presos às regras do Código Comercial (note-se que este não oferece o conceito jurídico de comerciante) para considerar mercantis apenas os atos indicados na legislação do Império e os que preferem avalizar a tese da ampliação do conceito de empresa comercial.

"Estarão, em conseqüência, sujeitas a falência e terão direito a concordata, pois *são comerciais, por força de lei, as sociedades cujo objeto social for a produção e a circulação de bens e serviços, alcançando, assim, uma enorme variedade de atividades econômicas, com ênfase para o setor de serviços*, hoje marcadamente desenvolvido, especialmente após a sua chamada 'terceirização'.

"(...).

"Assim, *ampliou-se*, seguindo a esteira das legislações modernas e com apoio na doutrina, *o conceito de empresa mercantil, nele incluídas todas as organizações destinadas à exploração*, por pessoa física

17. Cf. texto consolidado publicado no *Diário da Câmara dos Deputados*, Suplemento de 5.2.1998.

(empresa individual) ou jurídica (empresa coletiva ou sociedade comercial), *de qualquer atividade econômica de fins lucrativos*"[18] (grifos nossos).

43. Diante do exposto, verifica-se que a discussão sobre serem as prestadoras de serviços contribuintes ou não da contribuição para o SENAC não se restringe à distinção entre sociedades comerciais e sociedades civis, mesmo porque, como há muito tempo observou Henri de Page:

"(...) a fisionomia jurídica da sociedade *transformou-se completamente*, não apenas no sentido de que as sociedades comerciais tomaram a frente das sociedades civis, mas também no sentido de que mesmo estas últimas, ainda que conservando, em princípio, suas características próprias, de fato não são mais sociedade civis, e na maior parte dos casos não são mais regidas pelos arts. 1.832 a 1.873 do Código Civil.

"Elas foram irresistivelmente atraídas para a órbita das sociedades comerciais."[19]

44. Na realidade, a controvérsia gira em torno das definições de "empresa" e "empresário", especificamente no que se refere aos setores por elas alcançados. Discute-se, assim, se referidos conceitos englobam, além da indústria e do comércio, o setor de serviços.

45. Como demonstramos, a moderna noção de empresa, sempre ligada à de empresário, engloba a atividade profissional relativa ao setor de serviços, tendo sido acolhida, inclusive, pelo Projeto de Código Civil e pela Lei 8.934, de 1994, o que significa dizer que são as prestadoras de serviços, inclusive por força de lei, verdadeiras empresas, e, via de conseqüência, devem pagar a contribuição para o SENAC, na forma legalmente prevista.

46. E, mesmo que as prestadoras de serviços não fossem empresas, o que se admite apenas para argumentar, é inegável que exploram, acessória ou concorrentemente, qualquer ramo econômico peculiar às empresas, de modo que, nos termos do art. 5º do Decreto-lei 8.621, de 1946, também seriam consideradas sujeitos passivos da contribuição de que trata esse dispositivo.

VII – A recepção do art. 577 da CLT pela Constituição de 1988

47. Sustentam ainda as prestadoras de serviços que o art. 577 da CLT[20] não teria sido recepcionado pela Constituição Federal de 1988, que modificou profundamente a organização sindical brasileira.

48. Deve-se lembrar, inicialmente, que o legislador constituinte recepcionou, de forma expressa, não só a contribuição, mas a própria legislação relativa ao SENAC, conforme se observa do disposto nos arts. 240 da CF e 62 do ADCT, já transcritos no presente parecer (itens 9 e 10).

49. Como se sabe, a legislação relativa ao SENAC determina que devem pagar a contribuição para o SENAC as empresas "cujas atividades, *de acordo com o quadro a que se refere o art. 577 da Consolidação das Leis do Trabalho*, estiverem enquadradas nas Federações e Sindicatos coordenados pela Confederação Nacional do Comércio" (Decreto-lei 8.621, de 1946, art. 4º – grifamos).

50. Este fato, por si só, já seria suficiente para afastar qualquer assertiva no sentido de que as prestadoras de serviços cujas atividades estão enquadradas nas Fe-

18. "A comercialidade das sociedades de objeto civil e fins lucrativos", *Carta Mensal* 486/42-46.

19. *Traité Élémentaire de Droit Civil Belge*, t. 5º, Bruxelas, Émile Bruylant, 1952, p. 7. No mesmo sentido a observação de Walter Moraes de acordo com a qual "no Direito Moderno, a linha demarcatória entre as sociedades civis e as comerciais se vai apagando, força do influxo crescente do sistema mercantil e do seu poder de assimilação" (*Sociedade Civil Estrita*, São Paulo, Rumo Gráfica, 1986, pp. 189-190).

20. O art. 577 da CLT tem a seguinte redação: "Art. 577. O quadro de atividades e profissões em vigor fixará o plano básico do enquadramento sindical".

derações e Sindicatos coordenados pela CNC não seriam contribuintes da contribuição para o SENAC, na medida em que não se pode considerar que tenha sido revogada lei que foi expressamente recepcionada pela Constituição.

51. De qualquer modo, não caberia a invocada inconstitucionalidade, na medida em que a legislação ordinária anterior à Constituição vigente quando muito por esta pode ser revogada, não se conhecendo no Direito Brasileiro a inconstitucionalidade superveniente.[21]

52. Na realidade, foi o contrário que aconteceu, pois, em virtude das normas nela constantes e já referidas e transcritas (art. 240 da CF e 62 do ADCT), a Constituição Federal de 1988 deu nível constitucional à contribuição e ao sistema estruturado pelo art. 577 da Consolidação. Assim, em tese, o mesmo só poderá ser modificado por emenda constitucional, segundo entendimento da melhor doutrina.[22]

53. Fenômeno análogo ocorreu também em relação a disposições legais existentes em outros ramos do Direito, como por exemplo no tocante ao direito de família, ensejando a proteção constitucional da união estável.

54. Em outros casos, normas da legislação ordinária passaram a ter *a posteriori* o caráter de lei complementar, como ocorreu no caso da Lei 4.595, de 1964, que regulamentou o Sistema Financeiro.

55. Se isso não bastasse, deve ser salientado que o próprio STF já se pronunciou sobre a matéria, tendo concluído que o art. 570 da CLT,[23] no qual se baseia o quadro de atividades e profissões a que se refere o art. 577, foi recepcionado pela atual Carta Magna.

56. É o que se depreende do voto do Min. Marco Aurélio proferido no julgamento do RMS 21.305, do qual se extrai o seguinte excerto: "O Pleno da Corte já teve a oportunidade de assentar a recepção, pela atual Carta, das normas de índole ordinária em tudo que não contrariem a proibição constitucional alusiva à interferência e à intervenção do Poder Público na organização sindical. Depreende-se da jurisprudência da Corte que não mais existe campo propício a atos administrativos do Poder Público que impliquem um dos dois fenômenos – o da interferência ou o da intervenção. Assim é que, ao julgar a legitimidade de confederações para figurarem como requerentes em ações diretas de inconstitucionalidade, o Tribunal tem levado em conta norma da Consolidação das Leis do Trabalho que define tal entidade como a constituída por três ou mais federações e, com isto, vem rechaçando a possibilidade de serem tidas como legitimadas aquelas que congregam entes diversos, tais como sindicatos e associações, sejam de que natureza forem. Destarte, já aqui concluo que *as normas da Consolidação das Leis do Trabalho envolvidas neste caso – arts. 511 e 570 – estão em pleno vigor*, especialmente no que definem o que se entende como categoria diferenciada e a possibilidade de agrupamento de categorias que, pelo pequeno número de integrantes, não possam se sindicalizar eficientemente pelo critério da

21. STF, TP, RE 214.206-9, rel. p/ o acórdão Min. Nélson Jobim, *Revista Dialética de Direito Tributário* 36/132.

22. Ives Gandra da Silva Martins, *Comentários* ..., cit., v. 9, p. 130.

23. O art. 570 da CLT tem a seguinte redação: "Art. 570. Os sindicatos constituir-se-ão, normalmente, por categorias econômicas ou profissionais específicas, na conformidade da discriminação do quadro de atividades e profissões a que se refere o art. 577, ou segundo as subdivisões que, sob proposta da Comissão do Enquadramento Sindical, de que trata o art. 576, forem criadas pelo Ministério do Trabalho.

"Parágrafo único. Quando os exercentes de quaisquer atividades ou profissões se constituírem, seja pelo número reduzido, seja pela natureza mesma dessas atividades ou profissões, seja pelas afinidades existentes entre elas, em condições tais que não se possam sindicalizar eficientemente pelo critério de especificidade de categoria, é-lhes permitido sindicalizar-se pelo critério de categorias similares ou conexas, entendendo-se como tais as que se acham compreendidas nos limites de cada grupo constante do quadro de atividades e profissões."

especificidade, sendo-lhes assegurada a constituição de sindicato específico tão logo fique viabilizado. (...). *O art. 570 dispõe sobre a organização sindical por categorias econômicas ou profissionais específicas, conforme discriminação do quadro das atividades e profissões a que se refere o art. 577 ou de acordo com subdivisões que, por proposta da Comissão de Enquadramento Sindical, forem aprovadas pelo Ministério do Trabalho*. Já no parágrafo único alude-se ao agrupamento de categorias face à dificuldade de sindicalização dos integrantes de cada qual, considerado sindicato específico"[24] (grifamos).

57. Verifica-se, pois, pelo entendimento do STF, que, independentemente da recepção pela Constituição de cada um dos dispositivos citados da Consolidação, foi mantido em vigor todo o sistema anteriormente vigente relativo à organização sindical, ao SENAC e à contribuição, sistema que tinha sido implantado pela legislação ordinária e que adquiriu, pois, uma espécie de blindagem constitucional, como já assinalamos.

58. Acresce que, ao contrário do que alegam as prestadoras de serviços, o princípio da liberdade sindical, insculpido no art. 8º da Carta Magna, não foi desrespeitado, pois a interpretação do mesmo deve ser sistemática,[25] tomando-se em consideração que a legislação relativa ao SENAC foi recepcionada expressamente.

59. Finalmente, cumpre-nos ressaltar que o STF também já decidiu que o art. 535 da CLT,[26] que disciplina a constituição de federações e de confederações, inclusive a Confederação Nacional do Comércio, e que também fundamenta o art. 577 da CLT, foi recepcionado pela Constituição de 1988, conforme se extrai do seguinte trecho da ementa do acórdão proferido nos autos da ADIn 1.121-RS: "Confederação sindical – Modelo normativo. O sistema confederativo, peculiar à organização sindical brasileira, foi mantido em seus lineamentos essenciais e em sua estrutura básica pela Constituição promulgada em 1988. A norma inscrita no art. 535 da CLT – que foi integralmente recepcionada pela nova ordem constitucional – *impõe*, para efeito de configuração jurídico-legal das confederações sindicais, que estas se organizem com o *mínimo* de três federações sindicais. Precedente: *RTJ* 137/82, rel. Min. Moreira Alves".[27]

60. Percebe-se, portanto, que o art. 577 da CLT não contraria a Constituição Federal, seja pela expressa recepção da legislação relativa ao SENAC, seja porque o STF já decidiu que tanto o art. 535 como o art. 570 da CLT, que o fundamentam, foram integralmente recepcionados pelo atual ordenamento jurídico constitucional.

VIII – Conclusões

61. Pelo exposto, verificamos que:

a) a contribuição para o SENAC não é contribuição social de interesse de categoria profissional ou econômica.

b) É, em sua essência, contribuição de seguridade social, uma vez que os recursos provenientes de sua arrecadação são utilizados na área de assistência social, que compõe, juntamente com a saúde e a previdência social, a seguridade social, sendo-lhe aplicável, portanto, a parte inicial do art. 195 da CF, de acordo com a qual "a

24. STF, TP, RMS 21.305-DF, rel. Min. Marco Aurélio, *RTJ* 137/1.137-1.138.

25. Sobre os processos de interpretação v. Arnoldo Wald, *Curso de Direito Civil Brasileiro – Introdução e Parte Geral*, 8ª ed., São Paulo, Ed. RT, 1995, p. 88; e "Os métodos modernos de interpretação", *RDC* 31/7.

26. O art. 535 da CLT tem a seguinte redação: "Art. 535. As confederações organizar-se-ão com o mínimo de três federações e terão sede na Capital da República.

"§ 1º. As confederações formadas por federações de sindicatos de empregadores denominar-se-ão: Confederação Nacional da Indústria, Confederação Nacional do Comércio, Confederação Nacional de Transportes (...)."

27. STF, TP, ADIn 1.121-DF, rel. Min. Celso de Mello, *RTJ* 159/414.

seguridade social será financiada por toda a sociedade (...)".

c) A dispensa das prestadoras de serviços "da mantença da seguridade social e das contribuições do art. 149 da Carta (...) seria um *absurdo lógico*, altamente atentatório aos princípios da capacidade contributiva (art. 145, § 1º) e da igualdade tributária (art. 150, II)".[28]

d) Tal dispensa também desrespeitaria o art. 195, *caput*, da CF e o próprio art. 240, de acordo com o qual todos os empregadores estão obrigados ao pagamento das contribuições compulsórias destinadas às entidades privadas de serviço social e de formação profissional vinculadas ao sistema sindical.

e) O legislador, ao instituir a contribuição para o SENAC, nos arts. 4º e 5º do Decreto-lei 8.621, de 1946, utilizou a expressão "estabelecimentos comerciais" como sinônimo de empresas.

f) A moderna noção de empresa engloba a atividade profissional relativa ao setor de serviços, tendo sido acolhida, inclusive, pelo Projeto de Código Civil e pela Lei 8.934, de 1994, o que significa dizer que são as prestadoras de serviços verdadeiras empresas, geralmente estruturadas sob a forma de sociedades típicas do direito comercial (Ltda. ou S/A).

g) Mesmo que as prestadoras de serviços não fossem empresas, o que se admite apenas para argumentar, é inegável que exploram, acessória ou concorrentemente, ramos econômicos peculiares às empresas, nos termos do art. 5º do Decreto-lei 8.621, de 1946.

h) O legislador constituinte recepcionou, de forma expressa, não só a contribuição, mas a própria legislação relativa ao SENAC, inclusive o art. 4º do Decreto-lei 8.621, de 1946, de acordo com o qual são contribuintes do tributo as empresas "cujas atividades, *de acordo com o quadro a que se refere o art. 577 da Consolidação das Leis do Trabalho*, estiverem enquadradas nas Federações e Sindicatos coordenados pela Confederação Nacional do Comércio".

i) O STF já decidiu que os arts. 535 e 570 da CLT, nos quais se baseia o quadro de atividades e profissões a que se refere o art. 577, foram recepcionados e até consagrados pela atual Carta Magna, sendo até alçados a nível constitucional.

IX – Resposta ao quesito

Quesito: "Diante de todo o exposto, indagamos a V. Sa. se, nos termos da legislação em vigência, as empresas prestadoras de serviço estão, ou não, obrigadas ao recolhimento da contribuição destinada ao custeio do SENAC, instituída pelo Decreto-lei 8.621, de 1946, arts. 4º e 5º".

62. Resposta: Todas as prestadoras de serviços cujas atividades, de acordo com o quadro a que se refere o art. 577 da CLT, estiverem enquadradas nas Federações e Sindicatos coordenados pela CNC, bem como as sociedades de atividades mistas e que explorem, acessória ou concorrentemente, qualquer ramo econômico peculiar às empresas, devem contribuir para o SENAC, para garantir o custeio do mesmo, conforme determinado no Decreto-lei 8.621, de 1946, e legislação e regulamentação subseqüentes.

É o que nos parece, s.m.j.

São Paulo, 30 de junho de 2000

28. STF, 2ª T., RE 144.971-DF, rel. Min. Carlos Velloso, *RTJ* 162/1.079, já referido.

EL CONCEPTO DE ESTABLECIMIENTO PERMANENTE: SU RELACIÓN CON EL COMERCIO ELECTRÓNICO EN EL ÁMBITO DE LOS MODELOS DE CONVENIO DE DOBLE IMPOSICIÓN*

Marcos Gabriel Gutman
Abogado

1. Introducción[1]

El tema a afrontar será el tratar conciliar dos términos diversos, y aparentemente opuestos como son el concepto de establecimiento permanente en el Modelo de la OCDE (Organización para la Cooperación y el Desarrollo Económicos) para evitar la doble imposición (en adelante MCOCDE) en el de la ONU,[2] y el comercio electrónico.

El tema no es menor, y de ello da cuenta la propia OCDE, al señalar que de conformidad con el informe de la reunión de Ministros en la ciudad de Ottawa de 1998 incluye en sus trabajos, con relación a la estructura de las condiciones de la tributación en el comercio electrónico, que una de las principales cuestiones es "si un sitio *web* o un *server* pueden constituir un establecimiento permanente provocando la existencia de un territorio a efectos impositivos en un país".[3]

Esto solo nos muestra frente a que problema estamos, su complejidad, y la necesidad que el mismo deba ser estudiado profundamente a efectos de encontrar respuestas.

Debemos adelantar que nuestra opinión, en algunos aspectos, es contraria a lo manifestado por la OCDE ya que este organismo partía del supuesto que los problemas del comercio electrónico pueden legislarse partiendo la base que lo importante es el *hard* (parte física) de las computadoras, mientras que la propuesta que se trae

* 8º Congreso Tributario, Consejo Profesional de Ciencias Económicas de la Capital Federal, Pinamar, 4 al 7 de octubre de 2000, Tema I.

1. Este trabajo se encuentra basado en la tesina titulada *El Concepto de Establecimiento Permanente: su Relación con el Comercio Electrónico*, presentada a efectos de aprobar el "Corso di Perfezionamento in 'Diritto Tributario A. Berliri'", de la Facultad de Derecho de la Università di Bologna, Italia, durante el año académico 1998/1999.

2. En los aspectos que trataremos ambos modelos no encuentran diferencias sustanciales por lo que nos referiremos siempre al Modelo de la OCDE.

3. Sitio de Internet de la OCDE: http://www.ocde.org/daf/fa/e_com/e_com.htm. Este organismo tiene una gran cantidad de material publicado y editado que está disponible en forma electrónica. Por otra parte tiene grupos de discusión en la materia que se trata.

es exactamente la contraria: los problemas jurídicos de la Red Internet se solucionan analizando el *soft* (programas). No obstante esta salvedad puede decirse claramente que a partir de sus últimos trabajos esta tendencia se ha ido modificando.

Por otra parte no es novedoso el impacto que ha tenido la Red Internet[4] en el mundo contemporáneo en los últimos años.

Puede leerse al inicio del prólogo del *Informe Sacher* lo siguiente: "nuestra generación está de pie frente a la cúspide de la mayor revolución tecnológica que la humanidad ha enfrentado alguna vez. Algunos comparan esta era de la comunicación electrónica con la llegada de la prensa de Gutenberg, o con la revolución industrial. Ya esta revolución que está en curso puede tener un impacto mayor en el planeta de algo que la haya precedido. Las aplicaciones de transmisiones electrónicas ya han empezando a simplemente sentirse... y la anchura y profundidad de lo que queda delante sólo están empezando a ser sondadas. ¿Cómo y dónde somos educados?, ¿Dónde y cómo trabajamos y vivimos?, Nuestros sistemas de cuidado de salud, nuestras tiendas, nuestro comercio, nuestra lectura, nuestro ocio... ninguna parte de empresa humana quedará fuera. Incluso podrían afectarse profundamente nuestras nociones de soberanía y gobierno".[5]

Lo mismo ha reconocido la Corte de los Estados Unidos de Norteamérica cuando estableció que: "Internet ha experimentado una 'crecimiento extraordinario'. La cantidad de 'servidores' (*hosts computers*) — aquellas computadoras que almacenan información y que permiten las comunicaciones — se incrementaron de alrededor de 300 en 1981 a aproximadamente 9.400.000 al momento del juicio en 1996. Alrededor del 60% de dichos 'servidores' se encuentran en los EEUU. Aproximadamente 40 millones de personas utilizaron esta red hasta el momento del juicio, cuya cifra se espera crecerá a 200 millones para 1999".[6]

Esto solo significa frente a que problema estamos y cual es su magnitud. El tema a investigar es pequeño con relación a todos los que deben afrontarse en materia tributaria pero, como dijimos anteriormente, creemos que no es menor.

Es importante en esta introducción destacar que el comercio electrónico no puede ni debe ser circunscrito a la Red Internet. En ese sentido en un informe producido por la Organización Mundial del Comercio (OMC en español o WTO en inglés) se ha establecido que: "El comercio electrónico puede definirse simplemente como la producción, publicidad, venta y distribución de productos a través de las redes de telecomunicaciones",[7] agregando que: "cabe distinguir entre seis instrumentos principales de comercio electrónico: el teléfono, el fax, la televisión, los sistemas electrónicos de pagos y de transferencias monetarias, el intercambio electrónico de datos e Internet".[8]

4. Una definición jurídica de la Red Internet puede ser la siguiente: "una red internacional de computadoras interconectadas" de conformidad al Fallo de la Corte de los Estados Unidos de Norteamérica "Janet Reno, Attorney General of the United States (Procuradora General de la Nación), et. al. (y otros), Appelants (Apelantes) *v.* American Civil Liberties Union, et. al.", del 26 de junio de 1997. No obstante, a lo largo de este trabajo daremos otra definición más adecuada en razón de ser una definición técnica.

5. *Electronic Commerce — Opportunities and challenges for government*, STI Science Technology Industry, OECD, 1997, p. 3. Ese informe que fuera preparado por el Comité de Ciencia, Tecnología e Industria fue actualizado abarcando más áreas y más conceptos. En ese sentido ver STI, *Science Technology Industry*, Review 25, Special Issue on Sustainable Development, OECD, 2000.

6. Fallo de la Corte de los Estados Unidos de Norteamérica "Janet Reno, Attorney General of the United States (Procuradora General de la Nación), et. al. (y otros), Appelants (Apelantes) *v.* American Civil Liberties Union, et. al.", del 26 de junio de 1997.

7. Bacchetta, Marc, Low, Patrick, Mattoo, Aaditya, Schuknecht, Ludger, Wagner, Hannu y Wehrens, Madelon, *El Comercio Electrónico y el papel de la OMC*, Estudios Especiales 2, Ginebra, Suiza, Organización Mundial del Comercio (OMC), 1998, p. 1.

8. Bacchetta, Marc, Low, Patrick, Mattoo, Aaditya, Schuknecht, Ludger, Wagner, Hannu y Wehrens, Madelon, op. cit., p. 5.

2. El comercio electrónico

2.1 Introducción

Como hemos visto antes el comercio electrónico no puede asociarse solo a la Red Internet como ha ocurrido en los últimos tiempos sino que es mucho más que ello. Su origen tiene que ver con la posibilidad de intercambio de datos por medios electrónicos. No obstante ello, atento el desarrollo en los últimos años de la Red Internet, centraremos nuestro estudio en esta última por ser el medio más novedoso.

Para ello es importante definir desde un punto de vista técnico en que consiste esta modalidad y si la misma encuentra similitudes con otras ya existentes donde existan institutos jurídicos que las reglamentan.

2.2 *Las redes de computadoras*[9]

Tanebaum da una primera definición del tema afirmando que: "se dice que dos computadoras están interconectadas si son capaces de intercambiar información".[10] Este es su objeto principal. Estas redes tienen un sistema de origen compuesto por una fuente y transmisor, un sistema de transmisión y finalmente un receptor y un destino.[11]

La forma más sencilla de lograr este objetivo es la utilización de dispositivos de transmisión punto a punto.[12] Es decir, ello significa conectar dos dispositivos. Sin embargo esto trae complicaciones como ser que si estos están muy alejados no se justifica o que la conexión se haga en tiempos diferentes. Para solucionar estos problemas y cuando las computadoras se encuentran en lugares distintos se utilizan distintos sistemas de redes.[13]

Si bien existen distintos tipos de redes, por lo general se considera que existen dos categorías: las WAN (*Wide Aerea Networks*) y las LAN (*Local Aerea Networks*).[14] Las primeras se utilizan para áreas amplias y las segundas para cuestiones pequeñas como oficinas, edificios o algunos edificios.

Para que exista este intercambio de información de datos a través de un sistema "se requiere que hablen el mismo idioma. Lo que se comunica, cómo se comunica y cuándo se comunica debe seguir una serie de convenciones mutuamente aceptadas por las entidades involucradas. Este conjunto de convenios se denominan protocolos, que se pueden definir como el conjunto de reglas que gobiernan el intercambio de datos entre dos entidades".[15]

La forma de organización de la red y la comunicación a través de ella se deno-

9. Fitzgerald define a la comunicación de datos como: "el desplazamiento de información codificada de un punto a otro mediante sistemas de transmisión eléctricos u ópticos" (Jerry Fitzgerald, *Comunicación de datos en los negocios*, 2ª reimpresión, Ed. Limusa, México, 2000, p. 39).

10. Tanenbaum, Andrew S., *Redes de Computadoras*, 3ª ed., México, Ed. Prentice Hall, 1997, p. 2. En el mismo sentido Stallings, William, *Comunicación y redes de computadores*, 5ª ed., México, Ed. Prentice Hall, 1999, p. 2.

11. Conf. Stallings, op. cit., p. 3. En el mismo sentido Fitzgerald, op. cit., p. 42.

12. "Sea cual sea el tipo de recurso de comunicación de datos que se use, en casi todas las aplicaciones los datos se transmiten entre computadores en modo de bits en serie. En consecuencia, como los datos se transfieren entre subsistemas dentro de un computador en modo de palabras en paralelo, es necesario efectuar una conversión de paralelo a serie en la interfaz del computador antes de enviar los datos, y la conversión de serie a paralelo inversa al recibirlo" (Halsall, Fred, *Comunicación de datos, redes de computadores y sistemas abiertos*, 4ª ed., Ed. Addison Wesley Iberoamericana, 1998, p. 5).

13. Fitzgerald establece la siguiente: "El siguiente es un esquema razonable de clasificación de redes, aunque puede optarse por agregar otras aplicaciones: aplicación individual, aplicación múltiple, a nivel organizacional, multiorganizacional, de valor agregado, empresas de comunicaciones, internacional" (Fitzgerald, op. cit., p. 47).

14. Sostienen Ford, Lew, Spanier y Stevenson: "Las WANs (Redes de Área Amplia) interconectan LANs por medio de líneas telefónicas normales (y otros medios de transmisión) y de esta manera interconectan a usuarios geográficamente dispersos" (Merilee Ford, H. Kim Lew, Steve Spanier y Tim Stevenson, *Tecnologías de interconectividad de redes*, Ed. Prentice-Hall, México, 1998, p. 4).

15. Stallings, op. cit., p. 12. En el mismo sentido Tanenbaum, op. cit., p. 17.

mina "arquitectura de redes". La información contenida en ella se transmite a través de protocolos organizados en distintas capas.[16] Estas capas pueden dividirse en capa de transporte o capa física,[17] capa de enlace de datos,[18] capa de red,[19] la capa de transporte,[20] y la capa de aplicación que es la que importa al comercio electrónico ya que ella es la que da los servicios a los usuarios[21] y sobre es que se dan las relaciones que tienen que ver con el comercio electrónico. En ese sentido Merilee Ford entiende que: "las funciones de la capa de aplicación incluyen la identificación de socios de comunicación, la determinación de la disponibilidad de recursos y la sincronización de la comunicación. Al identificar socios de comunicación, la capa de aplicación determina su identidad y disponibilidad para una aplicación que debe transmitir datos".[22]

Aquí son distintas las aplicaciones que se pueden encontrar las cuales también necesitan de protocolos para funcionar. Ellas son el *e-mail* o correo electrónico, el

16. Tanenbaum señala que: "Para reducir la complejidad de su diseño, muchas redes están organizadas como una serie de capas o niveles, cada una construida sobre la inferior. El número de capas y el nombre, el contenido y la función de cada una difieren de red a red. Sin embargo, en todas las redes el propósito de cada capa es ofrecer ciertos servicios a las capas superiores de modo que no tengan que ocuparse del detalle de implementación real de los servicios" (Tanenbaum, op. cit., p. 17. En el mismo sentido Halsall, op. cit., pp. 16 y ss.; Stallings, op. cit., p. 13; y Merilee Ford y otros, pp. 6 y ss.). No obstante aclara Fitzgerald: "a finales de la década, la ISO (Organización Internacional de Normatividad) creó el subcomité de Interconexión de Sistemas Abiertos (OSI), cuya labor fue desarrollar las normas que sirvieran de marco para las comunicaciones de computadora a computadora; el resultado de tales esfuerzos fue el Modelo de Referencia para la Interconexión de Sistemas Abiertos, el cual se conoce como el modelo de referencia OSI y que sirve como marco a partir del cual se define una serie de protocolos normalizados" (Fitzgerald, op. cit., p. 304).

17. "El propósito de la capa física es transportar una corriente de bits en bruto de una máquina a otra. Se pueden usar varios medios físicos para la transmisión real; cada uno con su propio nicho en términos de ancho de banda, retardo, costo y facilidad de instalación y mantenimiento. A grandes rasgos, los medios se agrupan en medios guiados, como el cable de cobre y la fibra óptica, y medios no guiados, como la radio y los láseres a través del aire" (Tanenbaum, op. cit., p. 82). En el mismo sentido Fitzgerald, op. cit., p. 307; Stallings, op. cit., p. 17; Halsall, op. cit., p. 18). Según Marilee Ford "las implementaciones de la capa física se pueden categorizar como especificaciones LAN o WAN" (Marilee Ford y otros, op. cit., p. 12).

18. "A fin de proporcionar servicios a la capa de red, la capa de enlace de datos debe usar los servicios proporcionados a él por la capa física. Lo que hace la capa física es aceptar un flujo de bits en bruto e intentar entregarlo al destino. No se garantiza que este flujo de bits esté libre de errores. El número de *bits* recibidos puede ser menor, igual o mayor que el número de *bits* transmitidos y pueden tener diferentes valores. Es responsabilidad de la capa de enlaces de datos detectar y, de ser necesario, corregir los errores" (Tanenbaum, op. cit., p. 179). En el mismo sentido Merilee Ford y otros, op. cit., p. 13; Stallings, op. cit., p. 20. Aclara Fitzgerald "la capa de enlace de datos asegura la confiabilidad del medio de transmisión, ya que realiza verificación de errores, retransmisión, control fuera del flujo y la secuenciación delas capacidades que se utilizan en la capa de red" (Fitzgerald, op. cit., p. 307).

19. "La capa de red se encarga de llevar los paquetes desde el origen hasta el destino. Llegar al destino puede requerir muchos saltos por enrutadores intermedios. Esta función ciertamente contrasta con la de la capa de enlaces de datos, que solo tiene la meta modesta de mover marcos de un extremo del alambre a otro. Por tanto la capa de red es la capa más baja que maneja la transmisión de punta a punta" (Tanenbaum, op. cit., p. 339). En el mismo sentido Fitzgerald, op. cit., p. 310; Merilee Ford y otros, op. cit., p. 14.

20. "La capa de transporte no es sólo otra capa. Es el corazón de la jerarquía completa de protocolos. La tarea de esta capa es proporcionar un transporte de datos confiable y económico de la máquina de origen a la máquina de destino, independientemente de la red o redes físicas en uso. Sin la capa de transporte, el concepto total de los protocolos en capas tendría poco sentido" (Tanenbaum, op. cit., p. 479). En igual sentido Halsall, op. cit., p. 18 y Fitzgerald, op. cit., pp. 311 y 312).

21. Como dice Tanenbaum "Las capas por debajo de la de aplicación están ahí para proporcionar transporte confiable, pero no hacen ningún trabajo verdadero para los usuarios" (Tanenbaum, op. cit., p. 577). Aclara Fitzgerald: "la capa de aplicación es el acceso del usuario final a la red, y por tanto se desarrolla en la organización usuaria individual" (Fitzgerald, op. cit., p. 315).

22. Merilee Ford y otros, op. cit., p. 17. En el mismo sentido Halsall, op. cit., p. 16 y Fitzgerald, op. cit., p. 315.

USENET o noticias de red, la *World Wide Web* (WWW) y los sistemas de multimedia.

No obstante ello, existen algunos aspectos vinculados con el comercio electrónico que desarrollan en esta capa y que deben, a los efectos de este trabajo, mencionarse. Tal es el caso de los protocolos de seguridad, el DNS que es el que maneja los nombres de la Internet y el protocolo que sirve de administración de la red.

Es importante señalar antes que nada que significa Internet. Tanenbaum sostiene: "Nuestra definición es que una máquina está en Internet si opera con la pila de protocolos TCP/IP, tiene una dirección IP[23] y es capaz de enviar paquetes de IP a todas las demás máquinas de Internet".[24]

Esta definición es clara e importante ya que demuestra nuevamente que el problema en las redes no tiene que ver con cuestiones físicas sino con situaciones inmateriales como son los programas de computadoras. Es elemental ver el tema desde este enfoque ya que es la única forma jurídica de resolverlo. En razón de ello las soluciones que se propongan tienen que contemplar cual es el verdadero problema.

2.2.1 Las aplicaciones reales

2.2.1.1 *El correo electrónico* — La aplicación mas difundida y utilizada por los usuarios de la Red Internet es el correo electrónico. Este consistía originalmente en el envío de textos,[25] utilizando para ello un protocolo sencillo conocido como SMTP (*Simple Mail Transfer Protocol*), y en la actualidad ampliado a efectos de que el mismo pueda contener otras prestaciones tales como voz, imágenes y hasta *video clips*. Para esto último se ha ampliado el estándar del protocolo hacia una tecnología más completa denominada MIME (*Multipurpose Internet Mail Extension*).[26] Por lo común, los sistemas de correo electrónico desempeñan cinco funciones básicas composición, transferencia, generación del informe, visualización y disposición.

Con relación a su funcionamiento Tanenbaum explica que: "La composición se refiere al proceso de crear mensajes y respuestas. Aunque puede usarse cualquier editor de texto para el cuerpo del mensaje, el sistema mismo puede proporcionar asistencia con el direccionamiento y los numerosos campos de cabecera que forman parte de cada mensaje. Por ejemplo, al contestar un mensaje, el sistema de correo electrónico puede extraer la dirección del originador e insertarla automáticamente en el lugar adecuado de la respuesta. La transfe-

23. "Cada *host* y enrutador de Internet tiene una dirección IP, que codifica su número de red y su número de *host*. La combinación es única: no hay dos máquinas que tengan la misma dirección de IP. Todas las direcciones de IP son de 32 *bits* de longitud y se usan en los campos de dirección de origen y dirección de destino de paquetes IP (...) Los formatos de clase A, B, C y D permiten hasta 126 redes con 16 millones de *hosts* cada una, 16.382 redes con hasta 64 *hosts*, 2 millones de redes (por ejemplo LAN) de hasta 254 *hosts* cada una, y multitransmisión, en la cual se dirige un datagrama a múltiples *hosts*. Las direcciones que comienzan 11110 se reservan para uso futuro. Hay decenas de miles de redes conectadas ahora a Internet, y la cifra se duplica cada año. Los números de red los asigna el NIC (*Network Information Center*, centro de información de redes) para evitar conflictos" (Tanenbaum, op. cit., p. 416). En igual sentido Stallings, op. cit., p. 540; Halsall, op. cit., p. 519; Merilee Ford y otros, op. cit., p. 365.

24. Y agrega a continuación: "La mera capacidad de enviar de enviar y recibir correo electrónico no es suficiente, pues el correo electrónico se distribuye a muchas redes fuera de Internet. Sin embargo, el asunto pierde claridad en cierta forma por el hecho de que muchas computadoras personales tienen la capacidad de llamar a un proveedor de servicios mediante un *modem*, recibir la asignación de una dirección IP temporal y enviar paquetes IP a otras *hosts* de Internet. Tiene sentido considerar que tales máquinas están en Internet mientras están conectadas al enrutador del proveedor de servicios" (Tanenbaum, op. cit., p. 53).

25. "El correo electrónico, o *e-mail*, como se le conoce en inglés, ha existido por más de dos décadas. Los primeros sistemas de correo electrónico simplemente consistían en protocolos de transferencia de archivos, con la convención de que la primera línea de cada mensaje (es decir, archivo) contenía la dirección del destinatario" (Tanenbaum, op. cit., p. 644).

26. Conf. Stallings, op. cit., p. 692. En igual sentido Huidobro Moya, op. cit., p. 304.

rencia se refiere a mover mensajes del originador a destinatario. En gran medida, esto requiere establecer una conexión con el destino o alguna máquina intermedia, enviar el mensaje y liberar la conexión. El sistema de correo electrónico debe hacer esto automáticamente, sin molestar al usuario. La generación del informe tiene que ver con indicar al remitente lo que ocurrió con el mensaje: ¿Se entregó, se rechazó o se perdió? Existen muchas aplicaciones en las que la confirmación de la entrega es importante y puede incluso tener una implicación legal ("Bien, Su Señoría, mi sistema de correo electrónico no es muy confiable, por lo que creo que la citación electrónica se perdió en algún lado"). La visualización de los mensajes de entrada es necesaria para que la gente pueda leer su correo electrónico. A veces se requiere cierta conversión o debe invocarse un visor especial, por ejemplo si el mensaje es un archivo *PostScript* o voz digitalizada. También se intentan a veces conversiones y formatos sencillos. La disposición es el paso final y se refiere a lo que el destinatario hace con el mensaje tras recibirlo. Las posibilidades incluyen tirarlo antes de leerlo, desecharlo tras leerlo, guardarlo, etc. También debe ser posible recuperar releer mensajes guardados, reenviarlos o procesarlos de otras maneras".[27]

El correo electrónico es la primera aplicación hacia el desarrollo del comercio electrónico. El negocio puede iniciarse simplemente con la comunicación que hace un sujeto a otro de la existencia de *stocks* o de la oferta de una determinada mercadería. Como señala el autor antes citado en esta materia todo depende de dos cosas elementales: que el mensaje llegue a destino para poder utilizarlo como forma de comunicación y luego, una vez concretado el negocio, con la certeza de su llegada. De esto último nos ocuparemos mas adelante.

Es importante señalar que, desde el punto de vista de la territorialidad, como todo lo que sucede en la red ninguno de sus parámetros constituye un punto de vista seguro. Ello porque de cómo se ha visto de las características propias del sistema no es posible identificar a las partes ni su domicilio, sobre todo tratándose de prestaciones que se entregan a través de la red.

2.2.1.2 *El USENET* — Este es un sistema de grupos de noticias mediante el cual se recibe información variada sobre diversos temas. Si bien la forma de recepción es similar a la de un *mail* su contenido la tecnología que utiliza es distinta a la del correo electrónico. En ese sentido Tanenbaum los denomina: "un tipo de multitransmisión de alto nivel".[28] Esta modalidad no esta muy difundida entre quiénes utilizan el comercio electrónico ya que el objeto de estos es la difusión de ideas o trabajos. Un ejemplo claro de ello son los TAG's Groups o GATs (Grupo de Asesoría Técnica) que ha organizado la OCDE en materia de tributación y comercio electrónico.[29]

2.2.2 La World Wide Web

Un punto aparte, aunque integre la capa de aplicación, es la *World Wide Web* o conocida generalmente como WWW.

Esta aplicación es la que más difusión ha tenido en los últimos años, sobre todo porque la misma presenta una forma sencilla y fácil de acceder a los distintos sitios y utiliza un lenguaje estándar denominado HTML (*Hipertext Markup Language*).

Su utilización original surgió de un proyecto europeo a efectos de poder transmitir imágenes entre los físicos.[30] Sin em-

27. Tanenbaum, op. cit., p. 645.

28. Tanenbaum, op. cit., p. 670.

29. En materia de tributación existe un grupo muy importante que esta trabajando este tema y está abierto a quiénes quieren participar. Coordinado por la Organización para la Cooperación y Desarrollo (OCDE) estos grupos tratan diversos tópicos relativos a la tributación y el comercio electrónico. Para mas datos, ver Jeffrey Owens, "El Comercio Electrónico y la tributación", *Boletín de la AFIP* 30, del mes de enero de 2000.

30. "La propuesta inicial de una red (*web*) de documentos vinculados surgió del físico del CERN Tim Berners-Lee en marzo de 1989. El primer pro-

bargo a partir de su masificación en el año 1995 (en Argentina a partir del año 1996) se convirtió en la aplicación más utilizada de la Red Internet.

Técnicamente la misma consiste en un conjunto gigante de documentos distribuidos en cientos de *servers* en los cuales el usuario haciendo simplemente *clic* en la parte destacada de ellos (generalmente en color azul) puede acceder sin problema alguno. Este proceso puede realizarse en forma indefinida.

Tanenbaum señala que: "Cuando se creó la *web*, de inmediato fue evidente para lograr que una página *web* apuntara a otra se requerirían mecanismos para nombrar y localizar las páginas. En particular había tres preguntas que debían contestarse antes de poder presentar visualmente una página:

"1. ¿Cómo se la llama la página?,

"2. ¿Dónde está la página?,

"3. ¿Cómo se puede acceder a la página?

"(...) La solución escogida identifica las páginas de una manera que resuelve los tres problemas a la vez. A cada página se le asigna un URL (*Uniform Resource Locator*, localizador uniforme de recursos) que sirve efectivamente como nombre mundial de la página. Los URL tienen tres partes: el protocolo (también llamado esquema), el nombre DNS de la máquina en la que se encuentra la página y un nombre local que indicia de manera única la página específica (generalmente solo un nombre de archivo de la máquina en la que reside)".[31]

El secreto de esta aplicación es su confiabilidad en tanto no transporta virus, su sencillez para su desarrollo y utilización ha experimentado una revolución en la utilización de la Red Internet.

En materia de su utilización es la aplicación que más importante para el comercio electrónico. Su capacidad de cumplir no solo la función de "catálogo" es decir de mostrar un producto, sino de que el sujeto pueda interactuar con el mismo, al punto de poder adquirirlo (un ejemplo sencillo son los libros por vía electrónica o música y videos).

En razón de lo que hemos visto anteriormente de cómo está conformada cada página *Web*, a los efectos de determinar una localización se debe recurrir a los DNS (*Domain Name System*).[32] Estos se extienden como un árbol en donde existen niveles superiores y niveles inferiores. Los del nivel superior pueden clasificarse en genéricos y de país. Los dominios genéricos son *.com* (comercial), *.edu* (instituciones educativas), *.gov* (el gobierno federal de Estados Unidos), *.int* (ciertas organizaciones internacionales), *.mil* (las Fuerzas Armadas de Estados Unidos), *.net* (proveedores de red) y *.org* (organizaciones no lucrativas). Los dominios de país incluyen una entrada para cada país, como se define en el ISO 3.166. Depende de cada país su estructura y organización a los niveles inferiores.

totipo (basado en texto) estaba en operación 18 meses después. En diciembre de 1991 se hizo una demostración pública en la Conferencia Hypertext'91, en San Antonio, Texas. El desarrollo continuó durante el siguiente año, culminando con la liberación de la primera interfaz gráfica, Mosaic, en febrero de 1993. Mosaic tuvo tanto éxito que, un año después, su autor Marc Andreessen, dejó el Centro Nacional de Aplicaciones de Supercómputo, donde se desarrolló Mosaic, para formar una compañía, Netscape Communications Corp., cuya meta fue desarrollar clientes, servidores y otros tipos de *software* de la *web*. Cuando Netscape se volvió pública en 1995, los inversionistas, aparentemente pensando que ésta era la siguiente Microsoft, pagaron 1.500 millones de dólares por las acciones. Esta marca fue aún más sorprendente porque la compañía sola tenía un producto, operaba con grandes pérdidas y había anunciado en su prospecto que no esperaba tener ganancias en un futuro cercano. En 1994, el CERN y el MIT firmaron un acuerdo para establecer el World Wide Web Consortium una organización dedicada al desarrollo de la *web*, la estandarización de protocolos y el fomento de interoperabilidad entre las instalaciones" (Tanenbaum, op. cit., p. 681).

31. Tanenbaum, op. cit., p. 692.

32. "Conceptualmente, la Internet se divide en varios cientos de dominios de nivel superior, cada uno de los cuales abarca muchos *hosts*. Cada dominio se divide en subdominios, y éstos se dividen nuevamente" (Tanenbaum, op. cit., p. 623).

2.3 *La clasificación jurídica del comercio electrónico*

En materia de comercio electrónico la doctrina distingue hoy dos formas bien diferenciadas: comercio electrónico directo y comercio electrónico indirecto.[33] El primero es aquel en el cual el inicio y la conclusión de la operación comercial con la entrega de la cosa o la cesión del derecho se hace a través de medio informático, mientras que la segunda es aquella que requiere de un tercero para su perfeccionamiento.

Sin embargo a los efectos de nuestro trabajo esta división no resulta del todo completa ya que la misma está limitada a la entrega o transmisión del derecho y en esto el concepto de establecimiento permanente como se observa en el MCOCDE no está discutido o mencionado.

El problema a conciliar es más complejo y requiere de nuevas interpretaciones. El problema no es un problema de la forma de entrega sino de identificación y localización de la entrega y de quién lo pide. Y nuevamente vemos que el problema del comercio electrónico, y la Red Internet lo ha puesto mas claramente, no es una cuestión de *hardware* sino de *software*.[34] Y ello ya que al estar el mundo conectado y cada vez mas poder trabajar sobre otras computadoras que no son propias y que no están localizables en un territorio fácilmente. Ello no implica descartar conceptos jurídicos tradicionales, sino simplemente adecuar su interpretación a las nuevas tecnologías.[35]

En este aspecto y a fin de comenzar con un análisis del tema cabe recordar lo expresado por Garbarini. Dicho autor señala que: "No puede, ser considerado sin valor la orientación manifestada en la Comunicación COM (98)374, adoptada por la Comisión Europea el 17 de junio de 1998 y aprobada por el Consejo ECOFIN, el 6 de julio, sobre la base de la cual todas las transmisiones electrónicas debe considerarse, desde el punto de vista fiscal, como servicios aunque dicha orientación todavía no ha sido objeto de un acto normativo vinculante como una directiva".[36] Y agrega el autor: "La tendencia expresada por la OCDE es, entonces, en el sentido de considerar todas las transacciones realizadas por vía telemática como prestaciones de servicios y de considerar la misma imposición en el lugar en el cual esos servicios tienen que ser consumidos".[37]

33. "Siempre, y más frecuentemente, todavía, si construye el sitio en modo de permitir al 'visitador' de concluir *on-line* las propias adquisiciones, o reservando el producto que será entregado en su domicilio (siguiendo el ya conocido modelo de la venta por correspondencia: se habla en este caso de comercio electrónico indirecto) o directamente "descargando" por medio de la misma PC el producto, oportunamente digitalizado (llamado comercio electrónico directo)" (Garbarini, Cristiano, "Profili impositivi delle operazioni di commercio elettronico", *Revista Diritto e pratica tributaria*, Ed. Cedam, Padova, Italia, v. LXX, n. 5, 1999, p. 1.408). En mismo sentido Valente, Piergiorgio y Roccatagliata, Franco, *Aspetti Giuridici e Fiscali del Commercio Elettronico*, Roma, Italia, Ed. ETI, Il Fisco, 1999, p. 18.

34. "Las primeras redes de computadoras se diseñaron con el hardware como preocupación principal y el *software* como una idea tardía. Esta estrategia ya no funciona: ahora el *software* de la red es altamente estructurado" (Tanenbaum, Andrew S., *Redes de Computadora*, 3ª ed., México, Ed. Prentice Hall, 1997, p. 16).

35. En ese sentido no coincidimos con Corabi cuando sostiene que: "en la actualidad es necesario pensar en una redefinición del concepto de establecimiento permanente, introducir criterios nuevos como, por ejemplo, el nivel de facturación en un país extranjero, el número de órdenes recibidas y respondidas, o también un criterio temporal. Estas propuestas, si bien sugestivas, todavía no sólo implican propuestas, en el sentido que no representan los criterios aplicables" (Giampaolo Corabi, "Evasión fiscal internacional y evolución de las tecnologías: el desafío del comercio electrónico y las contradicciones del derecho tributario", *Revista Impuestos*, t. LVII, B, p. 2.412). Nuestro desacuerdo se sustenta en que todas estas propuestas parten del presupuesto de que lo importante es el sustento físico, mientras que nosotros creemos que la gran diferencia es la inexistencia de este sustento físico, pero sí la existencia de un *soft*. Esto último permite vincular al vendedor, para lo cual un criterio como el de la residencia del propietario o usuario para la venta podría ser válido.

36. Cristiano Garbarini, "Profili impositivi delle operazioni di commercio elettronico, *Revista Diritto e pratica tributaria*, v. LXX, n. 5, settembre-ottobre, 1999, p. 1.445.

37. Cristiano Garbarini, op. cit., p. 1.445.

Partiendo de la base que estamos frente a servicios y frente a transacciones de bienes la situación puede ser más compleja ya que el concepto de establecimiento permanente requiere la presencia de espacios físicos definidos o definibles. Esto no es sencillo cuando la esencia de la propia red es precisamente lo contrario: que los espacios, como tales, no sean identificables para que no constituyan barreras en su desarrollo.

No es necesario en este punto recordar la ya extensa bibliografía existente en esta materia, sobre todo por parte de organismos como la OCDE en los cuales se destaca su búsqueda en la redefinición del concepto de establecimiento permanente.

3. El concepto de establecimiento permanente[38] *y el comercio electrónico*

3.1 Fuentes normativas

El primer problema que trae el tratar temas de derecho internacional tributario,[39] consiste en determinar cuales son las fuentes jurídicas de las que se nutre a efectos de extraer los principios.

Es evidente que en esta materia la primera fuente son los convenios a efectos de evitar la doble o múltiple imposición internacional.[40] A primera vista esta parecía ser la única, dejando de lado, todo aquello que tiene que ver con los modelos de convenio propuestos por la OCDE[41] o la ONU. Esto

38. Este trabajo sigue, mayoritariamente, doctrina extranjera. La muy valiosa doctrina argentina no ha sido expuesta y ello obedece a dos razones: la primera la escasa cantidad de convenios para evitar la doble tributación que tiene suscripto la República Argentina; en segundo término que esta doctrina será analizada en un trabajo posterior. No obstante ello debe destacar entre ellos los siguientes trabajos: Gabriel Gotlib, "Un concepto tributario fundamental al exportar: establecimiento permanente", *Periódico Económico Tributario*, año V, n. 138, 30 de julio de 1997, pp. 13 y 14; Guillermo O. Teijeiro, "El concepto de representación o establecimiento permanente en el derecho comercial y tributario", en *Temas de Derecho Comercial Moderno en homenaje a Fernando A. Legón*, AAVV, Editorial Depalma, Buenos Aires, 1998; Maria Luis Vives, "Impuesto a las ganancias en los negocios internacionales. Principios para la determinación de la ganancia de los establecimientos permanentes", en *Revista Euroamericana de Estudios Tributarios* 1, enero-abril 1999, pp. 103 a 135.

39. La diferencia entre derecho internacional tributario o derecho tributario internacional no es menor, ni es solo un pequeño cambio de términos. Se debe señalar que siguiendo a Udina que el primero "puede ser entendido en sentido lato como comprendido por las normas del ordenamiento internacional integrantes del derecho internacional constitucional y administrativo, que conciernen en un modo o de otro al ejercicio de la potestad tributaria de los estados, sea que las relaciones tributarias son consideradas en cuanto intercedentes no entre los estados mismos, sino entre cada uno de los estados y las personas físicas o jurídicas, y entonces solo como objeto indirecto, mediato de las normas internacionales" (Udina, Manlio, *Il diritto internazionale tributario*, Cedam, Padova, 1949, p. 24). En cuanto a la segunda el mismo autor agrega que se pueden calificar de derecho tributario internacional aquellas normas tributarias internas que tienen que ver con la relación con el extranjero. En el mismo sentido se expresan Martín Queralt, Juan, Lozano Serrano, Carmelo, Casado Ollero, Gabriel y Tejerizo López, José, *Curso de Derecho Financiero y Tributario*, 9ª ed., Ed. Tecnos, Madrid, 1998, p. 264. También puede verse en Amatucci, Andrea, "Il conflitto tra norme internazionali ed interne tributarie", *Rivista di Diritto Tributario Internazionale* 1/99, gennaio-aprile 1999, Ed. ETI, p. 59. No obstante ello Jaap Van Hoorn Jr. señala que esta distinción solo puede hacerse en aquellos ordenamientos que utilizan el lenguaje latinas" (Jaap Van Horn Jr., *What is international tax law?*, Ponencia en el "Convegno di Studi I settanta anni di Diritto e Pratica Tributaria", Genova, 2-3 iuglio 1999, publicado en *L'evoluzione dell'ordinamento tributario italiano*, Ed. Cedam, año 2000, Padova, Italia, p. 829).

40. El propio modelo de la OCDE reconoce en el punto 28 de su introducción que solo los tratados para evitar la doble o múltiple imposición los únicos instrumentos jurídicos obligatorios de carácter internacional (Modelo OCDE, *Introducción*, p. 10).

41. Como aparece en cada una de las publicaciones de la OCDE "en virtud del artículo 1º de la Convención firmada el 14 de diciembre de 1960, en París, y que entró en vigor el 30 de septiembre de 1961, la Organización para la Cooperación y el Desarrollo Económico (OCDE) tiene como objetivo promover las políticas destinadas:

"- a lograr la más fuerte expansión posible de la economía y del empleo y a aumentar el nivel de vida en los países miembros manteniendo la estabilidad financiera y contribuyendo así al desarrollo de la economía mundial;

transforma al concepto de establecimiento permanente en una categoría jurídica autónoma. Todos los convenios para evitar la doble imposición contienen una referencia a este concepto. Sin perjuicio de las consideraciones históricas que se harán mas adelante cabe señalar que desde los primeros acuerdos para evitar la doble tributación la idea del establecimiento estable aparece claramente.[42] Una idea similar puede encontrarse en el artículo 3º del Convenio para evitar la doble tributación entre Bulgaria y Alemania del 28 de noviembre de 1940,[43] o en el artículo 3º del acuerdo entre Hungría y Suiza,[44] entre muchos otros.

Inmediatamente después tenemos la segunda fuente normativa que es el derecho interno de cada uno de los países. Y debe verse como estos convenios se insertan en el derecho de cada uno de ellos modificando la legislación o ampliando o disminuyendo las potestades tributarias de sus organismos o sus poderes tributarios en los Estados, los cuales ya han renunciado a una parte él para consentir la existencia del convenio.[45]

En el caso de los países que constituyen la Unión Europea, una tercera fuente será el derecho comunitario, tanto primarias como secundarias,[46] y dentro de estas últimas la distinción entre los reglamentos y las directivas,[47] las sentencias de la Corte de Justicia de la Unión Europea, con sede en Luxemburgo, como así también, las sentencia del Tribunal de Derechos Humanos

"- a contribuir a una sana expansión económica en los países miembros y en los no miembros en vías de desarrollo económico;

"- a contribuir a la expansión del comercio mundial sobre una base multilateral y no discriminatoria conforme a las obligaciones internacionales."

42. En ese sentido ver el punto 1 del canje de notas para evitar la doble tributación entre Austria y Liechtenstein del 18 de mayo de 1901 donde dice: "a los efectos del presente Acuerdo, la expresión 'establecimiento de negocios' comprenderá las sucursales, factorías, almacenes, despachos, oficinas para la compra o venta de mercaderías y cualquier otra instalación comercial utilizada por el propietario del negocio, sus socios, agentes autorizados u otros representantes permanentes" (Fuente: *Acuerdos Fiscales Internacionales*, v. II, Departamento de Asuntos Económicos, División Fiscal, Naciones Unidas, Nueva York, 1951, p. 1).

43. Acuerdo y Protocolo para evitar la doble tributación en materia de impuestos directos del 28 de noviembre de 1940 (Fuente: *Acuerdos Fiscales Internacionales*, v. II, Departamento de Asuntos Económicos, División Fiscal, Naciones Unidas, Nueva York, 1951, p. 4).

44. Acuerdo y Protocolo tendientes a evitar la doble tributación en materia de impuestos directos del 5 de octubre de 1942 (Fuente: *Acuerdos Fiscales Internacionales*, v. II, Departamento de Asuntos Económicos, División Fiscal, Naciones Unidas, Nueva York, 1951, p. 8).

45. Según Baker: "los convenios contra la doble imposición tienen, inusualmente, de hecho una doble naturaleza. De un lado, los tratados contra la doble imposición se entienden para fijar entre los gobiernos la potestad territorial fiscal o *tax jurisdition*. Por otra parte ellos forman parte de las normas tributarias de cada estado contratante, sea por una incorporación directa en las normas locales o por la existencia de otra norma que las incorpore" (Baker, Philip, *Double Taxation Agreements and International Tax Law*, Sweet & Maxwell, London, 1991, p. 5. Lo mismo puede verse en Baker, Philip, *Double Taxation Conventions and International Tax Law*, 2ª ed., Sweet & Maxwell, London, 1994, p. 6).

46. Establecen Carmini y Mainardi: "como cada sistema normativo, también el comunitario presenta fuentes escritas y fuentes no escritas, y como cada ordenamiento jurídico, también el comunitario es reconstruible en una jerarquía entre las diversas fuentes normativas. Entrando en el tema de las fuentes escritas el derecho comunitario 'primario' (llamado originario), está así definido porque está elaborado directamente de los Estados y el derecho comunitario derivado (llamado secundario), así definido porque emana de las instituciones comunitarias, creadas del Tratado, pues, de normas primarias" (Carmini, Stefano y Mainardi, Alessandro, *Elementi di diritto tributario comunitario*, Ed. Cedam, Padova, 1996, p. 19).

47. Dice Russo: "en cuanto al derecho derivado, una relevancia preeminente asumen los reglamentos y las directivas, ambas operando directamente en nuestro ordenamiento, es decir, si necesidad de una ley estatal que las reciba y ponga en aplicación". Y aclara este autor que en ambos casos la Corte de Justicia de la Unión Europea, con sede en Luxemburgo, ha reconocido en ambos casos su aplicación directa y por sobre las normas de derecho interno. Es más en el caso de las directivas, las mismas entran a formar parte luego de la fecha de vencimiento para dictar la norma interna, si la misma no existiera como tal (Russo, Pasquale, *Manuale di Diritto Tributario*, 3ª ed., Giuffrè Editore, Milano, 1999, p. 85).

de la Unión Europea con sede en Estrasburgo.[48]

No obstante esta situación se puede hablar hoy de una "concepción amplia del derecho internacional tributario",[49] es decir, a pesar de las particularidades de cada una de las legislaciones, se formulan principios generales con alcance internacional, sustentados, básicamente en los modelos de convenios y sus comentarios, los cuales constituyen no solo una fuente de derecho, sino que sirven para aclarar dudas o determinar el alcance de los conceptos de derecho internacional tributario.

Tal como veremos mas adelante, al referirnos a los antecedentes históricos del concepto de establecimiento permanente, el modelo y los comentarios sobre los que nos basaremos para el análisis de este concepto, es el modelo de la OCDE, aplicado como referencia de la mayor parte de los convenios para evitar la doble o múltiple imposición.

Si bien este no será la única fuente normativa a tener en cuenta, debemos tener presente que, atento que la mayor parte de los tratados firmados se sustentan en dicho modelo con seguridad, será la principal.

3.2 El concepto de territorialidad en los tributos

La existencia de Estados soberanos en el mundo, es decir, la posibilidad que cada Estado sé de así mismo su propia legislación y el reconocimiento de este hecho por los otros Estados, que en derecho se denomina *soberanía*,[50] trae como consecuencia la posibilidad en que un sujeto quede gravado en dos o más Estados respecto del mismo hecho imponible y por los mismos períodos.[51]

Respecto del concepto de territorialidad podemos señalar que es aceptado en doctrina, la división entre la territorialidad en sentido material y la territorialidad en sentido formal. Siguiendo a López Espadafor,[52] la primera se refiere "a los puntos de conexión con el territorio del Estado impositor de las manifestaciones de riqueza sometidas a gravamen, esto es, de la vinculación territorial que la norma tributaria prevé de la materia imponible", mientras que la segunda es para hacer referencia "a los pro-

48. A pesar de ello Martín Jiménez reconoce otras dos formas de legislación el marco de la Unión Europea: los convenios para evitar la doble imposición y las negociaciones multilaterales a efectos impositivos (tratados multilaterales) (Martín Jiménez, Adolfo J., *Towards Corporate Tax Harmonization in the European Community. An institutional and procedural analysis*, Series on international taxation 22, Ed. Kluwer, The Hague, 1999, p. 171).

49. García Prats, Francisco Alfredo, *El establecimiento permanente. Análisis jurídico-tributario internacional de la imposición societaria*, Ed. Tecnos, Madrid, 1996, pp. 34 y todas las citas que hace este autor en la cita 5 de pie de página de la página 34.

50. Según López Espadafor: "El Estado, sin embargo, junto a esta territorialidad del ente en el que se concreta, se distingue por una específica posición de absoluta supremacía respecto a todos los entes territoriales inferiores al mismo, denominada soberanía" (López Espadafor, Carlos María, *Fiscalidad internacional y territorialidad del tributo*, Mc Graw-Hill, Madrid, 1995, p. 1). En materia tributaria esto significa claramente que un estado, a efectos de imponer tributos en su territorio, no necesita el consentimiento de otro (Sandler, Daniel, *Tax Treaties and Controlled Foreign Company Legislation*, 2ª ed., Kluwer Law International, The Hague, 1998, pp. 2 y 3).

51. En este sentido señala Van Weeghel que: "la doble imposición, como quedará demostrado con los ejemplos mas adelante, puede ser el resultado de imposiciones simultáneas basadas en criterio como de la residencia o de la fuente o de otros principios, pero solo se da cuando es el resultado de la simultánea imposición basada sobre idénticos principios con superposición de hechos imponibles" (Stef Van Weeghel, *The improper use of Tax Treaties*, Series on International Taxation 19, Kluwer, London, 1998, p. 9). En el mismo sentido Vogel, Klaus, *On double taxation conventions*, 3ª ed., publicada 1997 y reimpr. 1998, Kluwer Law International, London, p. 10). Frente a esto último debemos decir que el autor diferencia entre doble imposición jurídica y doble imposición económica, definiendo esta última como las situaciones que surgen cuando la misma transacción económica, se trate de rentas o capital está gravada en dos o más Estados durante el mismo período, pero en manos de diferentes contribuyentes (Vogel, Klaus, op. cit., p. 10).

52. López Espadafor, Carlos M., op. cit., p. 76.

blemas que derivan de que sobre el territorio de un Estado solamente tiene vigor su propia ley, y no la de otro Estado, sino media un mecanismo que encuentre su fundamento en el consentimiento del Estado titular del territorio".

Este tema se vincula directamente con los conceptos jurídicos que hacen al concepto de territorialidad de los hechos imponibles como son el concepto de fuente y residencia, que en el MCOCDE se encuentra definido en el artículo 4º.

Distinguen Fantozzi y Manganelli que: "si usa distinguir los criterios de unión sobre la base de los elementos en los cuales se fundan: de una parte son criterios de unión de tipo objetivo, que unen, pues, la imposición a los presupuestos realizados en el territorio del Estado que emana el tributo (principio de tasación en la fuente o *source principle*); de otro tenemos en cambio los criterios de unión de tipo personal, basados en general sobre la residencia (y extensibles, todavía, a un ulterior *status*, como la ciudadanía, como resulta en el ordenamiento tributario estadounidense) del sujeto que realiza el presupuesto, independientemente de donde este último venga y exista (principio de la tasación del rédito mundial o *worldwide taxation principle*).[53]

El MCOCDE, entiende a la doble imposición como "el resultado de la percepción de impuestos similares en dos (o más) Estados, sobre un mismo contribuyente, por la misma materia imponible y por un mismo período de tiempo".[54]

4. Análisis del concepto de establecimiento permanente. El artículo 5º del Modelo de la OCDE

Uno de los problemas más importantes en la materia de derecho internacional tributario es aquel que tiene que ver con el concepto de establecimiento permanente.

Como dice Skaar "el concepto de establecimiento permanente es el criterio principal para decidir si un país tiene jurisdicción bajo el derecho internacional tributario a gravar las operaciones de una empresa no residente en su país".[55]

Este concepto se encuentra en los tratados para evitar la doble imposición de rentas entre dos territorios. El MCOCDE trae una definición y una serie de cláusulas aplicativas al mismo.

En dicho modelo los aspectos relativos al *establecimiento permanente* se encuentran en los artículos 5º, 7º, 10º, 11º, 12º, 13º, 15º, 21º, 22º y 24º.

Este instituto jurídico asume tal importancia que la doctrina señala que: "cuando existe un tratado para evitar la doble imposición que gobierna las relaciones entre un no residente y el país donde es recibido, el concepto de establecimiento permanente suplanta el nexo territorial en materia impositiva de la ley local del país que lo recibe".[56]

53. Fontozzi, Augusto, Mangarelli, Andrea, "Qualificazione e determinazione dei redditi prodotti da imprese estere in Italia: applicabilità della normativa sui prezzi di trasferimento nei rapporti tra stabile organizzazione a casa madre", en *Studi in Onore di Victor Uckmar*, tomo Primo, Ed. Cedam, Padova, 1997, p. 404.

54. Modelo de Convenio de Doble Imposición sobre la Renta y el Patrimonio de la OCDE, de 1977, traducción del Instituto de Estudios Fiscales (Ministerio de Hacienda), Madrid, España, 1978, p. 15. En el Modelo actual puede leerse: "International juridical double taxation can be generally defined as the imposition of comparable taxes in two (or more) States on the same taxpayer in respect of the same subject matter and for identical periods" (*Model Tax Convention on Income and on Capital*, OCDE, updated as of 1º november 1997, v. I, Introduction, pp. I-1. La misma definición puede verse en *Model Tax Convention on Income and on Capital*, OCDE, june 1998, condensed version, p. 7).

55. Y agrega a continuación este autor: "Como ejemplo de ello, el concepto de establecimiento permanente, junto con el principio del 'arm's lenght', sobresale como uno de los dos principios mas importantes en los tratados para evitar la doble imposición" (Skaar, Arvid Aage, "Commentary on article 5 of the OECD Model Treaty: The Concept of Permanent Establishment", en *The Taxation of Permanent Establishments*, International Bureau of Fiscal Documentation, 1994, p. 10).

56. Huston, John and Williams, Lee, *Permanent Establishments — A planning primer*, Ed. Klu-

A efectos de explicarlo puntualizaremos en esta parte, en términos generales, cuales son sus características principales, su historia y su importancia dentro del derecho internacional tributario.

4.1 Breve historia del establecimiento permanente. El problema del lenguaje en el derecho

El derecho, como todas las ciencias, utiliza el lenguaje[57] como herramienta a efectos de poder realizar sus razonamientos. Las ciencias toman los términos corrientes y le dan un alcance propio, distinto del lenguaje común. Pero el lenguaje, del cual se toman estos elementos, se encuentra compuesto por palabras que no solo tienen por objeto comunicar o expresar alguna idea, sino de transmitir sentimientos, provocar o evitar reacciones de otro sujeto, etc. Esto último es lo que se denomina en filosofía como *usos del lenguaje*.

En el caso del derecho esto se complica en razón de que las palabras escogidas son normalmente las del lenguaje corriente, las cuales tienen un sentido diverso del que se le da en una conversación cotidiana. Estas palabras son símbolos, lo mismo que para el matemático el número 1 significa solo una unidad de una cosa, o el símbolo "mas" significa que debe sumar lo precedente a lo siguiente y si le agrega el símbolo igual, su resultado siguiente al signo es la sumatoria de ambos.[58]

En derecho la situación se torna más compleja ya que estos símbolos son las mismas palabras que se usan en el lenguaje común. Y para ello, se debe tratar de limitar nuestro uso de los símbolos a efectos de que pueda determinarse en la forma mas precisa posible a que nos estamos refiriendo.[59]

Los problemas son muchos ya que, en ambos casos, las fuentes normativas y la terminología en idioma español no colaboran. Por otra parte, aunque ambos aparecen en el marco del comercio internacional de bienes y servicios y chocan sistemáticamente con las legislaciones nacionales, las cuales muchas veces no recogen estos conceptos en forma clara y precisa.[60]

wer, Deventer, 1993, p. 1. En el mismo sentido Zagaris, Bruce, "Permanent Establishment Provisions", *Bulletin of International Bureau of Fiscal Documentation*, n. de julio de 1992, p. 331.

57. Copi señala que "el lenguaje es un instrumento tan sutil y complicado que a menudo se pierde de vista la multiplicidad de sus usos" (Copi, Irving Marmer, *Introducción a la lógica*, traducción por Néstor Alberto Míguez de la 34ª ed. en inglés de 1972, EUDEBA, Buenos Aires, 1995, p. 47).

58. Debe hacerse notar que utilizamos el término "símbolo" y no el término "signo" ya que no son los mismos en el lenguaje filosófico. Señala Wittgenstein varias cosas respecto de esto. Lo primero es que para él "signo es lo sensorialmente perceptible en el símbolo" (Wittgenstein, Ludwig, *Tractatus Logico-Philosophicus*, Ed. Alianza Universidad, 7ª reimpresión de la 1ª ed., 1997, Madrid, párrafo 3.32, p. 41). En la misma obra el mismo autor señala que: "dos símbolos distintos pueden tener, pues, en común el signo (signo escrito o sonoro, etc.) — designan entonces de modo y manera distintos" (op. cit., párrafo 3.321, p. 41).

59. Señala Carrió que las palabras traen consigo diversos problemas a efectos de su comprensión. Establece que las mismas son ambiguas y vagas. No obstante ello señala que: "las dificultades prácticas pueden superarse si tomamos la precaución de precisar, en todos los casos la posible duda, el sentido que hemos empleado tal o cual palabra o expresión" (Carrió, Genaro, *Notas sobre derecho y lenguaje*, 1ª reimp. de la 4ª ed. corregida y aumentada, Ed. Abeledo-Perrot, 1994, Buenos Aires, p. 31). A lo que luego el autor agrega: "no disponemos de un criterio que nos sirva para incluir o excluir todos los casos posibles. No podemos agotar la descripción de un objeto material ni, por lo tanto, formular una lista completa de todas las propiedades en relación con las cuales pueden registrarse variantes o combinaciones de eventual relevancia. Estas aptitudes no forman parte del equipo de los seres humanos ni pueden adquirirse mediante algún adiestramiento especial. Es por ello que las palabras presentan esta característica de vaguedad potencial o textura abierta; y es por ello, también, que tal característica constituye, por decir así, una enfermedad incurable de los lenguajes naturales" (Carrió, op. cit., p. 36).

60. Esto fue expresamente reconocido por la IFA (International Fiscal Association) en la ponencia general presentada por Vogel y Prokisch en el Congreso realizado en la ciudad de Florencia, Italia en 1993 con relación a los Convenios de Doble Imposición señalando que: "de hecho, la formación de esa terminología internacional debe buscarse en la crea-

El tema terminológico en estos casos resulta clave. De una parte tratar de encontrar que significa "establecimiento permanente", como debe ser entendido en el contexto del derecho internacional tributario, y, lo más difícil como realizar inferencias ya que el mismo se expresa, en la mayor parte de los casos, en convenios para evitar la doble imposición de tributación sobre las rentas de bienes y servicios. Por otro lado todo aquello denominado como *e-commerce* que se refiere a la nueva tecnología implementada en la última parte de este decenio a efectos de comunicarse, y de enviar no solo información, sino documentación, imágenes (estáticas y en movimiento), sonido, y, fundamentalmente, la prestación de servicios.

En este sentido si para el derecho civil y el derecho comercial se hace difícil encontrar puntos de referencia, el derecho tributario encuentra mas problemas aun en razón de que su estructura está, generalmente, sustentada en conceptos de derecho previamente existentes.[61]

Tal como señalamos anteriormente el concepto de *establecimiento permanente* no se presenta como una definición precisa, mucho menos en lengua española, ni como un concepto absolutamente demarcado.

De acuerdo con la doctrina[62] el concepto de establecimiento permanente aparece en Alemania,[63] particularmente en Prusia, en la segunda mitad del siglo XIX, donde el Código Industrial de Prusia lo destina para usos comerciales.

En materia tributaria apareció primeramente con el objeto de evitar la doble imposición en materia municipal entre los municipios prusianos. En este caso el criterio era el comercio con "un lugar fijo de negocios",[64] y tenía por objeto delimitar las competencias entre estos. El desarrollo de este concepto era entonces visto desde el punto de vista comercial y no bajo un ropaje tributario. Según Skaar la jurisprudencia de entonces había precisado por los menos dos aspectos a efectos de identificar este concepto: el primero la localización física en otro Estado y segundo la posibilidad de reconocer la intención de desarrollar actividades comerciales en ese Estado.[65]

ción de los modelos de convenios por parte de la Sociedad de las Naciones, la OCDE y la Organización de las Naciones Unidas" (Vogel, Klaus, Prokisch, Rainer, Ponencia General, *Cahiers de droit fiscal international*, v. LXXVIIIa, *Interpretation of double taxation conventions*, Ed. Kluwer, p. 123). Debe observarse también que el propio Modelo de la OCDE reconoce en el punto 13.1 del comentario al artículo 3º la posibilidad que los Estados se pongan de acuerdo en los términos a utilizar. Esto demuestra a las claras la falta de uniformidad en el lenguaje utilizado en estas materias.

61. En este sentido expresa Fantozzi: "Mucho mas importante y actual es el carácter instrumental de la norma tributaria que la doctrina a veces ha reconocido como distinta de la naturaleza formal entendida esta como contrapuesta a la naturaleza sustancial de las mismas. Esta es, en efecto, instrumental en cuanto disciplina la actividad del ente público dirigida a procurarse los medios para conseguir la propia finalidad institucional: se superpone así a las calificaciones y a la disciplina ya dadas por otras normas del ordenamiento y considera los efectos de estas ultimas como presupuestos que producen el solo resultado del tributo. La norma tributaria es entonces una norma, por así decirlo, de segundo grado y como tal no disciplina situaciones intersubjetivas entre privados, pero se limita a asumir hechos o actos, eventualmente ya calificados a otros fines de normas de otros sectores del ordenamiento al presupuesto del impuesto" (Fantozzi, Augusto, *Diritto Tributario*, Ed. Utet, Torino, 1991, pp. 116/117).

62. Debemos señalar que en este punto, es decir, la referencia histórica García Prats en su libro *El establecimiento permanente* sigue lo expresado por Arvid Skaar en su obra *Permanent Establishment*. Los datos bibliográficos del primero son: García Prats, Francisco Alfredo, *El establecimiento permanente. Análisis jurídico-tributario internacional de la imposición societaria*, Ed. Tecnos, Madrid, 1996, pp. 39 y ss. Respecto del segundo los datos son los siguientes: Skaar, Arvid A., *Permanent Establishment: Erosion of a Tax Treaty Principle*, Series on International Taxation 13, Kluwer, Deventer, 1991, pp. 71 y ss. Ver, también, Huston, John and Willams, Lee, op. cit., p. 2.

63. De acuerdo a estos autores el concepto "establecimiento permanente" se traduce en alemán como *bestriebsstätte* (García Prats, op. cit., p. 39; Skaar, *Permanent Establishment*, op. cit., p. 72; y Huston, John and Willams, Lee, op. cit., p. 3).

64. Skaar, *Permanent Establishment*, op. cit., p. 72.

65. Skaar, *Permanent Establishment*, op. cit., p. 73 y García Prats, op. cit., p. 40.

No fue hasta la firma del Tratado Internacional para evitar la doble imposición internacional entre el Imperio Austro-Húngaro y Prusia, el primero en materia de derecho internacional tributario, que este concepto se incorporó a esta disciplina.[66]

Es a partir del inicio del siglo XX con el paso de una imposición indirecta o que gravaba específicamente los productos, a una imposición directa que gravaba las rentas obtenidas tanto por la persona física como por la persona jurídica se demuestra la necesidad de una coordinación en materia internacional a efectos de evitar una superposición de intereses.

Fue así como la Sociedad de las Naciones, antecesora de la ONU, encargó a un grupo de expertos la confección de un informe con propuestas para evitar la doble imposición, cuyo trabajo fue continuado por otro Comité de Técnicos.[67] Allí, según García Prats, fue donde comienza a gestarse el concepto de establecimiento permanente, sin mencionarlo directamente,[68] desde la perspectiva del derecho internacional tributario.

Luego de estos trabajos, en 1943 durante el transcurso de la Segunda Guerra Mundial los países latinoamericanos con el apoyo de los EEUU y el Canadá elaboraron un modelo de tratado para evitar la doble imposición internacional, conocido como "Modelo de México de 1943". Este recogía el criterio de la fuente y descartaba el de la residencia. No obstante ello, y luego de finalizada la guerra el comité se volvió a reunir en Londres en 1946 y retomó al criterio de la residencia.

Estos trabajos sirvieron de antecedes para su estudio por el Comité Fiscal de la OEEC (Organización para la Cooperación Económica Europea) que luego se convirtió en 1960 en la OCDE de la cual hemos hablado anteriormente. Su primer modelo fue elaborado en 1963 y, desde entonces, se ha modificado sucesivamente. En la actualidad se utiliza un sistema de hojas intercambiables a efectos de su actualización. Recientemente, ha aparecido la última versión no-oficial[69] pero autorizada por la OCDE en español editada por el Instituto de Estudios Fiscales dependiente del Ministerio de Hacienda de España con sede en Madrid.[70]

Coincidimos con García Prats que no estamos frente a normas, sino simplemente a criterios de interpretación para la aplicación de los convenios de doble imposición y para la resolución de posibles litigios. No obstante ello, debemos señalar que, a diferencia de los primeros modelos de la Sociedad de las Naciones, este proyecto de la OCDE ha tenido gran repercusión en los tratados firmados entre los países, por lo que, se lo puede considerar un instrumento idóneo para un análisis jurídico del concepto, sin dejar de señalar que el verdadero desarrollo del concepto de establecimiento permanente se lo encuentra en cada uno de

66. Huston, John and Willams, Lee, op. cit., p. 3. A pesar que estas que las citas históricas que estamos relevando se refieren al concepto de establecimiento permanente, señala Udina que normas de derecho tributario internacional, derecho tributario interregional (o intercolonial), "recordando las disposiciones emanadas en el siglo V a.C. con relación a los habitantes de las ciudades de la Locride oriental enviados a fundar una nueva colonia a Naupacto en la Locride Occidental, los cuales eran exhonerados del pago de los tributos en la madre patria, debiéndolo efectuar en la colonia, y no podían ser repatriados si primero no habían cumplido con sus obligaciones tributarias" (Udina, Manlio, op. cit., cita 2, p. 46).

67. Ver en detalle en García Prats, op. cit., p. 43 y en Udina, Manlio, op. cit., p. 53 y en especial la cita, donde desarrolla como fue la creación de asociaciones como la International Fiscal Association o el International Bureau of Fiscal Documentation, con sede en Amsterdam, Holanda.

68. Este autor sigue a Skaar el concepto se formula por primera vez en el Proyecto de Convenio para evitar la doble imposición de 1927 de la Sociedad de las Naciones. Pero, a diferencia del Modelo de la OCDE, estos proyectos tuvieron escasa repercusión en el ámbito internacional ya que no se adoptaron como tales en la negociación de los tratados internacionales.

69. Decimos que es "no-oficial", pero si autorizada, ya que los idiomas oficiales de los trabajos de la OCDE son el inglés y el francés.

70. Este trabajo es de 1997. De los dos tomos solo ha salido el tomo I, que incluye el modelo y los comentarios con las modificaciones realizadas hasta 1995.

los tratados firmados por los países y en sus respectivas legislaciones, jurisprudencia y doctrina.

4.2 Análisis global del establecimiento permanente. Definición y excepciones. El caso del comercio electrónico

Tal como señalamos anteriormente el término *establecimiento permanente* aparece, comúnmente en dos normas: la primera son los convenios contra la doble imposición y los segundos en las legislaciones de varios países.

Como se expresó anteriormente, a efectos de seguir un análisis ordenado, y, visto que el MCOCDE es el generalmente utilizado, tomaremos las expresiones contenidas en él para su análisis.

No obstante con el descubrimiento de la tecnología denominada genéricamente *e-commerce*, este concepto parece desdibujarse, al punto tal, que la misma OCDE hay generado un grupo de debate sobre estas cuestiones dentro de los mencionados TAG'S.[71]

De conformidad con este informe se discutieron diversas posturas. La primera de ellas era si el Modelo de la OCDE podía contener aquellas propuestas relativas al comercio electrónico. En ese sentido en el primer trabajo de la OCDE de octubre de 1999 se advirtió que, en opinión del Comité de Asuntos Fiscales, el modelo podía contener todo aquello que tuviera relación con esta nueva modalidad tecnológica.

En segundo lugar en el informe del 3 de marzo de 2000 se recordó que ello era posible y que el concepto de establecimiento permanente puede ser modificado, actualizado pero no descartado.[72] Este mismo informe se señala que aun considerando que la atribución a un *server* de un establecimiento permanente pueda ser difícil, ello no implica descartarlo por completo.

En función de las propuestas realizadas en dichos trabajos, mas la doctrina que existe en la materia es que se analizará partiendo del artículo 5º del Modelo de la OCDE las diversas posturas existentes al día de la fecha.[73]

71. En la conferencia de Ottawa celebrada los días 8 y 9 de octubre de 1998 se le requirió al Comité de Asuntos Fiscales de la OCDE que comience la investigación en distintas áreas relacionadas con el comercio electrónico. Uno de esos "mandatos" fue justamente la clarificación del concepto de establecimiento permanente y su aplicación al comercio electrónico. Como parte de este trabajo el Grupo de Trabajo 1 dependiente de este Comité de Asuntos Fiscales, y encabezados por el Jefe de Asuntos Fiscales Jeffrey Owens, se puso como término para un primer análisis el día 31 de diciembre de 1999. No obstante ello en el "Forum de Paris" celebrado en esta ciudad los días 12 y 13 de octubre de 1999 se expusieron los primeros progresos de este grupo con las primeras ideas de modificación a los comentarios al artículo 5º del Modelo de Convenio de la OCDE. Luego de diversos trabajos, entre los que cabe destacar los presentados por Peter Baumgartner en nombre del Swiss Business Community del 23 de diciembre de 1999, el de Carol A. Dunahoo por la firma de auditores Pricewaterhouse Coopers del 30 de diciembre de 1999 y el presentado por The EU Committee of the American Chamber of Commerce in Belgium del 1 de febrero de 2000. Con fecha 3 de marzo de 2000 el Comité de Asuntos Fiscales volvió a publicar algunas otras modificaciones dando un nuevo plazo hasta el 15 de junio de 2000 con la idea de terminar su trabajo en este tema en septiembre de 2000.

72. Esto tiene que ver con alguna doctrina que cuestiona la posibilidad de su utilización. En ese sentido ha expresado Hinnekens: "el uso del concepto de establecimiento permanente como criterio para la imposición de las rentas de los no-residentes en negocios en la nueva forma (comercio electrónico) es particularmente vulnerable como definición tradicional. Casi cada uno de sus términos resulta incierto, controversial, abierto a manipulaciones y en consecuencia no siempre práctica" (Luc Hinnekens, *The uneasy application of the current concepts of permanent establishment and corporate residence to cross-border electronic commerce*, Ponencia presentada para el congreso celebrado en la ciudad de Urbino denominado "La Fiscalità del Commercio via Internet. Attualità e Prospettivi", organizado por el Departamento de Economía de la Universidad de Urbino, los días 14 y 15 de mayo de 1999). En el mismo sentido Vicente O. Díaz, "Conceptos primarios para definir la imposición sobre el comercio electrónico", *Revista Impuestos*, enero 2000, p. 9.

73. En este aspecto nos apartamos ligeramente del método seguido por Skaar en las dos obras citadas y seguido en la Argentina por Guillermo Teijeiro

El artículo 5º del MCOCDE en el punto 1 establece una definición de que lo que debe entenderse por establecimiento permanente. La misma dice "a efectos del presente Convenio, la expresión 'establecimiento permanente' significa un lugar fijo de negocios mediante el cual una empresa realiza toda o parte de su actividad". Esto es lo que la doctrina denomina "la cláusula general o la regla básica" a la que deben añadirse los puntos 2 y 4 del mismo artículo 5º.[74]

De esta definición[75] y siguiendo a Skaar,[76] se puede decir, que para constituir un establecimiento permanente bajo la regla básica o regla elemental se deben superar los siguientes *test*:

a) debe ser un lugar de negocios (*place of business test*);

b) el lugar de negocios debe estar localizado en un lugar fijo o preciso (*location test*);

c) el contribuyente debe tener derecho al uso del lugar fijo como de negocios (*right of use text*);

d) el uso o el derecho al uso del lugar fijo de negocios debe ser por un período de tiempo determinado (*permanence test*);

e) las actividades realizadas a través de un lugar fijo de negocios deben ser comerciales como están definidas en el tratado y en las normas locales (*the four aspects of the business activity tests*).

Cada uno de estos aspectos son los que trataremos a continuación a efectos de poder determinar su aplicación o no al comercio electrónico. Es decir, que hemos elegi-

(Guillermo Teijeiro, "El concepto de representación o Establecimiento Permanente en el derecho comercial y tributario", en *Temas de Derecho Comercial Moderno en homenaje a Fernando A. Legón*, Editorial Depalma, Buenos Aires, 1998). Estos autores realizan una diferencia entre elementos objetivos y subjetivos para categorizar los diversos *test*. Nosotros creemos que estos se integran entre sí, de forma tal que el cumplimiento de todos ellos permite establecer la existencia de un establecimiento permanente en los términos del artículo 5º del Modelo OCDE.

74. García Prats, op. cit., pp. 95 y ss.; Skaar, *Permanent Establishment*, op. cit., pp. 111 y ss.; y Skaar, *Commentary on article 5 of the OCDE Model Treaty*, op. cit., pp. 12 y ss. Ver, también, Zagaris, Bruce, "Permanent Establishment Provisions", *Bulletin of International Bureau of Fiscal Documentation*, n. de julio de 1992, p. 331.

75. Cabe advertir que todo el Modelo la OCDE sigue una línea de "test" y no de "principios". Es decir que todo el modelo sigue la forma de legislación del derecho anglosajón que se caracteriza por normas, ya sean primarias o secundarias, tomadas de casos concretos. Ello hace que ese tipo de legislación sea casuística. Por otra parte los países con legislación y tradición "romanística" tienen una legislación de principios, mas abierta y cuya interpretación se realiza por la aplicación de distintos métodos. En ese aspecto resulta menos casuística. No obstante ello, hemos seguido el concepto de "test" ya que es el que más se aproxima al Modelo de la OCDE.

76. Skaar, *Commentary on article 5º of the OCDE Model Treaty*, op. cit., p. 12. Respecto de este análisis caben señalar dos cosas: la primera de ellas es que este es el esquema que sigue este autor en su trabajo para el International Bureau of Fiscal Documentation y que es el que denominamos como "Commentary on article 5º of the OCDE Model Treaty". En su tesis doctoral, luego publicada por Kluwer denominada "Permanent Establishment. Erosion of Tax Treaty Principle el análisis", como se señalará mas adelante, es más amplio. Hemos elegido este atento que el objeto de este trabajo no es solo un análisis del concepto de establecimiento permanente, sino de su interrelación con el comercio electrónico. Por otra parte debemos advertir que, si bien señalamos anteriormente que García Prats seguía a este autor al referirse a los aspectos históricos, no lo hace con la misma exactitud en el análisis del artículo 5º del Modelo de Convenio para evitar la doble imposición de la OCDE. Por otra parte Zagaris reconoce otros *test*. Ellos son: *the assets test* (se refiere al tipo de lugar), *the agency test* (que se refiere a los actos de agentes, corredores, socios o subsidiarias que contribuyan al establecimiento permanente siempre que las entidades por sí mismas no mantengan un lugar de negocios fijos en el otro país contrayente) y *the activity test* (aquí son las actividades que pueden no ser tomadas como establecimiento permanente). Luego agrega que estos *test* deben ser completados con un sobre la actividad (*business test*) y otro sobre la continuidad (*continuity of activities*) (Zagaris, Bruce, "Permanent Establishment Provisions", *Bulletin of International Bureau of Fiscal Documentation*, n. de julio de 1992, p. 331). En cambio para Nitikman solo es necesario que exista un lugar de negocios, que el lugar de negocios sea fijo y que la empresa desarrolle todo o en parte su actividad a través de este lugar de negocios (Nitikman, Joel, "The Meaning of 'Permanent Establishment' in 1981 US Model Income Tax Treaty", Part 1, *International Tax Journal*, v. 15, n. 2, Spring 1989, p. 162).

do un método tradicional para tratar de explicar esta nueva modalidad, al tomar institutos preexistentes al comercio electrónico e intentar enlazarlos con él.

4.3 Lugar de negocios ("place of business test")

El lugar de negocios tiene que ver, esencialmente, con el carácter territorial que tienen los convenios para evitar la doble imposición y, además, con el carácter económico que ha impulsado la existencia de tales convenios.

El MCOCDE no define que debe entenderse por lugar de negocios. Este no está expresamente mencionado ni definido en dicha norma. No obstante ello se desprende del art. 5º punto 1 y de los comentarios[77] al mismo.

El punto 4 de los comentarios al artículo 5º, precisa un poco mas el alcance de esta expresión sin llegar a definirlo completamente. Solo da una lista ejemplificativa para determinar su existencia como un local, maquinaria o equipo, pero en esta última situación solo la restringe a determinados casos, sin indicar tampoco cuales pueden ser los mismos. En realidad, al igual que todos los comentarios, está redactado en forma de respuestas a preguntas tácitas, formuladas previamente. Y muchas veces confunden mas de lo que aclaran tal como veremos en el caso del comercio electrónico. Esta constante del modelo de la OCDE es uno de sus puntos más cuestionables como instrumento base de futuros instrumentos jurídicos. Y responde a una técnica de trabajo que tiene que ver con la búsqueda del consenso en sus decisiones lo que refleja, en muchos casos, una contraposición o yuxtaposición de intereses.

De la lectura del punto 1 del MCOCDE no parecía existir ninguna duda acerca de la necesidad existencia de un lugar físico para poder determinar la existencia de un *establecimiento permanente*. Es decir, que de faltar este no se podría existir un *establecimiento permanente* como tal.

Si embargo los comentarios en el punto 4 aclaran que no se trata de un "lugar físico" sino de "cierto espacio". Esto es concordante con las palabras del comentario "*un lugar de negocios puede existir incluso cuando no se disponga ni se necesite local alguno para la realización de las actividades de la empresa, y ésta simplemente dispone de cierto espacio*". El análisis de esta frase demuestra la contradicción en sí mismo. Comienza sosteniendo que puede existir cuando no se necesite de local alguno, pero luego se inclina por la existencia de un espacio territorial determinado. Esta contradicción nos parece desde el momento en que siempre el espacio territorial es un lugar físico. No hay diferencias terminológicas en estos conceptos. A menos que se hable del "espacio aéreo" las legislaciones conciben, en general, la idea de espacio en tres dimensiones: alto, largo y ancho. Y todas ellas unidas entre sí. Concebir algo fuera de esto es sacarlo de la tierra o entrar en terrenos físicos como la idea de "tiempo" unida al espacio que no son lo que las legislaciones prevén. Aun así el MCOCDE se aparta de esta idea incurriendo en una contradicción.

A pesar de ellos se derivan algunas conclusiones como que el lugar debe existir como tal no pudiendo soslayarse este punto. No es posible hablar de un "lugar de negocios" que no exista en "espacio territorial". Y, obviamente, este lugar esta fuera de las fronteras de la empresa que lo tiene, es decir, en el exterior.

77. Según Skaar, *Commmentary on article 5º of the OCDE Model Treaty*, op. cit., p. 12, sin bien no está definido expresamente este surge de la práctica judicial y de la doctrina. Nosotros no estamos de acuerdo y creemos que surge de los comentarios cuando dice: "las condiciones contenidas en esta definición son las siguientes: la existencia de un "lugar de negocios", esto es, de instalaciones como por ejemplo un local o, en determinados casos, maquinaria o equipo" (Modelo de Convenio Fiscal sobre la Renta y sobre el Patrimonio, Comité de Asuntos Fiscales de la OCDE, versión con las modificaciones introducidas hasta 1995, traducción realizada por el Instituto de Estudios Fiscales, Ministerio de Economía y Hacienda, Madrid, España, 1997, p. C(5)-1.)

No obstante una solución para una interpretación adecuada es que estamos ante un espacio que puede ser considerado como un espacio "jurídico" que puede diferir del espacio físico. Y creemos que es así y que puede ser considerado de esta forma ya que del análisis de los comentarios se desprende que no se exigen a estos que se traten simplemente de "lugares territoriales", ya que la utilización de maquinarias, por ejemplo, podría considerarse como establecimiento permanente. Por otra parte el propio comentario del modelo lo reafirma al decir "cuando no se disponga ni se necesite local alguno para la realización de las actividades de la empresa".[78]

Esto trae dos problemas bien claros: el primero es que se ha partido de un término que tiene exclusivamente relevancia física o conexión con la tierra hacia un concepto jurídico, que es más amplio, y que no solo abarca este aspecto, sino otros. Y este método no es necesariamente seguro ya que se ingresa en el campo de las "ficciones jurídicas". Como dice García Prats: "en consecuencia puede concluirse que la construcción de elemento físico o material de la cláusula general del establecimiento permanente es independiente de las características físicas concretas que reúna siendo éstas irrelevantes para la conceptuación teórica de este elemento, pues vienen determinadas en función de la naturaleza de la actividad a desarrollar".[79]

El segundo problema que trae es que esto modifica el criterio para el cual originalmente fue concebido extendiéndolo en forma casi ilimitada, lo que resulta peligroso a efectos de otorgar una correcta interpretación y delimitación del mismo. En la ciencia del derecho, como en todas las ciencias, permitir una extensión "casi infinita" de ciertos aspectos va contra las leyes de la propia ciencia que, como señaláramos antes, buscar precisar sus conceptos ya que parte del dato de hecho de la vaguedad de los mismos.

Pero aun cuando consideremos la necesidad de esta existencia física de un lugar determinado, al *test* le falta un aspecto más que consiste en que sea un lugar de negocios. Y para ello la situación se vuelve más difícil ya que, se debe de buscar la conexión existente la localización, es decir, el lugar y el objetivo del sujeto como comercial.[80] Entendemos que la situación no es tan compleja como se presenta. Hoy en día no es difícil diferenciar un aspecto comercial o ánimo de lucro, de uno que no lo es. Lo que se busca en definitiva en el modelo es que no sean considerados establecimientos permanentes aquellos lugares que un no residente posee y en los cuales solo lo utiliza para su disfrute o con algún otro objetivo que no sea comercial.

En materia de comercio electrónico esto se vuelve más complejo, ya que como insistimos anteriormente, estamos frente un problema de *software* que puede estar en muchos sitios al mismo tiempo lo que impide la vinculación clara con un *hardware*. Esta postura es la aceptada por la OCDE en sus primeras propuestas de interpretación del artículo 5º del Modelo. En su informe del 3 de marzo de 2000 mencionado ha señalado diversos problemas que hacen a este *test*.

El primer problema reflejado es el referente a cuando el texto del artículo refiere que la actividad debe realizarse "mediante un lugar de negocios". Este "lugar" debe existir para el cumplimiento de este *test*. Como señalamos antes en este sentido el comercio electrónico se muestra complejo y en apariencia falta de respuestas.

Y en consecuencia las primeras soluciones que propone la doctrina es la de unir el concepto de *establecimiento permanente* al sitio *web*. Como explicamos en el punto 2 de este trabajo solo sobre la capa de aplicación, la última de todas sobre la que se desarrolla el comercio electrónico. El sitio *web* esta alojado en esta capa y lo primero que se debe tratar de investigar es si

78. MCOCDE, *Comentario* art. 5º, punto 4.
79. García Prats, op. cit., p. 108.
80. Skaar, *Permanent Establishment*, op. cit., p. 112.

por si mismo el sitio *web* puede constituir un establecimiento permanente. Es decir, tratar determinar si un sitio *web* por si solo puede o no constituir un *establecimiento permanente.*[81] Es de recordar que el objeto del sitio *web* es múltiple ya que desde allí se puede publicitar, realizar diversos negocios, y aun descargar programas en forma automática. Esto último lo veremos más adelante. Según Skaar el resultado es negativo. El autor sostiene: "De ahí, siendo simplemente un proceso programado electrónico, dentro de una computadora, el *web site* en sí mismo no puede ser considerado como un lugar de negocios".[82] El autor asocia su concepto en primer término a la inmaterialidad del sitio *web* y que de la enumeración de la "lista positiva" surge la obligatoriedad, como mínimo, de una oficina.[83]

Este parece ser también el alcance que la propia OCDE en el informe de fecha 3 de marzo de 2000 parece querer darle cuando no admite una desconexión entre el equipo y el *software*, haciendo hincapié en el equipo. Y esta postura sería concordante con el artículo 5º.4 del Modelo incisos a) y b).

En conclusión una página *web* por si misma no constituye un *establecimiento permanente*.

No obstante la existencia de un *server*, en los autores citados y en la propia interpretación de la OCDE si podría dar lugar a un *establecimiento permanente*.

Para ello debe tenerse en cuenta el lugar de ubicación del mismo, es decir, el lugar físico (generalmente una oficina), la cual podría ser considerada un *establecimiento permanente* de contener en su interior este *server*.[84]

En el informe del 3 de marzo de 2000 la OCDE va mas lejos. Señala que podría constituir un *establecimiento permanente* el simple hecho de tener una porción de espacio físico en un *server* solo si lo hace en forma habitual y se dan otros requisitos del *establecimiento permanente* en razón de que el *server* no tiene recursos tangibles.

Una postura distinta respecto de este *test* puede verse en trabajo de Hinnekens. Allí el autor se muestra participe de un cambio en el texto del artículo 5º del MCOCDE Lo primero que señala que el tema del espacio físico es muy grande por lo que se inclina en la búsqueda de otros nexos entre el sujeto y el lugar de negocios como ser negocios dentro del país o el criterio de la cláusula comercial utilizada por los tribunales de EEUU.[85]

81. Esta es una de las primeras preguntas que se ha hecho la OCDE en ocasión de los informes de octubre de 1999 y de marzo de 2000.

82. Arvid Aage Skaar, "Erosion of the Concept of Permanent Establishment: Electronic Commerce", in *International Studies in Taxation: Law and Economics*, Liber Amicorum Leif Muten, Editors: Gustaf Lindencrona, Sven-Olof Lodin and Bertil Wiman, Series on International Taxation 21, Ed. Kluwer, The Hague, 1999, p. 309. La misma posición reitera en su trabajo "Erosion of the Concepto of Permanent Establishment: Electronic Commerce" publicado en *Intertax*, v. 28, mayo 2000, Kluwer, p. 189.

83. Y agrega: "los convenios para evitar la doble imposición contienen un catálogo, muchas veces llamado "lista positiva", de lugares de negocios que *prima facie* constituyen un EP. De gran importancia es que una oficina es un EP si de las condiciones generales que disponen están juntos. Valores, cuentas bancarias e intangibles no pueden constituir un EP" (Arvid Skaar, "Erosion of the Concept of Permanent Establishment: Electronic Commerce", publicado en *Revista Intertax*, v. 28, mayo 2000, Kluwer, p. 189).

84. Esta es la postura de Arvid Aage Skaar, "Erosion of the Concept of Permanent Establishment: Electronic Commerce", in *International Studies in Taxation: Law and Economics*, Liber Amicorum Leif Muten, Editors: Gustaf Lindencrona, Sven-Olof Lodin and Bertil Wiman, Series on International Taxation 21, Ed. Kluwer, The Hague, 1999, p. 310. La misma posición reitera en su trabajo "Erosion of the Concepto of Permanent Establishment: Electronic Commerce", publicado en *Intertax*, v. 28, mayo 2000, Kluwer, p. 189. Allí sostiene el autor: "Sin embargo, siempre si el *server* no es considerado un establecimiento permanente para constituir un lugar de negocios, la habitación u oficina en el cual el *server* está localizado podría considerarse para es propósito".

85. A lo que agrega el autor: "el abandono (en el caso del comercio electrónico o más generalizado) del lugar de negocios requiere para dar luz por ejemplo un concepto de nexo más amplio o un EP virtual basado sobre una racional y objetiva conexión con el estado impositor, lo que requiere un cambio en la definición del texto del art. 5(1) del Modelo de la OCDE" (Luc Hinnekens, op. cit).

Esta postura es compartida por diversos juristas quiénes ven en este caso una problemática adicional por el problema entre los países importadores y exportadores y para ello resulta necesario un acuerdo general a efectos de compartir la base imponible.[86]

Por otra parte el artículo 5º del MCOCDE en su punto 2[87] trae un catalogo de ejemplos de lo que puede considerarse establecimiento permanente a efectos del tratado que se firme. Esto debemos tenerlo presente porque no se puede decir que, de incorporar este concepto a la legislación, deba necesariamente seguirse esta metodología. A esta lista se la denomina genéricamente "lista positiva"[88] o "delimitación positiva".[89]

Lo primero que debemos advertir que esta lista no es exhaustiva. Y ello en razón de la propia redacción del MCOCDE. Allí el modelo dice "comprende, en especial", lo que demuestra otros supuestos no incorporados podrían serlo. Aclara esto el punto 12 de los comentarios al artículo 5º del MCOCDE[90] el cual dice expresamente que la misma no es exhaustiva.

No obstante ello no puede explicarse, en la actualidad la inclusión de la misma ya que existe una regla general. En este sentido Skaar rechaza la interpretación *ejusdem generis*[91] y sostiene que es una lista de lugares de negocios.[92]

Es evidente que la redacción seguida en este capítulo del modelo no es la mas adecuada. La misma sigue la idea de contestar preguntas tácitamente formuladas que establecer reglas o principios al cual las partes deben atenerse. El objeto de ello puede consistir en que un modelo no debe impedir a las legislaciones nacionales que den su propia definición o la de no cerrar ciertos supuestos para la resolución de los casos conflictivos, dejando estas la interpretación definitiva de estas "lagunas de derecho",[93]

86. En este sentido ver Alejandro Altamirano en "Consideraciones sobre la tributación directa en el Comercio Electrónico y la fiscalización de las operaciones desarrolladas a través de Internet", trabajo presentado para el Seminario de la Academia Mexicana de Derecho Internacional Privado y Comparado, Universidad Anahuac, Jalapa, Veracruz, México, el 27 al 30 de octubre de 1999.

87. Es interesante señalar que la versión en inglés del MCOCDE en cuanto al 2 del artículo 5º fue modificada del Modelo de 1963 al que tenemos en la actualidad. En él aquel de 1963 decía: "the term 'permanent establishment' shall include especially" (OECE Draft Convention 27, Suplemento del *European Taxation*, 1976, International Bureau of Fiscal Documentation), mientras que la redacción actual indica: "the term 'permanent establishment' includes especially" (OCDE Model 1998, op. cit., p. 27), con lo que se le ha sacado la partícula "shall". Frente a esto señala Van Raad que se trata de un pequeño cambio sin importancia frente a los verdaderos cambios entre el Modelo de 1963 y el Modelo de 1977 (Van Raad, Kees, "The 1977 OECD Model Convention and Commentary, Selected suggestions for amendment of the articles 7 and 5", *Revista Intertax* 11, 1991, Ed. Kluwer, p. 501).

88. Skaar, *Permanent Establishment*, op. cit., p. 113.

89. García Prats, op. cit., p. 99.

90. El punto 12 dice lo siguiente: "este apartado contiene una lista no exhaustiva de ejemplos que pueden considerarse constitutivos, *prima facie*, de establecimiento permanente" (MCOCDE, *Comentarios*, p. C(5) 5).

91. Dice el mismo: "la regla *ejusdem generis* del *common law*, que es una definición general que se aplica a cosas que generalmente tiene son la misma especie o clase como las específicamente mencionadas no puede ser aplicada a la regla básica y a la lista positiva. Por ejemplo, una columna que contenga publicidad es un lugar de negocios pero no puede decirse que tenga algo que ver con uno de los ejemplos mencionados en la lista positiva" (Skaar, *Permanent Establishment*, op. cit., pp. 114/115. Debemos aclarar que el autor cuando menciona el ejemplo de la columna de publicidad hace referencia en la cita 26 de la p. 115 a un fallo. A efectos de ser fieles en la investigación reproducimos su cita: BFH —*Bundesfinanzof* o Corte Suprema de Alemania para asuntos fiscales, BFH in BstBl 1958 III 379).

92. Frente a esto García Prats no está de acuerdo. El autor español entiende que: "sin embargo la observación de los supuestos demuestra que, en muchos casos, éstos cumplen con los tres requisitos y no únicamente con uno. Además, así se desprendería de la interpretación literal del artículo 5º.2 que se refiere a establecimientos permanentes y no a lugares de negocio" (García Prats, op. cit., p. 102).

93. Entendemos por este concepto, siguiendo a Bielsa, que dice: "el problema de las lagunas de derecho se presenta cuando la solución del caso no encuadra en los conceptos legales, por no ser claros"

a los magistrados o las autoridades que deben resolver en cada caso. Otra lectura es que, tratándose de un Modelo de Convenio, hecho sobre la base de discusiones entre las distintas representaciones, el acuerdo mayoritario solo haya sido respecto a estos espacios físicos, dejando a los países y los órganos que ellos designen para la resolución de las controversias suscitadas en torno a ellos.

Sin perjuicio del análisis que se pueda hacer de cada uno de los lugares allí mencionados,[94] debemos señalar que esta lista se complementa directamente con la lista de carácter negativo que tiene el artículo 5º en su punto 4. Allí el MCOCDE señala que una de las características del *establecimiento permanente* es la idea de permanencia y no solo es que se trate de un sitio donde se desarrollan actividades preparatorias[95] o auxiliares.[96]

Como conclusión puede decirse, siguiendo a Vogel, que "el término lugar de negocios cubre todas los locales, medios o instalaciones usados para la realización de los negocios de la empresa sean o no usados con ese propósito exclusivo".[97]

4.4 Lugar fijo de negocios ("the location test")

El segundo de los *test* que, de conformidad con el art. 5º del MCOCDE se debe pasar es el referido a que el lugar de negocios debe ser fijo. Y este tiene, de acuerdo a Skaar,[98] dos aspectos: uno espacial que será el que analizaremos ahora y otro temporal que veremos mas adelante con el *permanence test* o lugar de negocios por un tiempo determinado.[99]

Este concepto también resulta complejo por ambivalente ya que los comentarios, lo amplían provocando confusión.[100]

En efecto el punto 5 de los comentarios al artículo 5º establece que "normalmente existirá una vinculación entre el lugar de negocios y un punto geográfico determinado" agregando la irrelevancia del tiempo que una empresa de un Estado contratante opere en otro Estado sino lo hace en un lugar determinado.

Hasta aquí el comentario es claro y remite a la idea general del establecimiento

(Bielsa, Rafael, *Los conceptos jurídicos y su terminología*, 3ª ed. aumentada, reimpresión, Ed. Depalma, Buenos Aires, 1993, p. 47).

94. Skaar señala que: "dos de los ejemplos dados por la OCDE en la lista positiva, la sede de dirección (*place of management*) y las sucursales (*branch*), son verdaderos ejemplos de establecimiento permanente, ya que esas expresiones también incluyen una caracterización del uso empresario del lugar" (Skaar, *Permanent Establishment*, op. cit., p. 116).

95. Zagaris advierte que si lo que se hace en el lugar fijo de negocios es tal que coincide con el de toda la empresa, allí no existe tal actividad auxiliar o preparatoria" (Zagaris, Bruce, op. cit., p. 334).

96. *Comentarios*, p. C(5)8. Allí dice expresamente: "este apartado enumera algunas actividades empresariales que se consideran excepciones a la definición general formulada en el apartado 1 y que no constituyen establecimientos permanentes aunque la actividad se realice a través de un lugar fijo de negocios. Todas estas actividades tienen como característica común su carácter preparatorio o auxiliar". A esto Zagaris lo denomina "excepciones a la regla general" (Zagaris, Bruce, op. cit., p. 334).

97. Vogel, Klaus, op. cit., p. 283.

98. Skaar, *Commentary on art. 5º of the OCDE Model Treaty*, op. cit., p. 15.

99. En este sentido García Prats se muestra en desacuerdo con esto ya que entiende que la "fijeza" como elemento espacial no es aplicable para todos los casos y la "permanencia" el temporal tampoco le resulta tan clara como Skaar. Por ello propone una solución intermedia "caso por caso". En ese sentido establece que: "por ello no puede afirmarse que la fijeza, entendida en su sentido geográfico, sea un elemento crucial para la existencia de un establecimiento permanente en su modalidad general, ni tan siquiera para la configuración de un lugar fijo de negocios. Para la configuración de un lugar fijo de negocios podrá tenerse en cuenta no solamente un carácter geográfico sino cualquiera — aunque sea intencional o temporal — que permita demostrar la suficiente vinculación del lugar de negocios con el territorio de la imposición y a su vez con la actividad empresarial llevada a cabo" (García Prats, op. cit., pp. 118, 119 y 120).

100. Y así lo reconoce Skaar cuando dice: "el principal problema a ser discutido en este capitulo es la contradicción entre el requisito general que el lugar de negocios deba quedar en una lugar especial o determinado, y la aceptación de que se esta 'fijeza' pueda ser 'temporal' o 'movible' dentro de ciertos limites" (Skaar, *Permanent Establishment*, op. cit., p. 126).

permanente: debe estar en un lugar determinado. Es decir, que el aspecto espacial está cubierto ya que el lugar de negocios se desarrolla en un sitio determinado. El problema está que en el final del comentario se agrega que no es imprescindible que este equipo deba estar "materialmente fijado al suelo".

Esto nos lleva a la conclusión de que, de conformidad con los comentarios, el requisito del artículo 5º es que el lugar sea "determinable" o no "determinado". Y esto último significa que este lugar debe poder ser determinado, no siendo necesario para este *test* la adherencia al suelo.

Esto tiene que ver necesariamente con aquellas empresas pesqueras o que aquellas que realizan su actividad en distintos puntos de un determinado Estado. Obviamente no bastará con decir que la actividad se realiza al norte o al este de la tierra. Requerirá una precisión más específica. Pero en cambio será suficiente conque se indique un lugar lo mas preciso posible, o que por lo menos este exista como tal.

Pero la incoherencia señalada es que tenemos que la exigencia es que el lugar sea fijo. El modelo en el punto 1 del artículo 5º utiliza la palabra *fixed*, es decir, fijo o adherido y no la palabra *permanent*. Algún autor, como veremos luego, ha visto diferencias entre "permanencia" y "fijeza". Pero de existir tales diferencias el MCOCDE se inclina por este último. No obstante ello, como señalamos, mas arriba, el punto 5 de los comentarios al artículo 5º se inclina por la idea de permanencia.[101]

Insistimos que esto no es lo que surge del artículo 5º del MCOCDE, pero si de lo que se desprende de los comentarios al mismo.

Cuando se llega al tema del comercio electrónico este *test* toma varios rumbos. Uno es el señalado por Skaar[102] quién sostiene que el *server* debe permanecer en un lugar fijo ya que caso contrario se estaría frente a la posibilidad de permitir la elusión con el concepto del *establecimiento permanente*. Por su parte en el informe del 3 de marzo de 2000 por la OCDE[103] se entendió que para que el *server* constituya un *establecimiento permanente* solo puede serlo si es fijo (el proyecto utiliza la palabra *fixed*) para que esté cumplimentado este *test* por un cierto período de tiempo.[104] Descarta entonces que pueda ser un *establecimiento permanente* una computadora personal que se lleva de un lugar a otro ya que ello altera el requisito de permanencia.

Otra postura es la de Lovisolo.[105] Este autor señala que: "considero que el *server* puede constituir un establecimiento permanente solo donde sea exclusiva (o prevalente) disponibilidad de la sociedad R (a título de propiedad u otro) que en su tenga a su cargo su propia manutención y funcionamiento; satisfaciendo los requisitos de permanencia prevista para la configuración de una instalación fija, que no sea usada para el cumplimiento de una actividad meramente preparatoria o auxiliar".

Hinnekens[106] plantea que estas soluciones solo son parciales ya que no contemplan el tema de los "*servers* espejados" (*mirror servers*) en los cuales el requisito de fijeza no se cumple ya que el sujeto puede realizar las mismas operaciones desde otro punto del planeta. Este fenómeno de este tipo de *servers* se da con el objeto de

101. *Comentarios*, op. cit., p. C(5)-2.

102. Arvid Skaar, "Erosion of the Concepto of Permanent Establishment: Electronic Commerce", publicado en *Intertax*, v. 28, mayo 2000, Kluwer, p. 189.

103. Ver, en informe de la OCDE, el punto 4 del informe revisado.

104. En ese sentido señala Barry Larking: "permanencia es una herramienta usada para establecer la conexión entre el contribuyente y una localización sobre la superficie de la tierra. La conexión debe ser a través de un lugar de negocios" (Barry Larking, "The importance of being permanent", *IBDF Bulletin*, v. 52, n. 6, june 1998, pp. 268 y 269). Esto abona nuestra tesis que los elementos de concepto general de establecimiento permanente debe ser cumplimentados en su totalidad integrándose unos con otros.

105. Antonio Lovisolo, "La stabile organizzazione", en *Corso di diritto tributario internazionale*, Ed. Cedam, 1999, p. 263.

106. Ver, Luc Hinnekens, op. cit.

aprovechar en forma diversa la velocidad de la red.

4.5 La exigencia de la presencia "humana" ("personal presence required")

Uno de los problemas más importantes que trae el comercio electrónico es la exigencia o no de la presencia "humana" en el establecimiento permanente. Este tópico no tiene que ver con el hecho de que un "agente" pueda o no constituir un establecimiento permanente, sino con que si el trabajo mecánico de un *server* cuando un sujeto le pide que "baje" (*download*) un determinado *software* el cual puede contener música, información, prestación de servicio, video, etc. Esto que pertenece al comercio electrónico directo es la principal fuente de problemas y preocupación en esta materia dónde el carácter inmaterial es elemental.

Este problema ha sido tratado en doctrina y en el informe de la OCDE de fecha 3 de marzo de 2000. En primer lugar debemos recordar que el punto 10 del *Comentario* al art. 5º del MCOCDE. Allí queda establecido que en el caso de la expedición automática de productos o servicios la existencia de un *establecimiento permanente* depende exclusivamente de si existe o no presencia humana. Ello por cuanto el comentario aclara que si la empresa colocó la máquina automática y no realiza otra actividad no se lo puede considerar un *establecimiento permanente*. Pero si la empresa la colocó y luego realiza actividades puede ser considerada un *establecimiento permanente*.[107]

Este es el criterio que sigue la propia OCDE en el informe mencionado. Señala en el punto 3 que no existe este *establecimiento permanente* si la empresa no es propietaria del *server* que opera un tercero, pero existiría *establecimiento permanente* si el *server* está operado por ella misma con su personal.[108]

Es importante señalar que en el informe OCDE del 3 de marzo de 2000 este tema es analizado profundamente. Ello ya que existen divergencias entre los países que conforman dicho organismo acerca de la necesidad de la presencia humana para la existencia de este. Ello, según la postura de los estos países, no existe en ninguno de los artículos del MCOCDE ni de sus comentarios obligación esta exigencia.

No estamos de acuerdo con ello ya que si se desprende de una interpretación integrada esta exigencia. Y tal como se señalara el punto 10 de los Comentarios refleja esta diferencia claramente. Pero siempre partiendo del supuesto de la presencia humana allí.

En este aspecto el informe distingue entre tres posibilidades: que esta interven-

107. Finalmente aclara el comentario: "esto es igualmente aplicable si las máquinas se explotan y mantienen por un agente dependiente de la empresa".

108. No obstante ello Skaar recuerda que: "¿Estar presente en un país puede significarse por la presencia de una computadora o de una habitación en la cual está localizada suficiente? Si la respuesta es si, ello querría decir que no es requerida una presencia "humana" en el país donde el negocio se desarrolla. La respuesta a esta cuestión es siempre que en el ámbito judicial y la práctica administrativa y consecuentemente también en los Comentarios del Modelo OECD es que los establecimientos permanentes no requieren como condición para su existencia de seres humanos. Por ello, las empresas pueden estar presentes en el país puede significar el derecho a uso de un *server*. De este modo, el socio quién esta usando un Establecimiento Permanente constituido por un *server* en nombre de otro socio puede constituir establecimiento permanente para otros socios en otros países" (Arvid Aage Skaar, "Erosion of the Concept of Permanent Establishment: Electronic Commerce", in *International Studies in Taxation: Law and Economics*, Liber Amicorum Leif Muten, Editors: Gustaf Lindencrona, Sven-Olof Lodin and Bertil Wiman, Series on International Taxation 21, Ed. Kluwer, The Hague, 1999, p. 311. La misma posición reitera en su trabajo "Erosion of the Concepto of Permanent Establishment: Electronic Commerce" publicado en *Intertax*, v. 28, mayo 2000, Kluwer, p. 190). Hinnekens sostiene lo contrario entendiendo como lo hace la OCDE que la sin la presencia física no es posible constituir un establecimiento permanente (Luc Hinnekens, op. cit.).

ción sea obligatoriamente desarrollada en el país o puede serlo en el extranjero; la segunda que si esta intervención debe ser realizada por empleado de la empresa o por cualquier otra persona; y la tercera directamente si es necesaria esta intervención humana.

4.6 Derecho de uso de lugar para la realización de actividades empresarias ("the right of use test")

El MCOCDE determina en la definición del artículo 5º que es el lugar donde la empresa desarrolla "todo o en parte" su actividad.

Esto fue denominado por Skaar[109] como el *test* del derecho al uso para actividades empresariales. En ese sentido dice: "la doctrina dominante entiende que el mero hecho que un contribuyente use un lugar de negocios no es suficiente para constituir un establecimiento permanente. El lugar de negocios debe estar calificado como lugar de negocios empresariales".[110]

Esto es para los casos en que el sujeto no sea el "propietario" del establecimiento permanente y use un espacio físico proporcionado por un tercero. Además sirve para ratificar que en este concepto lo esencial es su localización en el espacio.

Los comentarios al modelo determinan con mayor precisión el alcance de esta exigencia. Según el punto 4 del artículo 5º dispone que: "el lugar de negocios puede estar constituido por un espacio dentro de un mercado o por un emplazamiento utilizado de manera permanente en un depósito aduanero".[111]

Este derecho de uso tiene que, generalmente, con la calificación que haga el propio país de un determinado sitio. En ese sentido puede decirse que este *test* lo que si exige es una presencia física en el otro país y que la misma sea en todo sentido pueda ser usado como un lugar de negocios.

Debemos tener en cuenta que este *test* se utiliza para la determinación de un establecimiento permanente y luego de haber pasado los *test* anteriores. Es decir, que lo que estamos establecimiento son condiciones mínimas para que la existencia de un establecimiento permanente. Con esto queremos significar que de faltar alguna de ellas nos enfrentaremos al problema de determinar si se puede considerar o no a un determinado lugar como un establecimiento permanente.

Es importante aclarar que este *test* no nace de las palabras del artículo 5º del MCOCDE, sino de sus comentarios. Esto complica la situación, ya que a la falta del carácter de fuente que el propio modelo tiene, y que el mismo reconoce, se le agrega que el requisito no nace de su redacción original, sino de los comentarios que tienen como objeto aclarar las situaciones que pudieran darse.

Y estos comentarios, como ya lo hemos señalado, están redactados en forma de contestaciones a preguntas ya formuladas. A ello se le puede agregar que los mismos recogen en la misma forma jurisprudencia y opiniones de los distintos países que integran la OCDE. En una palabra, este requisito nace mas de la doctrina y la jurisprudencia de cada uno de los países que de una lectura analítica de la regla general establecida en el punto 1º del artículo 5º del MCOCDE.

Y esto trae otra serie de problemas adicionales como los establecidos en el punto 8º de los comentarios al artículo 5º del MCOCDE.

Allí se establece que la locación o cesión de equipos a través de un lugar fijo puede ser considerado como un establecimiento permanente. Aquí el tema es subjetivo. Ya no importa el lugar, ni las condiciones del mismo sino simplemente la existencia de un lugar de negocios. Y esto en for-

109. Skaar, *Commentary on art. 5º of the OCDE Model Treaty*, op. cit., p. 18.
110. Skaar, *Commentary on art. 5º of the OCDE Model Treaty*, op. cit., p. 18.
111. MCOCDE, *Comentarios*, p. C(5)2.

ma general, ya que alguna jurisprudencia lo ha aceptado y otra no.[112]

En general en el comercio electrónico esto no está discutido. El carácter es comercial y ello tiene que ver con la propia definición de comercio electrónico.

Es decir, que el "derecho de uso de un lugar con carácter empresarial" no es susceptible de una definición, sino que complementa el *test* del lugar "fijo" de negocios (*location test*).

En este sentido, a efectos de clarificar este requisito, resultan importantes las palabras de Skaar. Según este autor "en general, la aplicación del *test* de derecho de uso (*the right of use test*) a los negocios está desarrollada en el sentido 'arm's lenght',[113] es decir, una presencia psicológica en el Estado de la fuente. De esta manera, una actividad desarrollada como empresas independientes desde otro país no es *per se* un establecimiento permanente".[114] Es decir, que este requisito exige que la actividad se pueda desarrollar en forma "efectiva"[115] en lugar fijo de negocios. De esta forma se combinan los *test* mencionados precedentemente: el del lugar de negocios (*place of bussines test*) y la exigencia que el lugar sea fijo (*location test*).[116]

112. Ver Skaar, *Commentary on art. 5º of the OCDE Model Treaty*, op. cit., p. 20.

113. El principio del *arm's lenght*, cuyo uso corriente significa "mantener a alguien a distancia" significa en términos de derecho internacional tributario que los precios acordados para las operaciones entre entidades de un grupo o holding deben ser — a efectos impositivos — similares a aquellos habrían sido aplicados por empresas no vinculadas en condiciones de mercado abierto. Se lo conoce como el precio normal en un mercado abierto y es el que recoge el art. 9º del Modelo OCDE.

114. Skaar, *Commentary on art. 5º of the OCDE Model Treaty*, op. cit., p. 20.

115. García Prats, op. cit., p. 151.

116. En este sentido se puede observar como García Prats (García Prats, op. cit., p. 152) también le agrega el requisito de que la misma sea continua y ello lo deduce del punto 7 de los comentarios al artículo 5º del MCOCDE. Nosotros creemos que dicho requisito hace mas al requisito temporal de que el lugar debe estar allí por un tiempo determinado que al *test* del derecho de uso.

4.7 El uso del lugar de negocios por un tiempo mínimo ("the permanent test")

Este requisito es uno de los mas controvertidos en la doctrina en razón del lenguaje y de las contradicciones que nuevamente incurren los comentarios del MCOCDE.

De conformidad con Skaar "la condición de temporalidad para la existencia de un establecimiento permanente es un cierto grado de permanencia",[117] mientras que García Prats opina exactamente lo contrario al decir: "no puede admitirse que la permanencia suponga la incorporación de un requisito de temporalidad, sustitutivo del requisito del lugar de negocios o fijeza del mismo; mas bien se trata de un elemento que constata la concurrencia de los demás requisitos necesarios derivados de la definición de la definición general de establecimiento permanente, ayudando a comprender los mismos cuando estos por si mismos no reúnen las condiciones estrictamente requeridas".[118]

El tema por si mismo es difícil, pero creemos que, en este aspecto, Skaar se acerca mas a la interpretación correcta. Este autor toma su conclusión del punto 6 de los comentarios al artículo 5º del MCOCDE. Allí se dice que: "Puesto que el lugar de negocios debe ser fijo, también se deduce que sólo puede considerarse que existe un establecimiento permanente si el lugar de negocios tiene cierto grado de permanencia, esto es, si no tiene un carácter meramente temporal".[119]

117. Skaar, *Commentary on art. 5º of the OCDE Model Treaty*, p. 23.

118. García Prats, op. cit., p. 118.

119. En este sentido Nitikman sostiene que: "desde que la 'fijeza' tiene un componente temporal, algunos negocios no serán establecimiento permanentes. Hay dos razones para ejemplificar algunos negocios desde el concepto de establecimiento permanente: Primero, actividades que son insubstanciales pueden ser permitidas a efectos de fomentar la exploración de oportunidades de negocios y de contactos casuales para facilitar el comercio internacio-

Y esto es coincidente, no solo con el punto 3 del artículo 5º del MCOCDE, sino también la idea que el lugar debe ser "fijo" (hemos visto que esto es lo que dice la regla general), siendo la temporalidad el segundo de los aspectos a considerar luego de la idea de territorialidad que ya habíamos visto al tratar el *test* del lugar fijo (*location test*).

Para entender este concepto no se debe de pensar en un período de tiempo determinado, en tanto no se trate de una construcción, instalación o montaje en razón de que solo en estos casos el período es de 12 meses como mínimo.

Los comentarios en ese sentido son, nuevamente, ambiguos. El punto 6 habla de permanencia en contraposición a algo temporal. Pero luego, a efectos de determinar esta permanencia remite a la intención del sujeto, en caso de que el establecimiento sea de corta duración. Y cuando esta temporalidad sea mayor se convierte en un lugar fijo. Como se ve mas que aclarar lo que hace es confundir la interpretación.[120]

Entendemos que para aclarar los conceptos expresados se debe "desarmar" el comentario, uniendo las partes que sean pertinentes.

En primer lugar el comentario dice claramente que no se trata de algo "temporal". Con esto se quiere significar una cierta "continuidad en el tiempo", es decir, algo que no se hace un día y se destruye al siguiente. Y esta interpretación se corresponde con el punto 7 de los comentarios al art. 5º cuando allí se expresa en el final: "además, no tienen que ser permanentes en el sentido que las operaciones sean ininterrumpidas, si bien deben realizarse *de una manera regular*" (el destacado es nuestro).

Esto da la pauta clara y precisa que la idea es de continuidad en el tiempo, de algo que sea perdurable.[121] La excepción a este punto la da el propio comentario, en donde se aclara que el tiempo no está determinado, pudiendo en algunos casos ser breve. Es interesante ver que para que este tiempo "breve" sea considerado establecimiento permanente, el comentario da dos pautas claras: será breve en razón de la naturaleza del negocio o será breve por circunstancias particulares que hayan determinado la finalización del negocio. Como ejemplo de esto último da la muerte del sujeto o el fracaso de la inversión.

Sobre esto debe verse que no dándose estos supuestos, no existiría establecimiento permanente, ya que se sale del terreno de la "continuidad en el tiempo" para ingresar en el ámbito de lo temporal, lo que claramente atenta contra la idea de permanencia, y aun contra la idea de "fijeza".[122]

En este sentido ni el comentario ni el propio modelo aportan una idea de cuanto debe ser ese tiempo.[123] Es por ello que los

nal; segundo, desde un lugar actividades administrativas y marginales como presentar solicitudes de reintegro de impuestos o ingresos donde queda claro que estas actividades produzcan rentas" (Nitikman, Joel, op. cit., p. 164).

120. En este sentido Nitikman señala que en la definición general nada se dice con relación a que el negocio sea por un tiempo determinado (Nitikman, Joel, op. cit., p. 165).

121. De acuerdo a Nitikman esta idea puede verse en dos sentencias del Tribunal Fiscal de EEUU (ver Nitikman, Joel, op. cit., p. 164, citas 44 y 45) donde se dice que una actividad comercial aislada no crea un establecimiento permanente; debe tratarse de actividades continuadas y regulares.

122. García Prats propone que: "uno de los elementos a considerar en los intentos de superación de la mencionada ambivalencia de significados, consiste en recurrir a la interpretación del propio término 'establecimiento permanente' entendido este en las versiones idiomáticas en que la OCDE redacta sus informes, es decir, el significado de la expresión utilizada por la OCDE en lengua francesa e inglesa, entre las que se observa cierta disparidad. El término francés *établissement stable* pone el énfasis en la estabilidad del mencionado establecimiento permanente, destacando el carácter de la fijeza o la conexión estable entre la instalación y el territorio en el que se encuentra situado. Por el contrario, la expresión inglesa *permanent establishment*, de la que toma la expresión castellana su referente, destaca sobremanera la permanencia de tal establecimiento" (García Prats, op. cit., p. 117).

123. No obstante lo expresado Skaar dice que: "contrariamente a algunas opiniones de los comentarios un mínimo de duración es exigido. La regla de 'dos años' ha sido aplicada por los Estados Unidos y

comentarios al artículo 5º del modelo, en el punto 6 *in fine*, señala que la falta de esta intención de permanencia convierte automáticamente al lugar en establecimiento permanente.

Es evidente que el objeto de esto es el de evitar que la lista "negativa" o cualquier otra excepción pueda utilizarse a efectos de evadir o eludir el pago de tributos con la utilización del concepto de establecimiento permanente. Como se dijo anteriormente no se consideran dentro de este concepto las actividades marginales o accesorias. En este sentido esto es concordante con el punto 11 de los comentarios al MCOCDE. Allí se determina cuando es el momento de nacimiento de un establecimiento permanente y el momento de finalización del mismo.

Los comentarios, como hemos señalado, van mas allá determinando que este inicio se produce cuando la empresa prepara las actividades en el lugar. No se tratan de actividades accesorias a su desarrollo, sino de actividades propias, que, para su puesta en funcionamiento, requieren ciertas cuestiones previas al funcionamiento definitivo. Por ello el modelo considera que la realización de las mismas ya genera la existencia de un establecimiento permanente.

No obstante las actividades accesorias no son consideradas un establecimiento permanente, y por ello si el sujeto desarrolla actividades de este tipo no puede ser considerado como tales.

De la lectura de los comentarios parecería ser, en un primer momento, que estos conceptos se contraponen ya que primero se dice que ciertas actividades preparatorias constituyen establecimiento permanente, mientras que otras no. La diferencia entre unas y otras la da el propio comentario.

En ese sentido queda claro que existen dos tipos de actividades, por lo menos, para el comentario. Unas son aquellas actividades de preparación propias del giro del negocio o actividad, a las que podemos llamar "actividades preparatorias inherentes al giro de la empresa". Las otras son "actividades preparatorias fuera del giro de la empresa". Solo estas últimas no son establecimiento permanente, y justamente la condición es que sean distintas de las que realiza la empresa.[124]

El otro punto es cuando termina de existir definitivamente el establecimiento permanente. Y aquí nuevamente es el punto 11 de los comentarios da la pauta señalando que es cuando en forma "definitiva" cesen todas las actividades, no admitiendo que una interrupción temporal pueda dar lugar a un establecimiento permanente.

En materia específica de comercio electrónico a todo lo dicho se puede agregar lo que Skaar dice. Según este autor: "La aplicación del 'permanence test' será diferente dependiendo que es lo que se entienda por el 'right of use test'. Los convenios de doble imposición exigen que el derecho de los contribuyentes al un lugar de negocios sea 'fijo' en término de tiempo. Por ello, en los países en los cuales se enfoca el uso

por las autoridades impositivas alemanas para la construcción de lugares en los tratados en los cuales no existe la cláusula de la construcción. Parecería que algunos países aceptaron que el 'permanence test' se satisface si el derecho a uso del lugar de negocios queda por 18 meses" (Skaar, *Commentary on art. 5º of the OCDE Model Treaty*, op. cit., p. 24). Por su parte Van Raad sostiene que: "la cuestión puede ser si el período durante el cual el establecimiento permanente estuvo en un determinado lugar es suficientemente extenso para servir como establecimiento permanente con relación al tiempo (en la práctica un período de alrededor un año aparece frecuentemente como un requisito mínimo)" (Van Raad, Kees, op. cit., p. 501).

124. Con buen criterio Tassani señala que: "como se ve el principio no es de fácil interpretación. Eso puede ser leído como necesidad que la actividad que prepara la futura actividad económica presenten las mismas características, tendría la misma naturaleza de esta última. En una acepción similar, pero, la actividad preparatoria se verificaría en los primeros actos de inicio del proceso económico-productivo de la actividad específica y esa no sería totalmente preparatoria pero ya, parecería de gestión" (Thomas Tassani, "Gli atti preparatori e l'inizio dell'impresa", *Revista Rassegna Tributaria* 2, v. XLIII, año 2000, p. 465).

sobre el lugar de negocios, la actividad tiene que ser establecida por un período de tiempo indefinido para constituir un establecimiento permanente".[125]

4.8 *La actividad como comercial ("the business activity test")*

Este es el último aspecto a considerar dentro de la cláusula general. En sentido, señala Skaar[126] que esto comporta cuatro aspectos: el primero es que la actividad debe ser considerada empresarial para las normas locales; segundo la actividad debe ser comercial bajo la definición del artículo 7º del MCOCDE; tercero, la actividad debe ser considerada como actividad nuclear o principal y no auxiliar; y, por último, debe tener cierta conexión con el lugar de negocios.

Este autor al referirse al comercio electrónico lo divide en tres *test* diversos a efectos de las consideraciones del comercio electrónico. Así señala que: "El modelo OCDE exige que la actividad se cumpla a través de un lugar de negocios para hacer negocios de la empresa. La pregunta a este respecto es si o no las actividades de ventas realizadas a través de un sitio *web* sobre un *server* están claramente dentro del objeto de los 'negocios'. ¿Es esta una distinción para hacer entre un sitio *web* usado para concluir un contrato o un sito *web* meramente usado para *marketing* de productos de una empresa? Tres *test* en forma separada deben usarse para distinguirse a este respecto:

"la actividad del sitio 'web' debe ser negocio bajo las normas internas;

"la actividad del sitio 'web' debe estar regida bajo el art. 7º del Modelo;

"la actividad del sito 'web' no debe estar excluida por el art. 5º, punto 4 del Modelo (lista negativa)."[127]

Esto lo hace siguiendo su modelo de análisis que ha hecho para este concepto.

4.8.1 La actividad como comercial para las normas locales y comercial para el Convenio

Dentro de este aspecto al faltar una definición de actividad comercial en el marco del Modelo de la OCDE, debe aplicarse la propia cláusula de reenvío que el Modelo posee en su artículo 3º, punto 2.[128]

La misma dispone que: "para la aplicación del Convenio por un Estado contratante en un momento determinado, cual-

125. Y agrega el autor: "'Permanente' no significa que el derecho de uso de un lugar de negocios debe ser perpetuo. Como punto de partida, el término 'permanente' debe ser entendido una continuidad indefinida, mas bien que eterno. El derecho del contribuyente al uso de un lugar de negocios puede también encontrar el 'permanent test' si este último por una duración determinada. La duración de seis meses parece ser suficiente en muchos países. Obviamente entenderlo como perpetuo es suficiente para la constitución de un establecimiento permanente. En el caso del comercio electrónico, parecería ser justamente fácil mover el sitio *web* desde un *server* en un país a otro *server* en otro país con el efecto que la existencia del derecho a uso de un lugar de negocios es terminado" (Arvid Aage Skaar, "Erosion of the Concept of Permanent Establishment: Electronic Commerce" in *International Studies in Taxation: Law and Economics*, Liber Amicorum Leif Muten, Editors: Gustaf Lindencrona, Sven-Olof Lodin and Bertil Wiman, Series on International Taxation 21, Ed. Kluwer, The Hague, 1999, pp. 311 y 312 . La misma posición reitera en su trabajo "Erosion of the Concept of Permanent Establishment: Electronic Commerce", publicado en *Intertax*, v. 28, mayo 2000, Kluwer, p. 191).

126. Skaar, *Commentary on art. 5º of the OCDE Model Treaty*, op. cit., pp. 25/26.

127. Arvid Aage Skaar, "Erosion of the Concept of Permanent Establishment: Electronic Commerce", in *International Studies in Taxation: Law and Economics*, Liber Amicorum Leif Muten, Editors: Gustaf Lindencrona, Sven-Olof Lodin and Bertil Wiman, Series on International Taxation 21, Ed. Kluwer, The Hague, 1999, pp. 314 y 315. La misma posición reitera en su trabajo "Erosion of the Concepto of Permanent Establishment: Electronic Commerce", publicado en *Intertax*, v. 28, mayo 2000, Kluwer, p. 192).

128. Cabe señalar lo expresado por Vogel y Prokisch en materia de interpretación de los convenios de doble imposición. Según estos autores "los convenios de doble imposición son tratados de derecho internacional. Sin embargo, al limitar en cuanto al fondo el derecho fiscal de los Estados Contratantes, su aplicación se halla estrechamente vinculada con la del derecho fiscal nacional" (Vogel, Klaus, Prokisch, Rainer, op. cit., p. 123).

quier término o expresión no definida en el mismo tendrá, a menos que de su contexto se infiera una interpretación diferente, el significado que en ese momento le atribuya la legislación de ese Estado relativa a los impuestos que son objeto del Convenio, prevaleciendo el significado atribuido por la legislación fiscal sobre el que resultaría de otras ramas del Derecho de ese Estado". Los puntos 11 a 13 de los comentarios al artículo 3º del MCOCDE dan la pauta de aquello que estamos diciendo cuando determinan la forma, en los casos no previstos, que debe interpretarse el convenio remitiendo a la legislación local. En ese sentido los comentarios son mas específicos señalando que primero debe ir a la legislación fiscal, en especial los impuestos comprendidos en el convenio antes que otros impuestos no incluidos,[129] luego estos tributos, luego las normas no fiscales.

En este último punto se puede disentir, ya que el comentario no da una prevalencia específica a estos por sobre las normas no fiscales. Sin embargo, creemos que es así ya que el artículo 3º, párrafo 2º habla de "legislación fiscal", por lo que entendemos que se debe agotar esta, y luego ir en busca de los conceptos que estén fuera de ella.

No obstante el propio modelo impulsa la suscripción de convenios a efectos de evitar que los problemas de lenguaje influyan en forma grave en la interpretación de los convenios.[130]

4.8.2 La "lista negativa" y la conexión con el lugar de negocios

Estos dos últimos aspectos de la cláusula general del establecimiento permanente contenida en el artículo 5º del MCOCDE se refieren a situaciones que ya hemos hablado anteriormente.

La primera de ellas es la denominada "lista negativa" (art. 5º, punto 4 del MCOCDE). De esto ya hablamos al tratar el punto. Allí dijimos que esta lista complementaba a la lista positiva y que se trataban de actividades auxiliares.

No obstante ello se tratan de actividades que, a pesar de esta características, podrían ser calificadas como comerciales. No obstante ello, el modelo las excluye expresamente por lo que, a efectos de determinar la existencia de un establecimiento permanente, una vez pasadas las otras etapas corresponde que se verifique que no se está dentro de una de las actividades expresamente mencionadas como no constitutivas del mismo.

Finalmente también hemos señalado que la actividad de tipo comercial debe desarrollarse a través del lugar de negocios. No hay establecimiento permanente si esto no se da, es decir, si la actividad no se desarrolla o pasa por allí.

Es interesante que Skaar,[131] señala que el transporte de petróleo a través de tuberías bajo la plataforma continental no constituye un establecimiento permanente ya que: "la realización de una actividad auxiliar a través de un lugar fijo de negocios en un país combinado con la actividad principal en otra jurisdicción no constituye un establecimiento permanente".

En el caso "Pipeline" del *Bundesfinanzhof* del 30 de octubre de 1996 bajo el número II R 12/92 con relación al Convenio de doble imposición entre la República Federal de Alemania y el Reino de los Países Bajos, ha establecido que: "una tubería subterránea debe considerarse como un 'lugar fijo' la dentro del significado de Sección 12 AO (Código de Impuesto de General) 1977. El concepto de un establecimiento permanente no requiere que lugar esté 'ata-

129. *Comentarios* MCOCDE al art. 3º, punto 13.1.

130. A efectos de evitar toda duda, Skaar recuerda que hay dos tipos de actividades expresamente excluidas de este concepto. Ellas son: actividades de transporte (art. 8º del MCOCDE) y las actividades agrícolas y de forestación (art. 6º del MCOCDE) (Skaar, *Commentary on art. 5º of the OCDE Model Treaty*, op. cit., p. 26).

131. Skaar, *Commentary on art. 5º of the OCDE Model Treaty*, op. cit., p. 33.

do' a la superficie de la tierra ni que es visible sobre tierra".

4.10 Los agentes "dependientes" (MCOCDE, art. 5º punto 5)

Este punto lo denominados "dependientes" por contraposición al punto 6 del artículo 5º del MCOCDE que se refiere a los agentes independientes. No obstante ello, esto no podría resultar del todo correcto. El texto del apartado 5, del art. 5º del MCOCDE dispone que: "(...) cuando una persona, distinta de un agente independiente (...)". Esto no quiere en forma automática que necesariamente quiénes integren este supuesto deben ser agentes "dependientes". No obstante ello el punto 32 de los comentarios al MCOCDE es terminante al dar una definición "negativa" entendiendo que son agentes "dependientes" aquellas personas empleadas o no que no sean agentes independientes en los términos del apartado 6. Esto determina la carencia de importancia a efectos de determinar la existencia o no de un establecimiento permanente la situación especial subjetiva en que se encuentre el agente.

No obstante como primer requisito es de la no-dependencia del sujeto no residente. El punto 32 del comentario aclara además la existencia de que este puede ser una persona física o jurídica. Y agrega un punto esencial para la configuración del establecimiento permanente. Entiende el comentario que: "hubiera sido contrario al interés de las relaciones económicas internacionales el establecer que cualquier persona dependiente pudiera determinar la existencia de un establecimiento permanente de la empresa".

Esto último es elemental ya que el objeto de esta norma es determinar a ciencia cierta en que situaciones se configura la existencia de un establecimiento permanente.

En este sentido Skaar es terminante: "así, el *server* no puede ser un 'agente' y por ello el agente en los términos del establecimiento permanente puede existir".[132]

5. Conclusiones

Las conclusiones de este trabajo son mas dudas que respuestas. La primera de ellas tiene que ver con el comercio electrónico a través de la Red Internet. De lo descrito puede observarse que estamos frente a un nuevo sistema de comunicación que permite, no solo una nueva forma de ofrecer productos, servicios, información, sino también de acercar relaciones que tienen que ver con aspectos económicos. Además muchos de estos productos pueden ser entregados a través de la misma red. El concepto de establecimiento permanente se ha sustentado en todo su siglo de vida sobre la base de la existencia de un lugar físico que puede o no estar fijado al suelo pero que siempre es identificable y que exige la presencia humana antes o después de la existencia del negocio.

El desarrollo de esta tecnología que nos permite sentados en nuestra oficina acceder a diversos lugares distantes, sin tener que mover mas que el *mouse* y hacer un par de *clicks*.[133] Se puede acceder a información, música, textos, *software*, etc., sin siquiera tener obligación el sujeto de identificarse ni decir desde donde lo hace.

Es por ello que las reglas tradicionales escapan en gran medida a estos nuevos desarrollos. La movilidad de los negocios, la alteración de los espacios físicos normales y habituales traen como consecuencia dificultades como las que fueron señaladas a lo largo del trabajo.[134]

132. Arvid Aage Skaar, "Erosion of the Concept of Permanent Establishment: Electronic Commerce", publicado en *Intertax*, v. 28, mayo 2000, Kluwer, p. 193.

133. Este y otros ejemplos fueron tratados oportunamente en el seminario de la IFA en la ciudad de Nueva Deli en octubre de 1997, publicados por la editorial Kluwer bajo el título "The OECD Model Convention 1997 and Beyond, Current Problems of the Permanent Establishment Definition".

134. Dice Skaar "La respuesta a la pregunta de si es o no un establecimiento permanente es útil

En el caso específico del establecimiento permanente se puede decir que sus normas básicas se encuentran en procesos de cambio. En primer lugar porque resulta difícil establecer la conexión entre el lugar y *software*, debiendo por el momento intentar unir en forma total un *server* a un *software* contenido en él. De otra forma parte de sus requisitos resultan vacíos de contenido. En segundo término porque muchos de estos procesos no requieren una presencia física humana en el lugar donde se producen (porque ejemplo el almacenamiento de un *software* para su posterior venta). Tercero, porque no es posible determinar la duración por un tiempo determinado del sitio *web* en el *server* que lo contiene. En cuarto lugar es importante señalar que estas dificultades traen como peligro la imposibilidad de contralor por parte de los organismos fiscales de las operaciones allí realizadas. En este último sentido un papel decisivo lo juegan las empresas que emiten tarjetas de crédito ya que el comercio electrónico requiere para su funcionamiento medios de pago electrónico.

De lo expuesto en los párrafos anteriores podemos sostener lo siguiente:

a) que el problema del comercio electrónico es un problema, esencialmente de *software* y no de *hardware* y, que por lo tanto, las soluciones a buscar deben ser en la línea de consenso multilateral y no bilateral;

b) que respecto del problema específico del establecimiento permanente una página o sitio *web* en sí mismo no puede constituir un establecimiento permanente;

c) que tampoco un *server* por si mismo constituye un establecimiento permanente;

d) que la habitación donde el *server* se encuentra podría serlo;

e) que un *server* en una habitación operado por un tercero, pero donde la empresa prestadora o proveedora del servicio tenga el control aunque ella misma no la opere, podría quedar encuadrada en la definición general de establecimiento permanente;

f) que la presencia humana siempre es requerida para la configuración de este concepto;

g) que no es asimilable a un agente en los términos del artículo 5º del Modelo de la OCDE un *server*.

Entendemos como conclusión que es evidente que el artículo 5º del MCOCDE no contiene dentro de sus previsiones estas situaciones nuevas y que en el futuro la única forma de solucionarlo será a través de acuerdos multilaterales mas que bilaterales como son los convenios para evitar la doble o múltiple imposición. Este acuerdo deberá ser global y permitir no solo intercambio de información sino repartir bases imponibles. Entendemos que esta es la única forma de llegar a una solución en esta materia.

para el objeto de la tributación en el comercio electrónico parece ser negativa. El intento por acordar con el comercio electrónico por los significados de la noción convencional de establecimiento permanente parece confirmar a este autor las conclusiones previas a escribir, por ejemplo que una mayor movilidad en los negocios esta llegando, la baja adecuación de las reglas las cuales exigen una presencia física de alguna clase en un sitio específico por un cierto período de tiempo" (Arvid Aage Skaar, "Erosion of the Concept of Permanent Establishment: Electronic Commerce", in *International Studies in Taxation: Law and Economics*, Liber Amicorum Leif Muten, Editors: Gustaf Lindencrona, Sven-Olof Lodin and Bertil Wiman, Series on International Taxation 21, Ed. Kluwer, The Hague, 1999, pp. 320).

O LOCAL DA PRESTAÇÃO DE SERVIÇO E O ISSQN: GUERRA FISCAL NO PLANO MUNICIPAL

OSCAR MENDONÇA
Mestre em Direito Tributário pela PUC/SP — Advogado e Consultor Tributário em Salvador/BA

O Sistema Constitucional Tributário. Lei Complementar Tributária para dispor sobre conflitos de competência. Modalidades de conflitos de competência passíveis de ocorrer. O aspecto espacial da hipótese tributária do ISSQN definido pelo Decreto-lei 406/68. A jurisprudência. Conclusão.

Sistema Constitucional Tributário

Em matéria tributária, a Constituição brasileira é de sistemática deliberada. Um sistema tributário exaustivo numa Constituição rígida, se comparada às Constituições européias, tomadas como parâmetro para o estudo comparado, o que gera um engessamento dos legisladores complementar e ordinário brasileiros.

Temos um sistema constitucional tributário e ***com características bem peculiares!*** Nosso sistema constitucional tributário caracteriza-se:

a) pela *nomeação de cada tributo*, classificados em impostos, taxas e contribuições;

b) pela *distribuição das competências tributárias às entidades federadas, de modo rigoroso*, com a prescrição de *hipótese de incidência e base de cálculo distintas* para cada tributo, além dos princípios gerais que norteiam a cobrança de cada um e

c) pela previsão de um *extenso rol de princípios* limitadores ao direito de tributar;

d) pela *previsão de uma lei complementar, de caráter nacional, de normas gerais de direito tributário*, para dispor sobre conflitos de competência e regular as limitações ao poder de tributar;

e) pela *repartição das receitas* tributárias entre as entidades federadas, depois de arrecadadas.

A Constituição traz no seu sistema tributário ***uma bipolaridade*** própria desta área específica do direito. De ***um lado as competências tributárias***, poder jurídico assinalado às entidades políticas para que instituam e exijam determinados tributos, e, ***de outro, os princípios limitadores da atividade tributante***. Ou seja, ***Estado-tributante x Cidadão-contribuinte***.

A repartição das competências tributárias na Constituição entre as entidades tributantes ***é em si uma forma de limitação***. Com efeito, em outros países, é dado na Constituição um livre poder tributário ao Estado, com poucas restrições ao seu exercício. No Brasil, a Constituição nomeia três gêneros de tributos e suas espécies e entrega, especificamente, a cada pessoa política os seus tributos.

O ***poder tributário***, poder normalizado na Constituição Federal, que é dado às unidades federativas para legislar sobre tributo, segundo uma determinada disciplina, não se confunde com o ***poder de tributar***, que vem a ser o exercício do poder tributário, a instituição por via de lei complementar ou ordinária do tributo, a sua criação concreta. É quando o tributo passa a ser relação jurídica obrigacional pronta para incidir.

Estes ***dois conceitos*** têm a importância ***de separar os dois planos legislativos, constitucional e legal***. Eles correspondem a ***momentos de criação do tributo*** para, após isso, ser cobrado pelas Administrações estatais.

Lei Complementar Tributária para dispor sobre conflito de competências

A Constituição admite dois tipos de leis para regulá-la ou implementá-la: a lei complementar e a lei ordinária. Ambas têm o mesmo processo legislativo (iniciativa, deliberação, sanção, promulgação e publicação), distinguindo-se, do ponto de vista formal, quanto ao "quorum" para a sua aprovação, de maioria absoluta, para a lei complementar e de maioria simples para a lei ordinária e, do ponto de vista material, quanto à matéria legislativa reservada.

A CF pede o veículo de lei complementar para algumas matérias que entende relevantes e que por isso devem ser deliberadas por uma maioria qualificada, dificultando a sua criação e alteração.

Souto Maior Borges[1] fala na possibilidade de dois tipos de lei complementar:

a) aquelas que fundamentam a validade de outros atos normativos e b) as que realizam sua missão constitucional independente de outras normas.

As leis complementares, que introduzem alguns tributos no sistema jurídico, por exemplo, são leis que realizam sua missão constitucional, independente de outras normas.

Pensou o constituinte, por exemplo, que deveria deixar a cargo da lei complementar, criar ou aumentar o empréstimo compulsório (art.148), os impostos remanescentes da União (154, I) e o imposto sobre grandes fortunas.

Há outras, contudo, que fundamentam a validade de outras normas e que nos interessam mais de perto para este estudo.

Pensou o constituinte, assim, que caberia à lei complementar (art. 146):

a) dispor sobre conflitos de competência, em matéria tributária, entre a União, os Estados, o Distrito Federal e os Municípios;

b) regular as limitações constitucionais ao poder de tributar;

c) estabelecer normas gerais em matéria de legislação tributária, especialmente sobre definição de tributos e de suas espécies, bem como, em relação aos impostos discriminados nesta Constituição, a dos respectivos fatos geradores, bases de cálculo e contribuintes, obrigação, lançamento, crédito, prescrição e decadência tributários;

d) adequado tratamento tributário ao ato cooperativo praticado pelas sociedades cooperativas.

A matéria da lei complementar é veiculada por lei federal, na instituição e aumento daqueles determinados tributos, mas por lei nacional, para o veículo de normas gerais de direito tributário. Lei nacional diferencia-se da federal, apenas, quanto a sua abrangência no âmbito subjetivo. Dirige-se, aquela, à União, aos Estados, aos Municípios e ao Distrito Federal, enquanto esta se dirige apenas à União.

1. José Souto Maior Borges, in *Lei Complementar Tributária*, Ed. RT.

Uma lei complementar, portanto, não é essencialmente uma lei nacional, como uma lei ordinária pode ser conceituada como lei nacional se vincular, pelo seu conteúdo, todas as pessoas políticas da Federação.

Não há, contudo, hierarquia entre as leis nacional, federal, estadual e municipal, todas desdobram competências constitucionais.

O CTN, Lei 5.172/66, foi recepcionado em grande parte pela atual Constituição, principalmente quanto às normas gerais de direito tributário. O art. 146 da CF foi o principal canal dessa recepção, pois fala no estabelecimento de normas gerais em matéria de legislação tributária. Daí o entendimento de que só por lei complementar o CTN poderá ser alterado.

A lei complementar tributária na Constituição brasileira subordina a lei ordinária, apenas do ponto de vista material, isto é, as leis complementares tributárias previstas na CF não ditam a forma, o processo legislativo que deve ser seguido para a válida criação de uma lei ordinária tributária.

Hierarquia tem a lei complementar do parágrafo único do art. 59 sobre todas as leis ordinárias, que dispõe sobre a elaboração, redação, alteração e consolidação das leis.

Do ponto de vista material, há vinculação quando a lei complementar tributária fundamenta a validade da lei ordinária, subordinando-a quanto ao seu conteúdo de significação. É o exemplo do art. 146, I da CF, quando dispõe sobre conflitos de competência, em matéria tributária, entre a União, os Estados, o Distrito Federal e os Municípios.

Em outros momentos não se dirige à lei ordinária, mas cumpre o seu papel constitucional sozinha, sem desdobramentos. É o caso do art. 146, II, quando regula limitações constitucionais ao poder de tributar. Não o faz com a pretensão de orientar o legislador ordinário.

Como arremata Souto Maior Borges (in *ob. cit.*), não é possível uma visão unitária sobre o tema da supremacia das leis complementares tributárias.

Aderimos à corrente doutrinária dicotômica,[2] que interpreta o art. 146 da CF com o cuidado de não ferir princípios capitais da própria CF, entre eles o princípio federativo. Fazemos, igualmente a leitura de que só é possível lei complementar para veicular normas gerais em matéria tributária: para dispor sobre conflitos de competência e para regular limitações constitucionais ao poder de tributar. De qualquer modo, a disputa doutrinária não interfere na discussão do tema objeto desse trabalho.

Modalidades de conflitos de competência passíveis de ocorrer

Dois tipos de conflitos de competência são possíveis, em matéria tributária: um conflito de competência heterogênea — quando, diante de uma situação fática haja dúvida acerca do tributo incidente — e um conflito de competência homogênea — quando, inexistente dúvida sobre o tributo incidente — dúvida persiste sobre a titularidade da competência para tributação.

Um exemplo da primeira hipótese é o conflito entre ICMS e ISSQN quanto a sua incidência sobre um determinado fato.

Um exemplo da segunda hipótese é o da questão em tela: quanto ao Município titular da competência para cobrar o ISSQN por determinada prestação de serviço. O do estabelecimento prestador ou do local da execução do serviço.

A Constituição Federal silenciou quanto ao local a ser considerado como da prestação de serviço, delegando à lei complementar a prevenção do conflito, através da criação de uma regra.

O aspecto espacial da hipótese tributária do ISSQN definido pelo Decreto-lei 406/68

Sendo o ISSQN um tributo entregue a todo e qualquer Município brasileiro, no

2. Paulo de Barros Carvalho, in *Curso de Direito Tributário*, Saraiva.

qual se verifique a ocorrência de prestação de serviço de qualquer natureza, excetuadas as de transporte interestadual, intermunicipal e de comunicações; ainda que iniciadas essas prestações no exterior (hipótese do ICMS), o ISSQN será sempre do Município em cujo território ocorra a prestação do serviço (princípio constitucional implícito da territorialidade, expresso no art. 102 do CTN).

Dúvida, portanto, não deve haver quando se tratar de um serviço todo ele prestado no mesmo Município. Nesse caso não há conflito de competência. Dúvidas ocorrem quando se trata de serviços, cuja prestação se dá de modo divido entre dois ou mais Municípios ou cuja prestação se dá em um Município para entrega em outro. Para esses casos é que a CF fala em lei complementar, como veículo de regras gerais harmonizantes, que disciplinem essas relações

Imaginemos os trabalhos intelectuais: advogados, contadores, economistas, arquitetos e analistas de sistemas.

Uma situação em que o contador recebe no seu escritório os documentos de uma empresa localizada no Município vizinho ou vai lá colhê-los, faz o trabalho de contabilidade no Município em que mantém escritório e o entrega no Município vizinho. Teria de pagar no Município vizinho?

Uma empresa de montagem de sistema de ar condicionado central (ou de armários), que monta um sistema no seu Município, mas instala na empresa que o encomendou situada no Município vizinho. Teria de pagar no Município vizinho.

No caso de uma clínica que desloca um médico a um Município vizinho, para atender a um doente, dá-lhe os primeiros socorros, mas acha aconselhável sua internação, não teria prestado um serviço médico no Município vizinho e outro no local de seu estabelecimento?

E no caso de ensino à distância? E no caso de prestação de serviços pela via da Internet? E no caso do serviço de fotografia em um Município com revelação em outro?

Poderíamos aqui citar inúmeras situações que ensejariam graves problemas no que tange ao Município competente para tributar o citado imposto e, exatamente em face destes problemas, é que o Decreto-lei 406/68 estabeleceu a regra jurídica do art. 12:

"Art. 12. Considera-se local da prestação de serviço:

"a) o do estabelecimento prestador ou, na falta de estabelecimento, o do domicílio do prestador

"b) no caso de construção civil, no local onde se efetuar a prestação

"c) no caso do serviço a que se refere o item 101 da Lista Anexa, o Município em cujo território haja parcela da estrada explorada."

Marçal Justen Filho,[3] defende a tese da inconstitucionalidade do art. 12, alínea "a", do Decreto-lei 406/68, por entender que o dispositivo fere o princípio constitucional da territorialidade.

Afirma o autor de que não há o que disciplinar, a fim de se evitar conflitos de competência, afinal nossa CF rígida já as discrimina de tal modo que esses conflitos não acontecem.

Mas, a verdade é que há zonas cinzentas na incidência de alguns impostos. E, de qualquer modo, não foi assim que prescreveu a lei constitucional. Ela entendeu que deveria haver uma lei complementar para cumprir uma missão da qual ela se desincumbiu (cf. art. 146 da CF).

Pensamos que a questão a ser posta não é de inconstitucionalidade da alínea "a" do art. 12, do diploma citado, mas da necessidade de interpretá-lo, conforme o princípio constitucional da territorialidade. Se entendermos a expressão estabelecimento **prestador**, como o local em que se presta o serviço, em que o mesmo é realizado e

3. Marçal Justen Filho, in *O Imposto sobre Serviços na Constituição*, Ed. RT.

não a mera sede da empresa, se percebermos que as alíneas "b" e "c" do referido art. 12 são complementares da mesma regra da alínea "a" e não a ela opostas, não há que se falar em inconstitucionalidade, mas de interpretação conforme a Constituição.

Eis o aspecto espacial da regra de incidência tributária do ISSQN: local da execução do serviço, da sua efetiva realização.

Dir-se-á. Mas, este aspecto só vale para construção civil ou para serviços de exploração de rodovias (item 101 da lista anexa). Essa assertiva, que vem sendo repetida há anos, é um grande equívoco de boa parte da doutrina.[4] A alínea "b" e a recém acrescida, pela Lei Complementar 100/99, alínea "c" não excepcionam a regra da alínea "a", mas a confirmam; elucidam uma única regra: o local da prestação do serviço será o local da execução desse serviço. É que no caso de construção civil, o local do estabelecimento prestador só pode ser o local da obra. Por isso a remissão ao local da efetiva prestação, nos parece.

Diante de tal regra, é irrelevante, para se determinar a incidência tributária, o local da sede; o local onde a Nota Fiscal de serviços foi emitida; o local onde o serviço foi pago; o local onde o contrato foi firmado etc.

Entre o critério da atividade, objeto da prestação de serviço e a utilidade gerada para o cliente, que leva à alternativa do local da prestação do serviço como sendo, respectivamente, o do estabelecimento prestador ou o da entrega do serviço, ficou o legislador com o primeiro. Mais de acordo com o aspecto material do imposto, fornecido pela Constituição: prestação de serviço.

Se o aspecto material do imposto é a prestação do serviço, e disso ninguém discorda, nada mais razoável que seja fixado como aspecto espacial, o local em que está situado o estabelecimento no qual se executa o serviço, o estabelecimento prestador e, no caso de construção civil, o local da obra, que concretiza a idéia de estabelecimento prestador.

Veja que o legislador complementar não elegeu como local para a incidência do imposto a sede do prestador de serviço, mas o seu estabelecimento prestador, o local em que administra a sua atividade, onde estão os instrumentos utilizados para a prestação, onde é realizada a sua prestação, onde a empresa demanda infra-estrutura do Município. É lá que deve deixar seu tributo.

A jurisprudência

A jurisprudência do STJ segue nesse sentido, embora interpretada erroneamente por boa parte da doutrina *contra legem*:

"*Ementa*: Tributário. ISS. Sua exigência pelo Município em cujo território se verificou o fato gerador. Interpretação do art. 12 do DL 406/68. Embora a lei considere local da prestação de serviço, o do estabelecimento prestador (art. 12 do DL 406/68), ela pretende que o ISS pertença ao Município em cujo território se realizou o fato gerador. É o local da prestação do serviço que indica o Município competente para a imposição do tributo (ISS), para que se não vulnere o princípio constitucional implícito que atribui àquele (Município) o poder de tributar as prestações ocorridas em seu território. A lei municipal não pode ser dotada de extraterritorialidade, de modo a irradiar efeitos sobre um fato ocorrido no território de município onde não pode ter voga. Recurso a que se nega provimento, indiscrepantemente" (STJ, REsp 54.002-0-PE, Min. Demócrito Reinaldo).

"Tributário. ISS. Competência para sua exigência. Sede do estabelecimento prestador. A competência para exigir ISS é do município onde estabelecida a empresa prestadora. Recurso improvido" (STJ, REsp 17.648-0–SP, rel. Min. César Asfor Rocha).

4. Ives Gandra Martins, in "Aspectos da hipótese de imposição do ISS...", *Revista Dialética de Direito Tributário* 49.

"Serviços gerais de guarda e vigilância. Estabelecimento prestador. Localização em Município diferente daquele onde o serviço é executado, a competência para exigir o tributo é do município onde se situa o estabelecimento prestador. Aplicação do art. 12 da Lei 406/68. Recurso provido" (TJSC, 3ª CC, ac. 25.968).

"Imposto sobre serviço (ISS). Para efeito de cobrança do ISS o que importa é o local onde se encontra o estabelecimento prestador do serviço, pois é ai que ocorre o fato gerador do imposto" (TAPR, 1ª CC, r. 01/86).

"Tributo. ISS. Município de Santos. Serviço de manutenção de equipamentos médico-hospitalares. Recolhimento do imposto no local do estabelecimento prestador dos serviços e não no Município onde são realizados os serviços. Embargos à Execução Fiscal rejeitado" (TACSP, R. 131/146).

"Imposto. Serviços de qualquer natureza. Paisagismo. Município de Campinas. Obra concluída. Tributo devido no local onde se situa o estabelecimento prestador e não no local da prestação dos serviços. Recurso especial conhecido e provido" (REsp 16.033-0–SP).

"Processo Civil. Tributário. Ação Anulatória de Débito Fiscal. ISS. Local de pagamento. Estabelecimento prestador. O ISS devido pela prestação de serviço, que não o de construção civil, deve ser pago onde estiver situado o estabelecimento prestador, *in casu* o Município de Vitória" (TJ/ES, proc. 24950016279).

A jurisprudência do STF, igualmente, segue a mesma linha de entendimento:

"ISS. O local da prestação do serviço é o do estabelecimento prestador (art.12, *a*, do DL 406/68.) Não nega vigência a esse dispositivo acórdão que, em face das circunstâncias de fato e de direito, considera que a empresa têm filiais no exterior e que foram estas que prestaram o serviço ali, não sendo, portanto, devido o ISS à prefeitura do Município onde está situada a sede. Questão preliminar que não é decidida à luz do citado preceito legal. Recurso Extraordinário não conhecido" (votação unânime, rel. Moreira Alves, Rec.11 PP, ano 88, p. 12.100).

Conclusão

O que tentamos dizer, nestas apertadas linhas, é que a interpretação, mais de acordo com a Constituição, do art. 12 do Decreto-lei 406/68, que fixa critério para a determinação do local da prestação de serviço, em caso de conflito de competência entre Municípios, é a de que o imposto pertence ao Município em que efetivamente se realiza a prestação do serviço, sendo esse serviço realizado no estabelecimento prestador ou no estabelecimento tomador do serviço.

Assim, a interpretação levada a cabo pelo STJ não é *contra legem*, mas inspirada na Constituição e reveladora do sentido jurídico da expressão "estabelecimento prestador", há muito tempo buscado. Estabelecimento prestador só pode significar, em respeito ao princípio constitucional da territorialidade, estabelecimento onde se presta o serviço e não estabelecimento de quem o presta.

AS SANÇÕES POLÍTICAS EM DIREITO TRIBUTÁRIO E O PRINCÍPIO DA PROPORCIONALIDADE

GERMANA DE OLIVEIRA MORAES

Doutora em Ciências Jurídico-Políticas pela Universidade de Lisboa
— Professora de Direito Administrativo da Universidade Federal do Ceará
— Coordenadora do Curso de Mestrado em Direito da Universidade Federal do Ceará — Juíza Federal

Em Direito Tributário, a denominação *sanções políticas* não atende às exigências do rigor científico. Contudo, é de reconhecer-se tratar-se de expressão de uso corrente nos meios acadêmico e forense, utilizada para designar meios coercitivos indiretos de cobrança de tributos.

Hugo de Brito Machado define, em Direito Tributário, sanções políticas como "restrições ou proibições impostas ao contribuinte, como forma indireta de obrigá-lo ao pagamento do tributo".[1]

A interdição de estabelecimento comercial e a apreensão de mercadorias, empregadas como meios coercitivos de pagamento de tributos, são exemplos clássicos de imposição de sanções políticas, em matéria tributária, cuja prática foi considerada inconstitucional pelo Supremo Tribunal Federal, conforme se lê, respectivamente, nas Súmulas 70 e 323 daquela Corte. Consoante a Súmula do 70 do STF "é inadmissível a interdição de estabelecimento ou a apreensão de mercadoria como meio coercitivo para a cobrança de tributos". A teor do que dispõe a Súmula 323 da Corte Suprema Brasileira "é inadmissível a apreensão de mercadoria como meio coercitivo de pagamento de tributos".

No plano teórico, a cominação legal de sanções políticas, em Direito Tributário, amolda-se ao perfil das relações jurídicas sancionatórias. Segundo a lição de Paulo de Barros Carvalho, "o antecedente da regra sancionatória descreve fato ilícito qualificado pelo descumprimento de um dever estipulado no conseqüente da regra matriz de incidência. É a não prestação do objeto da relação jurídica tributária".[2]

Há de questionar-se, entretanto, se as restrições ou privações de direito, vale dizer, sanções políticas, estipuladas no conseqüente da regra sancionatória em decorrência tão-somente do descumprimento do dever de pagar o tributo, guardam compatibilidade com o sistema constitucional tributário, designadamente com os princípios constitucionais, e, em especial, com o princípio da proporcionalidade.

1. Hugo de Brito Machado, "Sanções políticas no Direito Tributário", in *Revista Dialética de Direito Tributário* 30/46-48, São Paulo, março de 1998.

2. Paulo de Barros Carvalho, *Curso de Direito Tributário*, 13ª ed., Saraiva, São Paulo, 2000, pp. 499-500.

O princípio da proporcionalidade tornou-se um axioma do Direito Constitucional, "corolário da constitucionalidade e cânone do Estado de Direito",[3] vocacionado a limitar toda atuação estatal, inclusive a administrativa, atentatória aos direitos fundamentais, que se tornaram o eixo central do Direito, cujos domínios, para além da legalidade, foram expandidos pelos princípios gerais do Direito, implícitos ou explícitos nos textos constitucionais, para as fronteiras da juridicidade.

O controle da Administração Pública, inclusive da Administração Tributária, pelo Poder Judiciário não se encontra mais espartilhado pelo critério necessário, porém insuficiente, do controle da legalidade, transmudado que foi em controle da juridicidade, o qual se concretiza por meio da análise da compatibilidade do conteúdo dos atos administrativos com os princípios gerais de Direito, inseridos expressamente na Constituição ou dedutíveis de seu espírito.

O princípio da proporcionalidade, no Brasil, assim como em grande parte dos países que o acolhem, não existe, no plano do Direito Positivo, na condição de norma geral de direito escrito, "mas existe" — consoante afirma o Professor Paulo Bonavides — "como norma esparsa do Direito Constitucional. O princípio da proporcionalidade é, por conseguinte, Direito Positivo em nosso ordenamento constitucional. Embora ainda não haja sido formulado como 'norma jurídica global', flui do espírito que anima em toda sua extensão e profundidade o § 2º do art. 5º, o qual abrange a parte não escrita ou expressados direitos e garantias da Constituição, a saber, aqueles direitos e garantias, cujo fundamento decorre da natureza do regime, da essência impostergável do Estado de Direito e dos princípios que este consagra e que fazem inviolável a unidade da Constituição".[4]

Em Portugal, consoante o *Dicionário Jurídico da Administração Pública*, o princípio da *proporcionalidade* é "conformador dos actos do poder público e, em certa medida, de entidades privadas, de acordo com o qual a limitação instrumental de bens, interesses ou valores subjectivamente radicáveis se deve revelar idônea e necessária para atingir os fins legítimos concretos que cada um daqueles actos visam, bem como axiologicamente tolerável quando confrontada com esses fins".

Desdobra-se, em decorrência da orientação jurisprudencial consolidada no Tribunal Constitucional da Alemanha, o conteúdo do princípio da proporcionalidade em três vertentes, máximas ou dimensões: 1) adequação ou idoneidade; 2) necessidade ou exigibilidade e 3) proporcionalidade em sentido estrito. Na didática síntese de Willis Santiago Guerra Filho, "pode-se dizer que uma medida é *adequada*, se atinge o fim almejado; *exigível*, por alcançar o menor prejuízo possível, e finalmente, *proporcional em sentido estrito*, se as vantagens que trará superarem as desvantagens".[5]

A noção de proporcionalidade está subjacente à motivação do conteúdo das citadas Súmulas 70 e 323 do Supremo Tribunal Federal, amplamente adotadas pelos juízes e tribunais do país.

A privação ou restrição, mediante lei, de direitos do contribuinte, para o fim de obrigá-lo, por via oblíqua, ao pagamento de tributos, além de não observar o devido processo legal (art. 5º, LV da CF/88) e, eventualmente, malferir o principio constitucional da liberdade de iniciativa (art. 170, parágrafo único da CF/88),[6] não guarda compatibilidade com o princípio constitucional da proporcionalidade.

A conclusão acerca da inadmissibilidade das denominadas sanções políticas,

3. Paulo Bonavides, *Curso de Direito Constitucional*, 6ª ed., São Paulo, Malheiros Editores, p. 399.

4. Paulo Bonavides, ob. cit., p. 395.

5. Willis Santiago Guerra Filho, *Teoria Processual da Constituição*, Celso Bastos Ed., São Paulo, 2000, pp. 84-85.

6. Sobre a desatenção aos princípios do devido processo legal e da liberdade de iniciativa consultar o artigo de Hugo de Brito Machado "Sanções políticas no Direito Tributário", in *Revista Dialética de Direito Tributário* 30/6-48, São Paulo, março de 1998.

em Direito Tributário, resulta de um juízo quanto à aptidão, adequação ou idoneidade do conteúdo do ato sancionatório para realizar a finalidade da norma[7] e, mais, quanto à necessidade ou exigibilidade da medida sancionatória como meio indireto de exigência ou de cobrança do tributo.

Ao examinar se o conteúdo de determinado ato sancionatório harmoniza-se com o princípio da proporcionalidade, recorre-se, em primeiro lugar, ao juízo de adequação, aptidão ou idoneidade (se a medida é de natureza a justificar...).

A avaliação da idoneidade de uma medida para atingir uma certa finalidade, consoante lições colhidas no *Dicionário Jurídico da Administração Pública*, é meramente empírica, procurando aquilatar a existência de uma relação de causa e efeito entre duas variáveis: o meio, instrumento, medida, solução, de um lado; o objetivo ou finalidade, do outro.[8] Esta avaliação envolve ainda a resposta à seguinte pergunta: "a medida sob escrutínio é capaz de conduzir ao objetivo que se visa?"[9]

Aplicando-se este raciocínio à imposição de sanções políticas como meio coercitivo de cobrança de tributos, indaga-se se a adoção de uma medida, como por exemplo, a apreensão de mercadorias, seria capaz de conduzir ao objetivo visado, qual seja, compelir o contribuinte a pagar o tributo cobrado. Tem-se, de um lado, a medida — a apreensão de mercadorias — e, de outro, a finalidade da norma — o pagamento do tributo.

À primeira vista, parece ser a apreensão de mercadoria um meio capaz de conduzir ao fim almejado, qual seja, obrigar o contribuinte a pagar o tributo, porque, inegavelmente, o grau de eficácia da medida adotada é bastante elevado.

7. A esse propósito, consultar Germana de Oliveira Moraes, *Controle Jurisdicional da Administração Pública*, São Paulo, Dialética, 1999, pp. 136-137.

8. "Princípio da proporcionalidade", in *Dicionário Jurídico da Administração Pública*, v. VI, Lisboa, p. 591.

9. Idem, ibidem, pp. 620-621.

Ocorre que no ordenamento jurídico brasileiro o meio legal tradicionalmente empregado para a exigência dos tributos é a cobrança — seja a administrativa, por intermédio dos agentes fiscais, numa fase inicial amigável, mediante processo administrativo; seja — se sem êxito aquela, judicial —, mediante processo de execução fiscal, sempre na forma da lei.

Além de o juízo de adequação não se confundir com a idéia de eficácia máxima, o emprego de sanções políticas como esta encontra-se em descompasso com o princípio constitucional do devido processo legal, à medida em que cerceia o direito de defesa do contribuinte. A aplicação da medida sancionatória, nestas hipóteses, antecede a cobrança e a qualquer possibilidade de apresentação de defesa, perante a Administração Fiscal ou perante a Justiça.

De toda sorte, ainda que se aceitasse, *ad argumentantum tantum*, a adequação das sanções políticas, em Direito Tributário, medidas desta natureza não resistiriam ao teste inerente à máxima de necessidade ou de exigibilidade.

"Enquanto na máxima de idoneidade se procurava a certificação de uma relação causal entre um acto de um certo tipo e um resultado que se pretende atingir, na máxima da necessidade a operação central é a comparação entre uma medida idônea e outras medidas também idôneas. (...). O objetivo de tal comparação será a medida menos lesiva. Do ponto de vista da proporcionalidade, medida necessária é a medida menos lesiva. (...) Medida necessária é a medida idônea a atingir certo fim que se revele menos lesiva do que as que com ela competem. Medida desnecessária é a que não resiste à comparação com outras, revelando-se mais lesiva". Em síntese, "a aferição da idoneidade centra o esforço de análise na apreciação de um nexo de causalidade entre um acto e um objectivo. A aferição da necessidade desloca esse centro para uma comparação da dimensão da lesão provocada por várias alternativas competitivas".[10]

Se impostas antes da cobrança de tributos e para o fim de compelir seu pagamento, restrições de direitos ou proibições de exercício de direitos dos contribuintes, constituem essas sanções políticas, à evidência, medidas mais lesivas do que os meios administrativos e judiciais de cobrança dos débitos tributários. São, portanto, medidas desnecessárias. Desatendem, assim, o princípio constitucional da proporcionalidade, sob a vertente da necessidade ou exigibilidade.

Discute-se, não obstante, se todas as sanções políticas, em Direito Tributário, encerrariam incompatibilidade com o sistema constitucional tributário da Carta Política de 1988, ou se haveria alguma sorte de medida dessa natureza albergada pelo texto constitucional.

Admite-se a imposição de sanções político-tributárias tão-somente nas hipóteses autorizadas constitucionalmente. Assim, por exemplo, no § 3º do art. 195 da vigente Constituição Federal, prescreve-se que "a pessoa jurídica em débito com a seguridade social, como estabelecido em lei, não poderá contratar com o Poder Publico nem dele receber benefícios ou incentivos fiscais ou creditícios".

A proibição de contratar com o Poder Público e a restrição de acesso aos incentivos fiscais e ao crédito público configuram exemplos de sanções políticas, meios que são de cobrança indireta dos contribuintes em débito com a seguridade social. Nestas hipóteses, conquanto sejam autorizadas expressamente no texto constitucional, inexiste qualquer vício de inconstitucionalidade, à vista da supremacia da norma constitucional e da inocorrência de antinomias na Lei Maior.

Fora das hipóteses consagradas expressamente no texto constitucional, a previsão legal de sanções políticas, em Direito Tributário, malfere o princípio da proporcionalidade.

Resumidamente, a imposição legal de sanções políticas, em Direito Tributário, fora das hipóteses autorizadas na Lei Fundamental, não guarda compatibilidade com o princípio constitucional da proporcionalidade, sob as dimensões da adequação (aptidão ou idoneidade) e exigibilidade (ou necessidade), cabendo ao Poder Judiciário, por motivo de inconstitucionalidade, prevenir e rechaçar sua prática.

10. Idem, ibidem, pp. 624-629.

RESPONSABILIDADE DOS ADMINISTRADORES DE EMPRESAS EM MATÉRIA TRIBUTÁRIA

LEILA KATIANE DE ARAÚJO AZEVEDO
Mestranda em Direito Tributário pela PUC/SP

1. Considerações iniciais. 2. Contribuinte "vs." Responsável tributário. 3. Responsabilidade tributária. 4. Responsabilidade tributária sancionatória. 5. Responsabilidade tributária dos administradores de empresas: 5.1 A responsabilidade "solidária" do art. 134, CTN: 5.1.1 Direito de regresso na responsabilidade prescrita no art. 134, CTN; 5.2 A responsabilidade "pessoal" do art. 135, CTN: 5.2.1 Direito de regresso na responsabilidade prescrita no art. 135, CTN. 6. Conclusões.

1. Considerações iniciais

O constituinte originário brasileiro disciplinou exaustivamente os lindes de atuação dos Municípios, dos Estados, do Distrito Federal e da União, o que nos autoriza afirmar ser a competência legiferante em matéria tributária de uma rigidez ímpar.

Ao delimitar o campo tributável de cada uma das pessoas políticas, a Constituição Federal de 1988 inseriu em seu corpo um valioso rol de garantias — expressas ou implícitas — aos contribuintes, impondo parâmetros a serem respeitados pelo Estado no exercício de sua atividade fiscal.

Com efeito, a partir das normas veiculadas pelo texto constitucional, encontraremos a indicação dos eventos ou dos bens que poderão ser eleitos pelos entes tributantes para compor a hipótese tributária.

De conseguinte, é certo que o legislador ordinário, por não dispor de irrestrita liberdade para apontar os critérios da hipótese da regra-matriz de incidência, encontra-se impedido de escolher arbitrariamente os sujeitos que figurarão no pólo passivo de relações jurídicas tributárias.[1] Vale dizer: a indicação das pessoas do contribuinte, do responsável e do substituto tributário deve estar pautada em preceitos de ordem constitucional.

2. Contribuinte "vs." Responsável tributário

Sendo o direito positivo um plexo de normas jurídicas válidas em determinadas condições de espaço e de tempo, iniciemos

1. Paulo de Barros Carvalho leciona que o território de eleição do sujeito passivo das obrigações tributárias está circunscrito ao âmbito da situação factual contida na outorga de competência impositiva, cravada no texto da Constituição (*Curso de Direito Tributário*, p. 311).

examinando as espécies normativas, no intuito de apartar a regra-matriz de incidência tributária (*norma tributária em sentido estrito*) das demais (*normas tributárias em acepção ampla*), estas últimas editadas com vistas a facilitar o conhecimento, o controle e a arrecadação das prestações tributárias ou mesmo as de cunho sancionatório, instituídas no intuito de punir administrativamente a inobservância de um determinado dever instrumental.

Ab initio, partimos do pressuposto de que todas as normas jurídicas possuem a mesma estrutura lógica dual:[2] uma hipótese contendo a descrição de um evento que; uma vez concretizado no mundo fenomênico, tem o condão de desencadear uma relação jurídica.

O traço diferenciador[3] entre as normas tributárias em sentido estrito e em sentido amplo seria exatamente a referência direta ou indireta ao exercício da tributação no Brasil nos dias de hoje.

Logo, as *normas tributárias em sentido estrito* tratam de definir a incidência fiscal, contendo a sua hipótese a previsão de um *fato lícito* de conteúdo econômico, ao passo que o conseqüente normativo prescreve um vínculo obrigacional entre o Estado e uma pessoa física ou jurídica, onde o primeiro (sujeito ativo) dispõe de um direito subjetivo público de exigir do segundo (sujeito passivo) o pagamento de determinada quantia em dinheiro, a título de *tributo*.

Estes fatos lícitos economicamente apreciáveis, indicados na Constituição Federal — expressa ou implicitamente —, que darão ensejo à cobrança do tributo, prestam-se também para demarcar quais os possíveis destinatários da relação jurídica tributária em sentido estrito.

Esclareça-se: tais situações, por serem dotadas de expressão econômica, são índices de capacidade contributiva,[4] razão pela qual somente os sujeitos participantes destas situações podem ser colocados no pólo passivo da obrigação tributária *stricto sensu*. A estes sujeitos passivos, escolhidos dentro da compostura da hipótese tributária e que, por manifestarem titularidade de riqueza, arcarão com o peso da incidência fiscal, chamaremos de *contribuintes*.

Já as *normas tributárias em sentido amplo* possuem uma referibilidade indireta ao exercício da tributação, na medida em que, sem criar tributos, estabelecem deveres instrumentais cujo cumprimento auxilia o Estado-Administração no recebimento do seu crédito tributário ou vinculam sanções de natureza administrativo-fiscal pela inobservância desses deveres instrumentais.

Tais normas tributárias *lato sensu* subdividem-se, pois, em obrigações pecuniárias sancionatórias, deveres instrumentais tributários e deveres instrumentais sancionatórios, podendo o *responsável* integrar o pólo passivo de qualquer uma dessas espécies de relações jurídicas, como bem identificou Octavio Bulcão Nascimento.[5]

Portanto, firmemos a premissa de que o *responsável*, não sendo parte na relação

2. Tendo em vista o princípio da homogeneidade lógica das normas jurídicas, todas as unidades integrantes do ordenamento têm idêntica estrutura formal: a associação de um descritor a um prescritor por meio de um functor deôntico neutro, como magistralmente ensina o jusfilósofo pernambucano Lourival Vilanova (*As Estruturas Lógicas e o Sistema do Direito Positivo*, p. 95).

3. Vigora também o princípio da heterogeneidade semântica das regras do sistema, variando tão-somente os seus conteúdos de significação (idem, ibidem, p. 98).

4. O princípio da capacidade contributiva é expressão do primado da igualdade em matéria tributária, ao estabelecer que cada cidadão contribuirá para a satisfação das necessidades públicas na medida de sua força econômica. Neste sentido, dispõe Alfredo Augusto Becker que: "Nos países cuja Constituição juridicizou o 'princípio da capacidade contributiva' convertendo-o em regra jurídica constitucional, o *legislador* está juridicamente obrigado a escolher para a composição da hipótese de incidência das regras jurídicas tributárias, fatos que sejam signos presuntivos de *renda ou capital acima do mínimo indispensável*" (*Teoria Geral do Direito Tributário*, p. 528).

5. *Responsabilidade Tributária dos Sucessores*, Dissertação de Mestrado em Direito, pp. 80-81.

jurídica tributária em sentido estrito, é um *terceiro vinculado juridicamente ao contribuinte*, integrante do pólo passivo de qualquer relação jurídica com vistas a operacionalizar a arrecadação tributária por parte do Fisco ou que possua natureza sancionatória.

3. *Responsabilidade tributária*

A sujeição passiva tributária vem sendo objeto de desencontros e desacertos doutrinários.

Para a doutrina tradicional, que teve em Rubens Gomes de Sousa seu grande patrono, o contribuinte seria o sujeito passivo direto, enquanto o responsável seria o sujeito passivo indireto, sendo o modo de relação com o fato gerador o critério de discrime utilizado.[6]

Tal posição restou acolhida pelos enunciados prescritivos do Código Tributário Nacional ao distinguirem o contribuinte do responsável. Senão, vejamos:

"Art. 121. Sujeito passivo da obrigação principal é a pessoa obrigada ao pagamento de tributo ou penalidade pecuniária.

"Parágrafo único. O sujeito passivo da obrigação principal diz-se:

"I — contribuinte, quando tenha relação pessoal e direta com a situação que constitua o respectivo fato gerador;

"II — responsável, quando, sem revestir a condição de contribuinte, sua obrigação decorra de disposição expressa de lei."

"Art. 128. Sem prejuízo do disposto neste Capítulo, a lei pode atribuir de modo expresso a responsabilidade pelo crédito tributário a terceira pessoa, vinculada ao fato gerador da respectiva obrigação, excluindo a responsabilidade do contribuinte ou atribuindo-a a este em caráter supletivo do cumprimento total ou parcial da referida obrigação."

A definição legal de responsável tributário é dada por exclusão. Ou seja, responsável é um terceiro, vinculado indiretamente ao fato gerador, que a lei optou colocar como obrigado ao pagamento do tributo, ocupando o lugar que naturalmente seria do contribuinte.

Data maxima venia, refutamos o pensamento esposado pelo insigne Luciano da Silva Amaro,[7] ao afirmar que "a presença do responsável como devedor na obrigação tributária traduz uma *modificação subjetiva no pólo passivo da obrigação*".

Deixamos consignado, em outras passagens, que, tanto o contribuinte, quanto o responsável estão legalmente obrigados a agir no sentido de garantir o recebimento do crédito tributário por parte do Fisco, o que não significa reconhecer que o responsável ocupe a posição *natural* do contribuinte, em virtude de cada um integrar o pólo passivo de relações jurídicas distintas.

No caso, o contribuinte é sujeito passivo de uma relação jurídica tributária *stricto sensu*, cujo objeto consiste em pagar tributo, face à ocorrência do fato jurídico tributário.[8] Já o responsável, por sua vez, figura no pólo passivo de uma relação jurídica *lato sensu*, instituída com o fim de operacionalizar a arrecadação tributária por parte do Estado-Administração ou de impor uma sanção administrativo-fiscal pelo descumprimento de dado dever instrumental.

Além disto, ignoramos a vinculação que muitos julgam necessariamente existir entre o responsável e o fato jurídico tributário, pois, como magistralmente captou Paulo de Barros Carvalho,[9] "quanto à fi-

6. *Compêndio de Legislação Tributária*, pp. 91-94.

7. *Direito Tributário Brasileiro*, p. 285.

8. Outro não é o entendimento de Luís Cesar Souza de Queiroz, ao afirmar que "o *contribuinte* é o único sujeito de direito (sujeito passivo) que pode figurar no pólo passivo da relação jurídica tributária e cuja identificação é informada pelo critério pessoal passivo do conseqüente da norma impositiva de imposto; se o sujeito passivo for outro (responsável ou substituto, p. ex.), a norma terá necessariamente natureza diversa da tributária" (*Sujeição Passiva Tributária*, p. 185).

9. *Curso de Direito Tributário*, pp. 313-314.

xação da responsabilidade pelo crédito tributário há dois rumos bem definidos: um interno à situação tributada; outro externo". Esclarece, ainda, o respeitável jurista que a frase excepcionadora, que inicia o art. 128 — *Sem prejuízo do disposto neste Capítulo* — serve de supedâneo para que a eleição do responsável possa recair sobre terceira pessoa estranha ao fato típico.

Sendo assim, consideramos despicienda a discussão sobre a existência ou não de liame unindo o responsável ao fato jurídico tributário. Neste sentido é a lavra do pensamento de Octavio Bulcão Nascimento:[10] se o responsável sempre estará adimplindo prestação vinculada à dívida do contribuinte, o regime jurídico de sua prestação será o do contribuinte. Portanto, ao desprezar-se a capacidade contributiva do responsável, não há porque perquirir se este se encontra ou não vinculado ao fato jurídico tributário. Tal vínculo é relevante para estudar a pessoa do contribuinte, já que, para saber sobre a sua manifestação de capacidade contributiva, o sujeito passivo de obrigação tributária em sentido estrito deverá necessariamente integrar o fato típico.

O responsável tributário deve estar juridicamente vinculado ao contribuinte.[11] Este vínculo, sim, possibilita ao responsável cumprir sua missão de auxiliar ao Fisco no recebimento do crédito tributário do contribuinte, sem a oneração do seu próprio bolso.

Em parecer aprofundado sobre o assunto, os memoráveis tributaristas Geraldo Ataliba e Cleber Giardino[12] proclamam que, nos casos de responsabilidade, "a carga do tributo não pode — e não deve — ser suportada pelo terceiro responsável. Por isso é rigorosamente imperioso que lhe seja objetivamente assegurado o direito de haver (percepção) ou descontar (retenção), do contribuinte, o *quantum* de tributo que deverá pagar por conta daquele". Para tanto, invocam três exigências constitucionais, tais como: o princípio da igualdade de todos perante a lei, em cujas dobras se contém o princípio da capacidade contributiva; o princípio constitucional que proíbe o confisco e, por último, o fato da Constituição sempre designar implicitamente quem é o sujeito passivo do tributo.

Em suma, a função precípua do responsável tributário é recolher à conta do contribuinte o valor equivalente ao crédito tributário e repassá-lo aos cofres públicos (deveres formais). No caso de conduta diversa, o dito responsável enquadrar-se-á numa relação sancionatória, pelo descumprimento de tais expedientes instrumentais legalmente prescritos.

4. *Responsabilidade tributária sancionatória*

O Código Tributário Nacional dispõe sobre a responsabilidade tributária nos arts. 121, parágrafo único, inciso II; 128; 129 a 133 (responsabilidade dos sucessores); 134 e 135 (responsabilidade de terceiros); 136 a 138 (responsabilidade por infrações).

Ao estabelecer tais preceitos, visa o legislador infraconstitucional garantir que o Fisco receba o valor equivalente ao seu crédito tributário, daí porque outrem, que não o contribuinte, pode ser compelido a ajudá-lo nesse propósito arrecadatório,[13] sob pena de submeter-se a uma sanção administrativa.

Com relação aos administradores de empresas, tanto o art. 134, inciso III, quanto o art. 135, inciso III, ambos do CTN, concedem trato à matéria. Eis o que prescrevem tais dispositivos:

10. Ob. cit., pp. 108-111.

11. Sob este prisma, Roque Carrazza conceitua os *responsáveis tributários* como "terceiras pessoas juridicamente relacionadas com os *contribuintes*" (*ICMS*, p. 70).

12. "Responsabilidade tributária — ICM — Substituição tributária (Lei Complementar 44/83)", *Revista de Direito Tributário* 34/219.

13. Ensina Roque Carrazza, ao falar sobre a responsabilidade tributária, que "o legislador utiliza-se deste expediente para evitar a sonegação e facilitar a ação fiscalizatória do Estado" (*ICMS*, p. 70).

"Art. 134. Nos casos de impossibilidade de exigência do cumprimento da obrigação principal pelo contribuinte, respondem solidariamente com este nos atos em que intervierem ou pelas omissões de que forem responsáveis: (...)

"III — os administradores de bens de terceiros, pelos tributos devidos por estes;"

"Art. 135. São pessoalmente responsáveis pelos créditos correspondentes a obrigações tributárias resultantes de atos praticados com excesso de poderes ou infração de lei, contrato social ou estatutos: (...)

"III — os diretores, gerentes ou representantes de pessoas jurídicas de direito privado."

Todavia, correndo os olhos nos dispositivos legais transcritos, temos que a responsabilidade dos administradores de empresa pelo adimplemento do crédito tributário da pessoa jurídica advém de fatos ilícitos, suscetíveis de desencadear um *vínculo obrigacional de índole sancionatória.*

Paulo de Barros Carvalho,[14] ao enfatizar a providência sancionatória do art. 134, destaca: "A cabeça do artigo já diz muita coisa, e fizemos questão de grifar *nos atos em que intervierem ou pelas omissões de que forem responsáveis* porque revela a existência de um indisfarçável ilícito e do *animus puniendi* que inspirou o legislador, ao construir a prescrição normativa. Não fora isso, e todos os incisos confirmariam a presença de um dever descumprido, na base da responsabilidade solidária. Para evitar o comprometimento, as pessoas arroladas hão de intervir com zelo e não praticar omissões: tal é o dever que lhes compete. A inobservância acarreta a punição".

Neste diapasão, é inolvidável que os administradores de empresas não são sujeitos passivos de uma relação tributária, *stricto sensu*, primeiro porque tal relação fica a mercê da concretização de um fato jurídico *lícito*; e, em segundo lugar, porque estes administradores não são as pessoas descritas pelo antecedente da norma impositiva tributária para realizar o fato jurídico tributário, não revelando, pois, capacidade contributiva alguma.

Tal argumento é sólido o bastante para notarmos que os gerentes, diretores ou representantes ocupam o pólo passivo de obrigações pecuniárias sancionatórias, na medida em que são compelidos a entregar ao Fisco, por opção legislativa, valor equivalente ao débito tributário de outrem, no caso, da própria pessoa jurídica por eles administrada, em virtude do descumprimento de dever instrumental que lhes cabia observar.

Notável a forma pela qual Luís Cesar Souza de Queiroz[15] enfrentou este problema ao dispor sobre a *responsabilidade de natureza punitiva.* Para este tributarista, o responsável (que não se confunde nem substitui o contribuinte na relação jurídico-formal de natureza tributária) está presente em duas relações jurídico-formais diferentes:

a) na relação jurídico-formal prescrita no conseqüente de norma primária principal, de natureza administrativo-fiscal, a qual lhe impõe um determinado dever (ou seja, uma obrigação de se conduzir — 'Op' — de certa forma) de interesse da Administração;

b) na relação jurídico-formal prescrita no conseqüente de norma primária punitiva, a qual lhe impõe um dever de caráter punitivo (antecedente da norma primária punitiva — *não cumprimento da conduta prescrita no conseqüente da norma primária administrativo-fiscal*, conseqüente da norma primária punitiva — *o responsável é obrigado a entregar ao Estado uma quantia equivalente àquela que deveria ter sido entregue pelo contribuinte, a título de objeto do tributo*).

A bem da verdade, os administradores de empresas passam a integrar o pólo passivo de uma relação jurídica de natureza punitiva administrativo-fiscal, face à ino-

14. *Curso de Direito Tributário*, pp. 318-319.

15. *Sujeição Passiva Tributária*, p. 188.

bservância dos deveres instrumentais que lhes cabia observar.

Deveras, muito embora o art. 20 do Código Civil Brasileiro prescreva que as pessoas jurídicas possuem existência distinta da dos seus membros, sua reconhecida autonomia não o transforma num ente abstrato e totalmente alheio às pessoas dos seus administradores. É que, consoante frisou J. X. Carvalho de Mendonça,[16] a pessoa jurídica, por não ter vida natural própria, necessita da atuação das pessoas físicas que lhes servem de órgão de administração no sentido de ver implementados os seus fins sociais.

Assim, nada mais coerente do que o Estado, diante da prática de determinados atos ou mesmo de omissões gerenciais, cobrar dos respectivos administradores uma quantia equivalente àquela que deveria ter sido paga, a título de tributo, pela empresa. Esta responsabilização de caráter sancionatório justifica-se pela indubitável *vinculação jurídica*[17] existente entre o *contribuinte* (a empresa) e o *responsável tributário* (os respectivos administradores), posto que o controle da vida e dos bens da pessoa jurídica está com os seus diretores, gerentes ou representantes, sócios ou não, embora possuam existência e patrimônio distintos.[18]

Aliás, a distinção entre o patrimônio da pessoa jurídica e dos administradores atende a imperativo técnico-jurídico para a consecução dos fins econômicos e sociais que justificam a sua criação.[19]

5. *Responsabilidade tributária dos administradores de empresas*

Os administradores da pessoa jurídica não respondem, com seus bens pessoais, pelas obrigações tributárias da empresa. Melhor dizendo: tais administradores são sim compelidos a entregar uma parte de seu patrimônio pessoal ao Fisco, desde que tenham agido ou se omitido ilicitamente. Em outras palavras, os diretores, gerentes ou representantes de pessoa jurídica pagam ao Erário uma quantia pecuniária sancionatória, em função de atos indevidos seus.

Assim, a quantia pecuniária recolhida aos cofres públicos pelos administradores de empresa dar-se-á não a título de obrigação tributária,[20] uma vez que estes, por não realizarem o fato jurídico tributário, indicativo de riqueza, jamais poderiam integrar uma relação tributária *stricto sensu*.

Sobre isto versou Paulo de Barros Carvalho[21] com angular maestria:

"Cremos haver demonstrado a natureza do vínculo que se instala, sempre que pessoa externa ao acontecimento do fato jurídico tributário é transportada para o tópico de sujeito passivo. Teremos uma relação jurídica, de cunho obrigacional, mas de índole sancionatória — sanção administrativa.

"Alguns autores invocam a extinção da obrigação tributária, quando o responsável paga a dívida, como um argumento

16. No dizer expressivo de Carvalho de Mendonça "a sociedade comercial, como toda pessoa jurídica, não tem vida natural, fisiológica; não pode ter atividade psíquica própria, não pode querer, não pode manifestar exteriormente uma vontade. Ela, entretanto, obtém a capacidade de agir para a obtenção dos seus fins por meio das pessoas naturais que lhe servem de órgão, e a vontade e a atividade destas pessoas, encaminhadas em conseguir ou realizar os fins sociais, podem-se dizer vontade e atividade da sociedade. É assim que a sociedade consegue ter e tem uma vontade e uma atividade" (in Raimundo M. B. Carvalho, "Da responsabilidade dos sócios por dívidas da sociedade: sociedade anônima e por cotas de responsabilidade limitada", p. 23).

17. João Luiz Coelho da Rocha ressalta tratar-se de "vínculos que sinalizam para uma dependência ou um controle extremos, de um perante o outro" ("Responsabilidade de diretores, sócios gerentes e controladores por débitos tributários", p. 39).

18. Luciano da Silva Amaro, "Desconsideração da pessoa jurídica no Código de Defesa do Consumidor", p. 71.

19. Raimundo M. B. Carvalho, ob. cit., p. 23.

20. No intuito de nos mantermos fiéis às premissas firmadas na parte inicial deste estudo, ressaltamos que a obrigação tributária é da pessoa jurídica de direito privado, o único e exclusivo contribuinte. O *quantum* pago pelos seus administradores, autênticos responsáveis tributários, possui caráter sancionatório, totalmente alheio à noção de tributo.

21. *Curso de Direito Tributário*, p. 319.

contrário à tese que advogamos. O argumento, todavia, é inconsistente. Nada obsta a que o legislador declare extinta a obrigação tributária, no mesmo instante em que também se extingue a relação sancionatória. Dá-se por satisfeito, havendo conseguido seu objetivo final. Nem por isso, contudo, poderá impedir que o *responsável* procure ressarcir-se junto ao sujeito passivo tributário, aparecendo, perante ele, como credor no âmago de uma relação de direito privado."

Isto posto, passaremos à árdua tarefa de investigar a natureza da responsabilidade tributária dos administradores referida no *caput* dos arts. 134 e 135, do Código Tributário Nacional.

Diante de tão conturbada matéria, pertinentes são as seguintes indagações: A responsabilidade tributária dos administradores de bens de terceiros, dentre os quais estão incluídos os administradores de empresas, é mesmo solidária (art. 134, III, do CTN)? E a responsabilidade tributária dos diretores, gerentes ou representantes de pessoas jurídicas de direito privado pelos *créditos correspondentes a obrigações tributárias resultantes de atos praticados com excesso de poderes ou infração de lei, contrato social ou estatuto* (art. 135, III, do CTN) é *exclusiva*, *subsidiária* ou *solidária* com a pessoa jurídica? Há direito de regresso do responsável em face do contribuinte (pessoa jurídica) na esfera de uma relação de direito privado?

5.1 A responsabilidade "solidária" do art. 134, CTN

Dispõe o art. 134, do CTN que, ante a impossibilidade de o Fisco exigir o adimplemento da obrigação tributária do contribuinte, busca-se responsabilizar um terceiro juridicamente vinculado ao contribuinte, como é o caso do administrador em relação à empresa. Imprescindível, ainda, é o fato desse terceiro ter intervido, comissiva ou omissivamente, nos atos ensejadores da correspondente obrigação.

Decompondo de forma analítica este fenômeno da responsabilidade dos administradores de empresa, encontraremos as seguintes relações jurídicas:

1ª) Dado o fato da empresa realizar o fato jurídico tributário, está ela obrigada a pagar ao Fisco uma determinada quantia pecuniária a título de tributo, ao passo que o Fisco tem o direito subjetivo de exigir o cumprimento dessa prestação – *relação jurídica tributária em sentido estrito.*

2ª) Dado o fato do administrador possuir poder de gestão sobre a empresa, está o administrador obrigado a se conduzir nos estritos termos do contrato social ou estatuto da pessoa jurídica, correspondendo esse dever ao direito da empresa de exigir a observância de tais condutas (ativa ou omissiva) — *relação jurídica de direito privado.*

3ª) Dado o fato do administrador possuir poder de gestão sobre a empresa, está o mesmo obrigado a cumprir os expedientes de caráter instrumental ou formal instituídos no interesse da Administração, a quem compete exigir a observância de tais deveres — *relação jurídica tributária em sentido amplo (deveres instrumentais).*

4ª) Dado o fato do administrador descumprir os deveres instrumentais que lhes foram atribuídos, está o administrador obrigado a entregar ao Fisco uma quantia pecuniária a título de sanção, correspondendo ao direito subjetivo de o Fisco exigir o cumprimento dessa prestação — *relação jurídica tributária em sentido amplo (sanção administrativa).*

Como vimos, o dever de pagar o tributo, nascido por força da concretização do fato jurídico tributário, é da empresa, independentemente do administrador praticar ou não, *a posteriori*, o fato ilícito. Já os administradores, por força de dever descumprido (ilícito), tornam-se devedores de sanção administrativa estipulada no mesmo valor do débito tributário do contribuinte, porque assim decidiu o legislador.

Trata-se da coexistência de duas relações jurídicas distintas, quais sejam: a) uma relação obrigacional de natureza tributária *stricto sensu*, em cujo pólo passivo está a pessoa jurídica que realizou o fato jurídico tributário; e, b) uma relação jurídica tributária *lato sensu*, instituída no escopo de punir os administradores que, após o nascimento da primeira relação obrigacional para a sociedade, agiram de forma indevida, inobservando um dever de cooperação para com a Administração Fazendária.

Nessa esteira, refutável é a tese de que o Estado-Administração pode compelir solidariamente a empresa e os seus respectivos administradores ao cumprimento da prestação pecuniária a qual cada um encontra-se obrigado. É inolvidável que a má redação do art. 134, do CTN, confundiu os conceitos de solidariedade com o de subsidiariedade.

Tal posicionamento se fulcra nas sólidas e preclaras lições de Paulo de Barros Carvalho:[22] "Solidariedade, mesmo, haverá tão-somente na circunstância de existir *uma* relação jurídica obrigacional, em que dois ou mais sujeitos de direito se encontram compelidos a satisfazer a integridade da prestação. Ali, onde encontrarmos duas relações, entretecidas por preceitos de lei, para a segurança do adimplemento prestacional de uma delas, não teremos, a bem do rigor jurídico, o laço da solidariedade que prende os sujeitos passivos".

Para configurar a solidariedade passiva imprescindível a existência de dois ou mais devedores que, por ocuparem o *mesmo* pólo da relação, encontram-se coobrigados pela integridade da prestação jurídica. Bastante elucidativo é, *exempli gratia*, a solidariedade na incidência do IPTU, quando duas ou mais pessoas são proprietárias do mesmo imóvel, trazido à colação pelo precitado tributarista.[23]

No caso da co-propriedade de imóvel urbano, ora mencionado, todos os devedores solidários pagam crédito tributário ao Fisco, por integrarem a mesma relação tributária *stricto sensu*, diferentemente da empresa e dos seus administradores, integrantes que são do pólo passivo de duas relações jurídicas de naturezas diversas (tributária e sancionatória, respectivamente), legalmente interligadas para garantir o cumprimento de uma das duas prestações obrigacionais.

Logo, ao estabelecer de forma equivocada a responsabilidade solidária do responsável e do contribuinte, pretendeu o legislador fixar que o Fisco dá-se por satisfeito com o recebimento do *quantum* pago pelo responsável, extinguindo a um só tempo as duas relações — tributária e sancionatória administrativa — até então coexistentes.

Definitivamente, não há responsabilidade solidária no art. 134, mas sim uma *responsabilidade supletiva dos administradores*, posto que o Estado-Administração não pode, discricionariamente, exigir do responsável tributário a entrega de certa soma em dinheiro, ainda que a título de punição, em sua totalidade, mas somente *nos casos de impossibilidade de exigência do cumprimento da obrigação principal pelo contribuinte*.

Ante o benefício de ordem ora defendido, concluímos que a responsabilidade dos administradores que agiram irregularmente apenas poderá ser invocada quando, após o prévio exaurimento dos bens da sociedade devedora, o Fisco ainda não tenha recebido o total do crédito tributário a que faz jus. Somando-se ao inadimplemento da pessoa jurídica e a necessidade da prática de atos (ação ou omissão) irregulares pelos administradores, faz-se necessário, ainda, um nexo de causalidade entre tais atos de gestão e o não recolhimento do crédito tributário aos cofres públicos.

5.1.1 Direito de regresso na responsabilidade prescrita no art. 134, CTN

No que tange ao exercício do direito de regresso, duas são as conclusões possíveis. Vejamos:

22. *Curso de Direito Tributário*, pp. 312-313.
23. Idem, ibidem, p. 310.

1ª Hipótese — Tendo o administrador agido de forma irregular após o nascimento da obrigação tributária para a empresa, mas possuindo esta última bens suficientes para satisfazer a prestação tributária, o Fisco, uma vez satisfeito com a consecução do seu objetivo primordial, qual seja, o de receber do contribuinte o valor do crédito tributário, extingue concomitantemente as duas relações — tributária e sancionatória administrativa.

Nesse caso, falta fundamento jurídico para que a empresa, numa relação de direito privado, busque ressarcir-se junto ao responsável do valor pago a título de tributo, pois, conforme ficou assentado, àquela cabe arcar com o ônus da incidência fiscal, oriundo da concretização do fato jurídico tributário, fato este necessariamente lícito. No entanto, entendemos plausível que o administrador indenize a pessoa jurídica quanto às sanções tributárias materiais a que deu causa, *verbi gratia*, multa de mora, multa pelo não-pagamento de tributo, juros e multa pelo descumprimento de deveres instrumentais.

2ª Hipótese — Restando configurada a relação de causa e efeito entre o não-recebimento pelo Fisco do crédito tributário da empresa e tendo o administrador agido de forma irregular após o nascimento da obrigação tributária para a pessoa jurídica, o administrador vem a ser compelido a entregar aos cofres públicos uma quantia pecuniária a título de sanção administrativa.

Esta norma sancionatória fora veiculada pelo art. 134, III, do CTN, no intuito de oferecer maiores garantias ao Fisco quanto ao recebimento do valor equivalente ao seu crédito tributário. Logo, o que o administrador paga ao Erário Público a título de sanção,[24] em virtude de fato ilícito próprio, não pode ser objeto de ressarcimento. Não há de invocar-se o princípio que veda o enriquecimento sem causa, pois, como observa Octavio Bulcão Nascimento,[25] a causa de eventual enriquecimento do contribuinte se dará por culpa do responsável, havendo, portanto, uma causa jurídica para esse empobrecimento.

5.2 *A responsabilidade "pessoal" do art. 135, CTN*

Prosseguindo nosso exame, cuida o art. 135, do CTN, da responsabilidade dos diretores, gerentes ou representantes de pessoas jurídicas de direito privado *pelos créditos correspondentes a obrigações tributárias resultantes de atos praticados com excesso de poderes ou infração de lei, contrato social ou estatutos.*

Tal responsabilização dos administradores decorre da prática de atos abusivos ou com infringência de lei, contrato social ou estatutos da sociedade que tenham desencadeado uma relação jurídica obrigacional *stricto sensu* entre Fisco e a pessoa jurídica por eles administrada.

Segundo demonstramos, o enunciado legal sob exame disciplina situação diversa daquela prevista pelo art. 134, III, do CTN. Enquanto este último dispositivo estabelece que a responsabilidade do administrador (sanção administrativo-fiscal), que agiu ou omitiu-se indevidamente, pressupõe o nascimento da obrigação tributária advinda de *fato lícito*; o art. 135, III, dispõe sobre uma obrigação tributária decorrente da prática de *fato ilícito* por parte do administrador de empresa.

Deparando-nos, pois, com a derradeira hipótese, na qual, não tivesse o diretor,

24. Ressaltando o timbre sancionatório (sanção administrativa) da responsabilidade, Luís Cesar Souza de Queiroz averba: "Mesmo considerando-se que o *responsável* tem direito de ressacir-se junto ao *contribuinte*, o caráter punitivo não fica afastado, pois o *responsável* não seria obrigado a desfalcar seu patrimônio (ainda que temporariamente) se tivesse feito com que o alienante (*contribuinte*), p. ex., extinguisse o débito relativo ao IPTU". A seguir, alerta para o fato de que "o ressarcimento junto ao alienante (*contribuinte*) será obtido a conta e risco do *responsável* (alienante), o que reforça a índole punitiva que envolve a *responsabilidade tributária por punição*" (ob. cit., p. 193).

25. Ob. cit., p. 121.

gerente ou representante agido de forma ilícita, jamais teria a empresa realizado o fato jurídico tributário, não nascendo para ela, por conseguinte, a obrigação tributária, faz-se imperioso enfrentar a segunda questão por nós proposta, fixando qual a espécie de responsabilidade tributária do administrador de empresa mencionada no art. 135, III, do CTN.

Quanto ao assunto trazido à baila, objeto de infindáveis disputas nos campos doutrinários e jurisprudenciais pátrios, vislumbramos posicionamentos nos três sentidos. Ou seja, o art. 135 do CTN ora é interpretado como hipótese de responsabilidade pessoal, ora subsidiária, ora solidária.

A corrente inicialmente referida defende que a responsabilidade pelos créditos resultantes de obrigações tributárias da empresa, originárias de atos ilícitos, recai *exclusivamente* sobre os administradores que agiram com excesso de poderes ou infração de lei, contrato social ou estatutos.[26]

Já outra vertente, defende ser a responsabilidade do art. 135 *subsidiária*, isto é, as pessoas dos administradores somente poderiam ser responsabilizadas depois de verificada a insuficiência dos haveres sociais, não sendo a execução concomitante, mas apenas supletiva. Maristela Miglioli Sabbag[27] sustenta que "ofende a lógica jurídica pretender-se atingir o patrimônio das pessoas físicas, *sem o prévio exaurimento dos bens da sociedade devedora*, que é o verdadeiro e legítimo contribuinte inadimplente".

Por fim, a terceira posição evidencia a responsabilidade *solidária* dos administradores e da pessoa jurídica.[28] O ilustre magistrado norte-riograndense Luiz Alberto Gurgel de Faria,[29] traçando um paralelo entre o disposto nos arts. 134 e 135, do CTN, prescreve que a grande diferença entre a regra do art. 135 e a do art. 134 é que a responsabilidade deixa de ser supletiva para assumir um caráter de solidariedade.

Tecidas as considerações acerca do panorama perfilhado por sólida doutrina nacional, entendemos ser *exclusiva* dos administradores de empresas a obrigação de entregar ao Fisco uma prestação pecuniária, por questão de política legislativa, equivalente ao do crédito tributário, gerado pelo ilícito.

Desta forma, pretende-se demonstrar que o negócio jurídico, praticado com excesso de poderes, infração a lei, estatuto ou contrato social da empresa, que suscitou o desencadeamento de uma relação jurídica tributária em sentido estrito, é passível de ser anulado. Trata-se de uma questão de prova no âmbito de uma ação de direito privado.

No entanto, uma vez invalidado o negócio jurídico (situação descrita no antecedente da norma jurídica tributária *stricto sensu*), desapareceria a obrigação tributária, nada mais podendo o Fisco cobrar da empresa.

Todavia, segundo depreende-se da interpretação do art. 135, III, do CTN, é exatamente o cometimento da conduta ilícita do diretor, gerente ou representante de pessoa jurídica de direito privado que o coloca na desconfortável posição de devedor (de sanção administrativa) perante o Fisco. Em outras palavras, são exatamente os atos

26. Luciano da Silva Amaro apregoa: "O Código Tributário Nacional (CTN) prevê, no art. 135, situações em que, por abuso do representante legal da pessoa jurídica, ele é pessoalmente responsabilizado por obrigações tributárias que, formalmente, seriam da empresa" ("Desconsideração da pessoa jurídica no Código de Defesa do Consumidor", p. 72). No mesmo sentido, Aliomar Baleeiro ao frisar que "as pessoas indicadas passam a ser responsáveis em lugar do contribuinte" (*Direito Tributário Brasileiro*, p. 435).

27. "A responsabilidade tributária dos sócios por dívida da empresa", p. 97.

28. A propósito, Carlos Celso Orcesi da Costa considera que, "em matéria de responsabilidade tributária, os sócios, principalmente das sociedades por cotas limitadas, respondem pelos débitos contraídos pela empresa, mercê das regras do Código Tributário Nacional que estipulam tal solidariedade passiva" ("Responsabilidade dos sócios pelas dívidas da sociedade", p. 66).

29. *Código Tributário Nacional Comentado*, p. 536.

ilícitos dos administradores que fazem nascer um outro vínculo obrigacional, desta vez, de natureza sancionatória administrativo-fiscal.

E mais. Ao realizar conduta ilícita, o administrador passa a integrar o pólo passivo de relação sancionatória, oportunidade na qual *exclusivamente* os seus bens responderão pela prestação punitiva administrativo-fiscal que lhes compete.

5.2.1 Direito de regresso na responsabilidade prescrita no art. 135, CTN

Os administradores de empresas, referidos no art. 135, inciso III, do CTN, são pessoal e diretamente responsáveis pela prestação pecuniária punitiva administrativo-fiscal, advinda da prática de atos abusivos ou violadores da lei, contrato social ou estatuto da pessoa jurídica.

Logo, tendo em vista que o direito de regresso pressupõe o cumprimento de uma obrigação alheia, não é cabível ao administrador postular do contribuinte, no âmbito privado, qualquer ressarcimento, pois aquele sequer paga dívida de outrem, mas sim uma dívida a que deu causa.

6. Conclusões

As conclusões aduzidas são decorrências inexoráveis das premissas eleitas. Logo, sintetizando o que foi exposto, temos que:

(i) o contribuinte é sujeito passivo de uma relação jurídica tributária *stricto sensu*, cujo objeto consiste em pagar tributo, face à ocorrência do fato jurídico tributário;

(ii) o responsável, por sua vez, figura no pólo passivo de uma relação jurídica *lato sensu*, instituída com o fim de operacionalizar a arrecadação tributária por parte do Estado-Administração ou de impor uma sanção administrativo-fiscal pelo descumprimento de dado dever instrumental;

(iii) o responsável deve estar juridicamente vinculado ao contribuinte;

(iv) a responsabilidade dos administradores de empresa advém da prática de fatos ilícitos, suscetíveis de desencadear um vínculo obrigacional de índole sancionatória (arts. 134, III e 135, III, ambos do CTN);

(v) os administradores de empresa ocupam o pólo passivo de uma relação jurídica de natureza punitiva administrativo-fiscal, cabendo-lhes entregar ao Fisco, por opção legislativa, valor equivalente ao débito tributário de outrem (no caso, da pessoa jurídica), face à inobservância de deveres instrumentais;

(vi) o art. 134, inciso III, do CTN, estabelece que a responsabilidade do administrador (sanção administrativo-fiscal), que agiu ou omitiu-se indevidamente, pressupõe o nascimento da obrigação tributária advinda de *fato lícito*;

(vii) não há responsabilidade solidária no art. 134, inciso III, do CTN, mas sim uma responsabilidade supletiva dos administradores que agiram (ação ou omissão) irregularmente;

(viii) o art. 135, inciso III, do CTN, dispõe sobre uma obrigação tributária decorrente da prática de *fato ilícito* (atos abusivos ou com infringência de lei, contrato social ou estatuto da empresa) por parte do administrador;

(ix) o art. 135, inciso III, do CTN, configura caso de responsabilidade exclusiva dos administradores de empresa pela prestação punitiva administrativo-fiscal que lhes compete, ante cometimento do ilícito.

Bibliografia

ABRÃO, Carlos Henrique. "Responsabilidade tributária do administrador da empresa", in *Revista Dialética de Direito Tributário* 29, fev. 1998.

________. "Responsabilidade tributária do sócio da empresa falida", in *Cadernos de Direito Tributário e Finanças Públicas* 29.

AMARO, Luciano da Silva. *Direito Tributário Brasileiro*, 2ª ed., São Paulo, Saraiva, 1998.

________. "Desconsideração da pessoa jurídica no Código de Defesa do Consumidor", in *Revista de Direito Mercantil* 88, out.-dez. 1992.

ATALIBA, Geraldo e GIARDINO, Cleber. "Responsabilidade tributária — ICM — Substituição tributária (Lei Complementar 44/83)", in *Revista de Direito Tributário* 34.

BALEEIRO, Aliomar. *Direito Tributário Brasileiro*, 6ª ed., Rio de Janeiro, Forense, 1974.

BECKER, Alfredo Augusto. *Teoria Geral do Direito Tributário*, 3ª ed., São Paulo, Lejus, 1998.

CARRAZZA, Roque Antonio. *ICMS*, 4ª ed., São Paulo, Malheiros Editores, 1998.

CARVALHO, Paulo de Barros. *Curso de Direito Tributário*, 12ª ed., São Paulo, Saraiva, 1999.

________. *Direito Tributário: Fundamentos Jurídicos da Incidência*, 2ª ed., São Paulo, Saraiva, 1999.

CARVALHO, Raimundo M. B. "Da responsabilidade dos sócios por dívidas da sociedade: sociedade anônima e por cotas de responsabilidade limitada", in *Revista de Direito Mercantil* 73, jan.-mar. 1989.

COSTA, Carlos Celso Orcesi da. "Responsabilidade dos sócios pelas dívidas da sociedade", in *Revista de Direito Mercantil* 56, out.-dez. 1984.

FREITAS, Vladimir Passos de (coord.) *et alii*. *Código Tributário Nacional Comentado*, São Paulo, Ed. RT, 1999.

NASCIMENTO, Octavio Bulcão. *Responsabilidade Tributária dos Sucessores*, Dissertação de Mestrado em Direito, PUC/SP, 1999.

QUEIROZ, Luís Cesar Souza de. *Sujeição Passiva Tributária*, Rio de Janeiro, Forense, 1998.

ROCHA, João Luiz Coelho da. "Responsabilidade de diretores, sócios-gerentes e controladores por débitos tributários", in *Revista Dialética de Direito Tributário* 29, jan. 1998.

SABBAG, Maristela Miglioli. "A responsabilidade tributária dos sócios por dívidas da empresa", in *Cadernos de Direito Tributário e Finanças Públicas* 28.

SOUSA, Rubens Gomes de. *Compêndio de Legislação Tributária*, São Paulo, Resenha Tributária, 1975.

VILANOVA, Lourival. *As Estruturas Lógicas e o Sistema do Direito Positivo*, São Paulo, Max Limonad, 1997.

CARACTERIZAÇÃO DO ESTADO FEDERAL

FLÁVIO COUTO BERNARDES

Especialista, Mestre e Doutorando em Direito Tributário pela UFMG
— Professor da Pontifícia Universidade Católica de Minas Gerais, PUC/MG
— Professor da UNA, Centro de Ciências Gerenciais
— Procurador do Município de Belo Horizonte — Advogado

1. Introdução

O Professor lusitano Jorge Miranda, em terminologia própria, ensina que: "O Estado Federal tem como núcleo uma estrutura de sobreposição, a qual recobre os poderes políticos locais (dos Estados-Membros), de modo a cada cidadão ficar simultaneamente sujeito a duas Constituições, a federal e a do Estado-Membro a que pertence, e ser destinatário de atos provenientes de dois aparelhos legislativos, governativos, administrativos e jurisdicionais. Assenta também numa estrutura de participação, em que o poder político central surge como resultante da agregação dos poderes políticos locais, independentemente do modo de formação: donde, a terminologia clássica de Estado de Estados".[1]

O federalismo possui uma série de características que lhe são peculiares, sendo que dentre elas se pode destacar: a rigidez das normas jurídicas de competência inseridas no texto constitucional — sendo absoluta (imutável) ou relativa (modificável); a própria Carta Magna discrimina as competências legislativas entre as pessoas jurídicas de direito público interno; e a existência de um poder fiscalizador do cumprimento da Constituição Federal. Tem-se, ainda, a impossibilidade de usurpação de competências locais, isto é, o legislador federal não está autorizado a legislar sobre matérias cuja competência seja estadual ou municipal. Sendo importante ressaltar que a descentralização política presente no Estado Federal é que informa a divisão de competência entre as diversas ordens jurídicas parciais, inclusive no que se refere à matéria tributária.

No Estado Federado não há distinção de níveis hierárquicos entre a legislação ordinária, quer seja federal, estadual ou municipal. Na estrutura escalonada das normas jurídicas, voltando aos ensinamentos de Kelsen, afirma-se que uma norma é hierarquicamente inferior a outra, quando aquela retira desta o seu fundamento de validade. Ocorre, contudo, que as regras insculpidas pelo Legislativo estadual, municipal, distrital ou federal, encontram seu fundamento de validade na Lei Maior, não existindo, portanto, subordinação, mas, sim, diferentes níveis de competência.

Há dois elementos fundamentais que demonstram a autonomia federativa em seu

1. Jorge Miranda, *Manual de Direito Constitucional*, t. III, p. 268.

aspecto administrativo e de competências. O primeiro consiste na existência de poderes governamentais próprios assentados em entidades e órgãos auto-organizados. O segundo pressuposto confirma esta capacidade de auto-organização através da existência de competências exclusivas originárias, ou seja, atribuídas diretamente pelo povo — Constituição Federal.

Segundo o Professor José Alfredo de Oliveira Baracho, esta linha de raciocínio aplica-se tanto na área do Estado Federal, da União, como dos Estados-Membros federados. "Quando a Constituição, na sua parte organizacional, reconhece ou confere capacidade administrativa, assim o faz articulando competências, estabelecendo relações que obedecem ao princípio da hierarquia na medida das competências facultadas".[2]

Dentre os diversos qualificativos dos entes federados, a autonomia e repartição de competência revelam-se fatores primordiais em sua caracterização, sendo imediatamente visualizáveis no campo do Direito Tributário. O tributarista italiano Victor Uckmar, por exemplo, salienta que a formação do Estado Federal é determinante para se estabelecer a distribuição dos poderes fiscais.[3]

Relevante mencionar que alguns juristas colocam o princípio da lealdade federal como um dos elementos do federalismo. Consiste na necessidade de o governo central e os governos regionais sempre executarem suas funções com o intuito de manter e aprimorar o pacto federativo. A União Federal não deve adotar medidas que importem na restrição ou lesão dos direitos dos Estados-Membros e que estes, por sua vez, colaborem na consolidação da união nacional.

Deste princípio decorre a denominada "cláusula de garantia federal", que se revela no direito que a esfera central de poder tem de manter sua integridade e o dever, por conseguinte, de resguardar a autonomia dos Estados-Membros, enquanto estes devem assegurar o vínculo inerente à formação do laço federal e possuem o direito de ter sua independência preservada.

Raul Machado Horta assinala algumas características fundamentais da estrutura federal: "Na diversidade de seus tipos constitucionais e históricos, recolhem-se, entretanto, elementos definidores, às vezes mais nítidos e constantes, outras vezes fluídos e imprecisos, mas, de qualquer forma, presentes na estrutura federal: a composição plural dos entes estatais, a indissolubilidade do vínculo federativo, a repartição de competências, a autonomia do Estado-Membro, a intervenção federal, o sistema bicameral, a repartição tributária, a existência de um Supremo Tribunal, dotado de jurisdição conclusiva na interpretação e na aplicação da lei federal e da Constituição Federal, conforme o modelo norte-americano, ou de um Tribunal Constitucional Federal, para o exercício concentrado da jurisdição constitucional, na mais recente criação do federalismo europeu".[4]

Em síntese, o que vai diferenciar o Estado Federal é a forma de execução do Direito, através da autonomia, estruturação, repartição das competências e funções essenciais do Estado. E são justamente estes elementos que serão examinados a seguir, como objeto do presente estudo.

2. *Autonomia e participação*

"Según se estructure el sistema federal, con el predominio de una u outra postura, se obtienen excesos negatorios de la fórmula federal: ya sea un centralismo exagerado, ya fuere una descentralización disgregante. Es que el federalismo es siempre equilibrio entre el poder central y las comunidades locales. Equilibrio de carácter

2. José Alfredo de Oliveira Baracho, *Teoria Geral do Federalismo*, p. 21.

3. Victor Uckmar, *Princípios Comuns de Direito Constitucional Tributário*, p. 101.

4. Raul Machado Horta, "Reconstrução do federalismo brasileiro", *Revista de Informação Legislativa* 18(72), out./dez. 1981.

constitucional que puede ser asegurado sólo por el derecho."[5]

A questão da autonomia e participação dos Estados-Membros e Municípios para caracterizá-los como entes federados e, portanto, delinear-se o Estado Federal, foi abordada com profundidade pelo publicista mineiro Raul Machado Horta.

Segundo o emérito Professor, "a autonomia é, portanto, a revelação de capacidade para expedir as normas que organizam, preenchem e desenvolvem o ordenamento jurídico dos entes públicos".[6] Semanticamente, o termo tem origem no grego, designando a capacidade de se autogovernar, de estabelecer normas de conduta sem sofrer restrições.[7]

A autonomia surgiu juntamente com a matriz norte-americana do federalismo, buscando conciliar idéias aparentemente contraditórias, quais sejam, o poder de autodeterminação e a inexistência de soberania.[8] Foi uma forma de conciliar o interesse das Treze Colônias que constituíram o Estado americano, garantindo um poder central que efetivasse seus interesses econômicos e militares e, concomitantemente, assegurasse a liberdade de editar suas normas. Neste contexto é que se criou o federalismo, onde foi reconhecida a soberania do Estado no âmbito internacional e uma distribuição interna de poderes delimitada pela Constituição Federal.

José Afonso da Silva aborda a questão da terminologia da autonomia especificando que pressupõe uma parcela de poder próprio, executado autonomamente, mas que deve obedecer a uma série de limitações impostas pela Constituição Federal.[9] A título comparativo, tomando-se como parâmetro a teoria matemática dos conjuntos, a autonomia é outorgada a subgrupos (entes federados) que se encontram inseridos num conjunto maior que seria o Estado Nacional.

É na autonomia que se identifica a efetiva existência dos entes federados. Isto porque não há qualquer vínculo de dependência ou subordinação com relação ao poder central, não se tratando de mera desconcentração da atividade administrativa através de órgãos ou entidades ligadas ao governo central.

Os entes federados são autônomos porque não admitem a ingerência da esfera federal de poder, tendo em vista que há uma pluralidade de ordenamentos que não são contraditórios, mas se complementam entre si em virtude da distribuição eqüitativa de competências realizadas diretamente pela Constituição Federal.

Esta complementação também se revela no princípio da participação dos entes federados na formação da vontade nacional (federação) e dos Estados-Membros e Municípios na tomada de decisões da União Federal. Esta participação ocorre de maneira direta através do Senado e indiretamente pelas forças políticas atuantes na Câmara dos Deputados (bicameralismo), fomentando a colaboração entre os entes federados e evitando a mera subordinação, que invariavelmente acarretaria o aniquilamento do Estado Federal.

Para Washington Peluso Albino de Souza, os elementos da autonomia e da participação estão embrionariamente compreendidos na teoria geral do federalismo, "estão imbuídos de um rico colorido econômico e julgamos de grande importância que êste aspecto não seja descurado, sempre que se tenha por mira estabelecer os princípios gerais federalistas".[10]

5. Maria Celia Castorina de Tarquini, *Federalismo e Integración*, p. 25.

6. Raul Machado Horta, *A Autonomia do Estado-Membro no Direito Constitucional Brasileiro*, p. 17.

7. Plácido e Silva, *Vocabulário Jurídico*, v. I, p. 198.

8. Como visto no tópico anterior, as primeiras teorias federalistas discutiam exatamente se os Estados-Membros teriam soberania ou não, por se tratar de um dos pontos centrais do conceito de Estado.

9. José Afonso Silva, *Curso de Direito Constitucional Positivo*, p. 513.

10. Washington Peluso Albino de Souza, *Perspectivas do Federalismo Brasileiro*, co-autoria Raul Machado Horta, Gerson de Britto Mello Boson, Orlando M. Carvalho, Onofre Mendes Júnior, p. 124.

Outro não é o entendimento de Paulo Bonavides,[11] respaldando os princípios essenciais indicados por Georges Scelle, defendendo que a participação e autonomia são imprescindíveis para a caracterização do Estado Federal. A lei da participação estabelece a manifestação dos Estados-Membros na formação da vontade política aplicada a toda organização nacional, intervindo com voz ativa nas tomadas de decisões do conjunto federal. Ambas, participação e autonomia, devem estar asseguradas no texto constitucional.

Esta descentralização do poder que caracteriza o Estado Federal tem como ponto referencial a possibilidade conferida aos Estados-Membros de promulgarem sua própria Constituição, obviamente observado os princípios inseridos na Constituição Federal. O mesmo ocorre com os Municípios no que pertine às Leis Orgânicas.

É a partir dos textos fundamentais destes entes federados que se formará a pluralidade dos ordenamentos jurídicos, que são verificados no Estado Federal e encontram seu elemento de validade na Constituição. E a autonomia legislativa, incontestavelmente, constitui um dos requisitos imprescindíveis à própria existência dos entes federados.

O Professor Raul Machado Horta assinala que um dos pontos que restringiu a autonomia dos entes federados locais em algumas fases históricas foi a previsão constitucional ilimitada de intervenção da União Federal nos Estados-Membros.

Esta situação ocorreu no sistema federal iniciado pelo texto constitucional brasileiro de 1891, onde houve ingerência do governo central nas normas e eleições locais, com base em uma sustentação normativa inconsistente e que acarretou verdadeiramente a decomposição da federação.

O instituto jurídico da intervenção federal por si mesmo não constitui uma infringência ao Estado Federal, mas sua previsão sem exatos limites ou sua utilização inadequada com fulcro numa interpretação casuística do texto constitucional vigente é que fazem surgir a degradação do sistema federativo.

A intervenção federal foi concebida como uma forma de assegurar o regular funcionamento do Estado Federal nas hipóteses em que seus princípios formadores estejam sendo dilapidados pelos entes federados locais. Neste contexto é justificável a intervenção para garantir a implementação das regras constitucionais elaboradas pelo povo, permitindo a integração nacional. A figura do *impeachment* tem aplicação similar.

Na visão de Pinto Ferreira, a natureza jurídica dos entes federados deve ser concebida sob a ótica da autonomia constitucional, que embasa o exercício da autonomia política, administrativa, legislativa e financeira. Somente a descentralização do poder, firmada pela Constituição Federal, confere a necessária autonomia aos entes políticos locais.[12]

A autonomia política ou autogoverno na terminologia de alguns juristas especifica o poder de escolha dos próprios governantes, de seus legítimos representantes, além da fixação das regras de gestão do ente federado e, conseqüentemente, dos seus membros.

A população vinculada ao território de cada ente federado deverá escolher seus representantes no Poder Executivo e no Poder Legislativo, independente do processo eleitoral adotado (cuja análise sai dos limites impostos ao presente estudo); estes poderes, por sua vez, terão a autonomia para aplicar as diretrizes propostas em seu programa de governo. Nomeiam diretamente sua equipe de trabalho e possuem somente os limites traçados pelo próprio povo na Constituição Federal e na Constituição local.

11. Paulo Bonavides, *Ciência Política*, p. 181.

12. Pinto Ferreira, "O regime dos Estados na federação brasileira", *Revista de Informações Legislativas* 1/15, ano I.

A auto-organização e a autonomia administrativa estão vinculadas com a capacidade dos entes federados de determinarem a estrutura organizacional a ser adotada para executar as tarefas que lhes foram atribuídas, observadas as limitações impostas pelo texto constitucional. No seu campo de competências possuem poderes para deliberar sobre a melhor forma de atuação para atingir as finalidades precípuas da entidade e da população.

O modelo organizacional pretendido pelo governo depende exclusivamente da vontade dos cidadãos ligados ao ente federado, isto é, formulado o projeto de lei este deverá ser encaminhado para o órgão do Poder Legislativo, que irá aprová-lo ou rejeitá-lo. Não há qualquer intromissão de outras pessoas jurídicas de direito público no âmbito de atuação deste ente federado, revelando a autonomia na implementação de sua estrutura administrativa.

A autonomia legislativa constitui a existência de um Poder Legislativo próprio para a edição da legislação, que orientará a conduta do ente federado e da população, estando intrinsecamente ligada com a repartição de competências. Isto porque as normas legais a serem aprovadas pelo ente político deverão se ater às matérias que lhe fora atribuída, sob pena de incorrer em inconstitucionalidades derivadas da invasão de competência de outro ente federado, o que infringe o pacto federativo.

As matérias designadas pela Constituição Federal às entidades políticas criadas pela descentralização do poder têm que revelar uma efetiva distribuição de competências, que garantam a capacidade decisória política e administrativa, demonstradas pela autonomia legislativa na inserção das regras de autodeterminação.

Outro fator essencial é que o exercício da autonomia legislativa ocorra diretamente pelo ente federado através de um órgão que exerça as funções pertinentes ao Poder Legislativo, cujos membros serão eleitos pela população local. As normas jurídicas são editadas para validade no âmbito territorial de poder, devendo ser oriundas da vontade manifestada pelos cidadãos que se encontram inseridos neste mesmo espaço. Isto caracteriza a absoluta ausência de interferência entre os entes federados, ou seja, sua efetiva autonomia legislativa.

As competências repartidas pela Constituição Federal são implementadas e exercidas pelos diversos instrumentos normativos previstos na norma fundamental, como pressuposto básico de um Estado Democrático de Direito, sendo sustentado em seus alicerces: princípios da segurança jurídica e da legalidade. Dentre estas competências estão inclusas as tributárias, que constituem um dos pressupostos para o reconhecimento da independência financeira dos entes federados, uma de suas condições de existência.

Sem sombra de dúvidas que a autonomia financeira também se revela em um elemento primordial à efetiva existência dos entes federados. E não basta a mera previsão de distribuição de recursos, mas deve restar garantida a obtenção de receitas próprias, evitando a dependência do repasse da integralidade dos valores que lhes são necessários.

"Claro que tais recursos hão de ser correlativos à extensão dessas atribuições. Se insuficientes ou sujeitos a condições, a autonomia dos Estados-Membros só existirá no papel em que estiver escrita a Constituição".[13] Assim, a repartição das competências tributárias (distribuição horizontal de recursos) e a repartição das receitas da mesma natureza (distribuição vertical de recursos) são fatores determinantes para assegurar o equilíbrio do pacto federativo, como será ressaltado adiante.

A necessária e imprescindível correlação entre a repartição de competências e a distribuição de recursos financeiros foi igualmente salientada por Cármen Lúcia Antunes Rocha, pois, sem a existência de

13. Manoel Gonçalves Ferreira Filho, *Curso de Direito Constitucional*, p. 44.

recursos suficientes à satisfação das funções designadas pelo texto constitucional, ter-se-á uma descentralização fictícia.[14]

E esta ausência de recursos para a execução das atribuições das tarefas por parte dos entes federados tem sido um dos meios utilizados por diversos governos para enfraquecer ou eliminar qualquer participação política de entidades descentralizadas. Ver-se-á que esta prática se encontra arraigada no Brasil desde a instituição do Estado Federal até os dias de hoje.

Como aponta Luis Roberto Barroso, a autonomia sempre depende de um poder concedente que também fixará seus limites e parâmetros.[15] Sendo fixada pela Constituição Federal, através de uma Assembléia Nacional Constituinte, jamais uma lei hierarquicamente inferior lhe poderá impor condições ou mesmo outro ente federado.

A importância da autonomia financeira, tornando os entes federados independentes entre si, foi registrada por Konrad Hesse, ao afirmar que "cada partícipe tem de financiar mesmo o cumprimento das tarefas que lhe cabem constitucionalmente e lhe deve competir uma parte da receita tributária que o põe em condições para isso".[16] Neste contexto está a previsão do art. 104a, alínea 1, da Lei Fundamental da República Federal da Alemanha, ao determinar que a distribuição dos rendimentos tributários e a compensação financeira deverão ser proporcionais aos deveres a serem executados pelo governo central e pelos Estados-Membros.

A autonomia do Estado-Membro é condição *sine qua non* para qualificar a natureza do Estado Federal, pois, sem as esferas parciais do poder dotadas desta característica, estas coletividades seriam equiparadas às desconcentrações administrativas existentes no Estado Unitário. A autonomia pressupõe a elaboração da própria Constituição, mas sendo que os constituintes estaduais estarão limitados aos princípios constitucionais federais, bem como na elaboração das leis para realizarem suas competências. Adverte-se, porém, que uma Constituição Federal minuciosa e extensa poderá inibir o poder constituinte estadual, que se limitará a transportar as normas simétricas, inviabilizando as adequações às condições locais, uma das inquestionáveis vantagens existentes no federalismo.

3. *Repartição de competências*

A autonomia dos entes federados está estritamente vinculada à repartição de competências pela Constituição Federal. A autonomia política é delineada pelo texto constitucional, que determinará a forma de escolha dos representantes do povo e os limites para o exercício das funções públicas pelos mesmos; a autonomia administrativa tem idênticos parâmetros, cabendo às Constituições Estaduais e às Leis Orgânicas explicitar sua estruturação local, mas sempre em observância à Lei Maior; a autonomia financeira está vinculada à repartição de competência tributária, principal fonte de recursos para custear as despesas estatais, que também vem a ser estabelecida pela Carta Magna; e, por fim, a autonomia legislativa depende da distribuição geral de competências realizada igualmente pela Constituição Federal.

Ademais, o exercício das funções políticas e, sobretudo, administrativas, estará intimamente ligado à repartição geral de competências pelo texto constitucional. A partir desta distribuição é que se definirá a cada ente federado o papel a ser exercido na persecução de suas finalidades.

Justamente um dos elementos essenciais para caracterizar a adoção de uma concepção mais centralizadora ou descentralizadora do poder será a repartição das competências políticas decisórias fixadas pelo texto constitucional, observando sua

14. Cármen Lúcia Antunes Rocha, *República e Federação*, p. 186.

15. Luís Roberto Barroso, *O Direito Constitucional e a Efetividade de suas Normas*, p. 399.

16. Konrad Hesse, *Elemento do Direito Constitucional da República Federal da Alemanha*, p. 205.

extensão e a pluralidade ou não de ordens jurídicas.

Este aspecto é crucial para a definição da forma de Estado pretendida pelo povo reunido em Assembléia Nacional Constituinte e sua posterior cobrança daqueles que os representarão no poder. Não adianta se conceber a descentralização mediante a diversidade de ordens jurídicas parciais, estabelecendo uma repartição de competências esvaziada de conteúdo decisório ou relevante, o que levaria à inexistência da autonomia dos entes federados.

Evitar este esvaziamento das competências fixadas constitucionalmente deve constituir uma das preocupações do constituinte originário ao limitar os atos a serem praticados pelo constituinte derivado, buscando sempre preservar o equilíbrio pretendido nas normas fundamentais positivadas e, via de regra, exaustivamente discutidas.

Nota-se que a repartição de competência é a mola mestra da estruturação do Estado Federal, revelando, inexoravelmente, o nível de descentralização do poder existente no país. Inicialmente, distinguirá do Estado Unitário, bem como dos Estados Autonômicos e Regionais, para então se observar o tipo de federalismo adotado, proporcionalmente ao grau de descentralização fixado pela Constituição Federal.

Nas palavras de Fernanda Dias Menezes de Almeida, "a federação, a rigor, é um grande sistema de repartição de competências. E essa repartição de competências é que dá substância à descentralização em unidades autônomas".[17] Ressalte-se que atribuir competências não significa apenas conceder poderes, mas também uma série de deveres a serem cumpridos pelos entes federados.

No Estado Federal a repartição de competência poderá ocorrer, basicamente, de três formas: a) relação minuciosa da competência da esfera federal e dos entes locais (Estados-Membros e Municípios), tendo por inconveniente a impossibilidade de enumerar todas as matérias, o que geraria posterior conflito de competência; b) detalhar as matérias de competência das esferas locais de poder, restando ao governo central a competência residual, que certamente levaria a uma centralização do poder; c) por fim, a enumeração exaustiva dos assuntos de competência da União Federal, cabendo a competência residual aos demais entes federados, permitindo uma maior descentralização deste Estado Federal.

Ressalte-se que o Estado Federal brasileiro possui características singulares com relação aos demais, tendo em vista a elevação dos Municípios como entes federados. Dessa forma, criou-se uma fórmula diferenciada na repartição de competências, onde restou descriminada as extensas competên cias da União Federal e minimamente a dos Municípios, além de hipóteses concorrentes e supletivas dos Estados-Membros, permanecendo com o mesmo o exercício da competência residual.

Invoca-se novamente as lições do Professor Raul Machado Horta:

"A repartição de competências não se limita ao plano da repartição horizontal da matéria legislativa, que coloca sua tônica no processo discriminatório e faz da repartição uma demarcatória das fronteiras normativas do Estado Federal. As Constituições federais passaram a explorar, com maior amplitude, a repartição vertical de competências, que realiza a distribuição de idêntica matéria legislativa entre a União Federal e os Estados-Membros, estabelecendo verdadeiro condomínio legislativo, consoante regras constitucionais de convivência. A repartição vertical de competências conduziu à técnica da legislação federal fundamental, de normas gerais e de diretrizes essenciais, que recai sôbre determinada matéria legislativa de eleição do constituinte federal. A legislação federal é reveladora das linhas essenciais, enquanto a legislação local buscará preencher o claro que lhe ficou, afeiçoando a matéria re-

17. Fernanda Dias Menezes de Almeida, *Competências na Constituição de 1988*, p. 32.

velada na legislação de *normas gerais* às peculiaridades e às exigências estaduais. A lei fundamental ou de princípios servirá de molde à legislação local. É o *Rahmengesetz*, dos alemães; *a legge-cornice*, dos italianos; a *loi de cadre*, dos franceses; são as *normas gerais*, do direito constitucional brasileiro".[18]

A repartição de competência no Estado Federal será fixada na Constituição Federal, podendo variar de acordo com as características de cada Estado. Em princípio, as questões de interesse geral ou nacional ficam centradas na esfera federal, bem como aquelas atinentes à sua própria existência e conservação, enquanto as demais competências são distribuídas em conformidade com o nível de descentralização do poder.

Efetivamente, a maior descentralização do poder possibilita a implementação de um governo mais democrático, facilitando o acompanhamento e a cobrança por parte dos cidadãos. Neste pormenor, deveria ser explorada por parte dos entes federados regionais a competência sobre assuntos de interesse local outorgada pelo texto constitucional. No entanto, trata-se de questão que possui outras variáveis pàra sua consolidação, como, por exemplo, aspectos culturais, educacionais e outros.

Observa-se, de qualquer forma, a importância da repartição das competências na estrutura do Estado Federal, que sempre dependerá para sua configuração que as esferas locais de poder possuam personalidade e competências distintas do poder central, regulamentadas por uma ordem jurídica própria, sempre embasadas na Constituição Federal.

Como afirma o Professor José Alfredo de Oliveira Baracho:

"A repartição de competência é essencial à definição jurídica da federação; daí decorre o princípio federal de que cada um dos componentes tem sua órbita de ação, circunstância que decorre da Constituição federal, como fundamento jurídico do Estado: 'La distribución de competencias se puede hacer con criterios diversos: a) atribuyendo al estado federal facultades taxativas o detalladas, en forma tal que las no enumeradas queden reservadas a los estados locales; b) atribuyendo en forma taxativa o detallada las facultades a los estados miembros, correspondiendo los remanentes a la federación; c) enumerando los que competen a ambas. El primer sistema es típico de la descentralización máxima, donde es mayor el poder residual de los estados miembros que el delegado al estado federal; no obstante, con las cláusulas llamadas de *poderes implícitos* al estilo norteamericano y argentino, se ha considerado que hay también delegación tácita de facultades locales al estado federal. En la situación examinada en el inciso b), en cambio, se acentúa ya doctrinariamente un robustecimiento inicial del poder central. También en las materias encomendadas a la federación o a los estados locales mediante un criterio o otro, encontramos facultades exclusivas de una o otros, y facultades concurrentes'".[19]

A noção de autonomia vincula-se, necessariamente, à de repartição de competências, que deve garantir competências próprias e exclusivas para o exercício dos poderes. Por isso afirmava Francisco Campos que é "imprescindível, em suma, um princípio ou uma regra de repartição de competências, de acordo com o qual se extremem umas das outras, em esferas distintas de exercício, as jurisdições, autoridades ou governos".[20]

Diante da inegável necessidade da autonomia financeira para o reconhecimento do ente federado, a repartição das competências tributárias assume especial rele-

18. Raul Machado Horta, *A Autonomia do Estado-Membro no Direito Constitucional Brasileiro*, pp. 53-54.

19. German José Bidart Campos, *apud* José Alfredo de Oliveira Baracho, *Teoria Geral do Federalismo*, p. 25.

20. Francisco Campos, *Direito Constitucional*, p. 264.

vo na estrutura do federalismo. É através da distribuição do poder de tributar para cada pessoa jurídica de direito público interno que se assegura, em parte, a suficiência econômica para fazer frente às despesas empenhadas na consecução de suas tarefas.

No intuito de atingir o objetivo da autonomia financeira das esferas parciais de poder, o princípio do federalismo propiciou o desenvolvimento de uma técnica que conjuga os recursos arrecadados diretamente pelo exercício da imposição tributária com uma repartição destas receitas entre os entes federados. Isto porque, normalmente, há uma desigualdade entre as diversas regiões do país, sendo que nos Estados-Membros, onde os recursos são mais parcos, não se tem uma receita tributária adequada pela ausência de uma ampla circulação de riquezas. Caso não se garantisse a repartição de receitas para estes entes federados, restaria praticamente inviabilizado o desenvolvimento desta região, aumentando a desigualdade sócio-econômica existente, não gerando qualquer benefício para o país e colocando em risco a Federação. Pode-se exemplificar a presente situação no caso da Comunidade Econômica Européia que, antes de realizar a integral unificação e mesmo após, garantiu o emprego de recursos e financiamentos para os membros menos desenvolvidos.

Inexistindo recurso suficiente para a realização dos deveres atribuídos aos entes federados, inevitavelmente haverá uma solicitação a outra entidade que tenha a condição financeira apropriada, originando a retrógrada dependência financeira e política, como bem salientou Dalmo de Abreu Dallari.[21]

Procura-se demonstrar aqui o inevitável nexo causal entre a repartição de competências e o exercício das potestividades tributárias. A instituição de um tributo ou a modificação de um sistema tributário passa, obrigatoriamente, por todos estes aspectos do federalismo, especialmente a questão da autonomia e da repartição de competências fixadas pelo constituinte originário, motivo que justificou este capítulo introdutório do trabalho.

A importância da repartição de competências no direito constitucional e sua essencialidade no Estado Federal, por ser um dos elementos indicativos da autonomia dos governos parciais (descentralização), justifica sua positivação no texto constitucional. Como salienta Luis Alberto David Araújo, "não se pode pensar em uma divisão de competências que não estivesse estampada no texto constitucional, já que, como visto, nesse ponto reside talvez a tônica mais original do Estado Federal".[22]

Observa-se que, sendo a repartição de competências um tema nuclear do federalismo, e estando este princípio em constante mutação, adequando-se à realidade vivenciada em cada momento histórico, está freqüentemente inserido no desenvolvimento de estudos que abordam a matéria direta ou indiretamente. É assunto atual, sobretudo ao se discutir qualquer reforma constitucional, pois alterar os deveres distribuídos pela repartição de competências implica em dotar a entidade de recursos suficientes, e modificar esta distribuição e a forma de angariar os recursos traz como conseqüência a discussão do equilíbrio federativo.

4. Estrutura

"Desde el punto de vista externo aparecerá como Estado 'soberano' aquel a quien está asignada la competencia del orden internacional. Desde el punto de vis-

21. Dalmo de Abreu Dallari, *O Estado Federal*, p. 20.

22. Luis Alberto David Araújo, "Características comuns do federalismo", in Celso Ribeiro Bastos (coord.), *Por uma Nova Federação*, cap. II, p. 42. Este mesmo posicionamento foi apresentado na obra de André Hauriou, onde sustenta que o pacto federativo deve estar delineado no texto constitucional (André Hauriou, *Droit Constitutionnel et Institutions Politiques*, p. 143).

ta interno destaca la importancia de la Constitución, que establece la necesaria división de competencias. Por ser una división de poder, entraña la posibilidad de conflictos de poder. La decisión del conflicto de poderes tiende, por eso, a residenciarse en un órgano judicial que interpreta la Constitución."[23]

Observados os elementos caracterizadores do federalismo, torna-se conveniente identificar algumas situações que destacam a organização e estruturação desta forma de Estado.

A definição da forma de Estado a ser adotada sempre dependerá do povo através de seus representantes reunidos em Assembléia Nacional Constituinte ou por participação direta através de plebiscito. A opção será institucionalizada na Constituição, que passará a estabelecer a estruturação interna do Estado de acordo com a forma eleita, observando suas circunstâncias específicas. Esta sistemática pressupõe o regime democrático, descartando os regimes autoritários, onde a ordem jurídica aplicada depende exclusivamente da vontade aleatória do grupo dominante.

A supremacia do Estado Federal (Nacional) sobre os entes federados vem estabelecida pelo próprio texto constitucional, que funciona como o alicerce organizacional desta forma de Estado, como se verifica nas hipóteses de intervenção previstas, sobretudo, para preservar intocável o equilíbrio do pacto federativo.

Uma das constatações que vêm sendo observadas na doutrina está em que a descentralização determinada no Estado Federal tende a produzir um resultado mais satisfatório quanto ao atendimento dos interesses coletivos e individuais de cada cidadão, isto é, permite de forma mais consistente assegurar a realização de uma democracia justa e solidária.

A assertiva acima explicitada decorre da maior autonomia existente entre os Estados-Membros componentes da federação quando, por exemplo, comparados aos Estados Autonômicos/Regionais ou às províncias do Estado Unitário. Estes detêm uma competência legislativa restrita e balizada em sua maior parte pelos regulamentos fixados pelo poder central, assim como autonomia financeira e política quase que inexistentes.

Estas limitações anulam substancialmente as potencialidades existentes nos Estados Unitários e Autônomos no tocante ao preenchimento das expectativas coletivas quanto à realização de um interesse comum. Esta maior autonomia permitiria que os dirigentes regionais adotassem soluções peculiares para cada problema e localidade, mesmo que parcialmente colidentes com uma política econômica nacional.

O Estado Federal passa necessariamente pelo processo de descentralização do poder, com repartição de competências entre os entes federados: atuação diversificada e, repita-se, autonomia administrativa, legislativa, política e financeira. Em razão destas considerações, alguns doutrinadores concebem os termos federalismo e descentralização como sinônimos.[24]

Tem-se, assim, que o Estado Federal constitui uma forma de descentralização e de divisão territorial do poder, com base nitidamente constitucional, possuindo alguns elementos estruturais peculiares, como bem salientado por Luis Sánchez Agesta. Pode-se destacar: a) vínculos que unem de maneira consistente os Estados-Membros, que não possuem auto-suficiência, através de laços constitucionais; b) pluralidade de ordens jurídicas (convívio entre a Constituição Federal, as Constituições Estaduais e Leis Orgânicas — no caso dos Municípios como entes federados); c) distribuição de poderes (funcional e territorial) entre os entes federados; d) pluralidade entre os Poderes Judiciário e Legislativo.

23. Luis Sánches Agesta, *Principios de teoría política*, p. 445.

24. Entendimento que não deve prevalecer face às importâncias dos demais elementos formadores do Estado Federal, como apontado no presente trabalho e pela doutrina majoritária.

Juan Ferrando Badia destaca a composição bicameral do Poder Legislativo como uma destas estruturações decorrentes do Estado Federal. Salienta, ainda, que pode coexistir com diferentes formas e regimes de governo ou sistemas políticos (presidencial, parlamentar, colegial ou de gabinete; monárquico ou republicano).[25]

Aspecto relevante na estrutura do Estado Federal diz respeito à organização do Poder Judiciário, especificamente na existência de um órgão julgador que faz às vezes de uma Corte Constitucional, pois tem por objetivo precípuo a interpretação do texto constitucional. Nesta função, tem por tarefa garantir o equilíbrio na distribuição de competência e funções entre as esferas federal, estadual e municipal, quando for o caso, além de dirimir conflitos entre os entes federados.

O Poder Judiciário desenvolve relevante tarefa no Estado Federal, por constituir o órgão estatal a quem se atribuiu uma especial função na teoria de repartição dos poderes de Montesquieu. Inevitável, portanto, que tenha total e absoluta independência para exercer suas prerrogativas, visando à garantia da manutenção e aplicação do princípio federativo, da democracia, da segurança jurídica e de outra série de direitos consagrados no texto constitucional.

25. Autores como Oswaldo Trigueiro (*Direito Constitucional Estadual*, p. 134) e Cármen Lúcia Antunes Rocha (*República e Federação no Brasil*, p. 193), dentre outros, não adotam o bicameralismo como elemento essencial do Estado Federal, tendo em vista que é utilizado por inúmeros Estados Unitários (embora com diversificações) e deixou de ser utilizado por alguns Estados Federais, como é o caso da Áustria. Têm-se, ademais, aqueles que o adotam não com a concepção típica do Estado Federal, tratando-se da representação da vontade dos Estados-Membros na formação da vontade nacional, mas meramente como forma de composição política e partidária. Este posicionamento já foi há muito exposto por Karl Loewenstein, ao afirmar que "el Senado ha perdido su carácter original de protector de los Estados miembros" (Karl Loewenstein, *Teoría de la Constitución*, p. 362). Um exemplo de representatividade dos Estados-Membros que vem demonstrando resultados positivos foi a criação do Conselho Federal na Alemanha, como será comentado a seguir.

Outro aspecto na análise estrutural, nos dizeres do Professor José Alfredo de Oliveira Baracho, seria que no "exame do Estado Federal, tem grande importância a vontade constituinte dos Estados-Membros e sua participação no ato constituinte definitivo que elabora a Constituição e fixa critérios para a Constituição do Estado-Membro".[26] No mecanismo de funcionamento do federalismo, o poder constituinte está vinculado não só ao povo, mas também aos Estados particulares, através de seu órgão de representação no sistema bicameral. Exercem concorrentemente o poder constituinte nacional e o poder constituinte local.

O processo legislativo, como decorrência da repartição de competências legislativas entre as pessoas políticas, também constitui um elemento integrante do Estado Federal. As possibilidades de delegação de competência, a legislação concorrente e suplementar dos Estados-Membros com relação à União Federal, além da utilização por parte do Poder Executivo de decretos-leis ou medidas provisórias, constituem fator decisivo para averiguar o nível de centralização do poder.

Verifica-se, assim, uma estrutura mínima que permite o funcionamento do Estado Federal, possibilitando a convivência entre ordens jurídicas distintas, não subordinadas e complementares, sendo que um eventual conflito entre as mesmas será dirimido por um órgão do Poder Judiciário.

Esta aplicação harmônica de pelo menos duas ordens jurídicas emanadas de Poderes Legislativos independentes e que se impõem sobre o mesmo território e sobre as mesmas pessoas é um elemento essencial do Estado Federal, bem como a existência de uma Corte Constitucional que irá solucionar potenciais ou efetivas distorções na interpretação do sistema, permitindo a permanência da estrutura federativa.

Justamente este o traço marcante da distinção para as confederações, uma vez

26. José Alfredo de Oliveira Baracho, *Teoria Geral do Federalismo*, p. 59.

que no Estado Federal o governo central pode intervir em todo o território e sobre todas as pessoas nos limites de suas competências constitucionalmente fixadas, sem necessitar de prévia autorização dos Estados componentes. Esta sobreposição de ordens jurídicas tornou-se uma inovadora forma de organização do Estado.

Engajado no estudo das formas de Estado, García-Pelayo também faz a distinção do Estado Federal para a confederação e o Estado Internacional, que vem a ser uma união de Estados Soberanos. "Por consiguiente, no hay un nuevo Estado, sino dos Estados independientes cuya soberanía no se encuentra afectada por el hecho del pacto. Cada uno de los órganos, incluia la Corona, son independientes, y los actos de sus portadores no afectan al otro Estado".[27]

Coloca que são assuntos para se tratar pelos acordos internacionais, através da união dos Estados: a política exterior (representação diplomática e comercial); as questões militares; as questões fazendárias. Exclui, por sua vez, a legislação sobre impostos indiretos, incidentes sobre a produção industrial. Embora a tributação seja inerente à soberania dos Estados, é relevante que haja uma harmonização nas incidências tributárias entre os países integrantes de uma união de Estados mais sólida, como ocorre com as Diretivas sobre o Imposto sobre o Valor Agregado, editadas pela União Européia.

A confederação diferencia da união de Estados, embora também criada por um tratado internacional, uma vez realizada com intenção de perpetuidade e com poderes a serem exercidos sobre seus Estados integrantes, mas jamais direta e imediatamente sobre os indivíduos. Alguns afirmam que é um contrato que não atribui personalidade jurídica à confederação, outros que se trata de pessoa jurídica de direito internacional, entre outras teorias que não constituem objeto do presente estudo.

27. Manuel García-Pelayo, *Derecho Constitucional Comparado*, pp. 207 e ss.

O federalismo, na visão de García-Pelayo, é um processo dialético de tendências contraditórias, de unidade e diversidade. Os Estados-Membros se unem para complementar as necessidades e particularidades existentes em cada um. Esta coesão e as peculiaridades dependem sempre de uma série de fatores extrajurídicos, de índole natural (fatores geográficos e extensão territorial), econômica (desenvolvimento), social (homogeneidade da estrutura social), dentre outros (necessidade comum de defesa contra estranhos).

A relação entre as tendências unificadoras e diversificadoras é que estabelecerá o nível de equilíbrio do Estado Federal, ora pendendo para a predominância da autonomia dos Estados-Membros, ora para o governo central.

García-Pelayo estabelece as seguintes diferenças entre o Estado Federal e a confederação: a) a confederação tem por base um tratado internacional, enquanto o Estado Federal é previsto na Constituição; b) o Estado Federal é uma entidade jurídico-política; c) na confederação os Estados integrantes são sujeitos de direito internacional e no Estado Federal somente sua unidade possui personalidade jurídica internacional; d) a soberania pertence somente à federação e na confederação todos seus integrantes são entidades soberanas; e) a decisão da federação vincula a população, enquanto o governo confederativo não tem poder direto sobre os cidadãos, mas deve transformar-se em leis, em cada localidade soberana; f) as relações na confederação são de direito internacional. Já o Estado Federal diferencia-se do Estado Regional em função de que os Estados-Membros possuem autonomia constitucional e editam suas próprias regras de estruturação, e as regiões têm seus estatutos aprovados e submetidos ao governo central, bem como pelo fato de que os entes federados locais participam da formação da vontade federal.

Alguns dos motivos que acarretaram uma maior centralização das competências na esfera central de poder do Estado Federal, segundo García-Pelayo, foram: as guerras e as depressões econômicas; o intervencionismo estatal com o crescimento dos serviços públicos; a crescente complexidade do sistema econômico com a concentração de capital financeiro e o surgimento de empresas gigantes.

Alguns autores ainda desenvolveram a distinção dos Estados semifederados, que são aqueles que possuem características semelhantes aos Estados Federais, mas com eles não se confundem. C. K. Wheare exemplifica como Estado quase federal a Rússia e alguns Estados hispano-americanos. Kunz, por sua vez, classifica em Estado Federal autêntico, como sendo aquele que somente a federação possui a soberania, ainda que os Estados-Membros tenham competência constitucional para assinar acordos ou tratados internacionais e Estados Federais falsos, onde os Estados-Membros também possuem soberania.

Manoel Gonçalves Ferreira Filho salienta que a descentralização do poder constitui, simultaneamente, seu próprio limitador, sendo "a geradora de um sistema de freios e contrapesos propício à liberdade. Com efeito, diminui a probabilidade de opressão, dividindo o exercício do poder por muitos e diferentes órgãos".[28]

Esta estruturação também terá como pilar a imprescindível e ampla autonomia dos entes federados, como visto acima. Isto ocorrerá independente da origem do Estado Federal, isto é, seja proveniente de um agrupamento de Estados então soberanos (confederação), quer pela desagregação de um Estado Unitário. Além de se encontrar assegurada no texto constitucional, que somente será modificado com a anuência das esferas locais de poder, ainda que através de seus representantes (ex., Senado Federal), e ainda assim restando vedado qualquer regra relativa ao desligamento dos entes federados.

28. Manoel Gonçalves Ferreira Filho, *Curso de Direito Constitucional*, p. 42.

Isto se observa pela própria origem do termo federalismo, que vem do latim *foedus, foederis*, cujo significado é de união, associação. Associação de uma série de Estados-Membros que possuem autonomia, com Executivo, Legislativo e Judiciário próprios, sendo que o somatório dos poderes descentralizados nos entes regionais resulta na formação do Estado Federal (para alguns, Nacional), que detém a soberania.

Em face destas características o Professor Raul Machado Horta afirma:

"A tipicidade do Estado Federal pode ser sustentada com fundamento nas seguintes características dominantes da organização federativa:

"I — dualidade de ordens governamentais e sua co-existência, cada uma dotada de órgãos próprios de expressão;

"II — repartição constitucional de competências, a ser feita de acôrdo com o método preferido pelo constituinte federal. No Brasil, a forma mais frequente de repartição é a que enumera a competência da União e reserva aos Estados os poderes não delegados, isto é, os poderes que, implícita ou explicitamente, não lhes sejam proibidos pela Constituição Federal;

"III — autonomia constitucional do Estado-membro, com maior ou menor limitação ao poder de auto-organização, segundo critério do constituinte federal;

"IV — organização peculiar do Poder Legislativo federal, permitindo participação destacada do Estado-membro na formação de órgão daquêle poder;

"V — existência de técnica específica, a intervenção federal, destinada a manter, em caso de violação, a integridade territorial, política e constitucional do Estado Federal."[29]

Idêntico posicionamento é apontado por Cármen Lúcia Antunes Rocha, que afir-

29. Raul Machado Horta, *Perspectivas do Federalismo Brasileiro*, co-autoria Washington Peluso Albino de Souza, Gerson de Britto Mello Boson, Orlando M. Carvalho, Onofre Mendes Júnior, , p. 15.

ma ser o princípio federativo composto pela soberania nacional e autonomia dos entes regionais; repartição de competências e a participação de todos os poderes descentralizados na formação da vontade do Estado Nacional.[30]

Por fim, deve salientar uma particularidade da estrutura federal brasileira, onde os Municípios foram alçados à condição de entes federados[31], pois possuem uma área de atuação delimitada, com autonomia e repartição de competências próprias, designadas pela Constituição Federal.

Trata-se de ponto singular, tendo em vista que nos outros Estados Federados os Municípios ou Comunas não têm a autonomia conferida a estes entes federados brasileiros, encontrando-se subordinados à vontade dos Estados-Membros. Apresentam-se sempre como mera desconcentração do exercício da função pública pelas esferas regionais, não havendo efetiva descentralização do poder: órgãos integrantes do Estado-Membro ou entidade da administração indireta (autarquias).

A mera enunciação do princípio do federalismo como norma fundamental da Constituição de qualquer país não implica que suas regras estejam sendo aplicadas, tenham-se transformado em realidade. A verdadeira federação depende da existência efetiva da ampla autonomia dos entes federados, como demonstrado anteriormente. Torna-se necessária a igualdade jurídica entre os membros componentes da federação, mediante uma repartição de competências políticas, administrativas, legislativas e tributárias eqüitativas.

Na hipótese de se verificar uma evidente superioridade, legislativa, econômica e financeira do governo central sobre as demais unidades federadas ou vice-versa, haverá uma relação de dependência entre estas pessoas de forma a praticamente aniquilar o federalismo, chegando-se até mesmo a se negar à existência contemporânea do sistema federal, por ter-se transformado numa mera descentralização administrativa vislumbrada no Estado Unitário.

5. *Tendências do federalismo*

"Na hora que está terminando o século XX, indagar-se sobre os princípios filosóficos do direito moderno aos quais se prenderam, durante três séculos, tantas certezas e esperanças, pode fazer nascer todas as suspeitas e suscitar todos os temores. Entretanto, a antimodernidade que se rebela contra as formas estatais da cultura jurídica moderna carece do *espírito do direito* e oculta a força inexpugnável dos princípios que a modernidade nos legou."[32]

O federalismo surgiu com a promulgação da Constituição de Filadélfia em 1787, decorrente da busca de uma solução de seus constituintes para atender à necessidade de se estabelecer um governo central suficientemente forte, mas que não interferisse nas liberdades individuais e dos Estados-Membros. Encontrou-se uma alternativa eficaz para realizar a descentralização do poder e afastar um eventual autoritarismo por parte do governo central.[33]

Inicialmente, cumpre salientar que toda Constituição espelha, formalmente, um determinado tipo de regime político, bem como uma ideologia presente no país naquele momento, que consiste na concretização de um sistema político que abrange vários princípios ideológicos que constituem seu alicerce.

30. Cármen Lúcia Antunes Rocha, *República e Federação no Brasil*, p. 173.

31. Ressalte-se que uma minoria da doutrina nacional não reconhece o Município como ente federado, como pode se destacar na obra de José Afonso da Silva.

32. Simone Goyard-Fabre. *Os Princípios Filosóficos do Direito Político Moderno*, p. 491.

33. Alguns autores sustentam que as primeiras idéias do federalismo já podiam ser verificadas nas cidades-gregas, em Roma e, principalmente, na Liga Helvética (início das diversas confederações na Suíça), mas somente com a Convenção de Filadélfia que nasce concretamente o federalismo. Esta origem está abordada no tópico relativo ao *sistema americano*.

Compreende-se por ideologia política um complexo de proposições relativas à organização e exercício do poder em uma sociedade política. Por isso podemos dizer que cada regime político reflete certa ideologia que o tipifica.

Partindo dessas premissas, o catedrático espanhol Juan Ferrando Badia classifica os sistemas políticos em: democrático-liberal, marxista e autoritário. A diferença básica entre estes sistemas está no fato de que no regime democrático há uma ideologia identificada na Constituição que convive simultaneamente com outras ideologias de partido e particulares. Esta situação é inconcebível nos demais sistemas, em razão de existir uma ideologia única e oficial se sobrepondo sobre todos os demais interesses presentes na sociedade.

Em função de a democracia liberal ter-se mostrado ineficaz, à medida que passou a não atender aos anseios sociais de toda a população e, muito menos, respeitar os direitos individuais e coletivos, houve uma espécie de incorporação de princípios típicos do sistema marxista.

Surgiu, assim, o regime social-democrático, conciliando as tendências dos países do Leste europeu e se tornando a grande tônica da década de 90. O regime do capitalismo liberal adotou princípios ideológicos presentes na concepção marxista, dando ênfase às questões de cunho social e coletivo. Tem-se, porém, que a prática dos regimes sociais-democratas ainda se encontra distante do ideal utópico perseguido pela maioria. Nos países chamados de Terceiro Mundo, que afirmam adotar o regime da democracia social, este sequer foi embrionariamente iniciado, demonstrando muita mais a perspectiva de um neoliberalismo afastado dos aspectos sociais.

A discussão da constante e necessária evolução do processo democrático sob a ótica da justiça social constitui uma das grandes preocupações dos juristas contemporâneos no exame dos sistemas, regimes e formas de governo adotados em cada país. Idêntico fenômeno ocorre com a forma de Estado Federal, pois esta já não pode ser concebida pelos governos, sofisticadamente, distantes dos ideais buscados pelo povo e divergentes do contexto histórico em que se encontravam inseridos.

Busca-se reexaminar as classificações anteriormente empregadas pelos doutrinadores e discutir as modificações que ocorreram nas sistemáticas governamentais. Criam-se novos modelos e se conjugam outros para que se aplique uma terceira forma de concepção com princípios ideológicos mesclados. O que no passado eram bases antagônicas, hoje são regras conjuntas que originam uma diretriz política mais benéfica à população — fim precípuo da democracia social.

Surge o início da era globalizada, onde os mercados então distantes se encontram dentro da casa de vários cidadãos através da internet. A rapidez e eficácia dos meios de comunicação surpreendem a cada instante. Toda essa revolução tecnológica influencia diretamente nos meios políticos e, sobretudo, na forma de conduzir a Administração Pública.

Neste contexto histórico e social discute-se um assunto de essencial importância no avanço da democracia até as condições utópicas idealizadas por vários estudiosos, e, principalmente, pelo povo: a descentralização real do poder decisório.

A figura da descentralização como maneira de se executar as tarefas públicas há muito já vem sendo realizada e debatida no Direito Administrativo, sendo certo que ganhou novo fôlego nesta década com as concessões e privatizações empreendidas pelo Poder Público, além dos estudos desenvolvidos na França, berço deste magnífico ramo jurídico.

A descentralização, como explicitado acima, passou a ser uma característica fundamental no Estado Democrático, seja Federal, Regional ou Autonômico. Constitui um marco não na forma de Estado a ser adotada, mas na própria concepção de democracia pretendida pela maioria do mundo contemporâneo.

O movimento de democratização que ordenou as mudanças políticas e jurídicas deste final de século vem demonstrando e, ao mesmo tempo, acentuando a tendência de descentralização em alguns Estados Unitários, assim como nos Estados Regionais e Autonômicos. Isto possibilita uma descentralização administrativa que torna a estrutura mais rápida e desconcentrada, encontrando-se cada vez mais próxima da população.[34]

Esta linha de pensamento foi exposta pelo Professor José Luiz Quadros de Magalhães, ao afirmar que "nesse ponto é necessário nos referirmos ao Estado Federal como a forma adequada de Estado para permitir uma estrutura estatal mais democrática".[35]

Demonstrando que a forma federativa está intimamente relacionada com implementação de um Estado Democrático, o Professor Celso Ribeiro Bastos salienta que "hoje, nos Estados Unidos, há uma firme convicção de que a descentralização do poder é um instrumento fundamental para o exercício da democracia".[36]

O relacionamento entre o federalismo e a democracia está centrado na distribuição de poder entre os entes federados. À medida que os Municípios e Estados-Membros forem adquirindo uma autonomia política, administrativa, legislativa e financeira, teremos um poder decisório mais próximo da população. Por conseguinte, este poder permitirá um controle decisivo, possibilitando a implementação de certos pressupostos indiscutíveis para a efetividade da democracia. A repartição do poder dificulta sua transformação em um arbitrarismo ditatorial.[37]

Isto leva diversos autores a afirmarem que jamais haverá uma autêntica democracia nos Estados Federados, como no caso do Brasil, se não existir uma descentralização real do poder através, principalmente, das repartições de competências. Nada será de competência federal se puder ser realizado pelos entes federados estaduais e/ou locais. Inicialmente constata-se a possibilidade de realização pelo Município; não havendo a compatibilidade, parte-se para o Estado-Membro; e só atribui-se a competência à União Federal se os demais não puderem ou não for adequado o cumprimento da medida.

Hans Kelsen sustenta que "a descentralização permite uma aproximação maior da idéia de democracia do que a centralização. Essa idéia é o princípio da autodeterminação". E continua o autor:

"A conformidade da ordem à vontade da maioria é o objetivo da organização democrática. Mas as normas centrais da ordem, válidas para o território inteiro, podem facilmente entrar em contradição com a vontade majoritária de um grupo que vive num território parcial. (...) A chamada autonomia local é uma combinação direta e deliberada das idéias de descentralização e democracia. (...) Um exemplo de unidade local autônoma é a municipalidade e o prefeito."[38]

Não se pretende um federalismo de colaboração sustentado na máxima de que a União Federal deverá dar suporte aos Estados-Membros e aos Municípios caren-

34. Não se trata de colocar um administrador próximo das comunidades, mas uma real descentralização do poder que implique na participação dos cidadãos no cotidiano do Estado, fiscalizando suas decisões e exigindo resultados.

35. José Luiz Quadros de Magalhães, *O Poder Municipal: Paradigmas para o Estado Constitucional Brasileiro*, p. 48.

36. Celso Ribeiro Bastos, *Curso de Direito Constitucional*, p. 285.

37. O mesmo posicionamento é adotado por Cármen Lúcia Antunes Rocha: "O princípio federativo realiza, ainda, a aspiração de participação, conciliando-se, então, com as idéias democráticas que predominam atualmente. Quanto mais próximo do centro de decisões políticas estiver o cidadão, mais a comunidade participa do exercício do poder e mais legitimidade tem esse exercício. Logo, o princípio da participação política plural aperfeiçoa-se mais facilmente com a descentralização política, pelo que se fortalece o princípio federativo que a contempla, informando um modelo de institucionalização do poder segundo tal paradigma" (*República e Federação no Brasil*, p. 173).

38. Hans Kelsen, *Teoria Geral do Direito e do Estado*, pp. 445-448.

tes de quaisquer tipos de recurso. Busca-se é a realização de um federalismo de cooperação, onde entes federados, realmente autônomos, firmem parcerias mútuas para atingir aquilo que é a finalidade de todos: realizar o bem comum.

Nota-se que a Federação não é oriunda de uma "receita" ou de uma "fórmula" pré-ordenada, que possui traços e requisitos certos e fáceis de serem realizados, bastando ser inserido seu conteúdo formal no texto constitucional. O pacto federativo constitui um processo de evolução árduo e penoso para todo e qualquer Estado (Unitário, Autonômico, Regional ou Confederação), que juntamente com a democracia requer um contínuo aperfeiçoamento, adaptando-se às realidades de cada período histórico.

Na concepção dos primeiros Estados Federais firmou-se uma repartição de competências exaustiva entre o governo central e os governos regionais, designada como federalismo clássico ou dual. A Constituição Federal determina as competências da União Federal, ficando as remanescentes com os Estados-Membros.

Não deveria haver ingerência da esfera central nas regionais e vice-versa, pois seria considerada uma afronta ao pacto federal e seria imediatamente rechaçado pela Corte Constitucional. Este modelo foi adotado pelo constituinte americano, pois a Constituição de Filadélfia procurou conjugar a soberania do Estado Federal com autonomias fortes tanto para o governo central como para os governos regionais, já que era oriunda de uma confederação.

Este modelo do federalismo clássico, ainda adotado por alguns Estados Federais, espelhou um período histórico onde predominava nitidamente o denominado "Estado Liberal", pregando a absoluta ausência de intervencionismo do Estado na ordem econômica.

Com o decorrer do tempo e a evolução do federalismo tornou-se necessária uma interpenetração entre as atividades da União Federal e dos Estados-Membros. Aquela divisão clássica e exaustiva das competências não estava permitindo a realização das finalidades do Estado, dando lugar para outras formas de relacionamento entre os entes federados, inclusive no tocante à distribuição de competência — como ocorre com as competências concorrentes e supletivas fixadas pela Constituição Federal brasileira de 1988.

Além da modificação na distribuição das competências, criou-se mecanismo para se efetivar parcerias entre os entes federados para a execução de funções comuns a todos. A esta conjugação de esforços denominou-se de federalismo de colaboração ou contemporâneo, surgido com o Estado intervencionista, sempre vinculado a objetivos econômicos e sociais.

O federalismo dualista, segregador e centrífugo, não admitindo contatos ou relações com o poder central, cedeu espaço ao federalismo cooperativo, firmado na ajuda financeira do ente federal aos Estados-Membros e ao acréscimo dos projetos governamentais conjuntos.

No federalismo cooperativo somente justifica a concentração de competências no governo central aquelas que fossem vinculadas ao plano externo e internamente, quando se trata de soluções que afetem mais de um Estado-Membro e mediante a participação dos mesmos. Fora isto, é injustificável e deturpador do pacto federativo.

No entanto, alguns acontecimentos históricos (guerras mundiais, crises econômicas, intervencionismo estatal) motivaram uma centralização das competências na esfera federal, tendência que se acentuou a partir da segunda metade do século XX. Este incremento foi mais incisivo naqueles países que foram dominados durante certos períodos por um governo autoritário ou ditatorial.

Foi sem dúvida um rico momento na doutrina constitucional, onde muito se discutiu e se escreveu sobre o federalismo, principalmente sobre o equilíbrio de competências que deveria existir entre as pessoas jurídicas de direito público interno.

Diversos juristas foram veementes no ataque às práticas adotadas, afirmando o completo desmanche do Estado Federal.

O Professor Alfredo Buzaid, que chegou a integrar um dos governos ditatoriais no Brasil, defendeu a centralização como uma nova etapa do federalismo, por ele denominada de "integração". Expõe os seguintes argumentos de sustentação de sua tese:

"Esta tendência de política legislativa dá lugar à formação de novo tipo de federalismo. A forma que veio a receber contém o federalismo cooperativo, porque dele recebeu importantes conquistas; mas o supera, ao atribuir à União maior soma de poderes para dirigir a política nacional. O propósito do constituinte não foi o de destruir as unidades federadas, cuja autonomia respeita, mas sim o de construir o novo Brasil, cuja grandeza depende do desenvolvimento integrado de todas as regiões. Estas não se conflitam dentro dos limites territoriais de um Estado; abrangem amplas áreas que incluem vários Estados. A esse novo tipo, que promove o desenvolvimento econômico vem o máximo de segurança coletiva, ousamos denominar federalismo de integração. O federalismo dualista se fundava no princípio do equilíbrio entre a União e o Estado; o federalismo cooperativo formula o princípio da suplementação das deficiências dos Estados; o federalismo da integração representa o triunfo do bem-estar de toda a Nação."[39]

Este embate entre o centralismo do poder em nível interno, em detrimento dos entes federados regionais e locais, e uma descentralização no plano externo, mediante a formação de inúmeros organismos supranacionais, cujas regras passam a ser observadas pelos ordenamentos jurídicos nacionais, tendem a provocar uma série de alterações no quadro teórico dos sistemas, formas e regimes de políticos e de governo, além na estruturação do próprio Estado.

O panorama vivido também é contraposto pela busca cada vez mais intensa e constante da democracia, não teórica, mas prática, discutindo-se a ampliação de seu conteúdo e os caminhos a serem trilhados para sua implementação. Sustenta-se que a democracia, tida como único regime político legítimo, somente será aplicada nos moldes em que pretendido através da descentralização do poder.

A encruzilhada entre a descentralização do poder, como meio natural de se estabelecer uma democracia real, e a centralização, como método de fortalecimento do poder político e econômico do Estado no contexto mundial, deverá ser exaustivamente trabalhada para que se estabeleça com nitidez o equilíbrio, sem prejudicar a autonomia dos entes federados regionais e locais, assegurando a força do Estado no mercado globalizado.

Estas questões sociais, econômicas e políticas da atualidade e que vêm provocando uma série de reflexões e mudanças nos governos de diferentes países e ideologias, caracterizando uma permanente "revolução", foram registradas pela Professora Cármen Lúcia Antunes Rocha:

"Ademais, é de se registrar que a nova feição institucional dos sistemas acolhedores da descentralização força novas situações jurídicas, em razão de perfis político-institucionais formados na atualidade, como: a) a idéia de uma economia globalizada, conduzindo a uma política estatal aproximada entre os Estados, como nunca se teve antes na história (a denominada 'globalização política'); b) a experiência de uma aproximação dos Estados conduzindo às comunidades estatais, que são mais que meras uniões políticas antes concebidas e que tinham caráter precário; c) a noção de que a soberania relativizou-se a ponto de alterar-se em sua substância e prevalecer mais interna que externamente; d) a imperiosidade de se terem planejamentos afinados entre entidades estatais soberanas a determinar uma ação conjunta supranacional; e) uma ampliação inequívoca das compe-

39. Alfredo Buzaid, *O Estado Federal Brasileiro*, pp. 40-41.

tências dos órgãos que compõem os poderes executivos, em razão mesmo, em grande parte, daquelas primeiras circunstâncias apontadas dentre outras razões."[40]

O federalismo está sempre em oscilação nos diversos sistemas federais e de acordo com as condições conjunturais de cada período histórico, sofrendo forças centrífugas ou centrípetas, buscando conciliar a teoria e a realidade, sempre superando uma visão estática deste importante instituto jurídico.

Verifica-se que o sistema federal deve ser concebido e normatizado de forma flexível para permitir que se desenvolva com a mobilidade que lhe é peculiar, seguindo as tendências de cada Estado e as exigências de sua população. Como afirma Maria Celia Castorina de Tarquini, "por el contrario, un modelo basado en la inflexibilidad teórica, estará condenado a sucumbir ante la fuerza de la evolución".[41]

Estes fatores são necessários para enfrentar a nova realidade que já se coloca nos diversos Estados Federais: como realizar a integração de mercados comuns globalizados sem sucumbir o pacto federativo ou provocar um desequilíbrio interno entre suas forças? Justamente pelo dinamismo inerente ao sistema federal que se coloca a integração dos Estados como uma nova evolução do federalismo.

Com efeito, o desenvolvimento de uma relação perene, sustentada no equilíbrio de forças e, sobretudo, da repartição das diversas competências, somente será possível na hipótese de um federalismo maleável, construído na evolução da interpretação de sua concepção teórica diante da realidade posta.

No federalismo busca-se a unidade nacional através das diversidades regionais e quando se promove a integração há uma nova etapa de união, que é a própria base do sistema federal. Daí sustentar-se que, certamente, será uma nova fase da evolução deste instituto jurídico, onde deve ser preservada a singularidade da relação interna de cada país, bem como respeitado o equilíbrio existente entre os entes federados.

Nesta perspectiva é a lição de Maria Celia Castorina de Tarquini:

"Ante esta realidad, la inserción federal en el proceso de integración requerirá más que nunca de una clara conciencia de los elementos perdurables del federalismo y de sus raíces a fin de construir, sobre la base de los mismos, una auténtica participación provinciana en el proceso de integración y lograr de esta manera un veradero crecimiento federal."[42]

Este posicionamento vem consagrado na doutrina alemã, como expõe Konrad Hesse ao afirmar que o "sentido e tarefa da ordem federativa podem, uma vez, consistir nisto, formar e conservar unidade política, sem abolir a particularidade dos membros, unir diversidade e unidade uma com a outra".[43]

Destaca-se, portanto, esta característica primordial do federalismo que é sua maleabilidade ou capacidade de se adaptar às mais diversas situações. Sua aplicação sobrevive à mudança de sistemas e regimes de governo ou político, bem como à variação do contexto histórico. Isto se constata na evolução ora apresentada e suas tendências atuais. Surgiu na época do liberalismo clássico, sendo utilizado nos Estados intervencionistas, posteriormente em um modelo cooperativo e se discute sua nova forma no mercado globalizado. Esta condição que favorece o constante e necessário desenvolvimento do federalismo.

O federalismo não tende a desaparecer na crise do Estado contemporâneo e na concepção do desenvolvimento de merca-

40. Cármen Lúcia Antunes Rocha, *República e Federação no Brasil*, pp. 169-170.

41. Maria Celia Castorina de Tarquini, *Federalismo e Integración*, p. 26.

42. Maria Celia Castorina de Tarquini, *Federalismo e Integración*, p. 55.

43. Konrad Hesse, *Elementos de Direito Constitucional da República Federal da Alemanha*, p. 181.

dos internacionais, mas apenas e tão-somente a concepção doutrinária clássica e inflexível desta forma de Estado que se prende em suas origem a uma moldura jurídica tida como intocável. Agora se processam as transformações de seu conteúdo, "ditadas pela mudança dos tempos e por imperativo das necessidades políticas e sociais, mais poderosas talvez que a vontade dos propugnadores das teses federalistas rigorosas do século XIX".[44]

O certo é que ainda persiste a concentração de competências na esfera central de poder em uma série de Estados Federais. Alguns autores chegaram a afirmar que se tratavam, na realidade, de verdadeiros Estados Unitários com máxima desconcentração.

Esta situação ocorre, de certa forma, no Brasil e na Argentina, a título meramente exemplificativo. E justifica-se esta menção pelo fato de que ambos os países vêm passando por sucessivas reformas constitucionais e infralegais que, na maior parte das vezes, não ataca este problema crucial: a centralização do poder em detrimento dos entes regionais e locais.

Tanto no Brasil como na Argentina o governo central procura aniquilar cada vez mais as competências dos Estados-Membros/Províncias e dos Municípios, quer através do repasse de responsabilidades administrativas sem atribuir o recurso necessário, quer pela constante restrição de créditos, além da usurpação de competências tributárias e de receitas decorrentes da arrecadação tributária.

Estas distorções na aplicação do princípio federativo devem ser imediatamente sanadas, procurando minimizar os prejuízos já causados e permitir a marcha evolutiva do processo democrático que se reintroduziu de forma relativamente recente nestes países. A descentralização na repartição de competências administrativas e tributárias, eliminando-se qualquer vínculo de dependência e aproximando o governo dos cidadãos, deve nortear esta conduta, pois não existem "deuses" que ocuparão a chefia do governo central e que conseguirão solucionar todos os problemas da nação, sozinhos, do alto de seus pedestais.

O Estado Federal exprime, como nenhum outro, a idéia de um regime democrático, em que favorece a aplicação da lei e o princípio da segurança jurídica dos cidadãos, que constituem a finalidade do Poder Público. A capacidade de autodeterminação política, legislativa e econômica de coletividades livres e atuantes impulsionam as iniciativas dos administrados, incentivando um regime representativo, legítimo, onde predomina o exercício responsável do poder através da descentralização.

No decorrer desta evolução do federalismo, espera-se a adoção de um modelo constitucional que permita as mudanças das práticas democráticas constitucionais sem a prévia alteração do ordenamento jurídico, ou seja, sem a permanente "necessidade" de se realizar revisões e promulgar emendas à Lei Fundamental. Deveria prevalecer a idéia de uma constante revolução da aplicação das normas positivas, sustentadas em uma forte base constitucional, mediante um processo meramente interpretativo.

6. Conclusão

1. O Estado Federal, por ter sua construção teórica oriunda da necessidade de se identificar um momento histórico vivido pelo povo americano, é um conceito flexível que, sem se afastar de suas características essenciais, permite adequar-se às peculiaridades de cada país.

2. O traço fundamental do Estado Federal é a descentralização (parcial) do poder político, constituindo ordens jurídicas distintas (estático), emanadas de poderes legislativos diferenciados (dinâmico), vinculados a cada ente federado, e que têm suporte na Constituição Federal, que estabelece sua indissolubilidade.

44. Paulo Bonavides, *Ciência Política*, p. 216.

3. A existência dos entes federados depende do reconhecimento de sua autonomia efetiva, englobando os aspectos político, administrativo, legislativo e financeiro, não bastando a mera previsão no texto constitucional. Esta descentralização político-jurídica diferencia-se da mera desconcentração administrativa, própria dos Estados Unitários.

4. A autonomia necessária aos entes federados e o nível de descentralização do poder em cada Estado decorre da repartição de competências conferidas pelo texto constitucional, bem como pelo poder de elaborar as próprias leis, visando exercer estas competências, observada a integralidade do ordenamento jurídico.

5. O nível de descentralização do Estado Federal é que determinará a forma de repartição das competências e receitas tributárias, único modo pelo qual se assegura uma real autonomia financeira a cada ente federado, eliminando qualquer indício de relação de dependência ou hierarquia entre os mesmos.

6. Neste contexto, cada ente federado somente possui autonomia financeira quando há equilíbrio na distribuição de recursos proporcionalmente às competências administrativas que lhe foram atribuídas pela Constituição Federal e legislação infraconstitucional.

7. Há, na maioria dos países que adotam a forma federal de Estado, a aplicação do denominado federalismo cooperativo, onde ocorre um processo interativo entre os entes federados, na busca comum do desenvolvimento econômico e social em todo o território, principalmente pela implementação da democracia efetiva, e não meramente formal.

8. A descentralização mais ampla do Estado Federal é o caminho natural para aprimorar a prática democrática, facilitando a eliminação das desigualdades sociais e regionais, além de propiciar às pessoas condições idênticas de desenvolvimento.

9. A descentralização, através de entes federados locais, permite um contato mais próximo e direto entre os administrados e seus representantes, possibilitando solucionar os problemas da comunidade ao estabelecer uma escala de prioridades mais condizente com a realidade. Por outro lado, os controles dos atos públicos também são mais eficazes, já que acompanhados e fiscalizados diuturnamente pelos cidadãos.

10. A existência de uma Corte Constitucional é elemento essencial na estrutura federal, garantindo o equilíbrio na distribuição de competências e no exercício democrático do poder. Já o bicameralismo vem se tornando um componente dispensável, tendo em vista que os membros do Senado não mais representam os interesses dos Estados-Membros, mas dos partidos políticos a que pertencem.

11. O pacto federal permanece em discussão, em face da formação de entidades político-administrativas supranacionais, onde se propugna pela prevalência do direito comunitário sobre o direito interno. A centralização e descentralização do poder interno passam, necessariamente, pela criação de mercados integrados, envolvendo uma influência internacional entre os Estados. Neste contexto, pode-se afirmar que não há uma incompatibilidade entre o federalismo e a criação de blocos econômicos, devendo apenas se discutir as maneiras de viabilizar sua efetivação, bem como estabelecer como será a participação dos entes federados na formação da vontade nacional, como ocorre na Alemanha.

Bibliografia

AGESTA, Luis Sanchez. *Principios de Teoría Política*. 3ª ed., Madrid, Editora Nacional, 1970.

ALMEIDA, Fernanda Dias Menezes de. *Competências na Constituição de 1988*. São Paulo, Atlas, 1991.

ATALIBA, Geraldo. "Normas gerais de direito financeiro e tributário e autonomia dos Estados e Municípios", *Revista de Direito Público* 10/45-80, São Paulo, out./dez. 1969.

———. "Federação", *Revista de Direito Público* 81/172-181, São Paulo, jan./mar. 1987.

BADIA, Juan Ferrando. *El Estado Unitario, el Federal y el Estado Regional*. Madrid, Tecnos, 1978.

BALEEIRO, Aliomar. "A crise financeira do federalismo", *Revista Brasileira de Estudos Políticos* 28/77-111, Belo Horizonte, jan. 1970.

BANDEIRA DE MELLO, Celso Antônio. *Curso de Direito Administrativo*. 9ª ed., São Paulo, Malheiros Editores, 1997.

BARACHO, José Alfredo de Oliveira. A Federação e a revisão constitucional. "As novas técnicas dos equilíbrios constitucionais e as relações financeiras, a cláusula federativa e a proteção da forma de Estado na Constituição de 1988", *Revista Forense* 331/121-129, Rio de Janeiro, jul./set. 1995.

———. "Descentralização do poder; Federação e Município", *Revista Forense* 293/11-30, Rio de Janeiro, jan./mar. 1988.

———. "Formas de governo e regimes políticos", *Revista da Faculdade de Direito da Universidade Federal de Minas Gerais* 28-29/75-186, Belo Horizonte, 1985-1986.

———. "Novos rumos do Federalismo", *Revista Brasileira de Estudos Políticos* 56/97-134, Belo Horizonte, jan. 1983.

———. *Teoria Geral do Federalismo*. Belo Horizonte, Fumarc/UCMG, 1982.

BARROSO, Luís Roberto. *Direito Constitucional Brasileiro: o problema da Federação*. Rio de Janeiro, Forense, 1982.

BASTOS, Celso Ribeiro (org.). *Por uma Nova Federação*. São Paulo, Ed. RT, 1995.

BOBBIO, Norberto. *Estado, Governo, Sociedade: para uma teoria geral da política*. Trad. Marco Aurélio Nogueira. Rio de Janeiro, Ed. Paz e Terra, 1999.

———. *A Teoria das Formas de Governo*. Trad. Sérgio Bath. Brasília, Editora UnB, 1998.

BOSON, Gérson de Britto Mello. "Classificação dos Estados e das Uniões Estatais", *Revista Brasileira de Estudos Políticos*, Belo Horizonte, v. II, n. 4, jul. 1958.

BONAVIDES, Paulo. *Ciência Política*. 10ª ed. São Paulo, Malheiros Editores, 1997.

———. *Curso de Direito Constitucional*. 5ª ed. Rio de Janeiro, Forense, 1994.

———. *Do Estado Liberal ao Estado Social*. 5ª ed. Belo Horizonte, Del Rey, 1993.

———. "O Senado e a crise da Federação", *Revista de Informações Legislativas* 50/83-94, Brasília, abr./jun. 1976.

———. *Teoria do Estado*. 3ª ed. São Paulo, Malheiros Editores, 1995.

BUZAID, Alfredo. *O Estado Federal Brasileiro*. Brasília, Ministério da Justiça, 1971.

CAMPOS, Francisco. *Direito Constitucional*. Rio de Janeiro, Forense, 1942.

CANOTILHO, J. J. Gomes. *Direito Constitucional*. Coimbra, Almedina, 1993.

CARMAGNANI, Marcello (org.). *Federalismos Latino Americanos*. México, Fondo de Cultura Económica, 1993.

CARVALHO, Orlando M. "O federalismo e a universidade regional", *Revista Forense* 155, Rio de Janeiro, 1954.

COÊLHO, Sacha Calmon Navarro. *Controle da Constitucionalidade das Leis e o Poder de Tributar na Constituição de 1988*. Belo Horizonte, Livraria Del Rey Editora, 1993.

———. *Curso de direito tributário brasileiro*. 3ª ed. Rio de Janeiro, Ed. Forense, 1999.

COSTA, Gustavo de Freitas Cavalcanti. *Federalismo e ICMS — Reflexos Tributários*. Curitiba, Juruá Editora, 1999.

DABIN, Jean. *Doctrina General del Estado, Elementos de Filosofía Política*. Trad. Héctor Gonzáles Uribe e Jesús Toral Moreno. México, Editorial Jus, 1946.

DALLARI, Dalmo de Abreu. *Elementos de Teoria Geral do Estado*. São Paulo, Saraiva, 1989.

DERZI, Misabel de Abreu Machado. *Direito Tributário, Direito Penal e Tipo*. São Paulo, Ed. RT, 1988.

———. "Fundamentos da competência tributária municipal", *Revista de Direito Tributário* 13/14-99, São Paulo, jul./dez. 1980.

DI RUFFIA, Paolo Biscaretti. *Direito Constitucional: Instituições de Direito Público*. São Paulo, Ed. RT, 1984.

FERREIRA, Pinto. "O regime dos Estados na federação brasileira", *Revista de Informações Legislativas* 1/12-30, ano I, Brasília, Senado Federal, mar. 1964.

FERREIRA, Luís Pinto. *Princípios Gerais de Direito Constitucional Moderno*. T. 2, 6ª ed. São Paulo, Saraiva, 1983.

FERREIRA FILHO, Manoel Gonçalves. *Curso de Direito Constitucional*. São Paulo, Saraiva, 1990.

———. "O Estado Federal Brasileiro na Constituição de 1988", *Revista de Direito Administrativo* 179-180/1-10, São Paulo, jan./jun. 1990.

FILHO, Evaristo de Moraes. *Temas de Liberalismo e Federalismo no Brasil*. Rio de Janeiro, Academia Brasileira de Letras, 1991.

GARCÍA-PELAYO, Manuel. *Derecho Constitucional Comparado*. Madrid, Alianza Editorial, 1993.

GOYARD-FABRE, Simone. *Os Princípios Filosóficos do Direito Político Moderno*. São Paulo, Martins Fontes, 1999.

HAMILTON, Alexander. MADISON, James. JAY, John. *O Federalista*. Trad. Heitor Almeida Herrera. Brasília, Editora UnB, 1984.

HAURIOU, André. *Droit Constitutionnel et Institutions Politiques*. Paris, Ed. Montchrestien, 1966.

HERNÁNDEZ, Antonio María. *Federalismo, Autonomía Municipal y Ciudad de Buenos Aires en la Reforma Constitucional de 1994*. Buenos Aires, Depalma, 1997.

HESSE, Konrad. *Elementos de Direito Constitucional na República Federal da Alemanha*. Trad. Luís Afonso Heck. Porto Alegre, Sérgio Antônio Fabris Editor, 1998.

HORTA, Raul Machado. "As novas tendências do Federalismo", *Jornal da Faculdade de Direito da Universidade Federal de Minas Gerais* 43-46, Belo Horizonte, 1999.

————. *Estudos de Direito Constitucional*. Belo Horizonte, Del Rey, 1995.

————. "O Estado-Membro na Constituição Federal Brasileira", *Revista Brasileira de Estudos Políticos* (69-70)61-89, Belo Horizonte, jul. 1989-jan. 1990.

————. "Organização Constitucional do Federalismo", *Revista da Faculdade de Direito da Universidade Federal de Minas Gerais* 28-29/9-32, Belo Horizonte, 1985-1986.

————. "Reconstrução do Federalismo Brasileiro", *Revista de Informações Legislativas* 18(72)/13-28, Belo Horizonte, out./dez. 1981.

————. "Repartição de Competências e Autonomia do Estado-Membro", *Revista da Faculdade de Direito da Milton Campos* 2/15-27, v. 1, Belo Horizonte, 1995.

————. "Tendências do Federalismo Brasileiro", *Revista Brasileira de Estudos Políticos* 28/9-45, Belo Horizonte, 1970.

————. "Tendências Atuais da Federação Brasileira", *Revista Brasileira de Estudos Políticos* 83/7-25, Belo Horizonte, jul. 1996.

————. *A autonomia do Estado-membro no Direito Constitucional brasileiro*. Belo Horizonte, Ed. Santa Maria, 1964.

————. BOSON, Gerson de Brito Mello; CARVALHO, Orlando M.; JÚNIOR, Onofre Mendes; SOUZA, Washington Peluso Albino de. *Perspectivas do Federalismo Brasileiro*. Belo Horizonte, UMG, 1958.

KELSEN, Hans. *Teoria Pura do Direito*. 4ª ed. Coimbra, Armenio Amado, 1974.

————. *A Democracia*. Trad. Ivone Castilho Benedetti, Jefferson Luiz Camargo, Marcelo Brandão Cipolla e Vera Barkow. São Paulo, Martins Fontes, 1993.

————. *Teoria Geral do Direito e do Estado*. Trad. Luís Carlos Borges. São Paulo, Martins Fontes, 1998.

LOEWENSTEIN, Karl. *Teoría de la Constitución*. Trad. Alfredo Gallego Anabitarte. Barcelona, Ediciones Ariel, 1976.

MAGALHÃES, José Luiz Quadros de. "Um novo Município: Federação de Municípios ou miniaturização dos Estados-membros", *Revista da Ordem dos Advogados do Brasil — Seção de Minas Gerais* 62/31-50, v. 26, Belo Horizonte, jan./jun. 1996.

————. *Poder Municipal: Paradigmas para o Estado Constitucional Brasileiro*. Belo Horizonte, Del Rey, 1997.

MALBERG, Carré. *Teoría General del Estado*. Trad. José Lión Depetre. México, Fondo de Cultura Económica, 1948.

MIRANDA, Jorge. *Manual de Direito Constitucional*. Coimbra, Coimbra Editora, 1990.

MIRANDA, Pontes de. *Comentários à Constituição de 1967*. São Paulo, Ed. RT, 1967.

ROCHA, Cármen Lúcia Antunes. *República e Federação no Brasil*. Belo Horizonte, Del Rey, 1997.

SILVA, José Afonso da. *Curso de Direito Constitucional Positivo*. 9ª ed. São Paulo, Malheiros Editores, 1994.

TARQUINI, Maria Celia Castorina de. *Federalismo e Integración*. Buenos Aires, Ediar, 1997.

UCKMAR, Victor. *Princípios Comuns de Direito Constitucional Tributário*. Trad. Marco Aurélio Greco. São Paulo, Ed. RT, 1976.

VELLOSO, Carlos Mário. "Estado Federal e Estados Federados na Constituição Brasileira de 1988: do equilíbrio federativo", *Revista Brasileira de Estudos Políticos* 74-75/41-89, Belo Horizonte, jan./jul. 1992.

ZIMMERMANN, Augusto. *Teoria Geral do Federalismo Democrático*. Rio de Janeiro, Ed. Lumen Juris, 1999.

ESTUDOS & COMENTÁRIOS

CASSAÇÃO DE LIMINAR EM MANDADO DE SEGURANÇA EM MATÉRIA FISCAL E O SOBREPRINCÍPIO DA SEGURANÇA JURÍDICA

HELDER MARTINEZ DAL COL

Especialista em Administração Universitária pela UEM-PR
— Pós-Graduando em Direito Civil e Direito Processual Civil pela Fundação Getúlio Vargas
— Advogado no Paraná

1. Introdução. 2. Estudo de caso: recolhimentos previdenciários em data diversa da prevista em lei, ao amparo de medida liminar. 3. A segurança jurídica — Sobreprincípio no ordenamento jurídico brasileiro. 4. Os efeitos da liminar cassada — Aproveitabilidade. 5. Conclusão. 6. Referências bibliográficas.

1. Introdução

Nos embates do cotidiano jurídico, não raras vezes nos deparamos com situações capazes de suscitar inconformismo, especialmente aquelas que envolvem a atividade fiscal mal direcionada.

Destas, as que mais atormentam os profissionais do Direito, são as em que a lógica jurídica e o bom senso, que lhe é companheiro inseparável, são substituídos por entendimentos distorcidos, por parte dos órgãos fiscalizadores, que longe de dar guarida à lei, acabam por lançar-lhe pesadas máculas, quando culminam por lavrar autos de infração violadores de direitos.

Outras vezes, por puro desconhecimento dos princípios norteadores de nosso ordenamento jurídico, os agentes fiscais, guardiães rigorosos do nefasto apetite tributário dos órgãos arrecadadores do Governo, cegamente atrelados que são a seus normativos infralegais internos, dão aos fatos jurídicos interpretações esdrúxulas, desprovidas de coerência e causam incômodos de toda ordem ao contribuinte.

Por que isso ocorre? Certamente porque a tarefa de interpretar não é tão simples e não comporta a vulgarização que se lhe vem dando.

Carlos Maximiliano, fundado nos escólios de Ruggiero, lança apropriada consideração acerca da tarefa de interpretar: "Para ser hermeneuta completo, é mister entesourar profundo conhecimento de todo o organismo do Direito e cognição sólida, não só da história dos institutos, mas também das condições de vida em que as relações jurídicas se formam".[1]

1. Carlos Maximiliano, *Hermenêutica e aplicação do direito*, p. 100.

E continua: "Cumpre evitar, não só o demasiado apego à letra dos dispositivos, como também o excesso contrário, o de forçar a exegese e deste modo encaixar na regra escrita, graças à fantasia do hermeneuta, as teses pelas quais este se apaixonou".[2]

Para Norberto Bobbio, "o positivismo jurídico põe um limite intransponível à atividade interpretativa: a interpretação é geralmente textual e, em certas circunstâncias (quando ocorre integrar a lei), pode ser extratextual; mas nunca será antitextual, isto é, nunca se colocará contra a vontade que o legislador expressou na lei".[3]

Pietro Perlingieri completa o ensinamento, quando sintetiza a responsabilidade do intérprete da lei, dizendo: "É verdade que a compreensão de um texto pressupõe (também) um 'poder puramente técnico' e 'os conhecimentos, as capacidades e as habilidades a ele conexos', isto é, uma 'relação de experiência' com as coisas das quais se fala no texto; não é, contudo, suficiente ter uma (mera) 'opinião' acerca de uma coisa. É preciso uma 'específica relação material' com a coisa, uma qualquer abertura, uma 'visão da coisa' que testemunhe a seriedade no esforço de entendê-la e da capacidade de compreendê-la rapidamente".[4]

Como se vê, não basta ao observador ter um contato textual com a lei para saber interpretá-la corretamente. Para poder aventurar-se aos mecanismos da hermenêutica, o intérprete tem que fazê-lo com rigor científico, nos dizeres de Maria Helena Diniz, estabelecendo um entrelaçamento entre as normas, "de tal sorte que haja unidade e coerência lógica do sistema normativo por ele criado epistemologicamente. O sistema apresentará unidade, se as várias normas forem conformes à norma-origem (Constituição); conseqüentemente haverá uma coerência, ante a impossibilidade lógica de existirem preceitos infraconstitucionais antagônicos à Lei Maior".[5]

Por todas essas ilações é de se perguntar se todos os agentes fiscais encontram-se aptos ao mister interpretativo e se possuem competência (no seu sentido jurídico) para tanto. Se a resposta pender para a negativa, a realidade revelará ônus imotivados, que acabam sendo suportados pelo infeliz contribuinte e restam quase sempre irreparados.

Competirá ao contribuinte, despendendo recursos, perdendo a inavaliável tranqüilidade, livrar-se da autuação, não sem antes desembolsar altos valores com depósitos recursais (de difícil recuperação), ou na movimentação da máquina judiciária, afctando scu fluxo de caixa e seu equilíbrio financeiro.

Nesse meio tempo, esse contribuinte terá obstadas muitas operações, saindo da sua situação de normalidade, por ser considerado inadimplente e devedor do Fisco. Os que necessitam de certidões negativas para o desempenho de suas atividades, entendem muito bem esse quadro desesperador.

Enquanto nossa legislação não dá uma proteção mais efetiva ao contribuinte, nem o resguarda da irresponsabilidade e inaptidão técnica dos agentes estatais, que sob a ótica da lei estão cumprindo seu dever fiscalizador, sofrem os cidadãos e as empresas em função dessa realidade crônica, que faz com que todos sejam considerados culpados até que, a duras penas, provem o contrário.

Uma dessas circunstâncias, com que nos deparamos no labor advocatício, motivou-nos a redigir estas páginas, que convidam o leitor a rápida reflexão acerca do problema e, na análise de caso concreto, permite-nos estudar importantes postulados do Direito, amiúde desconsiderados.

2. Id., p. 103

3. Norberto Bobbio, *O positivismo jurídico — Lições de filosofia do direito*, p. 214.

4. Pietro Perlingieri, *Perfis do direito civil. Introdução ao direito civil constitucional*, pp. 68-69.

5. Maria Helena Diniz, *Norma constitucional e seus efeitos*, p. 119.

2. *Estudo de caso: recolhimentos previdenciários em data diversa da prevista em lei, ao amparo de medida liminar*

Tomemos um caso comum, que se repete nos mais variados rincões do país e vem causando incontáveis transtornos empresariais até hoje: Uma empresa *X*, que atue na área *Y*, opta por questionar as mudanças das regras impostas pelo Governo Federal, pertinentes ao recolhimento de contribuições previdenciárias.

Trata-se da alteração, pela Lei 9.063/95 e PT/MPAS 1.435/94, que mudaram as regras dos recolhimentos previdenciários, em prejuízo aos contribuintes, que passaram a enfrentar sérias dificuldades para adaptação do fechamento de suas folhas de pagamento e cálculo das contribuições.

Pelas mudanças na legislação, a Contribuição Previdenciária devida pelas empresas, inclusive a descontada de seus empregados e a incidente sobre a comercialização da produção rural, que era recolhida até o 8º (oitavo) dia, passou a ser exigida até o 2º (segundo) dia do mês subseqüente ao da competência.

Sentindo-se lesada em seu direito de proceder ao recolhimento até o 8º dia do mês subseqüente, a empresa *X*, assim como várias outras em todo o país, impetrou mandado de segurança, obtendo liminar, que autorizou-a continuar recolhendo suas contribuições na mesma data em que o fazia até então.

Analisemos a situação instalada, a partir de então: a medida liminar concedida assegurou à empresa a prerrogativa de, sob o amparo do Poder Judiciário e sem que tal ato se constituísse em infração às normas do INSS, continuar a efetuar os recolhimentos até o 8º dia do mês subseqüente ao da competência, até que a sentença de mérito decidisse pela legalidade ou não da alteração imposta por lei. A Contribuição, é de se ressaltar, continuou a ser paga normalmente, porém, em data diversa da determinada na nova legislação.

Tomemos, novamente como exemplo, uma situação fático-jurídica que igualmente se repetiu na maioria dos casos postos a julgamento: o mandado de segurança foi apreciado em seu mérito e a segurança concedida apenas parcialmente, em razão do princípio nonagesimal que restou inobservado pelo INSS, ao tempo em que o Judiciário entendeu aplicável a novel legislação, tornando sem efeito a liminar concedida e determinando que a empresa impetrante passasse a recolher em conformidade com a lei nova, ou seja, até o 2º dia do mês superveniente ao mês de competência.

Neste ponto começaram os absurdos interpretativos a que fizemos referência. Em um caso que acompanhamos, tendo o julgamento seguido os moldes acima descritos, o INSS entendeu que no período em que se recolheu até o 8º dia, com suporte na liminar, passou a existir mora retroativa, desde a cassação da liminar e autuou a empresa, lançando-lhe correção monetária, juros de mora e multa pelo atraso no recolhimento.[6]

6. No caso em tela, algumas particularidades pitorescas se verificaram. O órgão fiscalizador, em um rompante de criatividade antijurídica, entendeu que o mandado de segurança (impetrado vários meses antes da lavratura dos autos de infração e lançamento, que na verdade decorreram do próprio julgamento daquela ação), importou em "renúncia pelo contribuinte à via administrativa" e determinou a inclusão dos processos em cobrança executiva. A batalha jurídica que se instalou, decorrente dessa decisão absurda durou pelo menos três anos, para só então, anulados todos os atos praticados, retornar o processo à instância administrativa para ter seu seguimento restabelecido e voltar a tramitar na via *interna corporis* do instituto. Como se percebe, o mandado de segurança jamais discutiu a dívida, que ainda não existia, posto que originou-se do julgamento da ação. Como, então, entender que a impetração, que visava apenas garantir a continuidade dos recolhimentos na data em que vinham sendo efetuados até então, pudesse importar em renúncia à via administrativa da defesa tempestivamente apresentada, contra auto de infração e lançamento que somente foi lavrado depois do julgamento daquela impetração? A resposta a tal questionamento prende-se ao despreparo técnico dos agentes fiscais, para atuar no campo da hermenêutica. Aliás, temos defendido que ao agente fiscal não é dado interpretar o direito. Ou

Tomamos o caso como paradigma, pois é de conhecimento haver inúmeros outros que guardam-lhe semelhança. Pretendemos, com o presente estudo, lançar luzes que auxiliem os contribuintes na defesa de um direito líquido e certo, flagrantemente violado.

Se ao tempo da liminar concedida o recolhimento efetuou-se até o dia 8 do mês subseqüente ao de competência, não há como falar-se em mora ou atraso e muito menos em infração legal passível de multa e em hipótese alguma se pode conceber que qualquer penalidade possa ser imposta por essa alteração na data de pagamento, uma vez que respaldada pelo Poder Judiciário.

3. A segurança jurídica — Sobreprincípio no ordenamento jurídico brasileiro

Nosso ordenamento jurídico repousa assentado sobre estruturas basilares que ditam-lhe as linhas gerais de entendimento e aplicação dos dispositivos normativos que o compreendem. São os princípios jurídicos.

Para Carrazza, "Etimologicamente, o termo 'princípio' (do latim *principium, principii*) encerra a idéia de começo, origem, base. (...) Por igual, em qualquer ciência, princípio é começo, alicerce, ponto de partida. Pressupõe, sempre, a figura de um patamar privilegiado, que torna mais fácil a compreensão ou a demonstração de algo. Nesta medida é, ainda, a pedra angular de qualquer sistema".[7]

E complementa, ao tratar dos princípios no âmbito da ciência jurídica: "Segundo nos parece, princípio jurídico é um enunciado lógico, implícito ou explícito, que, por sua grande generalidade, ocupa posição de preeminência nos vastos quadrantes do Direito e, por isso mesmo, vincula, de modo inexorável, o entendimento e a aplicação das normas jurídicas que com ele se conectam".[8]

Citando Bandeira de Mello, o ilustre constitucionalista José Afonso da Silva assinala ser o princípio, ou "mandamento nuclear de um sistema, verdadeiro alicerce dele, disposição fundamental que se irradia sobre diferentes normas, compondo-lhes o espírito e servindo de critério para sua exata compreensão e inteligência".[9]

Paulo Nader, comentando a função integrativa dos princípios jurídicos assinala: "Os princípios são necessários à elaboração dos sistemas e atuam ainda como elementos de integração do Direito. Nesta segunda função eles preenchem lacunas da lei, oportunidade em que o aplicador do Direito deverá identificá-los com os princípios de Direito Natural ou com os do ordenamento jurídico, segundo sua concep ção, salvo quando houver orientação específica do sistema".[10]

Ainda sobre a necessidade de adequação ao sistema, com esteio nos princípios a ele inerentes, Pietro Perlingieri leciona que toda norma deve ser reconduzida aos valores constitucionais, perdendo sentido a preferência ao recurso da "precisa disposição", "devendo-se sempre operar sobre ela um controle de valor por parte do ordenamento (*meritevolezza*); controle que exige necessariamente a individuação de uma *ratio iuris* em harmonia e em conformidade com o sistema. Se toda norma exprime sempre um princípio, este deve ser confrontado com os princípios fundamentais. O recurso *ratio iuris*, isto é, à sua individuação, é um problema de cotejo do princípio, que a *ratio* representa, com os outros princípios".[11]

É nesse contexto de estabilidade que surge o postulado da segurança jurídica.

há violação à norma ou há dúvida. Havendo dúvida, deve primeiro manifestar-se o Judiciário, para dizer o direito.

7. Roque Antonio Carrazza, *Curso de direito constitucional tributário*, p. 30.

8. Idem, pp. 21-32.

9. Celso Antônio Bandeira de Mello, *Curso de direito administrativo*, pp. 450 e 451, in José Afonso da Silva, *Curso de direito constitucional positivo*, p. 95.

10. Paulo Nader, *Filosofia do direito*, p. 78.

11. Pietro Perlingieri, *Perfis do direito civil. Introdução ao direito civil constitucional*, p. 75.

"Seguras están las personas con certeza de que el Derecho es objetivamente uno, y de que tanto el Estado como los ciudadanos lo acatarán".[12]

Paulo de Barros Carvalho, fala da segurança jurídica a constituir um daqueles a que denomina *sobreprincípios*, ou seja, "conjuntos de princípios que operam para realizar, além dos respectivos conteúdos axiológicos, princípios de maior hierarquia".

E complementa: "Não haverá respeito ao sobreprincípio da segurança jurídica sempre que as diretrizes que o realizem venham a ser concretamente desrespeitadas e tais situações infringentes se perpetuem no tempo, consolidando-se".[13]

Isto porque, segundo bem esclarece o autor, transgredido um princípio ou sobreprincípio, os mecanismos de recomposição previstos pelo sistema, são postos em funcionamento para restabelecer os valores ofendidos.

Sobreprincípio, portanto, sugere uma idéia de valor superior ao próprio princípio.

No mesmo diapasão, Souto Maior Borges leciona que "a segurança jurídica pode ser visualizada como um valor transcendente ao ordenamento jurídico, no sentido de que a sua investigação não se confina ao sistema jurídico positivo. Antes, inspira as normas que, no âmbito do Direito Positivo, lhe atribuem efetividade".[14]

Interpretar sem estar atento a essas regras básicas significa macular o consagrado *postulado fundamental da segurança jurídica*, esteio do ordenamento jurídico, orientador da Carta Constitucional, que dá a cada contribuinte, a cada cidadão, a certeza de que pode confiar no ordenamento jurídico, que pode pleitear junto ao Poder Judiciário, sem ver-se surpreendido com mudanças absurdas na aplicação da lei ou na interpretação que se lhe dá, afastando seu direito ou frustrando a segurança que lhe advém das decisões emanadas desse Poder livre e independente.

Tratando da necessária observância aos princípios jurídicos Dâmares Ferreira traz a lume o sempre oportuno ensinamento de Celso Antônio Bandeira de Mello, para o qual, "Violar um princípio é muito mais grave que transgredir uma norma. A desatenção ao princípio implica ofensa não apenas a um específico mandamento obrigatório, mas a todo o sistema de comandos. É a mais grave forma de ilegalidade e inconstitucionalidade, conforme o escalão do princípio violado, porque representa insurgência contra todo o sistema, subversão de seus valores fundamentais (...)".[15]

Se a violação da lei perde em gravidade frente à violação de um princípio, o que dizer da conduta que fere frontalmente um desses elementos axiológicos transcendentes a que se convencionou chamar sobreprincípio? Com certeza, estar-se-á diante da mais severa violação do sistema normativo de um país.

Assim, sempre que se obtiver do Poder Judiciário uma autorização dizendo "— *faça, pois vislumbro a existência de um direito seu e confiro legalidade a seu ato*", não poderá, por pressuposto lógico, ocorrer um momento posterior em que esse Poder entregue o cidadão à própria sorte dizendo: "*— agora entendo não haver aquele direito: sofra as conseqüências de ter agido sob minha autorização, pois ela agora não tem mais validade!*". Isso seria negar validade aos princípios da efetividade das decisões judiciais, da legalidade, do livre acesso à jurisdição e da ampla defesa, bem como ao sobreprincípio maior, da segurança jurídica.

12. Héctor B. Villegas, "Principio de seguridad jurídica en la creación y aplicación del tributo", *Cadernos de Direito Tributário* 66/7.

13. Paulo de Barros Carvalho, "O princípio da segurança jurídica", *Revista de Direito Tributário* 61/89.

14. Souto Maior Borges, "Princípio da segurança jurídica na criação e aplicação do tributo", *Revista de Direito Tributário* 64/206.

15. Dâmares Ferreira, *Breves considerações sobre taxas e preços*, Internet: www.temis.com.br e www.jurid.com.br.

Fácil observar que, se a empresa está devidamente autorizada por ato judicial a efetuar o recolhimento das contribuições no prazo assinalado pela legislação anterior, no instante em que assim procedeu, não praticou qualquer ilícito administrativo.

Aliás, é absurdo afirmar que ao ser cassada a liminar, torna-se *ilegal* o que antes era plenamente *legal*, sob seu amparo. É óbvio que a retroação da cassação da liminar não se reveste desse condão, de retirar a proteção legal antes conferida para a prática de um determinado ato, autorizado pelo Judiciário.

No momento em que se deram os atos jurídicos (recolher as contribuições até o 8º dia), havia a chancela judicial protetora que tornava lícita a não observância das normas supramencionadas (mera questão de data e não do recolhimento em si mesmo considerado). E essa licitude não pode ser preterida posteriormente, de forma retroativa, pois o ato jurídico era perfeito e acabado sob a égide da tutela jurisdicional e retratava, naquele momento, um direito individual adquirido e exercitado provisoriamente sob o manto da proteção do Estado.

A cassação da liminar restabelece o *status quo ante*, ou seja, obriga o contribuinte a adequar-se aos imperativos da nova lei, dizendo-os legítimos. Mas todos os atos jurídicos praticados na vigência da liminar são válidos. Não se faz presente, na hipótese, qualquer infração, ensejadora de ilícito tributário passível de apenamento e não se pode conceber que os atos praticados *no passado* possam deixar de ser lícitos *no futuro* para tornarem-se ilegítimos e ser apenados.

Princípios constitucionais protegem o contribuinte neste caso e não o deixam ao desamparo da segurança jurídica.

Dizer, de forma pura e simplista, que a liminar cassada ou revogada perde seus efeitos retroativamente, o que estaria asseverado por Súmula (STF, 405), sem levar-se em conta os princípios do Direito e sem avaliar o ordenamento jurídico em sua conjuntura integral, é por demais perigoso e pode constituir sofisma jurídico.

Daí porque a advertência de Alfredo Augusto Becker, quando diz que "Certas teorias mostram-se facilmente inteligíveis e simples precisamente porque são edificadas sobre apenas um fragmento das bases integrais; e, quando destruídas pela análise, resta sempre um truncamento de coluna indestrutível (aquele fragmento) a lançar entre as ruínas a sua sombra enigmática de meia verdade".[16]

Ocorre que a pretensão fiscal do Estado fica suspensa durante a vigência da liminar concedida em mandado de segurança, conforme nos aponta Paulo de Barros Carvalho: "Concedida a liminar, em processo de mandado de segurança impetrado contra ato jurídico administrativo de lançamento tributário, a exigibilidade do ato fica suspensa, de sorte que a Fazenda passa a aguardar a sentença denegatória, ou, então, que a medida venha a ser sustada".[17]

Se a liminar autorizar o contribuinte a proceder ao recolhimento tributário em data diferenciada da determinada por nova legislação (no exemplo em tela, até o dia 8 do mês subseqüente, quando a nova lei diminui o prazo para o dia 2), não é de se exigir, durante a vigência da liminar, que aquele proceda de forma diversa. Logo, seus atos são lícitos.

Autuar o contribuinte por atraso no recolhimento (que não ocorreu), na vigência da ordem judicial, é negar efeito ao comando judiciário, válido e eficaz, enquanto perdurou a tramitação processual.

E nem se queira afirmar que a cassação da liminar opera efeitos retroativos neste caso, pois não há como retroagir no ponto em que autorizou a mudança (na verdade, manutenção) da data de recolhimento, já que é absolutamente impossível ao contribuinte voltar no tempo para proceder de acordo com a sentença de mérito e recolher no dia 2 o que foi recolhido no dia 8.

16. Alfredo Augusto Becker, *Teoria geral do direito tributário*, pp. 13-14.

17. Paulo de Barros Carvalho, *Curso de direito tributário*, p. 407.

Poderá apenas adequar-se para os recolhimentos futuros.

Neste caso, os efeitos da cassação operam-se *ex nunc* e não *ex tunc*.

Pode-se até conceber que tal retroação ocorreria, caso a liminar houvesse sido deferida para que *não se efetuasse* o recolhimento *do tributo*.

Então, cassada a liminar, aquele recolhimento não efetuado voltaria a ser devido. A diferença dos dois casos é claríssima. No segundo, é possível efetuar o recolhimento que não ocorreu. No primeiro, é impossível efetuar o recolhimento havido em data diferenciada daquela em que o mesmo ocorreu!

Muito menos se poderá dizer que o contribuinte correu o risco e deve arcar com as conseqüências do não acolhimento de sua tese. Pensar assim seria agredir aos preceitos basilares do ordenamento jurídico. Seria afrontar o sobreprincípio da segurança jurídica, negar validade às decisões judiciais e criar obstáculo inconstitucional ao direito de petição e ao acesso à jurisdição.

Realmente, por força de preceito constitucional, a lei não excluirá da apreciação do Poder Judiciário lesão ou ameaça a direito (art. 5º, inc. XXXV). A preservação da harmonia do sistema jurídico exige que se entenda aquela tese jurídica de forma a que não se anule essa garantia constitucional. Assim, se a atividade da Administração Tributária é especificamente identificada, e há evidência de que, nessa modalidade específica, configura lesão, ou ameaça a direito do contribuinte, evidentemente pode ser vedada por provimento judicial. ***Não teria sentido algum a garantia de apreciação judicial, se o Judiciário não pudesse garantir o direito contra a lesão, ou a ameaça de lesão.***[18]

Vale dizer que, na vigência de providência judicial autorizadora da prática de um ato, este ato é respaldado pelo direito e assim se perpetua. Se alterado o tratamento posteriormente, cessam os efeitos da liminar, mas não desaparece a licitude do ato praticado na sua vigência, pois é da essência da providência judicial conferir legalidade aos atos praticados sob sua égide.

E como se trata de lançamento tributário,[19] relativo a consectários legais, vez que a multa, os juros de mora e a correção monetária são acessórios em relação à contribuição, que é principal, há que observar-se a lição de Roque Antonio Carrazza, quando, ao analisar a segurança jurídica em matéria constitucional-tributária, condiciona a hipótese de incidência à descrição minudente e exaustiva do tipo tributário, sem o que não há tributo e não pode o mesmo ser exigido:

"A hipótese de incidência tributária — sempre veiculada por meio de lei — deve conter uma exaustiva descrição dos pressupostos tributários, apta a permitir que todos eles sejam perfeitamente reconhecidos, quando ocorrerem, no mundo fenomênico. Esta idéia vem acentuada por Sacha Calmon Navarro Coelho, para quem o fato gerador *in abstracto* (hipótese de incidência) deve '(...) ser minuciosamente descrito (princípio da especificação) para evitar ao intérprete ou ao aplicador da lei entendimentos dilargados ou contraditórios a seu respeito, gerando insegurança e incerteza para o contribuinte'. Quando a hipótese de incidência é incompleta, ou seja, não descreve, de modo exaustivo, o 'tipo tributário', a exação não poderá ser exigida".[20]

Ora, pode até a legislação previdenciária prever a incidência de multa, juros de mora e correção monetária para o recolhimento a destempo das contribuições.

18. Hugo de Brito Machado, "As liminares e o direito de lançar tributo", *Revista de Direito Tributário* 68/47.

19. Não ingressaremos, nesta órbita, na discussão quanto à natureza jurídica desse ato, se de lançamento ou mero ato administrativo impositivo de pena, limitando-nos a assinalar a existência da controvérsia. V., a propósito, Paulo de Barros Carvalho, *Curso de direito tributário*, pp. 378-381.

20. Roque Antonio Carrazza, *Curso de direito constitucional tributário*, p. 299.

Mas não faz qualquer referência – portanto, não descreve minudentemente a hipótese de incidência – quando se trata de recolhimento amparado em liminar, caso a mesma venha a ser supervenientemente revogada.

A despeito de toda a temática desenvolvida acerca da segurança jurídica afeta às decisões judiciais, o próprio exercício de tributar também encontra-se vinculado a esse arcabouço principiológico. Foi por tal razão que o legislador constituinte estabeleceu um desenho completo e rígido do poder de tributar. Tudo o que fugir desse delineamento esbarra na própria Constituição. Daí o exigir-se, em matéria tributária, um certo apego ao positivismo, aliado ao rigor científico interpretativo, calcado em princípios e elementos conceituais.

Nesse enfoque, Luís Roberto Barroso assinala que "o resgate da imperatividade do Texto Constitucional e sua interpretação à luz de boa dogmática jurídica, por óbvio que possa parecer, é uma instigante novidade neste país acostumado a maltratar suas instituições".[21]

Não se pode confundir, portanto, "atos não praticados" com "atos praticados na vigência da liminar". É óbvio que, se a liminar operou efeitos para desonerar o contribuinte momentaneamente do recolhimento de um tributo, ao ser cassada ou revogada, deixa de produzir efeitos e opera retroativamente. Isso nem poderia ser diferente.

Mas, no momento em que o tributo *é recolhido*, mas por força da liminar isso ocorre em um prazo diferenciado (questão de poucos dias, como no caso), faz-se equivocado pensar que sua cassação opere retroativamente para tornar o contribuinte um infrator por não ter recolhido o tributo na data especificada e torná-lo passível de responder por multas e juros de mora. Aqui repousa a grande diferença.

21. Luís Roberto Barroso, *Interpretação e aplicação da Constituição*, p. 260.

Situação idêntica a esta se verifica quando o contribuinte recebe do Judiciário autorização para efetuar o depósito integral da exação indevidamente exigida. Vencido o contribuinte na ação, o Fisco levanta no presente os valores depositados no passado, mas não pode impor penalidades pelo atraso no pagamento, que só agora torna-se efetivo.

Isto porque, ao recolher tributos em conformidade com ordem judicial liminarmente concedida, não comete o contribuinte qualquer infração. Por isso não pode ser autuado, posto que não se encontra em débito, nem em atraso. Os efeitos da liminar não podem retroagir para invalidar a ação positiva do contribuinte (de recolher a exação) e penalizá-lo por não tê-lo feito no prazo diferente daquele que a liminar concedeu-lhe.

Se o Judiciário aceitasse essa situação, estaria decretando a invalidade e insegurança jurídica de suas próprias decisões. Estaria confirmando um proceder ilegal do agente público, que se aproxima da vindita contra o contribuinte que "ousa" questionar o Governo e suas determinações.

É impensável que o Poder Judiciário acate tão acintoso desrespeito, levado a efeito pelo INSS contra suas decisões. É insustentável a idéia de que a Previdência possa dar prosseguimento a essas cobranças, invalidando, na via administrativa, a proteção jurídica que foi dada pelo juízo competente, na via judicial.

4. Os efeitos da liminar cassada — Aproveitabilidade

Indagamos: *Relativamente aos efeitos da liminar concedida em mandado de segurança, para autorizar o contribuinte a deixar de recolher tributos ou a proceder os recolhimentos tributários em data diversa da exigida por nova lei, desaparecem totalmente se for a liminar cassada, revogada ou tornada sem efeito?* É óbvio que não! Eles cessam de imediato, mas validam o procedimento do contribuinte tutelado pela liminar, ao tempo em que esta vigeu.

Assim, não recolhido o tributo e vindo a ser considerado devido, haverá o contribuinte de efetuar seu recolhimento, porém sem incidência de multa.

Se já o recolheu, está quite com o Fisco e com maior razão não pode ser apenado por recolhimento em atraso.

É o que ressalta Hely Lopes Meirelles, ao apreciar o retorno da situação factual albergada pela medida liminar ao seu estado inicial, quando da cassação ou cessação daquela: "Mas, se no período da suspensão liminar (ou sentença concessiva da segurança, posteriormente reformada) forem praticados atos geradores de direito subjetivo para o impetrante ou para terceiros, ou consumadas situações definitivas, tais atos e situações deverão ser considerados válidos e subsistentes, pois se constituíram ao amparo de uma ordem judicial eficaz durante a sua vigência. Nesse sentido, em diferentes casos, vejam-se: STF, *RTJ* 33/280, 33/501, 41/251, 41/593, 41/857, 87/722, 104/1.284; *RDA* 114/288, 134/217, 119/828; TFR, no Agr. 39.074-RN, *DJU* de 7.11.1979, p. 8.333".[22]

Esse mesmo entendimento é repetido em acórdão do Tribunal de Justiça do Estado do Paraná, que embora tenha versado sobre outra matéria, comporta o mesmo enfoque jurídico no que tange à aproveitabilidade dos efeitos da decisão cassada, enquanto a mesma vigeu e tutelou o impetrante:

"Os atos apontados na impetração, que obstaram a classificação e nomeação do impetrante se caracterizam como violadores de seu direito líquido e certo, na consideração de que o acesso a cargo público não pode ser vedado por motivo de idade, ressalvados os casos que a própria Constituição menciona (art. 7º, XXX, c/c o art. 39, § 2º).

"Por outro lado, a cassação da liminar do mandado de segurança coletivo, que havia suspendido os efeitos do critério de limitação etária, imposta no Edital de Concurso, em nada pode afetar a situação do impetrante que, desde sua inscrição até a divulgação dos aprovados no concurso, não tivera sua participação condicionada ao despacho concessivo daquela liminar, em caráter oficial e formal.

"Vale dizer, então, que a seu favor constituíram-se situações definitivas, que no dizer do consagrado mestre Hely Lopes Meirelles 'deverão ser consideradas válidas e subsistentes, pois se constituíram ao amparo de uma ordem judicial eficaz durante a sua vigência'. Segurança concedida."[23]

No mesmo sentido o ac. 1769, proferido no MS 0024749400, sendo relator o Desembargador Silva Wolff, por maioria, j. 7.5.1993.

Este, justamente, o entendimento unânime dos Conselhos de Contribuintes, cujas decisões merecem transcrição:

"Não incorre em mora o contribuinte que não efetuou pagamento de tributo em tempo próprio em razão de expressa ordem judicial, que suspendeu a sua exigibilidade" (ac. 301-28360, processo 10907.000046/96-11-3º CC, 1ª Câm., rela. Márcia Regina Machado Melaré, *DOU* 29.7.1998, p. 30).[24]

"Recolhimento regular do crédito tributário após cassação de liminar em mandado de segurança, interposto anteriormente à ocorrência do fato gerador, ilide as multas de ofício" (ac. 301-28565, processo 11131.000588/96-84-3º CC, 1ª Câm., rel. Isalberto Zavão Lima, *DOU* 29.7.98, p. 31).

A jurisprudência inclina-se para a mesma concepção jurídica, desde longa data, conforme se ilai do contundente acór-

22. Hely Lopes Meirelles, *Mandado de segurança*, p. 57.

23. TJPR, MS(OE) 0024888600-Curitiba, ac. 1.751, Des. Adolpho Pereira, Órgão Especial, m.v., j. 7.5.1993, coletado do Sistema de Jurisprudência do Tribunal, via Renpac.

24. No mesmo sentido, processo 13805.007049/96-95, ac. 101-92.042, 1º CC, 1ª Câm., rel. Francisco de Assis Miranda, *DOU* I, 3.7.1998, p. 22.

dão do Supremo Tribunal Federal, proferido no agravo em mandado de segurança 44.595 (*DJU*, de 23.9.1968, p. 3.724):

"A imposição de multa em matéria tributária supõe a existência de fraude, a tentativa de sonegação. Não há, como, pois, admitir a sua aplicação ao contribuinte que deixou de recolher o imposto sob o amparo de medida judicial oportunamente requerida, *ainda que a decisão venha a ser mais tarde reformada*" (ementa).

Essa orientação se repete nos mais recentes escólios doutrinários, como bem observa o Prof. Hugo de Brito Machado, em invulgar artigo publicado pela *Revista de Direito Tributário*, acerca do "Mandado de segurança e consulta fiscal", *in verbis*:

"Estabelece, ainda, o art. 50, do mencionado Decreto (70.235), que 'a decisão de segunda instância não obriga ao recolhimento de tributo que deixou de ser retido ou autolançado após a decisão reformada e de acordo com a orientação desta, no período compreendido entre as datas de ciência das duas decisões. Isto significa que em se tratando, por exemplo, de imposto de renda na fonte, ou dos tributos objeto do denominado lançamento por homologação, impropriamente aí ditos tributos autolançados, a decisão de primeira instância, favorável do contribuinte consulente, produz efeitos que não são afetados em virtude de sua reforma".[25]

A vedação da imposição tributária, no caso vertente, segue uma regra conceitual que revela um princípio do Direito Tributário, flagrantemente violado pelas autuações levadas a efeito nos casos sob comento, fruto de uma interpretação errônea, atécnica e contrária ao sistema, levada a efeito pelos agentes fiscais, que não raro desconhecem o sentido teleológico das leis e realizam uma exegese empírica calcada em presunções e ficções incoerentes com o ordenamento jurídico e os princípios que o alicerçam.

Roque Antonio Carrazza lança ponderadas observações sobre esta triste realidade, quando diz: "É certo que o Direito Tributário admite ficções, presunções e indícios. É igualmente certo, todavia, que não pode ignorar os princípios constitucionais, que formam o que Louis Trotabas chamava de Estatuto do Contribuinte, especialmente o da tipicidade fechada.

"Os tipos tributários como que fecham a realidade tributária, não podendo ser alargados por meio de presunções, ficções ou meros indícios. É inadmissível que o agente fiscal abra aquilo que o legislador, atento aos ditames constitucionais, cuidadosamente fechou. (...) Logo, o lançamento e o auto de infração também estão sob a égide da segurança jurídica, com os seus consectários (estrita legalidade, tipicidade fechada, ampla defesa, etc.). Enquanto edita estes atos administrativos, o Fisco não pode, sob pena de nulidade, adotar critérios próprios (subjetivos), no lugar dos legais".[26]

No contexto geral que alinhavamos, salta aos olhos a injustiça e ilegalidade dos lançamentos sob análise, uma vez que as empresas contribuintes, ao recolher os tributos amparadas por tutela judicial específica e previamente intentada, não laboraram em fraude ou tentativa de sonegação, e muito menos imbuídas de má-fé ou sob o artifício de qualquer outro expediente temerário ou ilegal, e por carecerem aqueles, de uma perfeita descrição hipotética que amolde a exigência ao fato jurídico.

5. *Conclusão*

As liminares concedidas pelo Poder Judiciário prestam-se a garantir ao contribuinte a segurança do ato praticado, ficando este albergado por um manto de legalidade e autorização.

É o postulado da segurança jurídica que se opera nesse contexto e que não pode ser relegado a um plano de inferioridade,

25. Hugo de Brito Machado, *Revista de Direito Tributário* 61/110.

26. Roque Antonio Carrazza, *Curso de direito constitucional tributário*, pp. 314-315.

nem fazer-se desconsiderado. A posterior reforma ou cassação da liminar, não retira do ato praticado esse caráter de legalidade.

A liminar produz efeitos e tem eficácia temporal restrita, razão pela qual, durante sua vigência, o recolhimento de contribuições ou qualquer outra imposição de caráter tributário não está sujeito a encargos de mora e outros consectários dela decorrentes, vez que não há como falar-se em prática de infração.

Da mesma forma, se o contribuinte deixa de recolher tributo com amparo em liminar concedida em mandado de segurança, caso revogada ou cassada a medida, com reconhecimento expresso da legalidade da exigência tributária, deve recolher os tributos devidos sem qualquer penalidade ou agravamento da exação por multa, juros de mora ou correção monetária.

Desta forma, toda autuação e conseqüente lançamento levado a efeito pelos agentes fiscalizadores, destinados a apenar o contribuinte que gizou seu proceder ao amparo da proteção judicial liminar, revestem-se de nulidade plena e devem ser desconstituídos, por ofender o sobreprincípio da segurança jurídica e afrontar diretamente as decisões emanadas do Poder Judiciário.

Ademais, para poder ser exigido o tributo, há que existir uma hipótese de incidência tributária, desenhada pelo legislador, que contenha uma exaustiva descrição dos pressupostos tributários, o que não se verifica no caso sob estudo.

No que tange às penalidades decorrentes da mora, a revogação ou cassação da medida liminar opera efeitos *ex nunc*, não possuindo o condão de retroagir para deixar ao desamparo o contribuinte que recebeu inicialmente, com a liminar, autorização para agir legalmente dentro dos parâmetros ditados pela medida concedida.

O Poder Judiciário, como guardião da segurança jurídica, constitucionalmente assegurada a todo cidadão, deve velar pelas ações irregulares do Fisco, coibindo os desmandos praticados contra a efetividade de suas decisões.

6. Referências bibliográficas

BARROSO, Luís Roberto. *Interpretação e aplicação da Constituição*. São Paulo: Saraiva, 1996.

BECKER, Alfredo Augusto. *Teoria geral do direito tributário*. São Paulo: Lejus, 1998.

BOBBIO, Norberto. *O positivismo jurídico — Lições de filosofia do direito*. São Paulo: Ícone, 1995.

BORGES, Souto Maior. "Princípio da segurança jurídica na criação e aplicação do tributo", *Revista de Direito Tributário* 64/206.

CARRAZZA, Roque Antonio. *Curso de direito constitucional tributário*. 14ª ed. São Paulo: Malheiros Editores, 2000.

CARVALHO, Paulo de Barros. "O princípio da segurança jurídica", *Revista de Direito Tributário* 61/89, 1994.

_____. *Curso de direito tributário*. São Paulo: Saraiva, 1999.

DINIZ, Maria Helena. *Norma constitucional e seus efeitos*. São Paulo: Saraiva, 1989.

MACHADO, Hugo de Brito. "As liminares e o direito de lançar tributo", *Revista de Direito Tributário* 68/47, Malheiros Editores.

_____. "Mandado de segurança e consulta fiscal", *Revista de Direito Tributário* 61/110, Malheiros Editores, 1994.

MAXIMILIANO, Carlos. *Hermenêutica e aplicação do direito*. Rio de Janeiro: Forense, 1984.

MEIRELLES, Hely Lopes. *Mandado de segurança*. 13ª ed. São Paulo: Ed. RT, 1989.

MELLO, Celso Antônio Bandeira de. *Revista de Direito Público* 15/284.

NADER, Paulo. *Filosofia do direito*. Rio de Janeiro: Forense, 1991.

PERLINGIERI, Pietro. *Perfis do direito civil. Introdução ao direito civil constitucional*. Rio de Janeiro: Renovar, 1999.

VILLEGAS, Héctor B. "Principio de seguridad jurídica en la creación y aplicación del tributo", *Cadernos de Direito Tributário* 66/7, São Paulo: Malheiros Editores.

O DEPÓSITO JUDICIAL COMO INSTRUMENTO DE GARANTIA DA RELAÇÃO PROCESSUAL

DENISE LUCENA CAVALCANTE
Procuradora da Fazenda Nacional
— Professora de Direito Tributário e Financeiro da UFC — Doutoranda pela PUC/SP

Em matéria tributária é permitido ao contribuinte depositar judicialmente o crédito que pretende discutir, garantindo, assim, a suspensão da exigibilidade do mesmo nos moldes do art. 151, do Código Tributário Nacional, hoje com a seguinte redação:

"Art. 151. Suspendem a exigibilidade do crédito tributário:

"I — a moratória;

"II — o depósito do montante integral;

"III — as reclamações e os recursos, nos termos das leis reguladoras do processo tributário administrativo;

"IV — a concessão de medida liminar em mandado de segurança;

"V — *a concessão de medida liminar ou de tutela antecipada, em outras espécies de ação judicial*;

"VI — *o parcelamento*."[1]

Observa-se que nem todas as formas de suspensão da exigibilidade do crédito tributário têm a finalidade de questioná-lo, como a moratória e o parcelamento, que visam, tão-somente, elastecer o prazo de pagamento do tributo devido.

As demais formas previstas no artigo supracitado, questionam a existência do próprio crédito tributário, buscando os benefícios da suspensão da sua exigibilidade, enquanto discutem a existência do vínculo jurídico obrigacional entre Fisco e contribuinte.

O depósito judicial do montante integral do tributo é uma das formas de discutir a existência crédito tributário, evitando os encargos da inadimplência.

O contribuinte ao fazer o depósito voluntariamente, provoca a atividade jurisdicional preventiva do Estado.

Quando ciente do depósito, o juiz utiliza seu poder geral de tutela, resguardando os direitos do contribuinte de usufruir os benefícios da suspensão da exigibilidade do crédito, bem como, os direitos da Fazenda Pública, que no caso de decisão ao seu favor, não necessita ingressar com outro processo (execução fiscal) para efetivar o comando contido na sentença.[2]

1. Os incs. V e VI foram incluídos neste artigo pela Lei Complementar 104, de 10.1.2001.

2. O Prof. Hugo de Brito Machado afirma: "O depósito é ato do contribuinte que, por haver ingressado em juízo para impugnar a cobrança do tributo, coloca o valor correspondente à disposição do juízo, para garantir a efetividade da decisão que porventura a final venha a ser proferida a favor da Fazenda Pú-

O depósito estabelece uma *relação de garantia* entre as partes, que terão a certeza que ao final da lide o Judiciário autorizará o levantamento por quem de direito.

Não sendo o depósito obrigatório e nem a única forma de suspensão da exigibilidade do crédito, uma vez efetivado, o contribuinte deve estar ciente da indisponibilidade dos recursos depositados, não podendo levantá-los antes do trânsito em julgado, pois, se assim fosse permitido, haveria uma ruptura desta *relação de garantia*.

Neste sentido, bem explica Bernardo Ribeiro de Moraes: "Ao lado da obrigação tributária, com o depósito do valor integral do crédito tributário, surge uma nova relação jurídica, com condições próprias de existência mas a ela unida pelo destino do valor patrimonial da prestação que contém, dando estabilidade ao direito do credor. Essa relação jurídica destina-se a assegurar o cumprimento da obrigação tributária, sendo denominada *relação de garantia*".[3]

Sendo o depósito judicial uma *garantia*, e não pagamento ou consignação do valor devido, cabe ao Poder Judiciário, como depositário, exercer sua tutela, resguardando esta nova relação, até decisão final transitada em julgado.

A *garantia*[4] é vista aqui como uma associação baseada no princípio triádico da interpretação, existindo *o que é garantido* (o montante integral do crédito tributário); *o garantidor* (o contribuinte) e *o beneficiário* (quem ao final for declarado como tal).

Garantia, por conceito, significa *a obrigação que uma pessoa tem perante a outra de indenizar pelo dano sofrido, ou de assegurar o gozo de uma coisa ou de um direito*.[5]

Tal qual no Direito Privado, esta garantia é o meio legal do credor de se resguardar contra a insolvência do devedor, e este, de não sofrer os encargos e prejuízos da mora.

No processo tributário, o depósito judicial, com a finalidade de discutir o crédito tributário, é ato voluntário, podendo o contribuinte garantir ou não a relação processual.[6]

Por ser ato voluntário do contribuinte, resultando de determinação legal (art. 151, II, CTN), não tem natureza contratual.[7]

blica na ação correspondente" ("Depósito judicial e lançamento por homologação", *Revista Dialética* 49/53, out. 1999).

3. *Compêndio de Direito Tributário*, 3ª ed., Forense, Rio de Janeiro, 1999, p. 413.

4. Concepção adotada com fulcro na definição de Nicola Abbagnano, in *Dicionário de Filosofia*, 2ª ed., Martins Fontes, São Paulo, 1999, p. 478.

5. Conceito extraído do *Dicionário Jurídico*, org. Deoclesiano Tonieri Guimarães, 4ª ed., Rideel, São Paulo, 2000, p. 85.

6. Ressaltamos a questão da conveniência do contribuinte, que tem a possibilidade de ajuizar ação anulatória de débito fiscal sem o respectivo depósito, assumindo, contudo, as conseqüências da não suspensão da exigibilidade do crédito tributário, conforme determina o art. 38 da Lei 6.830/80. A Súmula 247 do extinto TFR — Tribunal Federal de Recursos — também assim já afirmava: "Não constitui pressuposto da ação anulatória do débito fiscal o depósito de que cuida o art. 38, da Lei n. 6.830/80".

7. Com a devida vênia, não concordamos com a posição do Prof. Hugo Machado quando afirma que o depósito judicial tem natureza contratual: "(...) Não depósito, porque este em sentido próprio, é um contrato. Contrato que tem por objeto uma coisa – no caso uma quantia em dinheiro" (in "Extinção dos depósitos na garantia do juízo", *Revista Dialética* 41/13).

Porém, o fato de considerarmos o depósito judicial, decorrente do art. 151, II, do CTN, sem natureza contratual, não significa que não tenham outros depósitos decorrentes de contratos. Os depósitos podem surgir por vários motivos, quer sejam contratuais, extracontratuais ou mesmo forçados. Neste sentido define De Plácido e Silva: "Depósito — derivado do latim *depositum*, de *deponere* (na ação de consignar ou confiar), em sentido lato quer significar todo ato pelo qual se entrega a uma pessoa qualquer espécie de bem ou valor, ou se lhe confia a guarda determinada pessoa, para que consigo a conserve, até que lhe seja pedida a restituição ou entrega. Neste conceito, o depósito entende-se ato, porque se refere a toda e qualquer entrega, voluntária ou necessária, em virtude da qual ficará a coisa ou a pessoa sob guarda ou custódia de outrem. E tanto define o depósito resultante de contrato, como o que se faz por determinação legal, ou o que se promove para livrar-se de encargos ou obrigações" (*Vocabulário Jurídico*, 17ª ed., atualizada por Nagib Slabi Filho e Geraldo Magela Alves, Forense, Rio de Janeiro, 2000, p. 253).

A natureza não contratual do depósito em questão, justifica-se na ausência de um dos requisitos indispensáveis para a caracterização dos contratos que é o acordo de vontades, tendo em vista que não há a necessidade de anuência da Fazenda Pública, que se limita a averiguar a integralidade dos valores depositados.

Analisado no âmbito contábil, encontramos observação interessante de José Wilson Ferreira Sobrinho, que define o depósito judicial como um *negócio jurídico pendente*:

"Negócio jurídico pendente é aquele que se encontra diferido relativamente à disposição física. Em linguagem contábil: ativo diferido ou ativo a realizar.

"(...) O depósito judicial apenas momentaneamente — enquanto não houver solução da controvérsia — padecerá de indisponibilidade econômica. Isso é o que caracteriza o negócio jurídico pendente. A titularidade jurídica, todavia, pertencerá ao depositante, o que constitui fato gerador do Imposto de Renda Pessoa Jurídica."[8]

O depósito judicial e o princípio da segurança jurídica

O princípio da segurança jurídica, visto como a segurança através do Direito, visa isolar o objeto de interesse das partes (o valor depositado) enquanto durar a lide, garantindo a estabilidade da relação jurídica.

No caso do depósito judicial há uma previsão de uma conseqüência jurídica durante o período da efetivação do depósito e ao término da questão pendente, devendo os valores reverterem para quem de direito, conforme determinado pelo Poder Judiciário.

A liberação dos valores depositados, ou sua conversão em renda, antes da definitividade da ação, gera a instabilidade da relação processual.

Por isso, é imperioso que as partes estejam cientes da nova relação que se instaura com o depósito judicial, onde ambas devem se submeter as obrigações e restrições dali decorrentes, especificamente, a indisponibilidade dos valores por parte do depositante e a impossibilidade de cobrança e não caracterização da mora por parte do Fisco.

É preciso entender a seguridade jurídica no seu significado mais amplo, instrumentalizando a garantia de interesses.[9]

Portanto, se autorizado o levantamento do depósito, antes do trânsito em julgado da ação, além da quebra da relação jurídica, haveria uma violação ao princípio da segurança jurídica, que seria argüida no interesse do crédito público que estava, até então, com sua exigibilidade suspensa, propiciando ao contribuinte o usufruto dos benefícios daquela suspensão.

É preciso ressaltar que a voluntariedade é característica do ato de depositar. Uma vez feito o depósito, surge uma nova relação e não há mais que se falar em voluntariedade no ato de levantar o depósito.

Realizado o depósito o contribuinte se submete a esta nova relação, que lhe dá benefícios e também ônus e obrigações, tais como, aguardar o final da lide.

8. "Transferência de depósitos judiciais e extrajudiciais para o Tesouro Nacional", in *Direito Tributário — Temas Pontuais*, Forense, Rio de Janeiro, 2001, p. 158.

9. Em relação a segurança jurídica, destacamos um trecho da brilhante obra do Prof. Cesar García Novoa, da Universidade de Santiago de Compostela: "Pero la seguridad que deriva de la existencia del Estado no puede localizarse sólo en su condición de poder público componedor de conflictos. El Estado, que adquiere su máxima expresión en tanto juridificación del poder público, expresa también la seguridad a través de su función de garantía. Por ello, la seguridade en el Estado no podrá ser otra cosa que la seguridad mediante la positividad del Derecho: seguridad, por una parte, previa al conflicto, entendida como la existencia de instrumentos tuteladores de intereses individuales. Y seguridad, por otra parte, en tanto componedora y armonizadora de tales intereses cuando los mismos colisionen en eventuales conflictos" (*El Concepto de Seguridad Jurídica*, Marcial Pons, Ediciones Jurídicas y Sociales, Madrid, 2000, p. 23).

Se liberado o depósito, ante a mera solicitação do contribuinte, estaria descaracterizada a função cautelar, pois a cobrança posterior pela Fazenda Pública, se fosse o caso, mesmo com os encargos moratórios, não evitaria a lesão irreparável sofrida pelo Estado, que teria o crédito indisponível por todo o tempo em que houvesse o interesse da parte depositante, além do que, neste lapso de tempo, geraria uma injusta situação em relação aos demais contribuintes que estavam em dia com suas obrigações fiscais, violando, assim, o princípio da isonomia.

Se assim ocorresse, o depósito judicial, tal qual as demais garantias creditícias, perderiam sua finalidade precípua que é a segurança do crédito.

Por oportuno, tomamos emprestada a expressão do Prof. Sacha Calmon Navarro Coelho que afirma com veemência que "*não se pode ficar a brincar de fazer e retirar depósitos judiciários*", esclarecendo ainda:

"Aqui não importa discutir ser ou não voluntário o depósito. Qualquer que seja sua gênese, se integral, o depósito suspende a exigibilidade do crédito tributário e transfere para o Judiciário o controle da tributação.

"Portanto, com a devida vênia, entendemos que os depósitos feitos em juízo não podem ser unilateralmente retirados. Eles suspendem a exigibilidade do crédito, e as decisões judiciais definitivas que declaram a existência do dever de pagar ou que validam os atos de exigência do crédito tributário respaldam a sua conversão em renda."[10]

Em relação a questão ora tratada, a jurisprudência tem se inclinado conforme nosso entendimento, porém não é unânime.[11]

Destacamos as que corroboram nossa posição, conforme exemplo abaixo:

"*AFRMM. Crédito. Suspensão. Exigibilidade. Depósito. Levantamento. Sentença. Trânsito em julgado.* O depósito efetuado para suspender a exigibilidade do crédito tributário é feito também em garantia da Fazenda e só pode ser levantado após sentença final transitada em julgado, se favorável ao contribuinte. Se o desembaraço aduaneiro de mercadorias ocorreu sem o recolhimento do AFRMM, em razão de liminar deferindo o pedido de depósito da importância correspondente a esta exação, caso extinto o processo, fica sem efeito a liminar, não autorizando o levantamento do depósito que deve ser convertido em renda da União. Recurso provido" (acórdão REsp 227958-SP; recurso especial (1999/0076309-2), *DJ* 7.2.2000, p. 128, rel. Min. Garcia Vieira, data da decisão 18.11.1999, 1ª T. No mesmo REsp 267587-SP, *DJ* 27.11.2000).

No mesmo diapasão, há jurisprudência de outros Tribunais, constituindo, inclusive, matéria sumulada pelo Colendo TRF-4ª Região, a exemplo do que revelam as transcrições abaixo:

"*Tributário. Depósito. Levantamento.* O contribuinte, ao optar pelo depósito, ofereceu uma garantia ao Fisco, de acordo com a previsão legal. Por isto, nenhuma outra providência foi tomada, razão porque somente com a concordância da Fazenda, sob pena de quebra do princípio da igualdade de tratamento da parte, o dinheiro poderá ser levantado ou substituído por outra garantia, por mais idônea que seja" (AgRg no agravo de instrumento 93.01.23539-0-DF, rel. Juiz Fernando Gonçalves, TRF-1ª R., 3ª T., *DJU* 28.2.1994, p. 6.445).

"O depósito judicial destinado a suspender a exigibilidade do crédito tributário somente poderá ser levantado, ou con-

10. "A suspensão da exigibilidade do crédito tributário", *Revista Dialética* 43/146, Dialética, São Paulo, 1999.

11. Em sentido contrário: REsp 177684-SP, data: 1.8, rel. Min. Paulo Gallotti, 2ª T.: "*Ementa: Processual Civil. AFRMM. Depósito. Suspensão da exigibilidade. Extinção do processo sem exame do mérito. Levantamento. Possibilidade.* 1. Extinto o processo sem exame do mérito, cabível o levantamento, pelo contribuinte, do valor depositado com o objetivo de suspender a exigibilidade do crédito tributário. 2. Recurso especial não conhecido". Também no mesmo sentido REsp 177940-SP (STJ).

vertido em renda, após o trânsito em julgado da sentença" (Súmula 18, TRF-4ª R., *DJU* 6.12.1993, p. 53.411).

Aplicação dos princípios da razoabilidade e proporcionalidade

Os princípios da razoabilidade e da proporcionalidade são de fundamental importância na aplicação do Direito e satisfação da Justiça.

A razoabilidade contrapõe-se a racionalidade, diante da insuficiência de seus critérios, permitindo soluções que não seriam possíveis no estrito campo do formalismo, e auxiliando na fundamentação das "decisões jurídicas razoáveis".

Adotamos aqui a definição de Manuel Atienza que assim define a "decisão jurídica razoável": "(...) una decisión jurídica es razonable en sentido estricto si, y sólo si, 1) se toma en situaciones en que no se podría, o no seria aceptable, adoptar una decisión estrictamente racional; 2) logra un equilibrio óptimo entre las distintas exigencias que se plantean en la decisión, y 3) obtiene un máximo de consenso. La definición en cuestión y el análisis que la precede deberían valorarse más o menos positivamente, en la medida en que hayan alcanzado los dos siguientes objetivos: 1) ofrecer una reconstrucción de la noción de lo razonable en el Derecho (en el campo de análisis delimitado) que suponga una síntesis — y no una simple amalgama — de los diversos elementos que ordinariamente se conectan con la idea, y 2) proponer una noción de lo razonable que no pueda usarse simplemente para justificar, en calidad de tal, prácticamente cualquier solución que pueda adoptarse ante un caso difícil o trágico, sino que contenga una cierta potencialidad crítica, esto es, que pueda utilizarse como un criterio, o un esquema de criterio, que permita justificar que una determinada interpretación o decisión es preferible (está más justificada) que otra."[12]

12. "Sobre lo razonable en el derecho", *Revista Española de Derecho Constitucional* 27/108-109, ano 9, set.-dez. 1989.

Evidente que o razoável é característica inerente do próprio Direito, tendo assim definido Chaim Perelman[13] que todas as decisões jurídicas devem ser razoáveis. Este é o sentido amplo do conceito de razoabilidade.

Nos interessa aqui tratar do sentido estrito deste conceito para justificar e fundamentar coerentemente a decisão jurídica de manter os depósitos judiciais até o trânsito em julgado da lide que questiona o crédito fiscal, proporcionando o equilíbrio da relação processual.

Na pretensão de liberação dos depósitos judiciais, existe um conflito de valores e de interesses, onde de um lado está o contribuinte alegando seu direito de propriedade, e de outro o Fisco, alegando o interesse público decorrente do crédito fiscal: exigências que se contrapõe.

O equilíbrio é alcançado quando o juiz decide pela manutenção do depósito garantindo a propriedade do contribuinte (com restrições) e a garantia do crédito fiscal (também com restrições). Isto se adequa ao conceito de razoável.

A liberação do depósito ou a conversão em renda para o Fisco, se antecipadamente, desatende o equilíbrio da relação.

As decisões jurídicas devem orientar-se de acordo com o equilíbrio e não com compromissos que implicam em interesses (econômicos, sociais, políticos etc.).[14]

13. Na obra clássica *Ética e Direito* (trad. de Maria Ermantina Galvão, Martins Fontes, São Paulo, 2000, p. 429) Chaim Perelman afirma: "(...) o desarrazoado não pode ser admitido em direito, o que torna fútil qualquer tentativa de reduzir o direito a um formalismo ou positivismo jurídico. (...) O que é essencial é que, num Estado de Direito, quando um poder legítimo ou um direito qualquer é submetido ao controle judiciário, ele poderá ser censurado se for exercido de forma desarrazoada, portanto, inaceitável".

14. Manuel Atienza trata com propriedade este tema: "La segunda consideración se basa en la distinción que puede trazarse entre equilibrio y compromiso, y la configuración de los órganos de decisión jurídicos (por lo menos, de las instancias jurídicas clásicas) como órganos que deben orientarse de acuerdo con el primero y no con el segundo de estos

A manutenção do depósito judicial até o trânsito em julgado da ação é, sem dúvida, apesar das restrições para ambas as partes, a medida menos lesiva, atendendo também o princípio da proporcionalidade, onde o juiz faz uso de instrumentos de ponderação e contrapeso valorativo na resolução do caso concreto.[15]

Se decidido de forma contrária, vê-se de perto o desequilíbrio das outras decisões possíveis, por exemplo:

1. Se autorizado o levantamento do depósito pelo requerente: prejuízo do interesse público que perde a garantia do crédito fiscal em discussão, tendo que ajuizar futura ação de cobrança — execução fiscal (caso a ação seja improcedente);

2. Se autorizada a conversão em renda para a Fazenda — prejuízo do interesse do particular que terá que ajuizar futura ação de cobrança — repetição de indébito (caso a ação seja procedente).

A manutenção do depósito sob tutela do Poder Judiciário é a decisão menos lesiva aos interesses em questão, onde há restrições para as partes na mesma proporção: o particular, que tem seu patrimônio indisponível, e o Fisco, que tem a exigibilidade do crédito suspenso.

Aspectos processuais do depósito

Entendemos que o depósito, cuja finalidade seja suspender a exigibilidade do crédito tributário, dispensa processo judicial específico, podendo ser efetivado diretamente no banco competente e comunicado nos autos que discutirá a sua certeza e liquidez.

Porém, ainda é comum a prática de ajuizar ação cautelar ou ação preparatória de depósito, conforme admite o Superior Tribunal de Justiça.[16]

Quando o depósito judicial é feito através do procedimento cautelar, o Código de Processo Civil define, no art. 806, o prazo de 30 dias para ajuizar a ação principal, onde será discutido a questão de mérito.

Este prazo é peremptório, portanto, se não proposta ação principal, no prazo legal, a ação cautelar perde sua eficácia. Isto implica na perda da eficácia da ação e não a perda dos efeitos decorrentes da ação cautelar. A relação já foi formada e surgem conseqüências para as partes.

José Frederico Marques expõe com clareza em seu *Manual de Direito Processual Civil*:

"No art. 806 vem imposto ônus processual ao autor, visto que se lhe determina que proponha a ação principal em até 30 dias. É que, desatendida essa determinação legal, fica perempto o processo cautelar (art. 808, I, CPC).

"Além disso, o descumprimento do ônus pode dar causa também, à reparação

conceptos. (...) Para que exista un compromiso basta con que las partes que intervienen en el mismo o los afectados por él lo acepten como el mejo resultado (o el menos malo) para ellos; en el equilibrio se necesita que el resultado sea además correcto: no sólo el mejor, sino, de alguna manera, bueno. Por ello también, mientras que el compromiso puede vincularse con un consenso de tipo fáctico, el equilibrio requiere un consenso de tipo ideal o racional" (ob. cit., p. 102).

15. O Prof. Willis Santiago Guerra Filho define o princípio da proporcionalidade como o "princípio dos princípios", explicando em seu livro: "A idéia de proporcionalidade revela-se não só como um importante — o mais importante, como já propusemos aqui e em seguida reafirmaremos — princípio jurídico fundamental, mas também um verdadeiro 'topos' argumentativo, ao expressar um pensamento aceito como justo e razoável de um modo geral, de comprovada utilidade no equacionamento de questões práticas, não só do Direito em seus diversos ramos, como também em outras disciplinas, sempre que se tratar da descoberta do meio mais adequado para atingir determinado objetivo" (*Processo Constitucional e Direitos Fundamentais*, Celso Bastos Editor, São Paulo, 1999, p. 72).

16. "*Processual civil. Medida cautelar e ação declaratória. Possibilidade. Depósito via cautelar. Presentes os pressupostos concessivos*. 1. Ação declaratória pode ser antecedida de cautelar preparatória. 2. A jurisprudência da Corte é firme em admitir o depósito via cautelar se presentes os pressupostos concessivos. 3. Recurso não conhecido. Por unanimidade, não conhecer do recurso" (REsp 42084-SP, *DJ* 1.2.1999, rel. Min. Adhemar Maciel).

do dano, se prejuízo sofrer a parte contrária com o requerimento da medida cautelar (art. 811, III, CPC).

"De concluir, portanto, que o art. 806 impõe, simultaneamente, ônus e obrigação a quem requerer processo cautelar preparatório."[17]

Portanto, não ajuizada a ação principal, o depósito que visava a suspensão da exigibilidade do crédito poderá ser convertido em renda do Fisco.

Tal medida justifica-se nos princípios da razoabilidade e proporcionalidade, tendo em vista que o contribuinte usufruiu dos benefícios da suspensão do crédito até então.

Da mesma forma, também não cabe o levantamento dos depósitos quando extinta a ação sem julgamento do mérito, como, por exemplo, se o Poder Judiciário entender a inadequação da via mandamental para determinado pleito.

Muitas vezes, até o trânsito em julgado da sentença, que pode ocorrer após muitos anos, fica o requerente usufruindo dos benefícios da suspensão da exigibilidade do respectivo crédito.

Irrazoável, pois, que após anos, julgada a ação extinta, o contribuinte levante o depósito sob o mero argumento de que ficaria suscetível à cobrança executiva e suas respectivas conseqüências.[18]

Destarte, é imperioso que o Poder Judiciário cumpra efetivamente seu poder de tutela das relações processuais, não permitindo o desequilíbrio processual.

Há ainda o caso onde o depósito é feito antes do lançamento, implicando na própria constituição do crédito tributário.[19]

Já no caso em que ajuizada a ação principal, e sendo esta indeferida por vícios formais, há jurisprudência afirmando que mesmo com o indeferimento da ação principal, a ação cautelar continuaria produzindo seus efeitos no que diz respeito a suspensão da exigibilidade do crédito tributário.[20]

17. *Manual de Direito Processual Civil*, Ed. Milennium, 2ª ed., v. IV, atualizado por Vilson Rodrigues Alves, Campinas/SP, 2000, pp. 515-516.

18. Com a devida vênia, não podemos compartilhar de decisões que permitem o levantamento do depósito, sob a equivocada argumentação de que a voluntariedade assim o permitiria: "Tenho que assiste razão à impetrante, contudo, no que diz respeito ao levantamento dos depósitos judiciais em razão de sua voluntariedade. Com efeito, a sentença de primeira instância, que havia concedido a segurança, foi objeto de apelação junto ao Eg. TRF da 5ª Região. No julgamento do recurso, aquele Tribunal, acompanhando o voto do Eminente Juiz Relator, Dr. Ridalvo Costa, resolveu extinguir o processo sem exame do mérito, por não ser adequada a via do mandado de segurança. Ademais, verifico que os depósitos judiciais efetivados pela impetrante foram voluntários, de forma a suspender a exigibilidade do crédito tributário, nos termos do art. 151, II, do CTN. Nestas condições, a extinção do processo sem exame do mérito nenhuma conseqüência traz para a disponibilidade dos referidos depósitos, descabendo-se falar em conversão dos mesmos em favor da Fazenda Nacional. 6. É evidente que a impetrante, sabendo-se em débito para com a Fazenda Nacional, estará se sujeitando aos percalços de futura e certa execução fiscal, posto que não procedeu ao recolhimento integral do FINSOCIAL, nos moldes instituídos pelo Decreto-lei 1.940/82, conforme atesta a certidão positiva, com efeitos de negativa, de fls. 147. 7. Ante o exposto, acolho o pedido da impetrante para levantamento dos depósitos judiciais efetivados (...)" (Processo 90.0025315-9, 2ª Vara, JFCE).

Neste caso específico, a ação foi ajuizada em 1990 e o trânsito em julgado no ano 2000. Portanto, durante exatamente 10 anos, a requerente ficou com seu crédito suspenso. Ao final, mesmo admitindo que parte do FINSOCIAL é devido, ainda assim, autoriza o Poder Judiciário o levantamento deste percentual devido ao Fisco. Eis um exemplo claro de decisões "desproporcionais e irrazoáveis".

19. Partimos da premissa que embora o lançamento seja ato privativo da autoridade administrativa, a constituição do crédito não o é. O lançamento não é a única forma de constituir o crédito tributário e isto se aplica ao presente caso, onde há o depósito judicial de tributos ainda não lançados. Este depósito corresponde ao início do procedimento de constituição do crédito, evitando, inclusive, a alegativa posterior de decadência. A doutrina dominante ainda adota como dogma a concepção de que o lançamento seja a única forma de constituição do crédito.

20. Reis Friede trata desta questão na seu livro *Depósitos Judiciais — Aspectos Fiscais e Tributários*, Forense Universitária, 1ª ed., 1994, citando a decisão da 3ª T. do TRF da 1ª Região, *DJU* 20.8.1992, rel. Juiz Vicente Leal: "*Processo civil. Medida cautelar de depósito. Deferimento. Extinção da ação principal.* Inobstante o princípio de que o acessório segue o principal, a extinção da ação declaratória principal,

Porém, preferimos insistir na concepção de que o depósito existe por si só, não sendo necessário sequer provimentos cautelares. Afinal, o que garante a suspensão da exigibilidade do crédito não é a ação cautelar, mas, sim, o próprio montante depositado.

por indeferimento da inicial, não acarreta a extinção de medida cautelar de depósito, requerida para fins de suspensão da exigibilidade de crédito tributário. Apelação provida. Acórdão unânime".

RECENSIONE *TRATADO DE DERECHO TRIBUTARIO* (in lingua spagnola) A CURA DI A. AMATUCCI (2 tomi, Temis, Bogotá, 2001)

PROF. PASQUALE PISTONE
Università di Salerno

Il ponte ideale tra la dottrina italiana e quelle spagnola e tedesca in materia finanziaria ha solide fondamenta nei lavori elaborati nel corso del Novecento. La comune tradizione giuridica romanistica e la derivazione unitaria dal pensiero dei giuristi finanziari tedeschi del secolo scorso inducono gli studiosi di questa materia in ciascuno dei tre Paesi ad un *idem* sentire, spingendoli in modo naturale a confrontare in chiave evolutiva i risultato della propria ricerca. Per avere una prova di ciò basti considerare l'importanza dei lavori di *Enno Becker* ed *Albert Hensel*, così come più di quelli meno risalenti di *Klaus Tipke* e *Heinrich Wilhelm Kruse*, così come di quelli di un illustre esponente della dottrina svizzera di lingua tedesca, quale *Ernst Blumenstein*; di altrettanto valore sono stati quelli elaborati da studiosi italiani del calibro di *Benvenuto Griziotti*, fondatore della scuola di Pavia, *Ezio Vanoni*, *Achille Donato Giannini*, (allievo di *Oreste Ranelletti*, fondatore della Scuola sostanzialista napoletana) *Mario Pugliese*, *Antonio Berliri fino a Gian Antonio Micheli* e molti altri il cui pensiero ha sicuramente influenzato molti attuali esponenti della dottrina spagnola. Quest'ultima peraltro si caratterizza al giorno d'oggi per un particolare dinamismo ed un notevole livello qualitativo, che costituiscono invero i risultati della abnegazione per lo studio del passato, quali *Narciso Amorós Rica*, *Fernando Sainz de Bujanda*, dell'ancor attivo *José Luis Perez de Ayala* e di numerosi altri.

Essa è infatti stata concepita dal suo ideatore *prof. Andrea Amatucci*, ordinario nella Università "Federico II" di Napoli, con il valente ausilio del prof. *Eusebio González García*, ordinario nell'Università di Salamanca e del compianto prof. *Walter Schick*, ordinario nell'Università "Friedrich-Alexander" di Norimberga-Erlagngen (sostituito dal prof. *Trzaskalik*), per mettere insieme i più illustri ed autorevoli esponenti del pensiero giuridico dei tre Paesi — l'Italia, la Germania e la Spagna — chiamandoli ad attuare una classificazione ed un approfondimento sistematico e completo della materia tributaria. Ad oltre ottanta anni dalla sua nascita, avvenuta con la elaborazione della *Reichsabgabenordnung* del 1919, il diritto tributario ha conosciuto fenomeni di costante e rapida espansione, ma ha spesso sofferto della carenza di una lucida impostazione sistematica che ne inquadrasse rapporti con le atre discipline giuridiche ed economiche ed al tempo stesso delineasse con la debita precisione gli istituti che progressivamente esso è andato sviluppando. Da qui l'esigenza e l'importanza del *Trattato Amatucci*, che per le considerazioni finora esposte può a ragione considerarsi opera unica nel suo genere.

Nei suoi due tomi esso consente di avere una visione completa, sistematica ed unitaria della disciplina tributaria alla luce delle esperienze e del patrimonio scientifico della dottrina italiana, tedesca e spagnola. In particolare il primo tomo, dopo l'individuazione dei principi generali del diritto tributario, operata dal prof. *Gaetano Liccardo*, il trattato, ricalcando la sistematica ordinazione avanzata da *A.D. Giannini*, inquadra alla luce del pensiero di un autorevole continuatore del pensiero di questo grande Maestro, quale il prof. *Nicola D'Amati*, l'evoluzione della materia ed il suo distacco dal diritto finanziario nell'ambito del rapporto giuridico d'imposta. Successivamente, seguendo sempre l'impostazione di *A. D. Giannini*, si passano in rassegna prima i rapporti della nostra branca del diritto con il diritto privato e successivamente con il diritto costituzionale, attraverso l'analisi del sistema delle fonti normative. Punto di arrivo dell'inquadramento sistematico dei rapporti con le atre discipline giuridiche è il delicato tema delle relazioni con il diritto internazionale e comunitario. Tale materia ha per lungo tempo costituito un vero e proprio tabù per la gran parte degli studiosi della disciplina tributaria, che trovavano un argomento insormontabile nelle assolutezze delle sovranità tributarie nazionali. La significativa evoluzione determinatasi nel corso degli ultimi anni avvalora la correttezza delle intuizioni di un grande Maestro della dottrina tedesca, *Ottmar Bühler*, che con il suo lavoro sui principi del diritto tributario internazionale (*Prinzipien des Internationalen Steuerrechts*), ben può essere considerato il vero precursore degli studi internazionaltributari in ambito europeo. Il prof. *Amatucci* ed il prof. *Eusebio González* hanno insieme magistralmente approfondito il tema del concetto di tributo.

L'analisi delle questioni relative alla sovranità ed alla potestà tributaria è affidata al Maestro valenziano prof. *Juan Martin Queralt*; ad esso fa seguito il puntuale studio del prof. *Andrea Fedele* relativo al principio di legalità del tributo, in cui questi fa seguire all'inquadramento tradizionale di tipo storico-evolutivo risalente al *no taxation without representation* un interessante analisi della rilevanza attuale dell'istituto della riserva di legge alla luce del dato costituzionale italiano. Di rilievo non inferiore — anche in considerazione dell'attualità del problema del federalismo fiscale in tutti e tre i Paesi — è poi l'analisi svolta dai prof. *Francisco Clavijo Hernández* e *Loris Tosi* in merito al problema della sovranità tributaria degli enti locali.

L'esame dei principi costituzionali continua poi con la definizione dei termini del problema della capacità contributiva, curata dal prof. *Francesco Moschetti* e dal prof. *Loris Tosi*. Da lunghi anni esso costituisce un punto fondamentale per le riflessioni della dottrina ed in special modo di quella italiana e spagnola, grazie anche a fondamentali lavori in materia quale ad esempio quello di *Maffezzoni*. Nel passare in rassegna gli aspetti fondamentali di questo problema, appaiono del tutto pregevoli le considerazioni svolte in merito alla rilevanza del fenomeno dell'elusione in relazione al principio costituzionale in parola, ma altresì quelle relative al rispetto della effettività della capacità contributiva E ciò sia in relazione al problema dei limiti all'applicazione analogica delle norme tributarie sia per quanto concerne la compatibilità con le varie forme di ricostruzione non analitica del reddito che proliferano in questi anni sull'onda delle tendenze favorevoli al recupero di valori medio-ordinari ai fini impositivi. In funzione di ideale complemento alla trattazione di *Moschetti* e *Tosi* sono poi la parte svolta dal prof. *Salvatre La Rosa* in merito alle agevolazioni tributarie, nella quale lo studioso potrà facilmente riscontrare i risultati dell'attenta analisi svolta circa la compatibilità con i principi costituzionali dell'impiego della leva fiscale in funzione di incentivazione, nonchè quella relativa alla tutela ambientale (ad opera invece del prof. *Raffaele Perrone Capano*) che da svariati anni costituisce la nuova frontiera in materia fiscale anche per *ciò* che concerne la giustificazione del prelievo.

Altro pregvole contributo relativamente ai principi costituzionali è poi quello relativo all'eguaglianza tributaria, curato dal prof. *Ernesto Lejeune Valcárcel*, nel quale tale principio è attentamente scisso nelle sue componenti specifiche e di garanzia all'interno degli ordinamenti giuridico-tributari moderni; ed altresì quello del prof. *Klaus Tipke*, tra i più importanti studiosi viventi nel del diritto tributario tedesco, che con la sua autorevolezza arricchisce ulteriormente il Trattato in merito alla questione della retroattività della norma tributaria. Tale specifico problema, in mancanza di una peculiare regolamentazione all'interno del sistema tributario tedesco, è disciplinato per effetto di un attento lavoro di ricostruzione attuato congiuntamente dalla giurisprudenza del *Bundesfinanzhof* e dalla dottrina.

Dopo aver esaminato la questione della vigenza della norma tributaria nel tempo, il Trattato passa a chiarire con lo studio effettuato dal prof. *Simón Acosta* i confini entro cui deve situarsi la legge tributaria, poi esaminata quanto alle questioni ermeneutiche da parte dello stesso ideatore del Trattato, prof. *Andrea Amatucci*, che scinde la questione in tutte le sue componenti, ivi comprese quelle relative alla teoria beckeriana della *wirtschaftliche Betrachtungsweise*, che pur avendo riscosso scarso successo in Italia, è stata espunta dal testo normativo della *Abgabenordnung* tedesca e di recente, per effetto della Ley 25/1995, anche dall'art. 25 della Ley General Tributaria spagnola.

Prima di passare alle problematiche di vigenza della norma tributaria nello spazio, l'esame delle altre fonti interne del diritto tributario si conclude con i pregevoli lavori del prof. *Adriano Di Pietro*, relativo ai regolamenti, alle circolari ed alle altre norme amministrative per l'applicazione della legge tributaria e del prof. *Christoph Trzaskalik* in merito al valore delle disposizioni amministrative del diritto tributario.

Quattro autorevoli esponenti della dottrina tributaria internazionale si dividono l'arduo compito di delineare i problemi della vigenza della norma tributaria nello spazio e di evidenziare le difficoltà relative alla compatibilità tra gli ormai numerosi precetti di rilievo sovranazionale ed internazionale e l'assolutezza delle sovranità tributarie nazionali.

In particolare, il *prof Klaus Vogel* fornisce una definizione ben precisa della materia tributaria internazionale, la quale ultima, per la complessità e la specificità delle questioni ad esse legata, sembra stia progressivamente acquisendo una propria autonomia all'interno del diritto tributario. Vero e proprio *trait-d'union* con il successivo studio del prof. *Victor Uckmar* — è l'analisi delle questioni e del ruolo svolto in questa materia dal Modello di Convenzione OCSE nell'ambito dei Paesi industrializzati, che invece poca accoglienza trova tra i Paesi in via di sviluppo ed in America Latina. In questi termini appare chiara la scelta di *Vogel*, che attribuisce al Modello OCSE il ruolo di catalizzatore dei principi del diritto tributario internazionale, anche se difficilmente accoglibili risulteranno in ambito latinoamericano le sue conclusioni in merito al principio di tassazione nel Paese di residenza. Secondo *Vogel* infatti tale ultimo principio potrebbe assurgere al rango di vera e propria consuetudine; diametralmente opposta — ed a mio avviso pienamente condivisibile — è invece l'opinione che gli Stati Latinoamericani hanno invece ripetutamente ed energicamente rifiutato anche in sede ONU attraverso i loro più autorevoli studiosi.

Le nuove e rivoluzionarie prospettive in materia tributaria scaturiscono però in modo particolare dall'ordinamento comunitario, all'interno del quale la cessione di sovranità si è progressivamente andata espandendo ben al di là delle più ottimistiche previsioni dei padri fondatori delle Comunità Europee. Dalle imposte indirette infatti — come si osserva nell'importante studio effettuato dal prof. *Joachim Lang* il processo di armonizzazione tendente all'eliminazione delle distorsioni di natura fiscale è arrivato a coprire tutto il settore delle imposte dirette.

Proprio quest'ultimo settore è oggetto dell'intensa attività della Corte di Giustizia delle Comunità Europee, che cosi contribuisce in modo non indifferente alla creazione di un corpo organico, che il prof. *Gabriel Casado Ollero* non ha esitato a definire come diritto tributario comunitario, unendosi alle voci che ormai da più parti si levano dalla dottrina nella nostra materia.

L'analisi del rapporto giuridico d'imposta si spinge poi nel secondo tomo fino a trattare ulteriori problematiche di natura strutturale, relative ai profili oggettivi e soggettivi dello stesso. Di fondamentale rilievo appare la scelta attuata dall'ideatore del Trattato Amatucci di riproporre con insistenza l'attualità degli schemi del rapporto giuridico tributario, sostanzialmente svalutati da una parte sempre crescente di esponenti della dottrina italiana — appartenenti alla teoria del procedimento — sulla scia degli insegnamenti dell'illustre maestro *Gian Antonio Micheli*. Invero, tanto nell'ambito tedesco, quanto in quello spagnolo l'esistenza di una relazione di derivazione privatistica in grado di ricomprendere al suo interno la pluralità delle situazioni giuridiche soggettie attinenti al prelievo dell'imposta svolge tuttora un rileivo fondamenale. Riecheggiano allora le parole di un importante studioso tributario spagnolo, il prof. *José Juan Ferreiro Lapatza*, pronunciate nell'ambito delle XVII Jornadas Latinoamericanas de Derecho ributario. Secondo questi l'aver attribuito una sempre maggiore importanza al ruolo dell'accertamento tributario ed alla discrezionalità dei poteri dell'Amministrazione Finanziaria in tale momento ed in relazione alla piena soddisfazione della pretesa tributaria, come fanno i fautori della teoria del procedimento, può a ragione considerarsi come una delle principali situazioni della degradazione della tutela dei diritti in materia tributaria. Diversamente accade nel seguire — come fa invece la teoria dichiarativa dell'accertamento tributario, attentamente analizzata in uno alla precedente nel Trattato dal prof. *Pasquale Russo*, che può annoverarsi tra i suoi più attivi sostenitori — gli schemi dell'obbligazione tributaria come *obligatio ex lege*, che trova nella legge l'elemento necessario ed altresì sufficiente a determinarne la nascita a seguito della realizzazione del presupposto di fatto dell'imposta.

Dopo l'analisi delle questioni relative alle componenti oggettive e soggettive della fattispccie tributaria, svolta dal prof. *Luigi Ferlazzo Natoli*, si segnala per la precisa e sistematica rispondenza agli scopi propri del Trattato l'esame dell'impiego dello strumento delle presunzioni in materia tributaria, compiuto dal prof. *Mario Trimeloni*. Tale ultimo studio per più ragioni si ricollega da un punto di vista funzionale all'analisi sulla ricostruzione della effettiva capacità contributiva compiuta nell'ambito del primo tomo del Trattato e che è a sua volta completata alla trattazione dei privilegi, compiuta dal *prof. Franco Batistoni Ferrara*.

Dopo l'analisi del lato attivo del rapporto giuridico tributario, curata dal *prof. Manuel Gonzalez Sanchez*, la parte del trattato dedicata ai profili soggettivi si impernia su tre studi di coloro che indubbiamente possono essere qualificati tra i più validi studiosi della problematica specifica. Il primo di essi, il prof. *José Luis Pérez de Ayala*, chiamato a delineare le questioni proprie della soggettività tributaria, riesce con l'abilità propria solo di uno tra i più grandi Maestri della dottrina tributaria e finanziaria spagnola — a far confluire elementi di rilevanza economica, giuridico-privata e tributaria in un insieme organico ed armonioso. A tale trattazione si aggiungono poi quelle del prof. *Andrea Parlato*, che sin dagli ormai lontani anni '60 ha formulato organici studi volti a chiarire le questioni oscure relative al coinvolgimento del terzo nell'ambito del rapporto giuridico d'imposta in funzione di responsabilità patrimoniale, e del prof. *Augusto Fantozzi*, che altrettanto ha fatto in relazione alla questione della solidarietà tributaria, argomento in cui sussistono tuttora importanti differenze tra la dottrina italiana e tedesca e quella spagnola, anche alla luce della posizione sostenuta della giurisprudenza.

Ancora nel secondo tomo del Trattato si trattano anche le questioni relative all'accertamento tributario, alla liquidazione dell'imposta e quelle successive fino alla concreta soddisfazione della pretesa del tributo, ivi comprese quelle di natura patologica. Il tema della discrezionalità è stato rigorosamente analizzato dal prof. *Franco Gallo*.

In questo ambito il ruolo della dichiarazione nella determinazione del tributo è affidato agli studi del prof. *Salvatore Sammartino* e del prof. *Gaspare Falsitta* ed a tali lavori si aggiungono in modo da completare la trattazione del tema dell'accertamento quelli del prof. *Walter Schick* e del prof. *José Maria Lago Montero*, mentre gli aspetti strutturali e funzionali della riscossione sono invece in modo dettagliato trattati rispettivamente dal prof. *Luis Corral Guerrero* e dal prof. *Enrico De Mita*.

Nell'ambito della patologia del tributo la completezza dell'analisi del Trattato è dimostrata dal fatto di affrontare invece un altro dei temi divenuti di scottante attualità a seguito dei ripetuti aumenti del livello della pressione fiscale nei Paesi industrializzati, quello delle forme di rimozione delle imposta e degli strumenti volti a contrastare elusione ed evasione fiscale. I fini extrafiscali sono stati oggetto di attenta analisi da parte del prof. *Perfecto Yebra Martul Ortega*. Il prof. *Heinrich Wilhelm Kruse*, cui è affidata la trattazione dell'argomento, espone accanto all'analisi di natura strutturale, tutta incentrata sull'importanza dell'impiego e delle clausole generali antielusione, una precisa testimonianza sulla situazione attuale della normativa tedesca della *Abgabenordnung*, che si segnala fra quelle europee per il fatto di essere tra le più incisive ed equilibrate, grazie anche al costante ed attento lavoro della giurisprudenza del *Bundesfinanzhof*.

Strettamente collegata al lavoro di *Kruse* e quello svolto dal prof. *Raffaello Lupi* in merito all'onere della prova, visto che è proprio questo uno dei cardini per rendere compatibili l'esigenza del contraddittorio e della difesa delle ragioni del contribuente con quello del Fisco all'integrità del prelievo tributario. Gli aspetti di natura più strettamente procedurali sono invece affidati al prof. *Eusebio González García*, per quanto concerne la dinamica del processo tributario, ed al prof. *Corrado Magnani*, per quanto attiene alle strutture giurisdizionali in materia tributaria. Il volume si completa con l'analisi del prof. *Heinrich Rüping* in merito alle sanzioni nel diritto tributario.

Di fronte ad un'Opera di tal pregio ulteriori commenti sarebbero inutili ridondanze, per cui basta considerare a mo' di conclusione la sua legittima qualifica di *primo Trattato europeo di diritto tributario*.

Impressão e acabamento:
GRÁFICA PAYM
Tel: (011) 4392-3344

RDT 82

CADERNOS DE DIREITO TRIBUTÁRIO: LOS ESQUEMAS DOGMÁTICOS FUNDAMENTALES DEL DERECHO TRIBUTARIO – José Juan Ferreiro Lapatza • ARROLAMENTO DE BENS DO CONTRIBUINTE. EXAÇÕES COM EXIGIBILIDADE SUSPENSA. O DEVER DE FAZER O ARROLAMENTO. INVALIDADE JURÍDICA DO PROCEDIMENTO – Hugo de Brito Machado • CONSIDERAÇÕES SOBRE A TRIBUTAÇÃO DE CIGARROS PELO IPI – Sacha Calmon Navarro Coelho • GERMAN INCOME TAX: OUTLINE AND REFORMS – Ekkehart Reimer • ALGUNS DESAFIOS ACTUAIS DA TRIBUTAÇÃO – José Casalta Nabais • OSSERVAZIONI SU UNA RECENTE SENTENZA DELLA CORTE COSTITUZIONALE ITALIANA IN TEMA DI FISCALITÀ E LAVORO – Andrea Amatucci • EL DERECHO CONSTITUCIONAL A UN AMBIENTE SANO, DERECHOS HUMANOS Y SU VINCULACIÓN CON EL DERECHO TRIBUTARIO – Alejandro C. Altamirano • O SIGILO BANCÁRIO E O DIREITO À INTIMIDADE E PRIVACIDADE DAS PESSOAS – Aurélio Pitanga Seixas Filho • OSSERVAZIONI A MARGINE DELLA PROPOSTA DI MODIFICA DELLA SESTA DIRETTIVA CEE SUL REGIME DI IMPOSTA SUL VALORE AGGIUNTO APPLICABILE A DETERMINATI SERVIZI PRESTATI MEDIANTE MEZZI ELETTRONICI – Giuseppe Melis • A CONTRIBUIÇÃO PARA O SENAC E AS PRESTAÇÕES DE SERVIÇOS – Arnoldo Wald • EL CONCEPTO DE ESTABLECIMIENTO PERMANENTE: SU RELACIÓN CON EL COMERCIO ELECTRÓNICO EN EL ÁMBITO DE LOS MODELOS DE CONVENIO DE DOBLE IMPOSICIÓN – Marcos Gabriel Gutman • ***ESTUDOS E COMENTÁRIOS***: O LOCAL DA PRESTAÇÃO DE SERVIÇOS E O ISSQN: GUERRA FISCAL NO PLANO MUNICIPAL – Oscar Mendonça • AS SANÇÕES POLÍTICAS EM DIREITO TRIBUTÁRIO E O PRINCÍPIO DA PROPORCIONALIDADE – Germana de Oliveira Moraes • RESPONSABILIDADE DOS ADMINISTRADORES DE EMPRESAS EM MATÉRIA TRIBUTÁRIA – Leila Katiane de Araújo Azevedo • CARACTERIZAÇÃO DO ESTADO FEDERAL – Flávio Couto Bernardes • CASSAÇÃO DE LIMINAR EM MANDADO DE SEGURANÇA EM MATÉRIA FISCAL E O SOBREPRINCÍPIO DA SEGURANÇA JURÍDICA – Helder Martinez Dal Col • O DEPÓSITO JUDICIAL COMO INSTRUMENTO DE GARANTIA DA RELAÇÃO PROCESSUAL – Denise Lucena Cavalcante • RECENSIONE *TRATADO DE DERECHO TRIBUTARIO* (in lingua spagnola), A CURA DI A. AMATUCCI (2 tomi, Temis, Bogotá, 2001) – Pasquale Pistone

MALHEIROS
EDITORES

Revista de Direito Tributário

112